C. H. Rappard, Insp.

Dora Rappard

Carl Heinrich Rappard

Ein Lebensbild

Brunnen

Aus dem Impressum der ersten Auflage:

Gießen
Verlag der Buchhandlung der Pilgermission
1910

Für die Schweiz:
Kober C. F. Spittlers Nachfolger,
Basel.

Für die Vereinigten Staaten:
Eben Publishing House,
St. Louis. (Mo.)

Unveränderter Nachdruck der 1. Auflage 1910

© 1983 by Brunnen Verlag, Gießen
Umschlaggestaltung: Martin Künkler
Herstellung: Ebner Ulm

ISBN 3-7655-5732-3

Inhalt.

⊕

Bilder.

Carl Heinrich Rappard

Ein Lebensbild

Der Grund, da ich mich gründe,
    Ist Christus und sein Blut.
Das machet, daß ich finde
Das ew'ge, wahre Gut.
An mir und meinem Leben
Ist nichts auf dieser Erd';
Was Christus mir gegeben,
Das ist der Liebe wert!

Paul Gerhardt.

Eingang.

———

Der Mann, dessen Lebensbild in den nachstehenden Blättern gezeichnet werden soll, hat es oft ausgesprochen, er sei nichts anderes als ein Gegenstand des göttlichen Erbarmens. Diese Worte kamen aus der Tiefe eines Herzens, das in heißem Kampf seine eigene Ohnmacht und Gottes große Macht erfahren hatte. Er dachte dabei nicht nur an die Seligkeit des ewigen Lebens, das ihm wie allen an Jesum Christum Glaubenden als ein Gnadengeschenk der Barmherzigkeit Gottes zu teil ward. Er wandte dies Wort auch an auf die Einzelheiten seines irdischen Lebens und Wirkens. Er hatte sich in seinen jungen Jahren so unfähig, so mangelhaft ausgerüstet gefühlt für die Aufgaben, in die er der Reihe nach gestellt wurde, daß er sich immer wieder auf die Barmherzigkeit Gottes werfen und aus dieser Quelle Kraft und Weisheit schöpfen mußte. Und er lernte diese Abhängigkeit von seinem Gott als das Geheimnis der Kraft und des Erfolges erkennen. Das erhielt den starken Mann in der kindlichen Demut, die allen, die ihn näher kannten, so wohltuend entgegentrat.

Aber bei der großen Bescheidenheit, die ihn kennzeichnete, war er es sich doch bewußt, ein Werkzeug in Gottes Hand zu sein. In den letzten Jahren seines Lebens war ihm ein Wort des Apostels Paulus ganz besonders wichtig: Wir sind sein Werk, geschaffen in Christo Jesu zu guten Werken, die Gott zuvor bereitet hat, daß wir darinnen wandeln sollen (Eph. 2, 10).

Sein Gedanke war dieser: Gott schafft und bereitet seine Knechte für die Werke, die Er ihnen anvertrauen will und ihnen bereit hält. Wie Petrus auf dem Söller seines Hauses zu Joppe durch jenes merkwürdige Gesicht z u b e r e i t e t wurde, den Heiden das Evangelium zu predigen, so wurden Cornelius und die Seinen in Cäsarea z u b e r e i t e t, diese Predigt zu empfangen. Zur rechten Stunde führte Gottes Hand das Werkzeug und das Ackerwerk zusammen, zum Heil für alle kommenden Geschlechter. Was dort am Gestade des blauen Mittelmeeres in so auffälliger und wunderbarer Weise geschah, das geschieht heute noch, meist in großer Verborgenheit und Einfachheit. Nur hie und da wird etwas davon offenbar, zur Stärkung des Glaubens und zum Lobe Gottes.

Je mehr sich Heinrich Rappard's Leben entfaltete, desto mehr wurde es ihm klar, daß Gott in die oft unbeachteten, oder gar als hinderlich empfundenen Umstände eine Disziplin und Zubereitung gelegt habe, ohne die er das nie hätte lernen können, was er für seinen späteren Dienst gebrauchte. Und wiederum erkannte er immer mehr, daß die verschiedenen Aufgaben, die ihm in seiner langen Dienstzeit zu teil wurden, gleichsam an seinem Wege gelegen hatten und sich ihm zu Gottes Stunde aufdrängten. Ein innerer Trieb machte ihn darauf aufmerksam. Gott öffnete Türen, bahnte Wege, gab das Nötige und segnete über Bitten und Verstehen.

Unter diesem Gesichtspunkte möchten wir die Lebensgeschichte unsers teuren Vollendeten darstellen, zur Ehre Gottes und den Lesern zum Nutzen, ja zum Segen. Gewiß, es kann für jeden Menschen nichts Heilvolleres und Vernünftigeres geben, als sich aus allen Verwickelungen der Sünde und der Eigenheit heraus seinem Schöpfer und Erretter im Glauben hinzugeben, um sich von ihm erlösen, reinigen und lebenslang leiten zu lassen. Das hat Rappard wiederholt in seinen Vorträgen betont. Möge dieses Buch ein Echo seiner Botschaft sein, und denen, die es lesen, besonders Jünglingen aus allen Gesellschaftskreisen — auch aus den gebildeten Familien, die so leicht meinen, die Religion sei nur Sache der Armen und Geringen, — es freudig bezeugen: Der Glaube an Jesus Christus, den Herrn der Herrlichkeit, und der Gehorsam seiner Befehle und Führungen ist das beste und edelste, was es auf Erden gibt. Der Dienst dieses Königs ist wahre Freiheit. Sein Wohlgefallen ist besser denn Leben.

Es ist kein kleines Unternehmen, ein so reiches Leben zu zeichnen, und diejenige, die es wagt, an diese Arbeit zu gehen, tut es nur, weil sie sich so innig verbunden weiß mit dem Heimgegangenen, daß sie hofft, seinen Sinn und seine Gedanken in Worte zu übersetzen. Er war bei all seiner Begabung ein sehr schlichter Mann, und das Buch, das seinen Lauf erzählt, muß darum auch schlicht und einfach sein. Vor allem muß es wahr sein. Das ist bei Biographien immer eine zarte und eigene Sache. Aber man weiß es ja, es ist kein Bild ohne Schatten, kein Charakter ohne Fehler, und auch Menschen, die mit Ernst der Heiligung nachjagen, können des trostreichen Wortes nicht entbehren: Und ob jemand sündigt, so haben wir einen Fürsprecher bei dem Vater, Jesum Christum, der gerecht ist. Und: Das Blut Jesu Christi, des Sohnes Gottes, macht uns rein von aller Sünde.

Große Naturen haben große Kämpfe; aber gottlob, auch große Siege.

Es ist unser ernstes Verlangen, — es wäre insonderheit das seine, wenn sein Mund noch zu uns reden könnte, — daß dies Lebensbild nicht den schwachen sündigen Menschen, sondern den großen, barmherzigen Herrn verherrlichen möchte.

Den Kindern und Kindeskindern des Vollendeten, deren zeitliches und ewiges Wohl ihm so sehr am Herzen lag, den vielen weitzerstreuten Söhnen von St. Chrischona, die seine Unterweisungen genossen haben, den teuren Menschen allerorten, die durch sein Wort gesegnet worden sind, möchte dies Buch nicht nur ein bleibendes Andenken an den geliebten Vater, sondern eine kräftige Ermunterung sein zu einem Leben des Glaubens an den Sohn Gottes, den Herrn der Herrlichkeit.

Nicht der große Glaube des Knechtes Jesu Christi soll gepriesen werden, sondern der große Heiland, an den er von ganzer Seele geglaubt hat.

Die Herausgabe dieses Lebensbildes legt es der Familie Rappard nahe, die Persönlichkeit des Vaters des heimgegangenen Inspektors etwas eingehender zu beleuchten. Herr Carl August Rappard war ein Mann von hohen Idealen und selbständigen Überzeugungen, und ist von wenigen verstanden worden. Auf unsere Bitte hin hat sein Schwiegersohn, Herr Direktor Wilhelm Arnold in Basel, der ihm besonders nahe stand, es übernommen, eine Charakterschilderung dieses seltenen und hoch zu ehrenden Mannes zu schreiben. Der Leser findet sie am Schluß dieses Buches; wir freuen uns, damit dem Andenken des längst Entschlafenen ein Denkmal dankbarer Würdigung zu setzen.

Dem aber, der mächtig ist, seine Knechte vor Straucheln zu bewahren und sie unsträflich vor seine Herrlichkeit zu stellen mit Frohlocken, dem sei Ehre nun und zu aller Ewigkeit. Amen.

Erstes Kapitel

Jugendzeit.

(1837—1861.)

Wie in dem Kern der ganze Baum schon lebt,
So schlummert in dem Kind der ganze Mann:
Wohl dem, der Gottes Zug nicht widerstrebt,
Daß zur Vollendung Er ihn führen kann!

1.

Giez.

In dem fruchtbaren westschweizerischen Kanton Waadt, unweit des historischen Schlachtfeldes von Grandson bei Yverdon, liegt am Fuße des Jura, von grünem Gelände umgeben, die freundliche Ortschaft Giez. Hier zog zu Anfang des Jahres 1836 in ein einfaches, aber mit feinem Geschmack ausgestattetes Landhaus ein neuvermähltes Paar ein. Der Mann, Carl August Rappard, im 34. Lebensjahre stehend, war ein deutscher Theologe, der in diesem weltentlegenen Dorfe der französischen Schweiz eine zweite Heimat und geistesverwandte Freunde gefunden hatte. Die Frau, Marie Antoinette, geb. de Rham, ein liebliches achtzehnjähriges, aber in Gottes Schule früh gereiftes Kind,

war in dem stattlichen Herrschaftshaus des Ortes geboren und auferzogen worden und folgte nun dem ernsten, inniggeliebten Gatten in das schlichte neue Heim,
das er kurz zuvor mit dem dazu gehörenden Land käuflich erworben hatte.

Diese jungen Eheleute, die ihren Bund auf das
Bekenntnis gründeten: „Ich und mein Haus,
wir wollen dem Herrn dienen" wurden die
Eltern unsers Carl Heinrich. Wir wollen sie noch ein
wenig näher kennen lernen.

Der Stammbaum des Rappard'schen Geschlechts
hat seine Wurzeln in der Schweiz, und zwar am schönen Zürichsee, von wo, wie die Urkunde besagt „Herr
Heinrich Rappert von Rappertswil, geb. ungefähr 1410,
im Jahr 1445 nach Dorsten in Westfalen gezogen ist,
wo seine Nachkommen nach niederländischer Mundart
den Namen in Rappard verwandelten." Die Familie
von Rappard ist in Rheinpreußen und Holland, zum
Teil auch in der Provinz Posen ansässig. Der
Zweig, von dem August Rappard stammte und in
dem eine ganze Reihe von Theologen namhaft gemacht
sind, hat sich später einfach Rappard genannt, obwohl
er das Adelsdiplom besaß und dasselbe Wappen führte,
wie die übrigen Zweige der Familie. Carl August
Rappard war als Sohn eines Pastors in Neukirchen
bei Mörs geboren und hatte selbst Theologie studiert.
Wie es kam, daß er sein deutsches Vaterland und die
theologische Laufbahn verließ, ist in dem Lebensabriß
am Schluß dieses Buches eingehend beschrieben.

Seine junge Frau hatte frühe die Arbeit des
Geistes Gottes an ihrem Herzen erfahren. Als vier-
jähriges Kind hatte sie ihren Vater, Herrn Charles de

Rham, einen glänzenden jungen Offizier, der, wie viele Adelige, zu Anfang des vorigen Jahrhunderts Dienste in der englischen Armee genommen hatte, durch den Tod verloren. Seine junge Witwe, geborene Adelaide Dorat, die Tochter des Schloßherrn von Champvent bei Yverdon, sah sich nach nur fünfjähriger Ehe mit drei kleinen Kindern allein in namenlosem Schmerz. Sie suchte den Trost, wo er allein zu finden ist, bei dem Fürsten des Lebens, Jesus Christus. Es war damals die schöne Zeit der Erweckung, von der unsere Freunde der Westschweiz noch lange mit zündenden Worten zu erzählen wußten. Männer wie Malan, Gaussen, Bost, Haldane verkündigten in Genf das Wort der freien Gnade mit Beweisung des Geistes und der Kraft. Adelaide de Rham mit ihren Kindern hielt sich öfter in der Stadt Calvins auf, um durch das Wort Gottes befestigt zu werden in dem Glauben, den sie mit der ganzen Glut ihres Herzens erfaßt hatte. Auch Marie öffnete der Gnade ihr junges Herz und hat zeitlebens auf jene Tage in Genf zurückgeschaut als auf den Anfang eines nimmer endenden Lebens. Die Mutter schied sich von der Welt und weltlichen Gebräuchen und wollte fortan ihre Kinder ganz für das Reich Gottes erziehen. Mit Freuden nahm sie daher den ernsten, gläubigen jungen Gelehrten aus Deutschland, der ihr empfohlen worden war, als Lehrer und Erzieher ihres einzigen Sohnes in ihr Haus auf. Sie hat es nie bereut. Und als später August Rappard um die Hand ihrer Tochter Marie warb, konnte sie, trotz der Bedenken, die der Unterschied des Alters und der Nationalität verursachen mochte, ihre freudige Zustimmung geben.

So war es gekommen, daß das junge Paar, wie oben erzählt, seinen Einzug in das trauliche Landhaus halten konnte. Ja, die teure Mutter ging selbst mit und bewohnte mit ihren jüngeren Kindern ein zweites, auf demselben Grundstück befindliches Haus; das Heimwesen wurde eine Stätte der Gottesfurcht, des Fleißes und des Segens.

Hier war es, daß am 26. Dezember 1837 **Carl Heinrich Rappard** geboren wurde, nachdem genau ein Jahr zuvor die Ankunft eines Töchterleins die Herzen der Eltern erfreut hatte. Wenige Tage nach seiner Geburt wurde der kleine Sohn von seinem Vater getauft, und zwar wie es in der alten Kirche zu geschehen pflegte, durch Untertauchung. Vater Rappard liebte diese Form als Symbol des Begrabenwerdens in den Tod Christi, wie er denn auch bei der Erziehung seiner Kinder immer wieder auf diesen Gedanken zurückkam. Wie oft haben diese, wenn die Lust der Welt sie anzog, den Vater sagen hören: „Mein Kind, ich habe dich in den Tod Christi getauft; für Ihn sollst du leben, und nicht für die Welt und die Sünde!"

Von Heinrichs ersten Jahren ist wenig zu berichten. So rasch und kräftig er sich körperlich entwickelte, so langsam ging es mit dem Sprechen und anderen geistigen Leistungen. Man weiß von ihm nur zu sagen, daß er ein stiller, lieber Junge gewesen sei.

Eine auffallende Lebensbewahrung erfuhr er als etwa dreijähriges Kind. Durch das Rasseln eines schweren Wagens aufmerksam gemacht, schaut die Mutter eines Tages zum Fenster hinaus und sieht gerade, wie ihr kleiner Heinrich, der wohl damals schon ein rechter Pferdefreund gewesen sein mag, von dem vordern Pferd zu Boden geworfen wird. Das Kind wegzuziehen, ist nicht mehr Zeit. Die vier Pferde und der ganze Wagen gehen über die kleine Gestalt hinweg. Mit tödlicher Angst im Herzen eilt die Mutter hinzu; aber, siehe da! der Kleine erhebt sich ganz unversehrt und wohlgemut, nicht ahnend, wie ihm geschehen wäre, wenn der Herr nicht über ihn schützende Flügel gebreitet hätte.

Eine Reise der kleinen Familie in die deutsche Heimat, nach Neukirchen bei Mörs, in Rheinpreußen, wo Großvater Rappard fünfzig Jahre lang als Pastor gewaltet, fällt in Heinrichs erste Kindheitszeit, 1840. Eines Abends wurde den Bewohnern des Pfarrhauses ein Ständchen gebracht mit Instrumentalbegleitung. Der kleine Heinrich war ganz entzückt. Er schlang die Arme um den Hals der Mutter, die ihn auf dem Schoß hielt, und gab seiner Ergriffenheit den bezeichnenden Ausdruck: „Mutter, die Haut zittert mir."

In Giez erweiterte sich der Familienkreis von Jahr zu Jahr. Die Mutter hatte vollauf zu tun mit ihren sechs lieben Kleinen, die sie frühe zum Helfen anzuleiten wußte. Auch der Vater arbeitete viel, und obwohl ihm die Landwirtschaft etwas völlig Neues gewesen war, brachte er seine Kulturen in den schönsten Stand. Die Bauern, die anfänglich dem Unternehmen mißtrauisch gegenüber gestanden hatten, mußten später eingestehen, daß „dieser Deutsche" seine Sache vorzüglich verstanden und sein Gut recht in die Höhe gebracht habe.

Und doch war Vater Rappard nicht völlig befriedigt. Sein tiefer Wunsch, Haus und Familie ganz

nach dem Worte Gottes einzurichten, wollte nicht so
in Erfüllung gehen, wie er es sich gedacht. Immer wieder stieß er auf den Einfluß weltlicher Sitten und Gewohnheiten, und er merkte, wie diese seine Kinder mehr
anzogen, als die ernste Einfachheit, die ihm als das
Ideal christlichen Lebens vorschwebte. Es war ihm, als
höre er, nicht mit dem leiblichen Ohr, wohl aber in der
Tiefe der Seele das Wort: Gehe aus deinem Vaterland und deiner Freundschaft in ein Land, das ich dir
zeigen will.

Er bewegte die Sache in seinem Herzen, besprach
sie im engsten Familienkreis und fand volles Verständnis, besonders bei der edlen Schwiegermutter, die, wie
wir oben sahen, denselben Zug zur völligen Abgeschie-
denheit schon früher empfunden hatte. Rappard war ein
Mann der Tat; als er Klarheit bekommen hatte über den
zu tuenden Schritt, zögerte er nicht lange, sondern zog
sofort Erkundigungen ein über verschiedene freistehende
Güter, spannte seinen Wagen an und fuhr hinaus,
um die in Frage stehenden Häuser zu besichtigen. Großmama begleitete ihn, und nach etlichen Versuchen, die
mehr als eine Reise nötig machten, entschied er sich
für ein Landgut in Neuhausen bei Schaffhausen, das
den Namen Löwenstein trug.

Das Anwesen in Giez konnte angemessen verkauft
werden, der Löwenstein wurde erworben, und im Oktober 1845 fand der große Umzug, ein wahrer A u s -
z u g, statt. In zwei Chaisen reisten Vater, Mutter,
Großmutter und sechs Kinder samt einer treuen Magd
durch das beträchtliche Stück Land vom südlichen Ufer
des Neuenburger Sees bis zum Rheinfall bei Schaffhausen. Das Geräte folgte auf andern Wagen; denn

dazumal gab es ja noch keine Eisenbahnen mit all den bequemen Transportmitteln, die man jetzt nicht mehr entbehren zu können glaubt.

Die noch immer jugendliche Mutter lehnte sich mit solchem Vertrauen auf das Urteil ihres Gatten, daß sie willig und getrost Heimat und Verwandtschaft verließ, die geliebte französische Sprache und Umgebung daran gab, um auch am neuen Wohnort ihrem Manne eine treue Gehilfin zu sein und ihren Kindern eine Heimat zu schaffen.

2.

Der Löwenstein.

Ein gutes, solides Haus mit geräumigen Zimmern und Fluren, Kammern und Kellern, ein Haus buchstäblich auf den Felsen gebaut, der einige Jahre später, als man die ersten Eisenbahnschienen zwischen Basel und Konstanz legte, von einem Tunnel durch= bohrt wurde, ein Haus umgeben von großem Garten mit herrlichen Obst= und Schattenbäumen und fünfund= zwanzig Morgen guten Ackerlandes — das war die Heim= stätte, in die Herr Carl August Rappard seine kleine Schar im Herbst 1845 einführte. Unser Heinrich war damals nahe an acht Jahre alt und erinnerte sich stets lebhaft dieses wichtigen Ereignisses. Der Löwenstein ge= hörte zu der Gemeinde Neuhausen bei Schaffhausen, jenem Ort, der den Reisenden in der Schweiz wohl bekannt ist durch die Nähe des prächtigen Rheinfalles. Luft und Lage sind wohl dazu geeignet, dies Fleckchen Erde dem Bewohner lieb zu machen.

Aber kaum war die Übersiedelung vollzogen, da brach große Trübsal über die Familie herein. Das jüngste, kaum zweijährige Töchterlein Marie hatte fröhlich mit den Geschwistern im Garten gespielt, als es in einem unbeobachteten Augenblick sich dem Springbrunnen näherte und in das Bassin fiel. Hülfe war sofort zur Stelle; aber die Kleine mußte sich beim Fall das Köpfchen verletzt haben, denn das zarte Leben war schon entflohen. Der Schlag war für die Eltern ein sehr empfindlicher, und die Gesundheit der Mutter war in Folge davon tief erschüttert. Des Vaters Schmerz war ergreifend. „Du hast ein Lamm von meiner Herde genommen", rief der starke Mann im ersten Weh, „Herr, bist du mir denn ein Feind geworden?" — Doch der Trost blieb nicht aus, und die Heimsuchung trug ihre süße Frucht.

Das Leben mußte wieder aufgenommen werden. Es war ein Zimmer des Hauses als Schulstube eingerichtet worden. Der Vater, der sich hier nicht so viel selbst mit der Landwirtschaft abzugeben brauchte, sondern zuverlässige Knechte anstellte, fing an, seinen Kindern regelmäßigen Unterricht zu erteilen. In Giez hatten die älteren Kinder bei der Mutter lesen und schreiben gelernt, natürlich in französischer Sprache. Im Löwenstein wurde nun energisch die deutsche Sprache eingeführt und der Unterricht in dieser Sprache erteilt. Verschiedene Lehrer aus der Stadt unterstützten den Vater; für die Töchter war eine Lehrerin im Hause, eine begabte, gereifte Christin.

Im Jahre 1847 machte die Familie abermals eine Reise nach Neukirchen, wo der geistvolle Pfarrer Andreas Bräm, dessen Gattin eine Tochter Pastor

Rappards war, inzwischen das Amt übernommen hatte. Der Aufenthalt wurde für unsern Heinrich wertvoll, weil er dort die Schule besuchen und somit Umgang mit andern Knaben pflegen durfte. Auch befestigte sich das Liebesband, das die Familien vereinigte. „Ohm Bräm" war in dem ganzen Kinderkreise eine beliebte und verehrte Persönlichkeit und hat bis an sein Ende seine Neffen und Nichten in treuer Liebe beraten und sie auf betendem Herzen getragen. Der prächtige alte Bürgermeister Haarbeck war auch ein naher Verwandter, und das Dorf Neukirchen bot schon damals viel Anregendes für Geist und Gemüt.

Zur Erholung der immer noch leidenden Mutter machten die Eltern Rappard einen Aufenthalt in Ostende, wo das Seebad wirklich, durch Gottes Segen, die erhoffte Kräftigung brachte. Von dort datiert ein Brief des Vaters, der so viele zarte und charakteristische Züge enthält, daß wir ihm hier einen Platz geben müssen.

„Mein lieber Heinrich, weißt du, daß ich eifersüchtig bin auf eure Liebe und daß ich es bin, weil niemand euch so lieb hat, wie ich. Eure Mutter ist allerdings eben so eifersüchtig und auch aus demselben Grunde. Darum wetteifern wir, euch zu schreiben, um auch euch zur Eifersucht zu reizen, nämlich zu dem Eifer: wer am meisten lieben könne.

„Ich sehe vor mir den Hafen und beobachte die Matrosen, wie sie so flink auf die hohen Mastbäume klettern. Trotz aller Fortschritte, die du in der Turnstunde machst, würdest du dich über diese Kunststücke wundern.

„Wir sehen auch die Leute, die in der See baden. Das ist oft auch keine Kleinigkeit, wenn die Wellen hoch gehen. Doch bin ich überzeugt, du wärest tapferer als ein großes Mädchen, das ich heute beobachtete und das laut aufschrie, so oft eine Woge kam. Du würdest einfach deinen Papa ansehen, und wenn er ruhig wäre, so wärest du es auch. Schließlich gehen die Wellen, die einen verschlingen zu wollen scheinen, an einem vorüber, und man ist nachher ganz erstaunt, noch aufrecht da zu stehen. Es ist mit vielen Dingen so in der Welt; sie gehen vorüber. Sogar der Tod, der König der Schrecken, ängstigt das Kind Gottes nicht, **weil er für das Kind Gottes auch nur ein Übergang ist.**

„Neben dem großen Mädchen war ein ganz kleiner Junge. Der war ganz vergnügt und schrie nicht, obwohl es für ihn hätte gefährlich sein können, weil er so winzig war. Aber er war eben **in den Armen seines Vaters,** der ihn über **die Wellen hoch** hielt. Darum fürchtete er sich gar nicht. Nichtwahr, er hatte Recht, sich nicht zu fürchten! Aber er mußte seinem Vater vertrauen und sich nicht aus seinen Armen herauswinden. — Möget ihr es auch so machen, meine Kinder, sowohl uns, euren Eltern, gegenüber, als auch besonders eurem himmlischen Vater gegenüber. Er ist größer als Alles.

„Lebe wohl, mein Heinrich. Sei immer brav und denke beständig an uns. Wenn du nur wüßtest, wie sehr wir uns freuen, euch alle wieder zu sehen!

— — Dein Vater."

Die nächsten Jahre auf dem Löwenstein gingen in raschem Flug dahin. Unterricht und Feldarbeit gingen

Hand in Hand. Und die Arbeit war nicht Spielerei, sondern recht tüchtiges Schaffen, das dem stark heranwachsenden Knaben oft Mühe und inneren Kampf verursachte. Pflügen, säen, mähen, ernten, Steine aus dem Acker heben, Unkraut ausroden, — alles kam an die Reihe, unter der Anleitung des Knechtes. Heinrich hat es praktisch gelernt, was es ist: das Joch in der Jugend zu tragen. Er hat aber auch gelernt zu sprechen: Es ist solches dem Manne gut.

Daneben konnte man in den Schulstunden und in den Andachten, die der Vater recht interessant und lehrreich zu machen verstand, viele Kenntnisse erwerben. Wohl haben die Kinder, auch die größeren, das nicht immer so recht zu schätzen gewußt, und die schönsten Stunden kamen ihnen oft zu lang vor. Der Vater meinte, das Gesetz predigen zu müssen, und Heinrich hat es einmal geäußert, er habe lange den Herrn Jesum nur gekannt als den Mann, der alles Scheinwesen und alle Heuchelei straft, und erst später habe er Ihn kennen gelernt als den Mann, der die Sünder liebt und selig macht.

Der liebe Vater! Mit Rührung gedenken wir daran, daß er mehr als einmal gesagt haben soll: „Ach, Kinder, wenn ihr nur einmal innerlich weiter kämet, da könnte ich euch so süße und herrliche Dinge sagen!" Er hat es später wohl gelernt:

> Herr, deine Gnad' und Lieb' allein
> Macht, daß des Herzens Stolz zerbricht.

Und doch ist seine Glaubenstreue nicht zu Schanden geworden. Der kostbare Same, den er ausstreute, brachte Frucht in den Herzen seiner geliebten Kinder.

GIEZ

LÖWENSTEIN

J.BEN

Gott ist im Wirken seines heiligen Geistes ein unumschränkter Herr. Bei manchen Seelen, auch bei Kindern, die von gläubigen Eltern erzogen und von bösen Ausbrüchen der Sünde bewahrt geblieben sind, kommt das neue Leben im Sturmesbrausen, mit tiefer Sündenerkenntnis und mächtigem Glaubenserfassen; bei andern ist das Wirken der Gnade ganz still und verborgen. So war es bei unserm Heinrich. Wie es im Frühling meist zu gehen pflegt, so geschah es auch da. Es ist ein geheimnisvolles Treiben und Ringen in der Natur. Die Eisrinde schmilzt. Da und dort zeigt sich ein schüchternes Blümchen, ein silbergraues Weidenkätzchen. die Wiesen und Sträucher fangen an zu grünen. Der Lenz, das Leben ist da! Aber niemand kann sagen, zu welcher Zeit und Stunde es anbrach.

In einem Stück geht es wohl allen gleich, die zu dem Leben aus Gott gelangen: es fängt an durch Beugung, durch Erkenntnis des Mangels und der Schuld, durch ein Suchen nach Gott und durch ein bewußtes in Gemeinschaft treten durch den Glauben mit Jesus, dem Heiland der Sünder.

In unsres Heinrichs Seele erwachte ganz allmählich eine tiefe Überzeugung, daß er innerlich nicht recht stehe vor Gott. Er fühlte sich fern von ihm, kalt, gleichgültig, tot. Lange wußte er kaum, was ihm fehlte. Da erinnerte er sich plötzlich des Wortes: So denn ihr, die ihr arg seid, könnet euren Kindern gute Gaben geben, wie vielmehr wird der Vater im Himmel den heiligen Geist geben denen, die ihn bitten. Luc. 11, 13. Das drang mit überwältigender Gewalt in sein Herz und kam ihm so klar und einfach vor. Er wunderte sich nur, daß er nicht von jeher daran gedacht.

In einem verborgenen Plätzchen des Baumgartens kniete er nieder und tat nach jenem Wort. Er bat: „Vater im Himmel, meine Eltern haben mir ja gern alles Gute gegeben, so gib denn du mir deinen heiligen Geist, wie du es verheißen hast." Er ward sich keiner besonderen Erfahrung bewußt, aber er hatte in kindlichem Glauben den Schlüssel ergriffen, der ihm die Schatzkammer Gottes eröffnete. Er hat angefangen und nie wieder aufgehört zu schöpfen aus dieser Fülle Gnade um Gnade. Das Leben, die bewußte Gemeinschaft mit Gott, war da!

Mittlerweile hatte sich der Geschwisterkreis immer erweitert; den patriarchalischen Kindersegen schenkte Gott seinem Knechte. Eines der Kinder war frühe entrückt worden, wie wir gesehen haben; elf durften aufwachsen zur Freude ihrer Eltern.

Aber nun bot der Löwenstein nicht mehr Beschäftigung genug für die muntere Schar. Die kräftig erwachsenen Söhne sollten selbständige Landwirte werden und dazu ein weiteres Gebiet der Arbeit haben. Der Vater wußte Rat, und für Heinrich und seine Geschwister sollte ein neuer Lebensabschnitt beginnen.

3.

Iben.

Etwa vier Stunden östlich von Schaffhausen, nicht fern von der Stelle, wo die Wogen des Rheins hell und klar aus dem Becken des Bodensees herausströmen, liegt, noch zum Kanton Schaffhausen gehörig, das altertümliche Städtchen Stein a. Rh. Eine Brücke verbindet es mit den thurgauischen Dörfern Wagenhausen und Burg. Von da aus führt ein steiler Weg den Berg hinan, durch Felder und Wiesen, an einzelnen Gehöften vorbei, bis zu einem größeren Gut, das mit seinen fruchtbaren Äckern, von Waldungen umgeben, als ein blühender Gottesgarten daliegt.

Das ist Iben.

Herrlich ist die Aussicht, die sich dem Auge darbietet. Berge und Täler, Dörfer und Burgen liegen vor dem überraschten Wanderer ausgebreitet da, bis hin, wo die Fluten des Sees wie ein leuchtendes Auge die Strahlen der Sonne wiederspiegeln. Im Gute selbst entspringt im lauschigen Waldesdunkel eine Quelle, die in natürlicher Felsengrotte gefaßt, hernach als munterer Bach das blütenreiche Gelände durchfließt und dann hinunter eilt ins Tal, an der Papiermühle vorbei, die allerdings von ihrer einstigen Bestimmung nur noch den Namen übrig behalten hat.

Auf einer Reise war Vater Rappard einst an Iben vorbeigekommen, und, ergriffen von der einzigartigen Schönheit des Ortes, hatte er den Gedanken gefaßt, hier einmal eine Niederlassung anzulegen. Nun war die Zeit dazu gekommen. Seinen Söhnen bot sich hier ein noch ziemlich brach liegendes Feld, das ihre ganze Energie und Geschicklichkeit in Anspruch nehmen und ihnen Gelegenheit bieten würde, die Grundsätze, die sie sich im Elternhause angeeignet hatten, im praktischen Leben zu verwerten.

So wurde denn das Gut gekauft, und im Frühjahr 1856 führten Vater und Mutter ihre vier ältesten Kinder, zwei Söhne und zwei Töchter, dort ein. Heinrich hatte kurz zuvor das achtzehnte Jahr vollendet, sein

Bruder das siebzehnte; die Schwestern waren neunzehn
und sechzehn Jahre alt. Das war nun allerdings eine
„junge Familie"; aber mit ganzem Ernst nahmen die
wackeren Kinder die Aufgabe zur Hand, die ihnen gestellt worden war. Der frühere Eigentümer blieb noch
eine Zeitlang auf dem Gut. Für tüchtige Knechte und
Mägde war gesorgt worden, und in der Papiermühle
wohnten die treuen Freunde Michod, die der Familie
Rappard aus dem Waadtland nachgefolgt waren. So
war man doch nicht gar so einsam. Die Verbindung
mit dem Elternhause war auch rege. Am Sonnabend
fuhren abwechselnd je ein Sohn und eine Tochter nach
dem Löwenstein, um den Sonntag im trauten Familienkreise zuzubringen.

Vom ersten Tage an hielten die Geschwister
Hausandacht. Heinrich, als der älteste Sohn, leitete sie
und hat sich somit frühe geübt in der Pflicht, die ihm
lebenslang so bedeutungsvoll erschienen ist. Auch das
Gesinde nahm an den Andachten teil.

Es waren nur wenige Bücher auf Iben; man las
fast nur die Bibel. Nur einige Bände von Schillers
Gedichten hatten irgendwie den Weg in die Landein-
samkeit gefunden, und wenn die Schwestern ihren Brüdern das Vesperbrot aufs Feld brachten, so konnte es
geschehen, daß sie, im frisch gemähten Grase rastend,
das Buch aus der Tasche zogen und ihnen dazu eine
Ballade oder sonst ein Gedicht vorlasen.

Die Liebe zur Poesie hatte aber einmal ernste
Folgen. Die zwei ältesten Geschwister hatten, bei Anlaß einer kleinen Reise, einen Band von Bérangers Gedichten gekauft, den sie der jüngeren, dichterisch beanlagten
Schwester L. mitbringen wollten. Bei näherer Unter-

suchung des Buches fanden sie aber einige Ausdrücke, die sie als durchaus unstatthaft verwarfen. Mit ganzem Ernst setzte Heinrich seiner L. auseinander, daß man ihr gern Freude gemacht hätte, aber so etwas nicht lesen und ein solches Buch nicht behalten dürfe; und trotz des feinen Einbandes, und trotz der Enttäuschung der lieben jungen Schwester, mußte das Buch den Flammen übergeben werden.

Zur Bebauung des Bodens gab Gott viel Segen. Durch bedeutende Drainierung und andere zweckmäßige Einrichtungen gewannen die Felder an Wert, und die Ernten wurden immer besser. Das geräumige Haus war im Stil der Schweizer Chalets gebaut, mit Galerien von geschnitztem Holzwerk verziert. Ein mächtiger Nußbaum in unmittelbarer Nähe des Hauses gab dem Gesamtbild einen besondern Reiz.

Iben wurde ein beliebter Aufenthalt auch für die andern Familienglieder, die im Sommer gern die ländliche Kühle aufsuchten. Auch Großmama de Rahm weilte gern da; ihre Gegenwart war stets ein stiller Segen.

Das Jahr 1859 sollte für den ganzen Kreis ein bedeutungsvolles werden. Von Indien her, wo er fünfundzwanzig Jahre ununterbrochen im großen Segen gewirkt hatte, war in jener Zeit Missionar Hebich nach Europa zurückgekehrt und hielt in manchen Städten Süd-Deutschlands und der Schweiz erweckliche Vorträge, die großen Eindruck machten und für viele Menschen ein Wendepunkt zum ewigen Leben wurden. So kam er auch nach Schaffhausen. Vater Rappard blieb zuerst fern; aber als er durch eine seiner Töchter hörte, was da gesprochen werde, gewann er Zutrauen und besuchte mit den Seinen die Versammlungen. Hebichs Ansprachen waren voll Geist und Leben, und seine Verkündigung von der Gnade fiel auch in der Rappard'schen Familie auf ein wohl zubereitetes Erdreich.

Einen großen und unerwarteten Segen empfing damals Vater Rappard selbst. Er erkannte, daß in der Abgeschlossenheit, die er für nötig gehalten hatte, eine große Gefahr liege, und dem Einfluß Hebichs ist es wohl vornehmlich zuzuschreiben, daß er am Schluß eben dieses Jahr mit seiner Familie die sonntäglichen Gottesdienste in der Kirche wieder zu besuchen begann und sich überhaupt an andere Gotteskinder enger anschloß. Jener Weihnachtsmorgen 1859, da Vater und Mutter mit den älteren Kindern unter dem Klang der Glocken in die Kirche auf der Steig in Schaffhausen gingen und die Predigt Pfarrer Burckhardts anhörten, ist allen, auch unserm Heinrich, unvergeßlich geblieben.

Von da an besuchte man von Iben aus regelmäßig die Gottesdienste im Kirchlein zu Burg.

Hebich war in der Folge mehrmals zu Gast in der Familie auf Iben. Von einem solchen Besuch erzählt ein Freund:

"Es war sehr interessant, die beiden ehrwürdigen Männer, Rappard und Hebich zu hören, die in manchen Punkten über die christliche Lehre und Kirche so verschieden dachten. Hebich hielt täglich zwei bis drei Stunden andauernde Morgenandachten und erklärte aus dem Evangelium Johannes und dem Römerbrief mehrere Kapitel. Er fühlte sich offenbar so recht wohl unter seinen Zuhörern und ließ seiner Rede freien Lauf. Es fiel manch derbes Wort, und durch seine reichen Erfahrungen in Indien und Europa erhielten die Schriftworte eigentümliche, aber köstliche Beleuchtung.

„Auffallend war neben dem Ernst und der Schroffheit seiner Gedanken bei den Andachten seine Heiterkeit im Umgang. Auf den Spaziergängen am Nachmittag konnte er mit den Töchtern Rappard so freundlich und scherzhaft sein, daß es mir einmal vorkam, es sei zuviel. Was geschah? Bei der Abendandacht sagte Hebich: Er müsse um Verzeihung bitten, er habe heute seinen alten Menschen spazieren geführt und es tue ihm herzlich leid. Dabei liefen ihm helle Tränen aus den Augen, und im Gebet beugte er sich sehr vor seinem Gott und Heiland. Dieses Bekenntnis gab wieder volle Achtung und Vertrauen."

So war denn das schöne Familienleben noch bereichert worden durch den Verkehr mit Gliedern der großen Gottesfamilie auf Erden, und der Segen der Gemeinschaft war allen spürbar.

Und nun nahte für unsern Heinrich die ernste Stunde, die seinem Leben eine ganze Wendung geben sollte. Er hatte in früheren Jahren den Wunsch geäußert, Theologie studieren zu dürfen; aber das war wohl mehr aus Wissensdrang geschehen und aus dem Verlangen nach einer Lebensstellung, die seinen Anlagen entspräche. Sein Vater konnte ihm die Zustimmung nicht geben, vornehmlich im Blick auf die ungläubigen Strömungen auf den Universitäten, die ihm von seiner Studienzeit her nur zu gut bekannt waren. Heinrich hatte sich im Gehorsam gefügt, wußte er ja doch, daß es nicht aus Willkür, sondern aus ernster Überzeugung geschah. Er hatte auch nach und nach an seinem irdischen Beruf Freude gefunden, namentlich als er das Gelingen sehen durfte, mit dem seine und seines teuren Bruders Carl Arbeit gekrönt war.

Es war im Herbst 1860, daß er auf den wohl= durchfurchten Acker von Iben seinen goldenen Weizen= samen streute. Da zog es mit wunderbarer Macht durch sein Gemüt: So sollst du den unvergäng= lichen Samen des Wortes Gottes aus= streuen in die Herzen der Menschen. — Es war wie ein Feuer in seinen Gebeinen, und in aller Bescheidenheit erkannte er in dem gewaltigen Drang, der ihn ergriffen hatte, den Ruf des großen Ernteherrn.

Auch der Vater erkannte es, und so sehr ihm die verstandesmäßige Wahl des Predigtamtes als Lebens= beruf widerstrebte, so innig konnte er sich freuen, wenn er bei einem jungen Manne eine wahre und gott= gewirkte Berufung erkannte. Er tat sofort die nötigen Schritte und entschloß sich, den Löwenstein zeitweilig zu vermieten und mit seiner ganzen Familie nach Iben zu ziehen, damit Heinrich frei würde, sich für den Dienst des Herrn vorzubereiten. Bestätigt wurde er in diesem Entschluß durch den Umstand, daß auch seine älteste Tochter A. die Freudigkeit erhalten hatte, sich dem Dienste Christi zu weihen und zwar an den Kranken, zu welchem Zweck sie sich in freier Weise dem Diakonissenhause St. Loup anschloß.

Aber noch ehe diese Kinder aus dem Familien= kreise traten, gab es einen ernsten, doch überaus seligen Abschied. Die teure, edle Großmama war es, die heim= gerufen wurde zu ihrem Herrn. Sie erkrankte an heftiger Lungenentzündung, und man merkte bald, daß der Herr mit ihr hinwegeile. Die Kinder von Iben konnten rechtzeitig gerufen werden und umringten mit den

andern das Lager dieser Mutter in Israel. Unvergeß=
lich war ihnen ihr letztes Zeugnis: „Im Angesicht
des Todes sage ich Euch, daß der Glaube
eine Realität ist." Und etwas später: „Ich
werde den sehen, an den ich geglaubt
habe. Lasset uns den Blick fest richten
auf das Kreuz."

So entschlief sie. Es war der heilige Abend,
24. Dezember 1860.

Als Ausbildungsstätte für seinen Sohn hatte Vater
Rappard, nach eingehender Prüfung, die Pilgermissions=
anstalt zu St. Chrischona bei Basel gewählt, weil sie
seinen Grundsätzen und Überzeugungen in mehrfacher
Beziehung am besten entsprach. Im Herbst 1861 sollte
der Eintritt daselbst geschehen.

Im vorhergehenden Frühjahr machten die Eltern
einen Besuch bei einer befreundeten Familie in Däne=
mark. Heinrich wurde aufgefordert, die Reise mitzu=
machen und fuhr tatsächlich mit bis nach Berlin. Das
Leben und Treiben in der großen Stadt zog ihn nicht
an; ihn verlangte nach geistlicher Stärkung. Statt weiter
nach Kopenhagen zu fahren, erbat er sich die Erlaub=
nis, nach Neukirchen zu gehen, um sich dort von seinem
lieben Ohm Bräm noch mancherlei Rat und Ermun=
terung zu holen für seinen bevorstehenden Eintritt auf
St. Chrischona. Gern wurde ihm dies gewährt, und
jene Wochen brachten ihm viel Gewinn.

Die darauf folgenden Sommermonate, die er, ein=
getretener Verhältnisse wegen, allein mit seiner Schwester
L. auf Iben zubrachte, waren für beide Geschwister
eine innerlich gesegnete Zeit. Die Erinnerung an den

triumphierenden Heimgang der teuren Großmutter wirkte
mächtig nach und zog sie himmelwärts. Es war ein
schöner Abschluß des fünfjährigen Zusammenwohnens in
der Einsamkeit des Berges.

Ehe wir diesen Abschnitt von Heinrich Rappards
Jugendzeit beschließen, müssen wir einige Freundes-
namen erwähnen, ohne die der Rahmen des Bildes
unvollkommen wäre. Neben dem schon genannten, mit
Vater Rappard innig befreundeten Pfarrer Burckhardt
und den lieben Seinen verkehrten die Rappard'schen
Kinder am meisten mit den benachbarten Familien van
Bloten auf der Rabenfluh und Moser auf Charlotten-
fels. Eine herzliche Freundschaft verband insonderheit
unsern Heinrich mit Franz van Bloten, eine Freundschaft, die durch sechs Jahrzehnte hindurch Stand gehalten und durch das Band der Gemeinschaft in dem
Herrn befestigt worden ist. Bis zuletzt richtete Heinrich
seine Inspektionsreisen in die Ostschweiz gerne so ein,
daß er eine Nacht, oder doch einige Stunden bei „seinem Freund" in der Rabenfluh zubringen konnte. Durch
die in den Hebich'schen Versammlungen gemeinsam empfangenen Anregungen wurde man auch mit Brüdern
wie Herrn Buchbindermeister Schalch, Lehrer Spahn
und andern herzlich verbunden. Auch fanden von jener
Zeit an auf Iben und im Löwenstein regelmäßige Bibelstunden statt, bei denen Vater Rappard mit seiner reichen Schrift-
kenntnis diente und die manchen Seelen Segen brachten.

Ein Brief von einer der ältesten Freundinnen aus
jener Zeit, einer Tochter Pfarrer Burckhardts, gibt ein
so anschauliches Portrait des jungen Heinrich Rappard,
daß wir es uns nicht versagen wollen, ihn hier im
Auszug mitzuteilen.

„Mir steht er nicht sowohl als Inspektor von St. Chrischona, sondern als der ehemalige Henri Rappard vom Löwenstein und von Iben vor Augen, das Bild eines edeln, ritterlichen jungen Mannes, der sich bei aller eigenen Willenskraft unter die väterliche Autorität beugte wie kein anderer, ohne dabei den Mut und die Selbständigkeit zu verlieren. Meine Eltern haben stets mit Bewunderung von ihm gesprochen in jenen Jahren, da er mit seinem Wagen hie und da vor unserer Türe hielt, um jemand nach dem Löwenstein abzuholen, so bescheiden und dienstbereit und doch wie ein Prinz incognito.

„Und auf Iben, wie hat er damals schon in jungen Jahren das Ideal seines Vaters verwirklicht, Patriarch und Hauspriester, Landmann und Herrscher, wie er es ja in der Folge in seiner einzigartigen Persönlichkeit dargestellt. So wird er auch fortleben, nicht nur unter denen, die ihn gekannt, sondern in der Geschichte der Evangelisation, überall, wohin er nach seiner besonderen Begabung die Botschaft des Heils gebracht hat."

Im Oktober 1861 verließ Heinrich das Vaterhaus, um sich zu St. Chrischona ferner zubereiten zu lassen zum Dienst, für den schon seine Jugendjahre eine Erziehung gewesen waren.

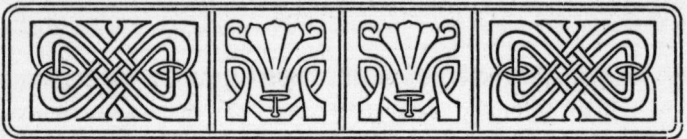

Zweites Kapitel.

Zubereitungszeit.

1861—1865.

O Meister, lehre mich, damit ich lehren kann!
HErr, rede Du zu mir, daß ich Dein Wort kann sagen!
Du Führer, hilf mir andre führen himmelan!
Du Starker, trage mich, daß ich kann andre tragen!

1.

St. Chrischona.

Auf waldiger Höhe, etwa eine und eine halbe Stunde von Basel entfernt, liegt das Bergkirchlein St. Chrischona. In früheren Zeiten als Wallfahrtskapelle gebraucht, wurde es zur Zeit der Reformation, weil zur Gemeinde Riehen gehörig, nach Art der evangelischen Gotteshäuser eingerichtet und diente hie und da zur Abhaltung von Festgottesdiensten. Der dreißigjährige Krieg ließ aber auch hier seine verheerenden Spuren zurück. „Im Oktober 1633", so heißt es in den Annalen, „haben die kaiserlichen Reiter in Bettingen geplündert, die Chrischonakirche aber inwendig vollkommen ruiniert. Im darauffolgenden Jahr kamen die Schweden ins Land, drangen in das Kirchlein, zerschlugen die Fenster und nahmen das Blei, worin die Scheiben gefaßt waren, um daraus Kugeln zu gießen."

In diesem kläglichen Zustand, von außen durch Wind und Wetter braun und verwittert, von innen verwüstet und entweiht, des Bretterbodens und der Decke beraubt, durch die hohlen Fenster allen Stürmen preisgegeben, blieb das ehrwürdige Gebäude z w e i J a h r h u n d e r t e l a n g. Es wurde ein Schlupfwinkel für Schmuggler und Landstreicher und ging immer mehr dem Verfall entgegen.

Aber dieser Ort sollte nach des Herrn Rat noch eine Stätte reichen Segens werden. Der Gottesmann C. F. Spittler in Basel, der ein Hauptbegründer der Evangelischen Missionsgesellschaft jener Stadt war (1815), hatte noch weitere Pläne in seinem von Liebe erfüllten Herzen. Er sah einesteils die geistliche Not in der Bevölkerung unserer christlichen Länder; anderenteils erkannte er in manchen Jünglingen und Männern das göttliche Feuer, das fähig ist, toten Herzen das Leben nahe zu bringen, auch ohne viel menschliche Zubereitung. „Er zog überhaupt Freiheit im Wirken und Gestalten allem Organisierten und in feste Formen Gebrachten vor", sagt sein Biograph, Joh. Kober. Schon in den Verhandlungen bei Gründung des Missionshauses in Basel trat diese Gesinnung hervor. „Zum Präsident der Gesellschaft wollte er Jesum Christum haben," und in bezug auf das leibliche Durchkommen „garantiert der Präsident", sagte er. Diese Gedanken bewegten ihn fort und fort und führten fünfundzwanzig Jahre später zur Gründung der Pilgermission.

Lange suchte er vergeblich nach einem dazu passenden Heim. Da lenkte Gott seine Gedanken auf das öde Kirchlein, das so verlassen dort oben in der wunderschönen Umgebung lag. Nach viel Gebet, aber in der freudigen Gewißheit, „daß etwas zur Ehre des Herrn dabei herauskommen werde", legte Spittler der Basler Regierung ein Gesuch vor um die Erlaubnis, „das Kirchlein zu St. Chrischona der Entweihung zu entziehen, renovieren und ihm die Bestimmung eines Gotteshauses wieder geben zu dürfen durch Gründung einer Anstalt für Pilgermission."

Diesem Gesuch wurde entsprochen, und am 8. März 1840 wurde in aller Stille und Verborgenheit der Anfang gemacht.

> „Und es ward dem HErrn der Ehren
> Neu Sein Kirchlein eingeweiht."

Manche Jahre hindurch wollte jedoch das Werk nicht recht gedeihen. Erst in den fünfziger Jahren gab es einen kleinen Aufschwung. Die Ziele mußten sich klären. Um andere bestehende Anstalten nicht zu schädigen durch Entziehung von Gaben, legte man viel Nachdruck auf möglichste Einfachheit und Arbeitsamkeit. Im Garten und auf den Feldern, die nach und nach erworben werden konnten, mußten die Brüder tüchtig schaffen, um das Mutterhaus möglichst selbständig zu machen.

Zwanzig Jahre lang war die langsam, aber stetig wachsende Hausgemeinde in den vier Mauern der Kirche geborgen. Dort wohnten die Lehrer, und zwar in den Turmzimmern, deren alleiniger Schmuck die prächtige Aussicht war. Dort, auf dem Estrichraum, waren Lehr- und Schlafsäle, im Parterre des Turmes lag Speisezimmer und Küche. Dort war auch, hoch oben beim Glockenhaus, mit vier Fenstern nach allen Himmelsrichtungen, die traute Gebetskammer, wo einsam und gemeinsam mancher Sieg errungen worden ist.

Im Jahr 1860 wurde das erste Haus erbaut, das später einen zweiten Flügel bekam und das jetzige „Brüderhaus" bildet. Merkwürdigerweise wurde in diesem ersten Bau schon der große, luftige Speisesaal eingerichtet, der heute noch den Bedürfnissen der Anstalt entspricht, wiewohl die Zahl der Zöglinge sich mehr als verdoppelt hat.

So sah die Anstalt aus, als Heinrich Rappard sie im Herbst 1861 als Zögling betrat. In den darauffolgenden achtundvierzig Jahren ist die Geschichte St. Chrischonas so sehr mit der seinen verwoben, daß diese knappe Schilderung notwendig war zum Verständnis alles folgenden.*)

Vorsteher und Seelsorger der Anstalt war zur Zeit, als Rappard eintrat, Herr Kaplan Schlienz, ein Mann voll Demut und selbstverleugnender Liebe. Während seines einundzwanzigjährigen Dienstes zu St. Chrischona hat er in der größten Einfachheit, oft in Dürftigkeit gelebt, ohne je ein Honorar anzunehmen. Neben ihm walteten als Lehrer Herr Pastor Bonekemper, der den Titel Ordinarius trug, und Herr Hausvater Keßler, dessen sinnige Art und gottseliges Wesen einen tiefen Eindruck machten. Im letzten Jahr trat Herr Bauder als weitere Lehrkraft ein; er wurde mit unserem Heinrich innig befreundet. Die Schule zählte vierzig bis fünfzig Zöglinge und Präparanden. Eine von Schlienz fein ausgearbeitete Hausordnung wurde während Heinrichs Aufenthalt zu St. Chrischona eingeführt und im Jahre 1864 gedruckt. Mit einigen Mo-

*) Eine eingehende „Geschichte der Pilgermission" ist von Rappard selbst herausgegeben worden und ist zu beziehen von der Buchhandlung der Pilgermission in Gießen und von der Schriften-Niederlage zu St. Chrischona.

difikationen ist sie jetzt noch in Kraft. Sonst war noch keine so stramme Ordnung, auch betreffs Ein= und Aus= tritts, wie sie in der Folge eingeführt wurde. Die Hand des gelehrten und durch viel Leiden gebeugten Vor= stehers war fast zu mild für die kräftige Jungmannschaft; doch übte seine große, selbstlose Liebe einen nachhalti= gen Einfluß aus, und die Schüler, die ihn verstanden, bewahrten ihm eine unauslöschliche Dankbarkeit und Liebe. Die Freunde im Fälkli zu Basel, der ehrwür= dige Herr Spittler, damals im achtzigsten Lebensjahr stehend, seine Tochter, Sette Spittler, und Herr Louis Jaeger, sein treuer Gehülfe, waren die Hauptleiter und Stützen des ganzen Werkes.

Trotz der Armut, die damals zu St. Chrischona herrschte, fühlte sich der neue „Bruder Rappard" hier bald heimisch. Er war viel zu groß angelegt, um sich bei kleinen äußern Entbehrungen aufzuhalten. Seine Schlafstätte war lange, mit andern Zöglingen, in dem engen Estrichraum über dem Chor der Kirche. Durch das Fensterchen dort oben grüßte der erste Strahl der aufgehenden Sonne; bei schönem Wetter konnte man die Spitzen des Glärnisch und Säntis erkennen, die sich vom klaren Morgenhimmel abhoben.

Mit Eifer gab sich der Jüngling dem Studium hin; aber auch in allen Handarbeiten in Feld und Haus war er freudig dabei, besonders wenn es galt, mit gewaltigem Sensenstrich das duftige Gras ab= zumähen.

Einige Mitteilungen, die uns von damaligen An= staltsgenossen unsers Heinrich zugekommen sind, geben uns ein anschauliches Bild aus jener Zeit. Sein Freund Bauder schreibt:

„Im Oktober 1863 trat ich auf das Ansuchen des leidenden Hausvaters Keßler, der im Seminar Tempelhof mein treuer Lehrer gewesen war, in die Anstalt St. Chrischona ein. Herr Jaeger vom Fälkli begleitete mich auf den Berg. Oben angekommen trat uns Heinrich Rappard als „Senior" mit dem Arbeitsbuch der Brüder in der Hand entgegen. Herr Jaeger stellte mich als den neuen Lehrer vor. Rappard begrüßte mich höflich, freundlich; seine Haltung und Erscheinung flößte mir eine Art Sorge ein. Ich sagte mir: Dieser Mann ist älter und an Erfahrung, vielleicht auch an Wissen, reicher als du, und du sollst sein Lehrer sein! Aber bald zeigte es sich, daß dieser Zögling, obwohl eines Hauptes länger als die andern und an Bildung allen voraus, ein lieber demütiger Bruder und in allen Dingen ein leuchtendes Vorbild war. Treu benützte er seine Zeit zur Lösung seiner Aufgaben.

„In den Lektionen ruhte das Auge des Lehrers mit Wohlgefallen auf dem lernbegierigen Jüngling. Zwischen Lehrer und Schüler entstand nach und nach eine innige Freundschaft. Ich diente ihm, er diente mir, und er hatte ein feines Verständnis für die Schwierigkeiten, die damals den Lehrern durch zu viel Unterbrechung wegen Feldarbeiten erwuchsen. In meinem Turmstübchen hatten wir manche trauliche Unterredungen über innere und äußere Anliegen; manch ermunterndes Wort half über Berge und Gräben hinweg. Es war so seine Art, in Blitzgedanken, halb Scherz, halb Ernst, Licht auf den Weg zu werfen und den Mut zur getrosten Weiterarbeit wieder anzufachen.

„Mit seinem Gott und Heiland stand er damals schon auf vertrautem Fuß und konnte in kindlicher Einfalt und Zuversicht seine Bitten aussprechen. So erinnere ich mich sehr gut, wie er einst mehrere Tage an heftigen Zahnschmerzen litt, und als er dachte, es könnte jetzt genug sein, ganz direkt den Heiland bat: ‚Herr, nimm das Zahnweh von mir, es hindert mich so sehr an der Arbeit.‘ Der Herr gewährte ihm seine Bitte sofort. Voll Freude teilte er mir das Erlebnis mit.

„Ein andermal, als er des Sonntag nachts spät, von der ‚Tätigkeit‘ kommend, den Berg bestieg, verirrte er sich und hat sich in finsterer Nacht müde gelaufen. Da bat er: ‚Herr, zeige mir doch den rechten Ausweg aus dem düstern Wald!‘ Ein Lichtstrahl fiel in sein Auge; er kam von meinem Zimmer. Der müde Pilger verfolgte diesen Schein und erreichte das Ziel. Schweißtriefend kam er zu mir ins Turmstübchen und erzählte, wie freundlich Gott ihm aus seiner Verlegenheit geholfen habe. Wohltuend war der kindliche, freudige Dank, in den ich von Herzen miteinstimmte.

„In kleinen und großen Anliegen durfte Heinrich das Eingreifen Gottes noch oft erfahren, und das stärkte seinen Glauben. Von Gott erbitten, von Gott annehmen, und dann kindlich, herzlich Gott danken, das war so seine wohltuende und vor Hochmut bewahrende Eigenart.

„Zu seinen Mitbrüdern hatte er herzliche Liebe. Jeder schätzte seinen Einfluß, der stets, auch wenn es zu tadeln galt, auf die Förderung im Guten gerichtet war. Was mir besonders wohltat, war, daß er unter den Brüdern nicht herrschen, sondern dienen wollte, stets freudigen Gehorsam leistete und darum auf seine Altersgenossen gut einwirkte. Neid, der oft gegen begabte und besser gestellte Brüder erwachte, konnte nicht aufkommen, weil sich Rappard ganz auf die gleiche Linie stellte und seine geistige Überlegenheit nicht in unangenehmer Weise fühlen ließ. Der sittliche Ernst wirkte veredelnd und sein Humor bewahrte vor sauertöpfischem Christentum. — Ein Jahr lieblichen Zusammenseins war uns auf St. Chrischona beschieden; dann brachte sein Austritt herben Abschied und große Lücke in Herz und Haus."

Eine liebliche Erinnerung an die Studienzeit teilt ein Klassengenosse, Pastor F. in Michigan, mit:

„Wenn beim Heimgang des Inspektors gesagt wurde: Gedenket an euren Lehrer, und folget ihm im Glauben nach, so kann ich sagen: Der liebe Rappard war schon damals mein Lehrer, als ich mit ihm auf der Schulbank saß, oben in der Dachstube der Kirche, die in den Jahren 1860—63 noch unser Lehrsaal war. Ich denke noch daran, wie wir einmal über das Wort, 1. Kor. 15, 36 nachsannen und dazu die Bibelstellen Joh. 12, 24—26 und Röm. 12, 1 uns anmerkten. Ich kann den lieben Bruder heute noch vor Augen sehen, wie er mit Begeisterung sagte: ‚Wir müssen uns selbst aussäen als Weizenkorn, wie Jesus sich selbst aussäete, d. h. sein Leben hingab freiwillig, weil nur der sein Leben findet, der es in den Tod gibt.'"

So wenig über Heinrich's äußere Erlebniſſe in
den drei Jahren ſeines Aufenthalts zu St. Chriſchona
zu ſagen iſt, um ſo reicher ſind die Zeugniſſe aus ſeinem
Innenleben, die uns aufbewahrt ſind. Vor uns liegt
ein Päckchen Briefe, die er in jener Zeit ſeiner geliebten
ten Schweſter L. ſchrieb. Es weht aus ihnen ein ſo
feiner, zarter Duft, daß wir gern einige Auszüge daraus
mitteilen, um ſo mehr als ſeine vielen Briefe aus ſpä-
teren Jahren zum größten Teil amtlichen Charakter
haben und ſich zur Wiedergabe nicht eignen.

„Meine liebe Schweſter, — dieſen Abend erhielt
ich deinen lieben Brief, der meine Seele erfreut. Ich
danke mit dir dem Gott, der im gleichen Augenblick
dich ſieht und mich ſieht. Ja, ich darf es ſagen, auch
ich bin glücklich und teilhaftig der großen Gnadengaben
des Herrn. Ich bin ein Glied des Leibes, zu welchem
auch du gehörſt. Mein Herz hüpft vor Freude, wenn
ich ſehe, wie der Herr die Glieder unſerer Familie
eines um das andere zu ſich zieht.“

⊕

„Oft ſcheint das äußere Leben eintönig und es
bietet wenig Abwechslung; das mag beſonders der Fall
ſein bei den Stillen im Lande, die ſich den Wahlſpruch
gemerkt haben: Ich und mein Haus, wir wollen dem
Herrn dienen. — Aber es gibt ein innerliches Leben,
und das Wirken Gottes im Herzen macht aus dem
äußerlich eintönigſten Tageslauf, der den Weltmenſchen
„tötlich langweilig“ erſcheinen würde, ein Leben voll
Abwechslung, da kein Tag dem andern gleicht. Denn
der Lauf des Chriſten iſt ein Kampf, und man muß
immerfort die ganze Kraft und Aufmerkſamkeit daran
ſetzen, um ſiegreich zu bleiben. Jeder Tag, ja, jede

Stunde hat ihren Sieg, oder ihre Niederlage. Das
eine erfüllt das Herz mit Freude und treibt uns zu
dem, der uns den Sieg gegeben hat. Und das andere
treibt uns auch zu Ihm in anhaltenderem Gebet."

✠

Aus nachstehenden Bemerkungen sieht man, daß
der spätere Inspektor von St. Chrischona von der Pike
auf gedient hat:

„Müde und matt komme ich eben aus der —
Küche, setze mich an mein Pult und will ein Buch zur
Hand nehmen, da kommst du mir in den Sinn, du
liebe Schwester. Ich habe nämlich gedacht, daß ich oft
ungerecht gegen dich gewesen bin, seitdem ich selbst erfahren habe, wie sehr das Feuer und die Hitze der Luft
und die tausend kleinen Geschäfte, an die niemand denkt,
als der sie tut, einen müde machen. Ich schätze diesen
Küchendienst hoch, schon um dieser Lektion willen, und
ich glaube, wenn jeder Mann eine solche Übung durchgemacht hätte, es gebe weniger Bitterkeit und Streit
in den Haushaltungen. Ich erkenne nun, daß ich oft
von euch, meine lieben Schwestern, zu viel forderte auf
Iben, wo es übrigens nicht so schlimm gegangen ist.
Der Eindruck wenigstens, der mir zurückbleibt von unserm Zusammen-Hausen ist ein sehr angenehmer. Aber
ich glaube doch, jetzt ginge es besser! Daß alles von
meiner Seite Verschuldete vergeben ist, weiß ich, und
ich danke dem Herrn Jesus von ganzem Herzen, der
die sündenzudeckende Liebe hat tätig sein lassen unter
uns, weil Er uns alles vergeben hat."

✠

„Wie sehr freuen mich eure Briefe, meine lieben
Schwestern! Mein Herz treibt mich, es Euch zu sagen.

Ich bin überzeugt, daß die schwesterliche Liebe den Brüdern immer sehr köstlich ist. Aber ich zweifle daran, ob
es in der ganzen Schweiz einen Bruder gibt, der so
viele Zeichen der Liebe empfängt, und sie so sehr zu
schätzen weiß, wie ich. Es scheint mir, daß ich Euch
vor Gott und in Gott liebe. Alle andere Liebe ist
nichtig. Eine solch' geheiligte Liebe wollen wir bewahren, nicht wahr?

✠

„Du fragst mich, ob ich auf St. Chrischona im
geistlichen Leben mehr Fortschritte mache, als auf Iben.
Ich muß dir antworten, daß ich mehr zu überwinden
habe, und daß ich meine Schwachheit und Untüchtigkeit
viel mehr fühle. Aber ich verliere den Mut nicht; denn
gerade diese innere Armut treibt mich zum Herrn,
immer und immer wieder.

✠

„Es gibt eine Menge kleiner Dinge, die man tut,
oder doch zu tun versucht ist, obwohl man weiß, daß
sie nicht ganz recht sind. Das ist nicht gut.
Wir müssen immer gehorsam sein, immer unter der
Zucht des Geistes bleiben.

✠

„Der Herr hat dich in Verbindung gebracht mit
andern Seelen, die von dem gleichen Licht erleuchtet
und des gleichen Lebens teilhaftig sind wie wir. Je
mehr wir Kinder der Einsamkeit vorwärts schreiten auf
dem Weg des Lebens, desto mehr wird der Herr uns
mit andern Gliedern seines Leibes zusammen führen.
Denn das Wort Gottes will die Gemeinschaft, und
in der Gemeinschaft mit dem Herrn und mit seinen
Kindern werden wir zunehmen und Fortschritte machen.

Du nährst deinen Geist mit dem Wort Gottes, du
meine zwiefache Schwester. Gehe nur von ganzem Herzen hinein in die Heilswahrheiten und freue dich mit
hoher Freude über die vollbrachte Erlösung."

***

Während seines Aufenthalts zu St. Chrischona
führte Heinrich ein sorgfältig geschriebenes Tagebuch.
Er erzählt darin seine Erlebnisse in Freud und Leid
und vertraut den Blättern seine inneren Erfahrungen
an. Es ist wertvoll, hineinblicken zu können in die Ge-
heimkammer des Wirkens Gottes im Herzen eines jungen Mannes, der nach seinem Rat bestimmt war, ein
Werkzeug des Segens zu werden in seinem Reich.
Immer wieder wird das Wort Jesu bestätigt: Wer da
hat, dem wird gegeben. Wer im Geringsten treu ist,
der ist auch im Großen treu. Wer mit dem Materiellen
treu umgeht, dem kann der Meister das Wahrhaftige
anvertrauen.

Gar lieblich erzählt das Tagebuch von verschiedenen Besuchen der Eltern und Geschwister, von seinen
Ferien daheim, von verschiedenen Erfahrungen bei der
sonntäglichen Predigttätigkeit und von allerlei Vorkomm-
nissen im Brüderkreis, die das Stilleben auf dem Berge
unterbrachen. Wir dürfen uns aber nicht bei zu viel
Einzelheiten aufhalten.

Zu Hause allerdings gingen größere Dinge vor.
A., die älteste Schwester, die in St. Loup zum Kran-
kendienst sich hatte ausbilden lassen, folgte im Herbst
1862 einem Ruf nach Jaffa in Palästina, wo sie
einige Jahre dem Herrn an seinen leidenden Brüdern
diente. Die zweite Schwester L. verheiratete sich mit

Herrn Wilhelm Arnold, damals Pfarrer in Heiden, später Direktor der Predigerschule in Basel. Welch warmen Anteil Heinrich an diesen Ereignissen nahm, läßt sich leicht denken, bei der innigen Liebe, die diese Familienglieder verband.

Die Auszüge aus dem Tagebuch, die hier eine Stelle finden sollen, sind nach der Zeitfolge geordnet und müssen mit wenigen Ausnahmen auf das Gebiet des innern Lebens beschränkt werden.

1862.

St. Chrischona, 2. Februar. Vater Spittler ermahnte uns sehr lieblich und eindringlich, in der Einfalt des Glaubens und in der Liebe zu leben. O Herr, gib mir ein gläubiges, einfältiges, geduldiges, allzeit auf dich harrendes und hoffendes Herz.

22. Februar. Ich arbeitete die ganze Woche im Garten. Mein Gott, der mir gab Hülfe zu suchen, wo sie allein zu finden ist, ließ mich seine heilsame Nähe fühlen. Mein Gott, gib mir auch diese Woche, mit gesundem Glauben und einfältigem Herzen, in Demut vor dir und mit dir unter meinen Brüdern zu wandeln.

11. März. Es ist schönes Frühlingswetter, aber in meinem Herzen sieht es nicht frühlingsmäßig aus. Es ist voll Zweifel und Gedanken der Unzufriedenheit. Ich suche aber, Herr, dein Antlitz. Verbirg es nicht vor mir. Ich habe mit Br. G. gebetet. Der Herr hat mir wieder Frieden und Freude geschenkt. O was ist doch das Gebet für eine herrliche Gabe! Mein Gott, mache mich zu einem Mann des Gebets.

12. März. Ich bin diese Woche während des Küchendienstes mehrere Male recht gedemütigt worden, weil ich mich in kleinen Dingen habe gehen lassen. O wie elend sind doch wir Menschen, und besonders ich! — Lieber Heiland, der du gehorsam gewesen bist und alles überwunden hast, überwinde in mir meinen eigenen Willen, meine Ich-heit, auf daß du selbst in mir herrschest.

21. Juni. Diese letzten Tage war ich glücklich, war dankbar gegen Gott, gegen meine Eltern, gegen Alle. — Und diesen Abend, obgleich gedemütigt und etwas niedergeschlagen durch meine eigene Schuld, danke ich meinem treuen Heiland, der mich durch Erfahrungen belehrt. Ich kam nämlich um 4 Uhr in den Lehrsaal; als ich noch vor der Tür war, sagte mir eine innere Stimme: Gehe ins Gebetszimmer und bete. Ich tat es nicht, mir sagend, ich müsse noch etwas aufräumen. Auf meinem Pult fand ich eine Schrift und fing an zu lesen. Auch da wieder sagte mir die leise Stimme: Gehe beten. Wieder tat ich es nicht, und so ging es fort, bis jetzt, wo ich fühle, daß ich um eine Gnade gekommen bin. O Herr, mein lieber Herr und Meister, vergib mir und gib mir, klug zu werden und Fortschritte zu machen in deiner Erziehung.

26. Juni. Ich habe in zwei Häusern in R. Besuche gemacht, um den Bewohnern etwas für ihre unsterblichen Seelen zu bringen. Es war das erste Mal, daß ich auf diese Weise in ganz unbekannte Häuser trat; ich habe da gefühlt, daß ich e i n e g u t e B o t - s c h a f t zu verkündigen habe: die Liebe des Heilandes zu den Seelen.

29. Juni. Besuch von meinen lieben Eltern und Schwestern. — Die Augenblicke des Wiedersehens sind gewiß von den schönsten auf dieser Erde. Was wird das ewige Wiederfinden sein im Himmel, in der Klarheit Gottes!

19. Juli. Gestern Abend hat der Herr mich erfahren lassen, daß es mit meinem Innern noch ist, wie mit einem trüben Wasser. Wenn es eine Zeitlang stille ist, so setzt sich das unreine, und es wird helle. So ist mein Herz. Wenn alles ohne Störung seinen geordneten Weg geht, so bin ich helle, aber sobald der Bodensatz im Wasser aufgerührt wird durch widrige Umstände, so wird es trübe, und auch mein Herz wird trübe und mutlos. Mit Tränen habe ich den Heiland um Vergebung meiner Sünden gebeten, besonders meiner Heftigkeit in früheren Jahren.

13. August. O Herr, du bist es, der mich fröhlich macht. Ich darf es erfahren dadurch, daß, wenn du dein Angesicht zu Zeiten vor mir verbirgst, ich unruhig und unglücklich bin, bis ich dich wieder habe. Gib nicht zu, daß die Sünde mich von meinem Gott scheide, sondern laß mich bleiben in deiner Liebe, im lebendigen Bewußtsein deiner Liebe.

6. Septbr. Nach langer Unterbrechung haben die Lektionen wieder angefangen. Ich gehe nun wieder morgens um 4 oder 4½ Uhr zu meinem lieben Hausvater Keßler. In ihm habe ich zum ersten Mal in meinem Leben einen Freund gefunden. Wir beten zusammen, und dann übersetzen wir Englisch.

24. Septbr. Manches Unerwartete und Liebliche ist in den letzten acht Tagen vorgegangen. Am 17. Sept. kamen mein Vater und meine Schwestern nach Riehen, wo ich sie andern Tages begrüßen durfte, um dann mit ihnen nach Iben zu reisen. Meine liebe Mutter hatte nämlich den Wunsch geäußert, uns elf Geschwister vor A.'s Abreise nach Palästina noch alle beisammen zu haben und mit uns älteren das heilige Abendmahl zu genießen. Wir dankten dem Herrn, unser aller Gott, der uns so wunderbar bis auf diesen Tag geführt und sich an keinem von uns fünf größern Kindern unbezeugt gelassen hat. Sollte es nun des Herrn Wille sein, daß wir uns zerstreuen auf verschiedenen Teilen seines gro-ßen Arbeitsfeldes, so wissen wir, daß wir im Geiste, in Ihm, immer mehr und immer inniger vereinigt werden. Und gewiß, dies allein ist die rechte Gemein-schaft; denn der Tod löst sie nicht, sondern dient nur zur herrlichen Offenbarung dieses Bandes.

3. Okt. Nun ist bald ein Jahr verflossen, seit ich diesen Berg mit so mannigfaltigen Gefühlen bestieg. Der Herr hat mich vom ersten Tage meines Eintrittes bis zu dieser Stunde gesegnet mit hohen Segnungen: die Erkenntnis meiner selbst und die Erkenntnis meines Gottes und Heilandes. Er gibt mir Hunger und Durst nach der Gerechtigkeit und läßt mich täglich die Selig-keit der Sättigung empfinden. Er gibt mir den Geist des Gebets, und dann erhört Er mein Flehen.

26. Nov. Möge, o Herr, dieser Tag ein wich-tiger sein! Seit langer Zeit sahen und spürten einige unter uns Brüdern, daß es zu lau hergehe in der An-stalt. Es war uns oft, wie wenn ein Bann auf uns läge. Wir ließen uns zu sehr gehen im Scherzen und Schwatzen, namentlich im Essen des frischen Brotes, und für uns, die wir so viele Beiträge armer Leute empfangen, ist es eine desto größere Sünde. (Es wur-

den nun neue Entschlüsse gefaßt in ernster Beugung) — Herr, laß uns Leute werden, wie es die ersten Diakonen waren: „Männer voll Glaubens und heiligen Geistes." In diesem Augenblick brennt mein Herz für Dich, Herr Jesu, lieber Heiland!

1863.

Sonntag, 18. Januar. Vor acht Tagen ging ich auf die Tätigkeit nach Wies. Wenn ich daran denke, wie ich zu Anfang der Woche so betrübt war, mich so überaus nichtig und untüchtig fand, so muß ich in Lob und Dank ausbrechen für die freundliche Führung meines Meisters Jesus Christus. Er gab mir so viel Freudigkeit bei dem Besuch in dem Bergdorf, unter den armen Leuten in ihren Strohhütten, und stand mir wunderbar bei in den zwei Versammlungen und zwei Andachten, die ich zu halten hatte.

[Es gab damals keine Lampen noch Kerzen in dem entlegenen Orte; das Wort Gottes wurde gelesen im Schein von flackernden Kienspänen, die von den Jünglingen abwechselnd in der Nähe des jungen Predigers gehalten wurden.]

Ach Herr Jesu, schaue darin und sorge dafür, daß in die Freude, die ich nach gehaltenen Vorträgen empfinde, kein Hochmut sich einschleiche.

Sonntag, 25. Jan. Heute ging ich nach Beuggen. Der Herr Inspektor Reinhard Zeller ist ein echter Diener Jesu Christi; aus seiner reichen Erfahrung hat er mir manches nützliche Wort mitgeteilt. Ich will es nie vergessen, daß man im Zustande eines innigen, seligen Gemeinschaftslebens mit dem Herrn allmählich

in einen unbewußten geistlichen Hochmut kommen kann.
Ach, Herr, ich klein und immer kleiner; du groß und
immer größer in mir!

11. März. Gestern Abend besuchte ich eine arme
Familie in N. und empfand dabei viel Freude. Es
liegt in dem Besuchemachen bei Armen, in dem Mitteilen, wobei man so gut erscheint und so hoch geachtet
ist, etwas, was dem natürlichen Menschen sehr gut gefällt. Dieses fühlte ich. Es muß auch dieses geheiligt
werden durch den beständigen Glaubens- und Liebes-
blick auf Jesum.

16. März. Der lebendige wirkende Geist ist auch
mir in diesen Tagen sehr nahe getreten. Ich habe
Blicke tun dürfen in das, was Jesus ist, und was Er
den Menschen sein will. — Bei der gestrigen Versammlung in W. war ich so frei und freudig auch in meinen
Gedanken, wie noch nie. Es fehlt mir aber noch an der
treibenden Liebe. Herr, nimm mich g a n z hin, ja
g a n z!

31. März. Es gibt in diesen Tagen Augenblicke,
wo ich es ahnen kann, was Christus einer Seele sein
kann und sein soll. Mein Herz wallt auf in meiner
Brust, wenn ich von Ihm lese, zu Ihm bete; es ist freilich noch schwankend, aber doch weiß ich: Ich habe den
Grund gefunden, der meinen Anker ewig hält.

Als ich noch auf Iben meinen Samen ausstreute,
da war mein Gedanke: O wie viel schöner ist es, den
Samen des Evangeliums auszustreuen, als das ver-
gängliche irdische Brot! Mein Heiland, du erhörtest
meine Bitte, obgleich unbewußt viel Unlauteres dabei
war. Nun ist mein Beten und Flehen von dir gewirkt:
Ach, daß ich ein ganzer, rechtschaffener Christ, ein treuer

Jünger Jesu Christi werden möchte, der voll ist von seinem Herrn, in dem die Welt keinen Platz mehr hat und der auf Menschenehre nichts mehr gibt.

17. April. Ich glaube, diese Zeiten sind etwas gefährlich für mich. Seit Ostern fühle ich einen Drang, Versammlungen zu halten, Kinderstunden anzufangen, in einem Wort: tätig zu sein. Auch eine gewisse Freiheit spüre ich in mir, und es steigt manchmal der Gedanke in mir auf, ich könnte durch Gottes Gnade etwas werden. Es schweben mir die Verheißungen Gottes vor, die Er den Menschen, also auch mir gibt, besonders in Bezug auf das Gebet. Es scheint mir, ich wolle mir bald Großes erbitten, es müsse mir gelingen. — Gefährliche Zeiten nenne ich das, weil ich in mir eine Stimme vernehme, die mich treibt zu rufen: Herr, behüte mich. Nimm mich unter deine Flügel. Laß mich auf keinen falschen Weg geraten. Bewahre mich vor geistlichem Hochmut!

26. Juli. Dies ist mein Schmerz, dies kränket mich, daß ich nicht s o kann lieben dich, wie ich dich lieben wollte. — Wort Gottes, du heilige Wahrheit, rede du! O mein Erlöser, gib Gnade, daß ich ganz von mir absehe und nur auf dein Wort und dein Blut mich stütze und mich aufrichte an dir, der ewigen Wahrheit.

10. August. Meine zwei kleinen Brüder A. und W. waren eine Zeitlang bei mir. Jetzt bin ich wieder allein. Sonntag früh, nachdem wir alle drei unsre Knie gebeugt hatten, gingen wir nach Grenzach und Beuggen, wo wir gegen 7 Uhr gerade zum Frühstück ankamen. Herr Inspektor Zeller, der treue Knecht Gottes, sprach in der Predigt sehr ernst und mit viel Rührung. --

Gegen Mittag machte ich mich auf den Weg nach Wintersingen, wo ich Versammlung halten sollte. Die Hitze war sehr groß, darum konnte ich meine Brüder nicht mitnehmen. Der Herr Jesus, der Balsam von Gilead, war auf dem überaus heißen Gang meine frische Quelle, mein Trost und meine Freude. — Sehr ermattet kam ich abends nach Beuggen zurück, wo wir übernachteten, da am Montag früh meine „Kleinen" ihre Heimreise in guter Begleitung antreten sollten.

Herr Inspektor Zeller fragte mich eingehend wie es unter uns Zöglingen auf St. Chrischona gehe. Ich sagte, es sei ein guter Geist im Brüderkreis, die Mehrzahl der Brüder seien aufrichtige Christen, und die Unlauteren kommen nicht auf. — Meister, der du Augen hast wie Feuerflammen, du hast gehört, was ich gesagt habe. O Herr, habe ich gelogen? Mein Herz ist in Angst. Mein brünstiges Gebet ist: Laß wahr sein, wahr werden und wahr bleiben, daß du dir hier Arbeiter erziehest, die laufen und den Lauf vollenden.

25. August. Tag der Aufrichtung und Einweihung des neuen Hauses auf der Ostseite der Kirche (später Kirchheim genannt). Meine Sache als Bruder ist, danach zu trachten, daß das äußere Zunehmen der Anstalt nicht in ein Mißverhältnis trete mit dem inneren Zunehmen des Werkes Gottes im ganzen Brüderkreis und in meinem eigenen Herzen.

24. Sept. In Wies habe ich vergangenen Sonntag gepredigt. Ganz von Gnade leben ist in diesen Tagen mein Hauptgedanke und mein Gebet. Ich bin nichts und weiß nichts. Aber Gnade und ein lebendiges Wort Gottes ist da für mich verfluchten, verfinsterten Menschen, um aus mir einen gesegneten und erleuchteten Gottesmenschen zu machen. Mein Leben sei Gnade.

27. September. Gestern auf meiner Tour nach Sissach bin ich vom Herrn gelehrt worden, daß ohne viel Gebet und ein f r e u d i g z e r s c h l a g e n e s H e r z in der Vorbereitung nicht von Herzen gepredigt werden kann.

7. Oktober. Ich habe angefangen, mit jedem Bruder der 3. (damals jüngsten) Klasse, zu beten. O Herr, höre unsere Gebete, daß wir rechte Knechte Gottes, wahre Jünger werden!

27. Oktober. In meinem innersten Herzen spricht oft eine stille, weise, heilige, ohne Zweifel göttliche Stimme. Jedesmal wenn ich ihr, auch in den kleinsten, unscheinbarsten Sachen folge, befinde ich mich wohl dabei. Aber wie oft, o Jesu, du weißt es, tönt sie vergebens, gerade in Betreff der kleinen Dinge, beim Reden, beim Essen, beim Scherzen und bei dem Gebrauch meiner Zeit. Sie ist es, die gerade jetzt mich wieder zur Buße und an die Füße Jesu leitet.

Aber noch eine Stimme etwas anderer Art läßt sich in meiner Seele hören, das ist die, die sich in Betreff meines Berufes als Jünger Jesu und als E v a n g e l i s t hören läßt. Sie gleicht mehr einer Ahnung von dem, was ein Knecht Gottes in der Wahrheit ist und sein soll, was die Fülle der Gnade ist, die mir in Christo eröffnet und die ich mir erbeten kann und soll.

21. Dezember. Herr, ich warte noch auf die Salbung von oben, die du den Jüngern, nachdem sie drei Jahre mit dir gewesen waren, zuschicktest. Ich möchte gern d e i n B o t e sein.

1864.

1. Januar. Das Los ist mir gefallen aufs lieblichste, uns ist ein schön Erbteil geworden: des Vaters Kinder, des Herrn Jesu Eigentum zu sein, ist unaussprechlich groß. Den Glauben an seine nahe, in alles greifende, gute Hand über uns habe ich, haben auch meine Geschwister. Halleluja!

3. Februar. Sonntag begleitete ich meinen Freund Bauder nach Inzlingen in seine Versammlung, und er kam mit mir in die meine nach Hüssingen. Das Gleichnis von den Arbeitern im Weinberg war der Text. Es wurde mir wichtig, daß „die Ersten", die „die Letzten" werden, Leute sind, die innerlich unvermerkt aus der täglich neuen Erfahrung der Gnade gefallen sind.

21. Mai. Was ich mit Inbrunst begehre, das ist: die erste Liebe, die der Herr bei den Seinen sucht. Mein Gott, bewahre mich, daß ich kein Gewohnheits-Arbeiter werde. — In mir selbst habe ich nichts, habe keine besonderen Gaben. Ich lebe von lauter Gnade, und ich will immer besser lernen, in Jesu zu bleiben.

9. Juni. Seit vierzehn Tagen bin ich, obwohl glücklich in Gott, dennoch sehr bedrückt durch die Erkenntnis dessen, was mir fehlt, um ein wahrer Diener Christi zu sein. O könnte ich es doch gewiß wissen, daß ich alles tue und rede in Jesu Namen und daß seine Ehre allein mein Ziel ist! — Im Auftrag des Komitees ist mir mitgeteilt worden, daß ich, nach meines Vaters Wunsch, zunächst auf einige Zeit nach England gehen soll. Herr Jesu, leite du alles; denn was die Menschen über mich beschließen, will ich aus deiner Hand annehmen. Ich kann nur glücklich sein auf deinen Pfaden.

Wir sind an das Ende der Chrischona=Zeit gekommen.

Am 14. August 1864 wurde Heinrich Rappard mit zehn andern Brüdern für den Dienst des Herrn eingesegnet. Unter den „Ältesten", die den jungen Streitern Jesu Christi die Hände auflegten, war eine edle patriarchalische Gestalt, die tiefbewegt an der ganzen Feier auf der Kirchwiese teilnahm. Es war Heinrichs Vater. Er richtete ernste Worte an die große Versammlung und durfte mit der Mutter lobenden Herzens das Zeugnis des Sohnes vernehmen, der für die im Vaterhaus empfangene Unterweisung in Gottes Wort seine tiefe Dankbarkeit aussprach und gelobte, durch Gottes Gnade, an dem Wort des Zeugnisses fest zu halten bis in den Tod.

Er hat es getan. Dem Herrn alle Ehre!

2.

Edinburg.

Das war wirklich ein guter Gedanke, der den teuren Vater Rappard bewog, für seinen Sohn noch ein Jahr der weiteren Ausbildung zu bestimmen und zwar im Ausland. Von der Zurückgezogenheit des elterlichen Hauses war Heinrich in die Einsamkeit der Brüderanstalt auf St. Chrischona gekommen; für den Kampf des Lebens, zumal in einer Großstadt (er war für die Arbeit in Alexandrien in Aussicht genommen) war er da noch nicht genug geschult worden.

Und wie fein läßt sich erst die Hand des himmlischen Vaters erkennen, die mit jedem einzelnen Zug

der Erziehung seines Kindes es zubereitete für die Lebensaufgabe, die Er ihm anvertrauen wollte.

Auch während dieses Lebensabschnittes führte
Heinrich ein Tagebuch, und zwar schrieb er es, mit
charakteristischer Energie und praktischem Sinn, vom
ersten Tage an in englischer Sprache. Daß er das
überhaupt konnte, beweist, daß sein Fleiß in jenen frühen
Morgenstunden zu St. Chrischona mit Erfolg gekrönt
worden war.

Am 7. Oktober 1864 verließ er die Schweiz,
reiste nach Paris, wo er sich einige Tage aufhielt, und
kam am 11. Oktober in London an. Vierzehn reichbe-
setzte Tage brachte er da zu, sah sich die Merkwürdig-
keiten der Stadt an und besuchte zu wiederholten Malen die Predigten von Spurgeon, der damals in der
Blüte der Jugendkraft stand. Sein Heim fand er bei
einem früheren Anstaltsgenossen, Herrn Schelling, der in
der Seemannsmission tätig war und in großem Segen
wirkte.

„Am 25. Oktober", schreibt er in sein Tagebuch,
„verließ ich London, um mich nach Manchester zu begeben. — Gott mit dir, geliebter Schelling!"

In Manchester, wohin er Empfehlungen hatte,
fährt er mit einem christlichen Arzt zu etlichen Kranken
und darf, auf des Doktors freundliche Aufforderung
hin, den Patienten von dem Heilmittel für kranke Seelen sagen und mit ihnen beten. Auch einen Stadt-
missionar begleitet er auf seinen Gängen. „Ich hatte
dabei große Freude", schreibt er. „O Herr, dürfte dies
meine Aufgabe werden in Schottland!"

Am 31. Oktober kommt er in Edinburg an und
fährt direkt an das Haus des Herrn Erskine Scott,

eines Freundes der christlichen Jünglingsvereine, dem
er empfohlen worden ist und der ihn schriftlich eingeladen hat, sein erstes Absteigequartier bei ihm zu nehmen.
Der Familienkreis besteht aus Vater, Mutter, einem
Sohn, Ebenezer, der im gleichen Alter ist wie Heinrich, und zwei Töchtern. Es ist alles sehr fein und vornehm. „Möge Ebenezer durch Gottes Gnade mir ein
Bruder in Christo sein", ist der erste Eintrag im Tagebuch an jenem Morgen.

Heinrich hatte gehofft, eine Anstellung zu finden,
die ihm erlaubt hätte, neben dem Studium etwas zu
wirken auf irgend einem Gebiet der Inneren Mission.
Das ließ sich schwer finden, und er war eines Abends
recht bekümmert und bedrückt. Da leuchtete ihm ein
Gotteswort entgegen, wie ein Licht an einem dunkeln
Ort: Ich will dich unterweisen und dir den Weg zeigen,
den du wandeln sollst; Ich will dich mit meinen
Augen leiten. Psalm 32, 8. Er faßte es, als sei
es ihm allein gegeben, hielt sich daran und ist nicht zu
Schanden geworden. Diese Verheißung hat er seither
in jeder eigenen und fremden Verlegenheit zum Stecken
und Stab genommen. Wie vielen, vielen seiner Zöglinge hat er dies Wort als Leitstern gegeben! Noch in
seinem allerletzten eigenhändigen Brief (d. 19. Sept.09)
heißt es: „Psalm 32, 8 zum Gruß."

Damals in Edinburg zeigte ihm der Herr in
der Tat deutlich den Weg, den er zu gehen habe, zunächst im Äußern. Der wortkarge und reservierte junge
Schotte, in dessen elterlichem Haus er auf einige Tage
eingekehrt war, hatte sich an den feurigen, frommen
Schweizer so warm angeschlossen, daß die Familie
Scott von einer Trennung nicht hören wollte und

Heinrich bat, zu bleiben, so lange sein Aufenthalt in
Edinburg währen sollte. So konnte er sich mit Eifer
dem Studium widmen, konnte sich im Familienkreise
durch Unterricht in der deutschen und französischen Sprache
nützlich machen und dabei an den Sonntagen und freien
Abenden mithelfen in der Arbeit, die ihm schon damals
die liebste war, der Verkündigung des Evangeliums.

Das einzig noch lebende Glied der Scott'schen
Familie, eine verwitwete Tochter, schrieb nach dem
Tod des Freundes aus ihrer fernen nordischen Heimat
auf den Shetland=Inseln:

„Herr Rappard machte von Anfang an auf uns
alle den Eindruck eines auserlesenen Knechtes Gottes.
Die meisten derer, die ihn in Edinburg kannten, sind
heimgegangen, und ich kann wenig Einzelheiten er=
zählen. Er besuchte fleißig die Universität und war
ein überaus lieber Hausgenosse. Etwas habe ich nie
vergessen. Er sagte uns, seine Mutter habe ihm ein=
geprägt, jeden Tag eine stille Zeit zu nehmen, um
über das Wort Gottes nachzusinnen. Ich habe
später oft daran gedacht und habe gelernt, seinem
Vorbild nachzufolgen. Keine Worte können es aus=
sprechen, wie hoch meine Eltern und wir alle ihn
schätzten."

Von dem im Tagebuch so reichlich vorhandenen
Material können wir nur wenige Auszüge machen. Es
finden sich darin vielfach Ausführungen über die im
Kolleg gemachten Notizen, untermengt mit originellen
Bemerkungen oder Bedenken. Die Stellen, die wir wählen,
beziehen sich zumeist auf seine praktischen Erfahrungen.

Edinburg, 1. November 1864. Machte einen Mor=
genspaziergang mit Eben (Ebenezer Scott). Mein Herz

ist gedrückt und voller Angst. Ich bitte den Herrn, meinen Glauben zu stärken.

5. November. Der Schneider brachte mir die neuen Kleider, die ich bestellt hatte. Mein Wunsch ist es, daß dieser Anzug allezeit einen Jünger Jesu bekleide, der Salz bei sich hat und sein Licht leuchten läßt, auch in der vornehmen Gesellschaft.

12. November. Ein herrlicher Tag für meinen ersten Gang nach Leith, zur Arbeit unter den deutschen Matrosen. Auf der Werft ging ich von Schiff zu Schiff und fand fünf deutsche Fahrzeuge; ich konnte mit den Mannschaften sprechen. Ich fühle es sehr, wie wenig ich noch habe von der Kraft aus der Höhe; ich will suchen, täglich die Kraft zu gebrauchen, die ich schon habe.

14. November. Ich befand mich heute in einem kleinen Freundeskreis. — O Jesu, wie wenig gleichen wir dir! Wir sagen so vieles in unsern Gottesdiensten und Andachten, und wir üben es so wenig aus im täglichen Leben.

16. November. Besuchte mit vier Studenten die Versammlung in Carrubers Close (einem verrufenen Stadtteil). Viele beteten, und auch ich stimmte ein in Gebet und Danksagung. Aber ich war nicht ganz wahr in meinem Gebet. O Herr, behüte mich, mache mich ganz frei von falschem Christentum. Hochgelobter Jesus, laß mich dir ähnlich sein in der Welt!

19. November. Mein Besuchstag für Leith. Ich besuchte zehn deutsche Schiffe. Ich gab Einladungskarten mit der Adresse des Ortes, da ich morgen deutsch predigen möchte.

20. November. Mein Freund Eben kam mit mir nach Leith. Wir fanden mit ziemlicher Mühe den kleinen Missionssaal, wohin ich die Matrosen eingeladen hatte, und warteten bis 5 Uhr. Aber es kam kein einziger; vielleicht haben sie den Saal nicht gefunden.

27. November. Mit etwas Sorge ging ich wieder nach Leith mit Eben. Ich hatte die Zuversicht, daß es nicht umsonst sein würde, weil wir ernstlich gebetet hatten, der Herr möge deutsche Matrosen herzu bringen. Es kamen richtig ihrer acht, und ich konnte ihnen mit großer Freude vom Heiland sagen. (Von da an werden diese Bibelstunden öfters erwähnt).

7. Dezember. Wie gnädig ist Gott. Nie werde ich vergessen, wie wunderbar Er Gebete erhört hat.

17. Dezember. Ich habe heute beobachtet, daß ich nicht genug die Bibel lese. Ich muß mir eine besondere Zeit bestimmen für diese Lebensarbeit, die die erste Stelle einnehmen muß im Leben eines Christen, besonders eines Missionars.

23. Dezember. Meine Stellung ist mir oft schwer. Das Gemisch von Christentum und Welt ist nicht in der Ordnung, und ich muß manchmal davon reden. Wenn ein Maler blau mit gelb vermengt, so ist das Ergebnis grün. Wenn man Christentum mit Welt vermengt, so ist das Ergebnis — Welt.

1. Januar 1865. Habe zum ersten Mal, seit ich die Heimat verließ, das heilige Abendmahl genießen können. Ich danke dir, himmlischer Vater, für deine unaussprechliche Gabe.

9. Januar. Glücklicher Tag. Ich komme zu Dir, Herr Jesu, und bringe dir den ersten Ausdruck meines frohen

Herzens in warmer Danksagung für das Lächeln deines Antlitzes.

12. Januar. O Herr, möge ich im Glauben wandeln, aber nicht in Trägheit.

Ich habe heute das Rundschreiben der Pilgermission erhalten. Das Lesen desselben hat mich bestärkt in der Empfindung, daß sie ein Werk Gottes ist, mit vielen irdischen Unvollkommenheiten getan, aber dennoch ein Werk des Herrn.

13. Januar. Möge ich je mehr und mehr ein Mann des Glaubens werden!

15. Januar. Ich muß jetzt schon als ein Glaubensmann wandeln, mich nicht gleich stellen den vergänglichen Sitten und Moden der christlichen Welt.

16. Januar. O Herr, ich bitte für die ganze liebe Familie, in die du mich gestellt hast. Sei du ihr Teil. Und auch das meine, immer und ewiglich!

17. Januar. Ich hielt heute Abend die Hausandacht. Ich tue es so gern, und bin immer glücklich, wenn ich von Jesus reden kann. Aber, Herr, gib, daß ich nie meine Ehre dabei suche. Du bist der Bräutigam, nicht ich. Nicht mir gehört die Braut, sondern dir, und auch ich als ein Teil der Braut gehöre dir.

20. Januar. Herr, laß mich immer Heimweh haben, wenn ich nicht nahe bei dir bin.

27. Januar. Ich bin froh, daß ich nicht froh sein kann, ohne meinen hochgelobten Herrn. Ich verstehe so gut, warum der Herr sein Volk mit einer Herde Schafe vergleicht. Wie ungemütlich fühlt sich ein Lamm, wenn es seinen Hirten nicht hat und seine Stimme nicht hört.

C. H. R.   1865.

2. Februar. Bei einem Besuch von Freunden machte ich heute die Bekanntschaft von Professor Simpson, dem Erfinder des Chloroforms. Vor zehn Jahren wurde er bekehrt, und das Mittel, das der Herr gebrauchte, um diesen hervorragenden Mann als einen armen Sünder zu Christus zu bringen, war sein eigener kranker Sohn. Sterbend bat er mit Inbrunst seinen Vater zum Heiland zu kommen; auch ein junger Neffe Prof. Simpsons wurde ihm zum Segen. Nach seiner Bekehrung fing er an zu predigen, zum großen Ärger vieler seiner Patienten und der reichen Einwohner Edinburgs.

Aus einigen Notizen eines Vortrags, den Simpson in der Free Assembly Hall am 28. November 1864 hielt, stehe hier folgendes. Text Eph. 2, 2 . . . „Viele von Ihnen mögen sich beschäftigen mit göttlichen Dingen, mögen teilnehmen an den Übungen der Religion und dennoch tot sein. Durch galvanische Mittel kann man einen eben gestorbenen Leib zu einem Schein des Lebens zurückrufen. Aber dies galvanisierte Leben hört auf, sobald das von außen wirkende Mittel aufhört; und obwohl Mund und Augen sich öffnen und die Glieder zittern können, so ist jener Körper doch nichts andres, als eine starre, kalte Leiche. So sind etliche von Ihnen geistlich tot, trotz der ab und zu bezeugten Teilnahme an göttlichen Dingen. Wenn die äußeren Veranstaltungen der christlichen Kirche auf Sie angewandt werden, so ist der Erfolg ein galvanisiertes Leben, das Sie fähig macht, Predigten zu hören, das heilige Abendmahl zu genießen und andere religiöse Übungen zu vollziehen. Aber Sie haben kein Herzensinteresse daran, keinen Frieden, keine Freude an Gott. Denn Ihre Seelen sind noch tot. Dies Eine Wort erklärt alles."

Von jener Begegnung mit Simpson an nahm Heinrich öfter die Gelegenheit wahr, an seinem für Studenten offenen Tisch zu erscheinen.

4. Februar. Herr, ich bitte nicht sowohl: lehre mich deinen Weg, als vielmehr gib mir die **Kraft**, nach deinem Willen zu wandeln. Gib mir nicht nur das Wollen, sondern auch das Vollbringen.

5. Februar. Ich muß mich hüten, ja keinen Frieden zu schließen mit kleinen Sünden und Untreuen.

Am Schluß von Rappards Aufenthalt in Edinburg findet sich noch eine sehr interessante Seite in seinem Tagebuch.

15. April 1865. Heute wurde eine Gesellschaft gegründet zum Unterhalt der Matthäusstation in Alexandrien, zu der ich berufen bin. Das ist in der Tat für mich und für unser ganzes Werk ein wichtiger Tag. Wenn mir vor sechs Monaten, da ich ganz fremd und unbekannt in diese Stadt kam, jemand gesagt hätte, es würden sich dreißig meiner persönlichen Freunde zusammentun, um meine Arbeit in Aegypten finanziell zu unterstützen, so würde ich es sicher nicht geglaubt haben. Aber der Herr hat wunderbare Dinge getan; gelobt sei Er!

Es war eine Abschiedsversammlung anberaumt worden in St. Andrews. Um 7 Uhr gingen wir hin, und traten in das Komitee-Zimmer. Es waren etwa achtzig Personen anwesend. Man trank zuerst Tee und dann eröffnete der Vorsitzende, Dr. Cullen, die Verhandlungen. Er stellte mich vor und sprach über Aegypten und die großen Bedürfnisse jenes Landes. Dann gab er mir das Wort. Ich erzählte einiges über die Pilgermission und über die geringen Anfänge der Evangelisation, die in Aegypten und dem Sudan gemacht worden sind. Es ging mir bei dieser Rede nicht so gut, wie andere Male.

Dann erhob sich Ebenezer Scott, und mit einer Rührung, die er fast nicht bewältigen konnte, legte er einen Vorschlag der Versammlung zur Beschlußfassung vor. Das Ergebnis war, daß die teuren Freunde sich verpflichtet haben, mindestens L 80.— (Fr. 2000.—) jährlich für den Unterhalt meiner Station in Alexandrien zu zahlen. — O Herr, ich fühle wohl, welche Verpflichtung ich damit übernommen habe, dein treuer Knecht zu sein, nicht meine Bequemlichkeit zu suchen, sondern unter der Leitung deines Geistes fleißig zu arbeiten.

Noch eine wichtige Sache war, daß der Vorsitzende der schottischen Mission mich gebeten hat, ganz in ihren Verband einzutreten und unter ihrer Leitung in Aegypten zu arbeiten.

Ich bin nicht mein eigener Meister und wünsche, ein Chrischonabruder zu bleiben.

[Es sei hier beigefügt, daß die lieben Freunde ihr Versprechen erfüllt, den Betrag geschickt, und, als später die Arbeit in Alexandrien der Unterstützung nicht mehr bedurfte, ihre schöne Gabe nach St. Chrischona gesandt haben, manche Jahre lang. Jetzt sind sie fast alle daheim; aber einige Scherflein kommen noch immer, zum Zeichen, daß die Liebe nimmer aufhört.]

Der letzte Eintrag im Tagebuch lautet:

21. April 1865. O mein Jesus, als ich vor sechs Monaten hier ankam, blickte ich auf zu dir, und du blicktest herab auf mich und hast für mich gesorgt. Und nun, da ich scheide, blicke ich wieder auf zu dir, denn

ich will keinen andern Bergungsort haben als dich, dich
allein. — Diese beiden letzten Abende haben wir im
Familienkreis die heilige Schrift gelesen und zusammen
gebetet. Meine Bitte ist: Herr, laß mich sie alle wieder
finden bei dir!"

Am 22. April verließ Heinrich die schöne schotti-
sche Hauptstadt, in der er in kurzer Zeit so vieles empfangen und auch gegeben hatte.

3.

Wertvolle Begegnungen.

Ehe Heinrich Rappard die Küste Großbritanniens
verließ, erhielt er noch reiche und mannigfache Anregungen, sowohl in Manchester, wo er abermals bei
seinem Freunde, Dr. Browne, etliche Tage verweilte,
als besonders auch in London. Dort finden jeweilen
im Monat Mai die großen Jahresfeste der verschiedenen Missionsgesellschaften statt (May Meetings), und
dem strebsamen jungen Mann boten die Zusammenkünfte, denen er vom 4. bis zum 18. Mai 1865 an-
wohnen durfte, viel Lehrreiches. Doch vertraut er seinem
Tagebuch an, daß „London ein sehr ungemütlicher Ort
ist für jemand, der keine Heimat darinnen hat." Er
schreibt:

London, 3. Mai. Fest der Britischen und Ausländischen Bibelgesellschaft. Haupteindruck: Jesus ist meine
Autorität. Seine Bibel ist meine Bibel. Während
seines Lebens auf Erden hat Er sich immer auf die Erfüllung des alttestamentlichen Wortes berufen. In seinem
Kommen in die Welt, in seinem Wandel hienieden, in

seinem Leiden und Sterben, ja noch nach seiner Auf=
erstehung wies Er darauf hin. **Das Buch, das
mein Herr Jesus gebraucht, das Er ge=
lernt und immer wieder angeführt hat,
soll mein Buch sein.**

7. Mai. Sonntag. Hörte Spurgeon und hatte
einen guten Platz ganz in seiner Nähe, so daß ich
alles verstand. Seine Kraft besteht darin, daß er Jesum
Christum erhöht. O möge das auch meine Kraft sein,
daß ich dich verherrliche in Wort und Tat, mein hoch=
gelobter Heiland.

9. Mai. Londoner Missions=Gesellschaft. Für die
Arbeit der Mission hörte ich einen schönen Vergleich.
Ein Arbeitsmann nähert sich dem Felsen und bohrt mit
viel Mühe und Geduld ein Loch darein. Dann füllt
er sein Loch mit einer schwarzen Masse; — es ist
Schießpulver. Wenn dies in Verbindung kommt mit
einem Funken, so wird das Pulver entzündet, zersprengt
den Felsen und es werden kostbare Bausteine gewonnen.
So soll der Missionar mit Fleiß das Dynamit des
Wortes Gottes hinein bringen in die Welt; der heilige
Geist wird es entzünden.

10. Mai. Bei dem heutigen Fest der Londoner
Missionsgesellschaft sah und hörte ich zum ersten Male
Dr. David Livingstone, der als ein guter, grundehr=
licher Zeuge der Missionssache als eine göttliche vertrat.

13. Mai. Prediger=Konferenz. Prächtige, gescheite
Reden. Ich fürchte, man gibt hier zu Lande den Men=
schen zu viel Ehre. Durch Menschenehre meint man
Gott zu verherrlichen, und dann lobt man Gott, um
in vielleicht unbewußter Weise wieder Menschenehre zu
suchen und zu finden.

14. Mai. Begegnung mit Br. Elias Schrenk bei
Frau Weitbrecht, der Witwe des bekannten Missionars
in Indien. Ebenso Begegnung mit Pfarrer Theodor Christ=
lieb in Islington und dem lieben Gottesmann William
Pennefather, dem Begründer des Werkes in Mildmay.

16. Mai. Besuchte mit Schrenk eine Versammlung
der anthropologischen Gesellschaft. Dieser Verein sucht
die Missionsbestrebungen lächerlich zu machen und die
Wahrheit des Wortes Gottes zu untergraben. (Da
diese Anthropologen viel von sich reden machen, war es
uns interessant, sie einmal selbst zu hören.) Ich habe
noch nie eine Anzahl Männer, die sich wissenschaftlich
nennen, so viel Unwissenheit und Unweisheit zur Schau
tragen sehen, wie es in dieser Zusammenkunft geschah.
Bischof Colenso von Natal war einer der Hauptredner.
Das Ganze wurde in so unwürdiger, knabenhafter Weise
geleitet, daß die Sache sich selbst richtet.

Am 18. Mai verließ Heinrich London und reiste
direkt nach Neukirchen, wo seine teuren Eltern und
mehrere Geschwister gerade weilten. — Von dort aus
besuchte er Elberfeld und Barmen und machte einen
interessanten Abstecher nach Ermelo in Holland. Davon
erzählt er im Tagebuch:

25. Juni. Nach einem Besuch in der Brüderge=
meinde in Zeist nahm ich die Post nach Utrecht, fuhr
dann mit der Eisenbahn durch eine weite sandige Strecke
und erreichte endlich Harderwyk, die Station von
Ermelo. Das erste Gebäude des Dorfes, zu dem ich
kam, war die Kirche von Domine Witteveen. Nahe
dabei ist sein Schul= und Pfarrhaus. Domine war

nicht zu Hause, kam aber bald nach Mittag an. Er
ist ein kräftiger, freundlicher Mann; er hatte von mir
gehört und nahm mich sogleich herzlich auf als einen
Bruder im Herrn Jesus. Einige Worte über seine Geschichte: Er wollte ursprünglich nicht Pastor werden,
sondern Missionar; doch fügte er sich in den Willen
seiner Eltern und wurde als Domine in Ermelo instal-
liert. Aber sein Missionssinn brach durch. Er predigte
so, daß sich viele bekehrten. Das war in der damals
so toten Kirche der Niederlande ein großes Ärgernis,
und es erhob sich Feindschaft gegen ihn. Er wurde
wegen eines Falles, da er Kirchenzucht geübt hatte,
seines Amtes entsetzt. Aber er wich nicht; denn, sagte
er, Gott hat mich nach Ermelo gestellt und nicht die
Menschen. Man verwies ihm die Kirche, er predigte
in einem Stall. Man vertrieb ihn aus dem Pfarrhaus,
er betete, hat auch geweint, wurde aber von einigen
Gläubigen in ihr Haus aufgenommen. Er fuhr fort zu
predigen; aber jeden Sonntag kam ein fremder Domine,
um in der Kirche zu funktionieren. Da sandten Freunde
ihm Geld, um eine neue Kirche zu bauen; von anderer
Seite kamen ihm die Mittel, das Haus zu kaufen, in
dem er aufgenommen worden war. Noch ein Gemeinschaftshaus wurde erstellt, wo er Jünglinge aufnehmen
konnte, die sich dem Dienst des Herrn weihen wollten.

Witteveen hat seiner Schar von vierhundert Gliedern und siebenzig Abendmahlsgenossen den Namen
Missionsgemeinde gegeben. Er will sich nicht
von der Landeskirche trennen.

Der Grund, auf dem die Gemeinde steht, ist
Jesus Christus, der Gekreuzigte. Die Früchte, die sie
zu tragen sich bestrebt, sind:

a) **dem Herrn gegenüber:** Dankbarkeit, Liebe, Lob, Gebet, viel Lesen seines Wortes und Übung des beständigen Wandels in seiner Gegenwart.

b) **den Mitmenschen gegenüber:** Brüderliche Liebe, sanftmütiges Betragen unter einander, Gemeinschaft in dem Werk des Herrn, wobei jedes Glied nach seiner Anlage dienen soll.

Domine Witteveen betet viel und bringt die kleinsten Anliegen vor den Herrn. Die äußere Lebensweise ist höchst einfach. Um 8 Uhr: Morgen-Andacht im Gemeinschaftshaus. 9 Uhr: Frühstück, Brot mit Tee. 12 Uhr: Brot und Wasser. 4½ Uhr: Mittagsmahl, Suppe, Fleisch und Gemüse. Abends 9½ Uhr: Brot und Wasser. Dann Abend-Andacht bis 10½ Uhr.

Mir ist sehr wohl in Ermelo. Ich liebe Domine Witteveen, und er liebt mich. Einige seiner jungen Brüder gehen in die Mission nach Afrika. Das freut mich sehr."

Es ist hier nicht der Ort, weiteres über Ermelo zu berichten; die kurze Begegnung Rappards mit Witteveen war ihm aber stets eine wertvolle Erinnerung. Am 9. Mai 1885 ist der liebe Knecht des Herrn heimgegangen.

In der ersten Juli-Woche fand sich die Familie Rappard wieder in Basel zusammen zur Feier des fünfzigjährigen Jubiläums der Basler Missionsgesellschaft. Heinrich schreibt:

"Wir trafen in Karlsruhe mit dem lieben Herrn Hebich zusammen und reisten mit ihm nach Basel. Ich hatte große Freude, Vater Spittler wieder zu sehen. Er ist jetzt 83 Jahre alt und noch voller

Freude und Frieden, die Frucht seines klaren ein=
fältigen Glaubens an Jesus Christus, den Herrn,
dem er so viele Jahre treu gedient und der ihm
wieder dient, indem Er sein Wirken mit so viel
Gnade und Erfolg gekrönt hat. — Ich lernte auch
Herrn General=Superintendent Hoffman von Ber=
lin, sowie Pastor Gustav Knak und seinen Freund
Pastor Straube kennen."

So fügte es der gnädige Herr, daß der junge
Rekrut mit vielen bewährten Gottesstreitern zusammen=
treffen durfte, ehe er hinauszog auf den Kampfplatz, der
ihm verordnet war.

Ordination.

Im Blick auf seine Arbeit in Aegypten war es
wünschenswert, daß Rappard die kirchliche Ordination
erhalte, die in Württemberg je und je den ausziehenden
Missionaren zu teil wird. Dem diesbezüglichen Gesuch
wurde freundlich entsprochen, und so wurde er denn am
27. August 1865 in Leonberg, Württemberg, von Herrn
Dekan Wächter zum Predigtamte ordiniert.

Kurz vorher hatte er als letzten Eintrag in diesen
Teil seines Tagebuches geschrieben: „So Gott will,
werde ich Ende dieses Monats in Leonberg ordiniert
werden. Der Wille des Herrn, der mich aus Gnaden
schon ordiniert hat, geschehe. Amen."

Der Tag der Ordination war ein Tag heiliger,
stiller Freude. Die Freunde in Württemberg bewiesen
dem jungen Schweizer viel Liebe, und der ehrwürdige
Ordinator bewahrte ihm bis ans Ende seine freundliche
Teilnahme.

Abschied.

Ein köstlicher Brief Heinrichs an seine Freunde in Edinburg ist aufbewahrt worden und gibt von dem ernsten Abschied ein anschauliches Bild. Er schreibt:

„Am 13. Oktober verließ ich mein Vaterhaus bei Schaffhausen. Mein teurer alter Vater, meine geliebte Mutter, meine älteren Brüder und Schwestern weinten. ‚Von dir zu scheiden ist mir ein großer Schmerz‘, sagte meine Mutter; ‚aber die Freude, meinen erstgeborenen Sohn in den Dienst Jesu geben zu dürfen, ist größer als der Schmerz, und die Tränen, die ich weine, sind Tränen der Freude.‘ Das war die Empfindung aller, und auch ich weinte vor Freude. Der Herr Jesus war in dem Augenblick ganz fühlbar in unserer Mitte. Nur die kleinen Geschwister waren traurig; sie konnten nicht verstehen, warum ihr ältester Bruder über das Meer in ein so fernes Land und auf so lange Zeit ziehen sollte.

„In Basel gab es erneuten Abschied. Nie werde ich meinen letzten Besuch auf St. Chrischona vergessen, dem Ort, da ich drei so glückliche und gesegnete Jahre verlebt hatte. Ich durchstreifte noch einmal die Wälder und suchte die Plätzchen auf, wo ich so oft in der Einsamkeit die Gegenwart Gottes empfunden und mit gebrochenem Herzen meine Klage vor Ihm ausgeschüttet und Vergebung und Trost in seinem Blut gefunden hatte. Am letzten Morgen verabschiedete ich mich in der Kirche von meinen teuren Lehrern und Brüdern, und dann ging es über Chur und den Splügen südwärts dem Lande meiner Bestimmung zu.“

Den ehrwürdigen, geliebten Vater hat Heinrich auf Erden nicht wieder gesehen; die Ähre, die sich in den letzten Jahren immer tiefer neigte, war reif zur Ernte.

Von der Paßhöhe des Splügen, wo die Post eine Stunde rastete, sandte der Scheidende seinen Lieben auf dem Löwenstein folgende Depesche:

„Von sichtbarer Grenze ein sichtbares Zeichen einer unsichtbaren Gemeinschaft.

Euer Heinrich.“

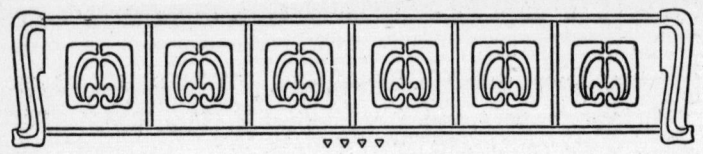

Drittes Kapitel

Der Missionar.

1865—1868.

Hinab, hinab ins tiefe Demutstal —
Vom Himmel leuchtet dir der Gnade Strahl!

Hinab, hinab! Durch Beugung ging und Schmerz
Von Alters her die Straße sonnenwärts.

Hinab, hinab! Geh willig nur und gern!
Dort in der Tiefe triffst du deinen HErrn!

1.

Alexandrien.

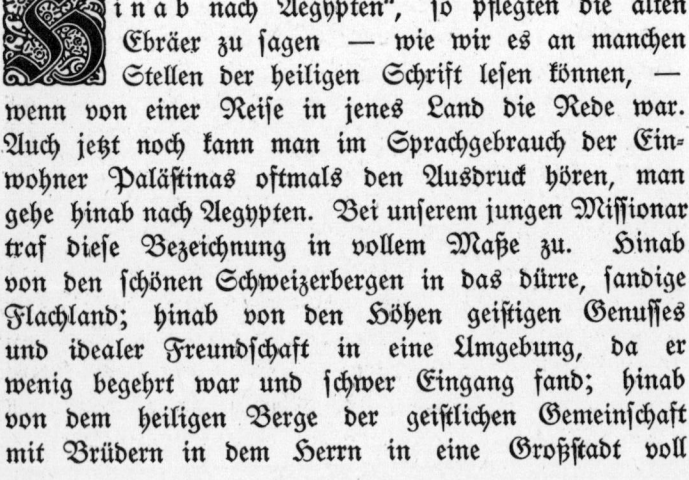

"Hinab nach Aegypten", so pflegten die alten Ebräer zu sagen — wie wir es an manchen Stellen der heiligen Schrift lesen können, — wenn von einer Reise in jenes Land die Rede war. Auch jetzt noch kann man im Sprachgebrauch der Einwohner Palästinas oftmals den Ausdruck hören, man gehe hinab nach Aegypten. Bei unserem jungen Missionar traf diese Bezeichnung in vollem Maße zu. Hinab von den schönen Schweizerbergen in das dürre, sandige Flachland; hinab von den Höhen geistigen Genusses und idealer Freundschaft in eine Umgebung, da er wenig begehrt war und schwer Eingang fand; hinab von dem heiligen Berge der geistlichen Gemeinschaft mit Brüdern in dem Herrn in eine Großstadt voll

Sünde und Laster, wo nur ein verschwindend kleines
Häuflein wahrer Christen wohnte: so führte der Herr
seinen jungen Knecht.

Schon in den äußeren Umständen seiner Sendung
lagen große Schwierigkeiten. Vater Spittler, der uner-
müdliche Gründer und warmherzige Missionsfreund,
hatte in seinen alten Tagen einen wunderschönen Plan
entworfen. Die wenigen in Abyssinien unter der Leitung
Bischof Gobats arbeitenden Missionare waren so abgeschlossen, so schwer zu erreichen, daß sie in Gefahr
waren, nach Seele und Leib Schaden zu leiden, und
doch schien sich das Land dem Evangelium aufzuschlie-
ßen und konnte ein Herd des Lichtes werden für das
dunkle Afrika. Darum sollte eine lebendige Verbindung
hergestellt werden, und zwar durch Errichtung von zwölf
Stationen, die je etwa fünfzig Stunden von einander
entfernt, vom Hafenplatz Alexandrien bis nach dem
abyssinischen Hochland führen würden. An jedem Ort
sollten mindestens zwei Missionare stationiert werden;
ein Depot von Bibeln und womöglich ein kaufmänni-
sches Geschäft sollte gegründet, und auf diese Weise
ganz Aegypten, Nubien und der östliche Sudan von
einer Kette geistlicher Oasen durchzogen werden. Die
zwölf Stationen sollten die Namen der zwölf Apostel
tragen, zum Zeichen zugleich, daß diese A p o s t e l -
s t r a ß e direkt in dem Dienst des Herrn stehe.

Manche Freunde griffen diesen Gedanken mit Be-
geisterung auf. Im Jahr 1860 ward ein erster Anfang
gemacht, und in den folgenden Jahren die Stationen
St. Matthäus in Alexandrien, St. Marcus in Kairo,
St. Petrus in Assuan, St. Thomas in Chartum und
St. Paulus in Matammah in Angriff genommen.

Heinrich Rappard hatte mit seinem praktischen Sinn schon als Zögling die Schwierigkeit und, unter den obwaltenden Umständen, die Undurchführbarkeit des Planes erkannt. „Wie schade", schrieb er einmal, „daß Papa Spittler einen so großartigen Namen gewählt hat für ein Werk, daß sich notgedrungen aus so geringen Mitteln konstruieren soll." So hatte er auch seiner Zeit mit Bangigkeit vernommen, daß er gerade für die Apostelstraße bestimmt sei; doch war er gewillt, sich leiten zu lassen, und hoffte das Beste.

Aber der Augenschein bestätigte seine Befürchtungen vollkommen. Geld war wenig vorhanden. Selbsterhaltung war das Prinzip der Pilgermission; aber wie und wo sollte es durchgeführt werden? In Alexandrien hatten verschiedene Brüder mit Treue und großer Selbstverleugnung gearbeitet, namentlich in der Kolportage und unter den Seeleuten. Männer wie Ostertag und der früh vollendete Möhl hatten als wahre Knechte Christi ihr Licht leuchten lassen. Aber als Rappard im Herbst 1865 „die St. Matthäus = Station übernehmen" sollte, war tatsächlich nichts zu übernehmen vorhanden.

Nach angenehmer Seefahrt von Venedig war er am 20. Oktober in Alexandrien gelandet. Br. Ostertag begrüßte ihn mit herzlicher Freude und brachte ihn in sein zeitweiliges Logis, — die deutsche Kirche, wo in einem Abteil auf Bänken einfache Lagerstätten bereitet waren. Die Traditionen der Chrischonakirche hatten sich offenbar nach Aegypten verpflanzt!

Der Ordnung gemäß sollte sich der neue Missionar vor Beginn der Arbeit dem Lokal=Komitee in Jerusalem vorstellen. Vorher begrüßte er den deutschen Pastor Herrn Lüttke, der ihn aufforderte, mit ihm einen Ab-

stecher nach Kairo zu machen, und knüpfte Bekanntschaft
an mit dem schottischen Geistlichen Dr. Yule. Dann
zog er mit dem ihm von der Anstaltszeit her bekannten Br. Grandliénard (jetzt seit vielen Jahren französischer Pfarrer in New-York) hinauf nach Jerusalem.

Dort logierte er im Syrischen Waisenhause bei
Herrn Schneller. Sein Tagebuch bringt Schilderungen über seine tiefen Eindrücke beim Anblick der heiligen
Stadt und der öden Berge, die sie umgeben.
„Wenn ich sehe, was Gottes Fluch über
dies Land gebracht hat, dann verstehe
ich, was der Segen einst sein wird", ruft
er einmal aus. Er schildert einen Gang nach dem Öl-
berg, Gethsemane, Emmaus, Bethlehem. Wir müssen
dieses übergehen und uns auf die seine praktische Arbeit betreffenden Stellen beschränken.

Jerusalem, 13. November. Ich habe christliche Anstalten oder vielmehr das Leben, das man da führt, immer
gern gehabt. Es muß um der vielen Leute willen eine
pünktliche Ordnung eingehalten werden, und das macht,
daß man weniger Zeit mit kleinen, unnötigen Dingen
verliert. Dies ist auch die angenehme Erfahrung, die
ich im Syrischen Waisenhause mache. In diesem Haus
bestrebt man sich, das Leben nach Jesu Vorbild einzurichten.

Mein erster Besuch in der Stadt galt dem Herrn
Bischof Gobat, der Vorsitzender des Lokal-Komitees
ist. — Mit wahrer Spannung lese ich sein in Abyssinien geschriebenes und später veröffentlichtes Tagebuch.

15. November. Die Herren N. und N., meine Vor-
standsmitglieder, sind in der Tat verständige Leute.
Sie hören aufmerksam zu, wenn man ihnen

die Schwierigkeiten darlegt und geben etwas auf den
Rat erfahrener Leute. Ich denke viel nach über die Art,
wie ich in Alexandrien anfangen soll und habe heute
den Herren meinen sehr einfachen Plan darlegen können.
1. Eine Wohnung von mehreren Zimmern mieten.
2. Eigenen Haushalt haben. 3. Zwei oder drei Herren
als Kostgänger aufnehmen. 4. Eine kleine Schule er=
öffnen. 5. Besuche machen in Häusern mit der Bot=
schaft des Evangeliums. 6. In unsern Zimmern Bibel=
stunden halten in deutscher und französischer Sprache.
7. Die arabische Sprache und wahre Theologie mit
Ordnung und Fleiß studieren. — O Jesu, ich weiß,
daß nur das, was nach deinem Willen getan wird,
wirklichen Wert hat.

Während Heinrichs Aufenthalt in Jerusalem er=
eignete sich ein ernster Fall. In jenem Sommer 1865
hatte in Jerusalem die Cholera gewütet und viele Opfer
gefordert. Schon galt die Epidemie für völlig erloschen,
als ein Schüler des Syrischen Waisenhauses am Abend
des 17. November mit choleraartigen Symptomen er=
krankte und starb. Herr Schneller ersuchte Rappard, die
Leichenfeier zu halten, die, weil man den Sarg nicht
durch die Tore der Stadt zur Kirche brlngen durfte,
in der Eingangshalle der bischöflichen Schule auf dem
Berge Zion stattfand. Viele Glieder der Gemeinde
stellten sich dazu ein. Die Herzen waren bewegt im Ge=
dächtnis der jüngst verflossenen Zeiten der Heimsuchung.
Hunderte von neuen Gräbern wölbten sich in den vielen
Beerdigungsplätzen, die die heilige Stadt umgeben.
Ein warmer Frühregen war gefallen und hatte der
Erde einen schaurigen Modergeruch entlockt. Und mitten
durch diese Bilder des Todes erschallte das ernste

Wort des jungen Predigers: „Heute, so ihr seine
Stimme höret, so verstocket eure Herzen nicht."

Es ward eine Botschaft des Lebens für manches
Herz.

Und nun galt es abermals, auch von Zions
Höhen hinab zu ziehen nach Aegypten. Am 3. Dezember
landete Rappard wieder in Alexandrien, um nun die
Arbeit definitiv zu beginnen. Das Tagebuch läßt uns
hinein blicken in viel Not und Kampf.

Alexandrien, 4. Dezember 1865. Br. Ostertag hat noch
keine Wohnung gefunden. Ich hörte von einer solchen,
und beeilte mich hinzugehen; aber sie war schon vermietet.
Die Preise sind unerhört.

6. Dez. Herr Th., ein Basler aus Kairo, kommt
auf Besuch. Er logiert bei uns, d. h. in der Kirche!

7. Dez. Herr B., ein junger Kaufmann, der
krank ins Spital gebracht werden mußte, bietet mir für
die Zeit seiner Abwesenheit sein Zimmer an. Ich nehme
es dankbar an.

8. Dez. Es sind Prüfungstage. Nur in Jesu
finde ich Ruhe für Herz und Gemüt.

9. Dez. Wir haben ein Haus gemietet im arabischen Stadtteil für Fr. 4000. — im Jahr. Es ist viel
zu teuer, aber was machen? Der Herr stehe uns bei
und brauche dies Haus zum Heil etlicher Seelen!

12. Dez. Wir sind eingezogen; ich machte einige
Einkäufe und putzte die Fenster.

17. Dez. Sonntag. Ich begleitete Dr. Pule auf das
Bethelschiff, ein im Hafen geankertes, als Kapelle ein-
gerichtetes Fahrzeug, wo er regelmäßige Gottesdienste

hält. Abends Gebetsvereinigung mit etlichen Brüdern in meinem Zimmer.

21. Dez. Der kürzeste Tag des Jahres stimmt mit der Dunkelheit in meinem Gemüt überein. Wenn mich der Herr nicht trüge, so hielte ich es nicht aus. Alles, was ich tue und tun kann, ist so gar nicht nach meinem Sinn. Ich habe Prospekte drucken lassen auf deutsch und französisch für die zu beginnende Schule. Unserm Hausherrn Jussuff zahlte ich Fr. 2000.—!

22. Dez. So vieles lastet auf meinem Herzen. Alles, was mich umgibt, stimmt mich traurig. Meine Freude ist einzig im Herrn; Er ist wirklich mein Bergungsort, auch jetzt, da ich im Dunkeln wandeln muß. O Herr, wie lange?

26. Dez. Heute an meinem Geburtstage habe ich eine kleine Bibelstunde gehalten im Hospital. Aber alles, was ich tue, trägt den Stempel der Traurigkeit meines Herzens." —

Aus dieser Zeit stammt ein Brief an seine Geschwister Arnold in Heiden:

„Ein tiefes Heimweh nach Euch erfüllt mein Herz. Die Ursache davon ist meine Liebe zu Euch und Eure Liebe zu mir einerseits; und andererseits die trüben Verhältnisse, in denen ich mich befinde. Was wir mit einander besprachen von meiner Stellung hier und dem vielen Schweren, das mich erwartete, das verwirklicht sich nun. Soll es mich denn wundern und überraschen, da ich es doch vorher wußte? Einigermaßen ja, weil die Realisation der Befürchtungen schwerer zu ertragen ist, als das bloße Ahnen. Soll ich aber nun darüber klagen? Das schwache Herz sagt: Ja, um so mehr, da ich fühle, wie mein Schmerz in Euren Herzen Teilnahme finden würde. Aber mein Gott und sein Wort sagen: Nein; und auch du mein Bruder in Christo und im Amt, sagst: Nein. Mir gilt nun das Wort: ‚Leide dich als ein guter Streiter Jesu Christi; laufe mit G e d u l d in den Kampf, der dir verordnet ist.‘ Gern öffne ich mein Herz diesem göttlichen Nein. Denn es ist dieses mein einziger Halt und die einzige Freude meines Lebens in Alexandrien. In Umständen zu sein, die dazu beitragen, daß einer gleichsam gezwungen ist, an Gott allein Gefallen und Freude zu haben, ist nicht etwas Trauriges, wenn man es von der rechten Seite betrachtet. Deshalb will ich meinen Gott loben mit freudigem Munde, von meinen Verhältnissen in Alexandrien einfach erzählen und von mir selbst schweigen . . .

„Am Neujahrstag werde ich meine erste französische Predigt halten. Es sind aber gewöhnlich nicht mehr als zwanzig Personen in der Kirche. Deutsche sind es vielleicht sechzig, die den Gottesdienst besuchen, und doch sind, wie ich hörte, allein 1100 Schweizer in der Stadt. — Lebt wohl, Geliebte. Vergeßt es nicht, daß ich in einer geistlichen Wüste bin und laßt mich nie aus Eurer Gemeinschaft.‟

Das Tagebuch erzählt weiter:

4. Januar 1866. Wir haben noch immer keine Schüler. Ein reicher Grieche würde mir gern seinen Knaben anvertrauen, wenn er wüßte, daß ich nur Standesgenossen nähme. Er bietet mir an, Fr. 500.— jährlich zu zahlen für den Unterricht seines Sohnes. . . Ich weiß nicht, was ich tun soll.

10. Jan. Alles scheint gegen uns zu gehen; ich muß kämpfen, um nicht zu murren, weder gegen Gott noch gegen Menschen.

11. Jan. Ein junger christlicher Lehrer aus Syrien, namens Fadl'Allah, der mir von Dr. Yule empfohlen ist, mietet bei mir ein Zimmer und will eine Schule beginnen.

21. Jan. (Sonntag.) Trauriger Tag für uns. Das matte Herz kann nicht anders als fragen: Herr warum? Während wir Brüder in der Kirche waren, sind Diebe mittelst eines Dietrichs in unsere Wohnung gedrungen, haben alle Kisten und Schubladen durchwühlt und alles Geld genommen, was wir besaßen, bis auf eine kleine Summe, die G. gut verborgen hatte. Der Konsul kann nichts machen. Es heißt hier allgemein: was in Alexandrien gestohlen wird, das bleibt gestohlen.

5. Februar. Ich habe mit dem jungen Lehrer Fadl'-Allah ein Übereinkommen getroffen, wonach er bei uns Kost und Logis erhält, die Hälfte der Schulgelder bezieht und dafür den arabischen Unterricht erteilt, während wir den französischen Unterricht und andere Fächer geben. Wir haben nun (in dieser gemeinsamen Schule) zehn arabische und drei deutsche Schüler.

25. Febr. Ich predigte heute auf Englisch in Dr. Yule's Kirche.

20. April. Dr. Yule verreist nach England für den Sommer und übergibt mir sein Amt für die Zeit seiner Abwesenheit. Jeden Sonntag werde ich zweimal die englische Predigt zu halten haben. Wie gern übernehme ich diese Arbeit, die ich gar nicht gesucht habe.

29. April. Die Vorbereitung auf meine englischen Predigten gibt mir ziemlich viel Arbeit. Heute hatte ich auf dem Bethelschiff fünfundneunzig Männer als Zuhörer.

24. Mai. Unsere dreißig Schüler bringen viel Leben ins Haus.

2. August. Die Schule gibt mir viel Arbeit; ich bin ziemlich allein, um die vierzig Jungen zu überwachen.

26. Aug. Schöne Versammlung auf einem Segelschiff mit zwanzig Matrosen.

14. Oktober. Predigte heute in französischer Sprache und teilte das heilige Abendmahl aus.

Soweit die Notizen aus dem Tagebuch. Wir haben sie so ausführlich mitgeteilt in der Hoffnung, daß mancher junge Arbeiter im Weinberge des Herrn Mut fasse, wenn er hört von den Nöten und Kümmernissen, die über seine „älteren Brüder" ergangen sind, und von der Hülfe, die sie erfahren haben. Rappard sprach aus Erfahrung, wenn er in späteren Jahren seinen lieben Zöglingen so oft sagte: „Schwierigkeiten sind da, damit man sie überwinde."

Einige Male erwähnt das Tagebuch eines Zusammentreffens mit Herrn Ed. Burckhardt aus Basel, der damals in Alexandrien weilte und mit dem Rappard viele Jahre später, nach der Rückkehr in die schweizerische Heimat, im Werk des Herrn so eng verbunden werden sollte.

Wie es mit der weiteren Entwicklung der Schule ging, soll uns Freund Bauder erzählen, dem Rappard, als seine Aufgabe zunahm, gewinkt hatte, daß er käme und helfe ihm ziehen am Netz. Er schreibt:

„Im Herbst 1865 hatte Rappard die Matthäus-
Station gegründet. Der Anfang war schwer. Es stellte
sich bald heraus, daß nur durch eine Schule günstiger
Erfolg in Aussicht stehe. Es wurde mit Hilfe eines
arabischen Lehrers im arabischen Teil der Stadt ein
Anfang gemacht. Die Schüler stellten sich allmählich
ein, und vor einem Jahr war die Zahl hundert erreicht.
Rappard fühlte aber, daß er einen als Lehrer ausge-
bildeten Mann zur Seite haben müsse und schrieb mir,
ob ich ihm nicht zur Hilfe kommen wollte. Ich stellte
den Entscheid in die Hand des Komitees; es erlaubte
mir, im Herbst 1866 zu gehen, nachdem ich noch einige
Monate vorher in Miolan bei Genf einen Anfang in
der französischen Sprache erhalten hatte. Ich freute mich
auf das Wiedersehen mit meinem Freunde und auf die
gemeinsame Schularbeit.

„Einige Tage nach meiner Ankunft in Alexandrien waren die Ferien zu Ende. Aber wie staunten
und erschracken wir, als von den hundert Knaben, nur
achtundzwanzig sich einstellten! Die arabischen Kinder
blieben weg. Die Erkundigung ergab, daß der arabische Lehrer Fadl'Allah in den Ferien die Eltern besucht und ihnen gesagt hatte, Rappards Schule sei von
der Mission gegründet und die Knaben stünden in Gefahr, Protestanten zu werden. Er werde nun eine eigene
Schule eröffnen; sie sollten nur ihm die Schüler zu-
schicken.

„Das war eine bittere Enttäuschung für uns.
Rappard besprach sich mit dem preußischen Konsul The-
remin, ebenso mit einflußreichen Deutschen und Schweizern. Diese ermunterten ihn, im e u r o p ä i s c h e n
Teil der Stadt eine Schule zu eröffnen. Nach länge-

rem Suchen fand sich in einer großen Okella (ein im Viereck gebauter großer Häuserkomplex mit 20—50 und mehr Wohnungen und großem Hofraum in der Mitte) eine geeignete Räumlichkeit, im ersten Stock über der Bank Oppenheim, nahe bei dem schönen Platz der Konsuln, zum Mietzins von Fr. 4060.— im Jahr. Anfangs Dezember zogen wir hier ein. Es gab zuerst Schwierigkeiten, als die arabischen Hausvermieter merkten, daß wir mit einer Schule kommen. Sie meinten, die Angestellten der Bank würden gestört werden, und reichten deshalb eine Klage gegen Herrn Rappard ein. Dem preußischen Konsul aber gelang es, die aufgebrachten Leute zu beruhigen, mit der Versicherung, die Lehrer und Vorsteher würden ihr möglichstes tun, um jede Störung zu vermeiden. Natürlich hielten wir unter diesen Umständen die Schüler zur Ordnung, Höflichkeit und Stille an. Es vergingen Wochen, Monate und Jahre, nie wurde eine Klage erhoben. Die dicken Sandsteinplatten, womit der Zimmerboden belegt war, ließen keine Tritte im untern Stock laut werden. Die Schule entwickelte sich rasch, es kamen Kinder von besser gestellten Leuten. Ein freudiger Schulgeist stellte sich ein; durch öffentliche Examen wurde den Eltern Einblick in die Arbeit und den Erfolg derselben gewährt. Mit der Zeit fanden sich zweihundert Schüler ein, so daß ich später, als Rappard wegzog und mir die Leitung der Arbeit übertrug, auch den zweiten Stock mieten und behalten konnte.*)

---

*) Die deutsche Schule in Alexandrien ist unter Herrn Bauders Leitung noch eine Reihe von Jahren in großem Ansehen geblieben.

„Wir hatten als Junggesellen einen großen Haushalt. Lehrer, Kaufleute, denen es in unsrem Hause gefiel, und eine Anzahl Schüler, die über Mittag bei uns blieben, ergaben eine große Tischgesellschaft. Ein fröhlicher Ton würzte die Mahlzeiten. Wir waren als Pilgermissionare, die sich selbst erhalten sollten, sehr auf Sparsamkeit angewiesen. Herr Rappard hatte ein besonderes Geschick, mit wenig Geld viel auszurichten."

So hatte denn der Herr seinen Knechten Raum gemacht. Die materiellen Schwierigkeiten waren vorbei, die Selbsterhaltung der Station war zur Tatsache geworden, und die kleine Hausgemeinde konnte sich im Frieden erbauen.

Rappards Hauptinteresse war stets die direkte Missionsarbeit in Predigt und Besuchen. Lange Zeit war die Schule für ihn, wie er manchmal zu sagen pflegte, was die Teppichweberei für den Apostel Paulus war: sein Existenzmittel. Nur war das Material allerdings gar viel wertvoller, und er dankte Gott, daß sein Johannes (Bauder) die Lämmer zu weiden so trefflich verstand. Doch auch er beteiligte sich treulich am Unterricht und hatte für seine Knaben und deren Eltern rege Teilnahme.

Zwei Familienereignisse fielen in die Zeit seines Aufenthalts in Alexandrien. Das eine war die Verheiratung seiner teuren Schwester A. mit dem Missionskaufmann, Herrn Joh. Hermann von Jerusalem. Dies verschaffte ihm die große Freude nicht nur ihres Besuches auf der Durchreise, sondern auch ihres verhältnismäßig nahen Wohnens, da Jerusalem in zwei bis drei Tagen zu erreichen war.

Das andere Ereignis schilderte er in seinem Tagebuch.

10. Okt. Ich empfing einen ernsten Brief vom Löwenstein. Mein Vater ist krank. Aus einigen Ausdrücken in dem Brief meiner Schwester J. könnte ich glauben, er sei sterbend. O wie gern möchte ich heim eilen, ihn noch einmal sehen, bei meiner Mutter sein!

25. Okt. Unvergeßlicher Tag! Tag, da die Nachricht mich traf, daß ich meinen Vater auf Erden nicht mehr sehen werde. Der Hüter meiner Jugend, der Führer meiner Seele zu Jesus, zu dem Jesus, der mein Leben geworden ist, er hat das Ziel erreicht. Er ist siegreich eingegangen in das Reich seines Herrn, um in Vollkommenheit mit Ihm zu herrschen von Ewigkeit zu Ewigkeit. Meine Mutter ist eine Witwe, meine Brüder und Schwestern sind Waisen. Aber Gott hat in seiner Güte die Sache der Witwen und Waisen zu der seinen gemacht.

Es war am Abend des 7. Oktober 1866, daß mein Vater hinüberging in die Ewigkeit. Mutter und meine zehn Geschwister umgaben sein Bett. Nur ich, der älteste Sohn war fern, im fremden Lande! Aber mein Meister, mein Heiland Jesus Christus ist bei mir.

Der Winter 1866 auf 1867 war voll reger Tätigkeit. Da Alexandrien damals noch mehr als jetzt an der großen Heerstraße lag, sowohl von Europa nach Ober-Aegypten und Indien, (der Durchstich der Landenge von Suez war noch ein Projekt in fraglicher Zukunft und Port Said existierte noch nicht) als auch nach Syrien und der Levante, kamen viele Missionare und andere

Reisende durch, und wandten sich häufig an die Pil=
germissionare um Hilfe und Herberge. Dafür wußten
die zwei Freunde in den Räumen über Oppenheims Bank
stets guten Rat. Was wurde da für herzliche Gast=
freundschaft geübt! Mehrmals wurde für eine ganze Fa=
milie Raum gemacht; einmal sogar kamen mehrere un=
bemittelte schwäbische Familien zusammen. Aber Liebe
macht erfinderisch. In dem großen Saal, der als Speise=
und Wohnzimmer diente, wurden Seile kreuz und quer
gespannt, darüber Leintücher geheftet und auf diese
Weise eine Anzahl kleiner Kämmerchen gebildet, wo die
lieben Leutlein köstlich ruhten, um dann ihre Reise nach
der Tempelkolonie in Palästina fortzusetzen.

Noch mag hier erwähnt werden, daß jene vor=
läufige Anfrage der schottischen Missionsgesellschaft, ob
Rappard in ihren Verband treten und unter ihrer Lei=
tung in Aegypten arbeiten wolle, nun durch den inzwi=
schen innig befreundet gewordenen Dr. Pule in be=
stimmter Form erneuert wurde. Es ward ihm ein
schönes Arbeitsfeld mit hohem Gehalt in Aussicht ge=
stellt. So sehr ihn die Liebe und das Vertrauen freute,
war seine Antwort klar und einfach: „Der Herr hat
mich in die Pilgermission geführt, und ohne einen be=
stimmten Wink von Ihm werde ich sie nicht verlassen."

Es ist hier auch der Ort zu bemerken, daß im
Jahr 1866 die Familie Rappard auf Wunsch des teuren
Vaters das Schweizer. Bürgerrecht erworben hat, und
zwar in Hauptwil, Kanton Thurgau.

2.

Ein Besuch in Jerusalem.

Die Lebensgefährtin.

Es wird der Hand, die bis hierher die Blätter von
Heinrich Rappards Lebensgeschichte gesammelt und
aneinander gereiht hat, begreiflicherweise nicht leicht, die
nächstfolgenden Seiten hinein zu flechten in den Kranz
der Erinnerungen. Und doch gehören sie notwendig in
das Gesamtbild des geliebten Mannes, soll man seine
starke und doch so feinfühlende und liebewarme Persönlichkeit ganz kennen und seinem ferneren Lebenswege
folgen können.

Zudem bietet dieser Abschnitt seines Laufes manches, was seinen einstigen Schülern und auch andern
Lesern von Nutzen und Segen sein kann; dieser Gedanke hilft die Zurückhaltung überwinden.

In dem großen Haushalt in der alexandrinischen
Okella machte sich je länger je mehr das Bedürfnis
nach weiblicher Fürsorge geltend. Der Hausvater allerdings meinte, wenn man je mit ihm darüber sprach, es
wäre ja dafür kein Platz, weder im Haus, noch in der
Zeit.

Als aber sein hochgeehrter väterlicher Freund, Herr
Spittler in Basel, ihm schreiben ließ, es würde ihn
freuen, wenn die Pilgermissionsfamilie in Alexandrien
eine Mutter bekäme und er somit von seinem Komitee
Heiratserlaubnis erhielt, ehe er darum gefragt hatte,
wollte er sein Herz diesem Gedanken nicht verschließen.

Die Osterferien 1867 waren vor der Tür, und Rappard hatte beschlossen, diese Zeit bei seinen lieben Geschwistern in Jerusalem zu verbringen. An einem Mittwoch Abend sollte er sich einschiffen nach Jaffa. Zuvor ging er in sein Kämmerlein, so erzählt er, kniete vor seinem Gott nieder und sprach: „Herr, du weißt es, ich habe einen Bund gemacht mit meinen Augen, daß ich nicht schauen wolle auf eine Jungfrau. Du hast mir Gnade gegeben, den Bund zu halten. Nun ist die Zeit gekommen, da ich, auch nach der Mahnung meiner Vorgesetzten, eine Gehilfin haben sollte. Darum löse ich vor dir den Bund auf, den ich vor dir gemacht habe und bitte dich in Einfalt: „Laß mich schauen die Jungfrau, die du mir bestimmt hast und mir geben willst."

Sonnabend vor Palmsonntag erreichte er Jerusalem. Unter einem großen Schattenbaum in Colonieh, unweit des alten biblischen Kireathjearims, traf er seine Geschwister, die ihm bis dahin entgegen geritten waren und ihn voll Freuden in ihr gemütliches Heim brachten. Nach kurzer Rast wünschte er dem Bischof seine Aufwartung zu machen. Er traf ihn auf der hohen Zinne seines Hauses, wo der ehrwürdige alte Herr allabendlich etwa eine Stunde lang, sinnend und betend, auf und ab zu gehen pflegte. Diesmal war er nicht allein; seine Frau und Töchter waren bei ihm. Die Familie beabsichtigte, unmittelbar nach Ostern nach England zu reisen, und man hatte heute schon alle Arbeit des Packens und Einrichtens vollendet, um die kommende „Stille Woche" wirklich in der Stille feiern zu können. So war man in festlicher Stimmung, und der Reisende aus Alexandrien wurde herzlich begrüßt.

Hinter dem massiven Davidsturm mit seinen dunklen Quadersteinen war die Sonne eben untergegangen. Eine Flut von feurig goldenen Strahlen umhüllte die Stadt wie mit einem leuchtenden Mantel und ruhte schimmernd auf der Spitze des Oelbergs. Im Hintergrund hoben sich die ernsten Berge Moabs vom klaren Abendhimmel ab und glühten in den wunderbar schönen violett und roten Farben, die man nur im Orient sehen kann. Es war eine stille Feierstunde; in Heinrichs Herzen klang schon der Anfang des göttlichen Amens auf sein Gebet.

Die heilige Woche in Jerusalem brachte dem Fremden viel äußere und innere Anregung, auch manche Begegnung mit der bischöflichen Familie. Am Ostersonntag Nachmittag predigte er in der Christuskirche auf Zion. Den nächsten Morgen sollte er mit einer kleinen Gesellschaft eine Reise an den Jordan antreten; er wußte, daß er bei seiner Rückkehr die Familie Gobat nicht mehr treffen würde, und doch war es ihm inzwischen klar geworden, daß er hier die erbetene Lebensgefährtin zu suchen habe. Sein innerer Entschluß war gefaßt. Aber er konnte und wollte seiner teuren verwitweten Mutter nicht die vollendete Tatsache einer Verlobung anzeigen, sondern zuerst von ihr Zustimmung und Segen erhalten. Nur ließ er durch seinen Schwager den Bischof fragen, ob die Hand seiner Tochter Dora noch frei sei, und ob er Erlaubnis bekäme, darum zu werben. Die Antwort, die er bei seiner Rückkunft vom Jordan vorfand, gab ihm guten Mut, und nun schrieb er seiner Mutter und bat um ihren Segen zu seinem Vorhaben.

Bei dem damals noch mangelhaften Postverkehr

— Telegraphenverbindungen mit dem Orient gab es gar nicht — vergingen zwei Wochen, bis der Brief in der Schweiz eintraf, und abermals zwei, bis die erwünschte Antwort der Mutter nach Alexandrien kam. Und wieder gingen zwei Wochen vorbei, bis Heinrichs Werbung in die Hände des Bischofs und seiner Tochter, die im Norden von Wales weilten, gelangte, und weitere zwei, bis er endlich das bestätigende Jawort vernehmen durfte.

Acht Wochen ist in solchen Fällen eine lange Zeit, und junge Herzen waren damals genau so bewegt in Liebe und Leid wie heute, da man über Land und Meer sein frohes „Ja" oder seinen zustimmenden Glückwunsch dem elektrischen Draht anvertrauen kann. Aber das Warten, das man in jenen alten Zeiten üben mußte, war eine Schule des Gottvertrauens und der inneren Ruhe, die man später um keinen Preis hätte missen mögen und die vielleicht in der so unruhigen Jetztzeit manchem ungestümen Herzen gar wohl täte.

Mit tränenfeuchten Augen sagte Bischof Gobat seinem Kinde: „Du hast ein großes Geschenk bekommen in der ersten, starken, reinen Liebe eines frommen Mannes."

Ach ja, wenn doch alle jungen Männer es bedächten, daß sie ihren einstigen Gattinnen kein größeres Juwel darbringen können, als den Diamant einer sittlich unbefleckten Jugend und einer reinen, gottgeschenkten herzlichen Liebe, sie würden sich hüten vor so manchem eiteln Spielen und vor der bösen Lust, die aus des himmlischen Vaters kostbarstem irdischen Gut ein tödliches Gift gemacht hat.

Aus den Briefen Heinrichs an seine Braut folgen hier einige bezeichnende Stellen:

„Du weißt, daß mein teurer Vater ein sehr ernster Mann war, der es mit der Nachfolge in den Fuß= stapfen des Herrn Jesus genau nahm. Mein fester Wille ist es, in diesem Stück ein würdiger Sohn meines Vaters zu sein. Solche Worte des Herrn: ,Wer mir nachfolgen will, der verleugne sich selbst und nehme sein Kreuz auf sich und folge mir nach', sind tief in meinem Herzen eingegraben, und ich mache mehr und mehr die Erfahrung, daß es unmöglich ist, in dieser Welt ein treuer Jünger Jesu zu sein, ohne seine Schmach zu tragen. Als einer, der im speziellen Dienst des Herrn steht, muß ich zu jeder Stunde bereit sein, Alles für ihn daran zu geben. Ich darf nicht nach hohen Dingen trachten und keine Ehre bei Menschen suchen. Auch bin ich Pilgermissionar, und meine Stel= lung in Alexandrien ist keine glänzende. Mein hochge= lobter Herr und Gott hat sich tief für mich Sünder erniedrigt, und sollte ich, der ich diese unaussprechliche Liebe erkenne und genieße, ein anderes erwählen als Ihm nachzufolgen? Der Stand der Niedrigkeit in frei= willig dienender, sich aufopfernder Liebe soll der Grund= ton meines Lebens und Wandelns sein.

„O wie es mich freut, dir so schreiben zu können mit der Gewißheit, daß du mich verstehst! Unser Herr ist kein harter Herr. Sein Herz ist zart und warm, das hast du, das habe ich erfahren. Das gibt uns Zu= versicht in seiner Nachfolge auch seiner Leiden teilhaftig zu werden.

„Mache dir keine Sorge wegen der ungewohnten Haushaltung. Du wirst alles lernen. Ein reiches Gemüt ist mir mehr wert als praktische Hände!

☩

„Mein nächster Weg zu dir geht über den Gnadenthron Jesu. Dort treffen sich unsere gegenseitigen Botschaften und Grüße und erreichen geheiligt und gesegnet ihr Ziel.

☩

„Wenn der Herr Jesus uns zu verstehen geben will, was das Verhältnis der Liebe und der Hingabe zwischen Ihm selbst und seiner Gemeinde ist, so spricht Er von der Liebe zwischen Bräutigam und Braut. Ist es nicht wunderbar und köstlich für uns, daß Er damit unsere gegenseitige Liebe sanktioniert und heiligt?

☩

„Es durchbebt mich oft der Gedanke, meine Brautschaftsfreude heiligend, daß die Zeit kurz ist, daß die Gerichte Gottes bald hereinbrechen könnten über die Welt der Gottlosen, und daß es zu arbeiten gilt, solange es noch Tag ist. Wir sind beide, — du und ich — berufen, Zeugnis abzulegen von Christo. Dazu hat uns Gott erzogen, und Er vereinigt uns nun, damit wir uns in dem hohen Beruf gegenseitig stärken und ermuntern.

☩

„Das menschliche Gesicht, nach dem Bilde Gottes gemacht, ist ungemein reich und mannigfaltig. Es gibt eine Schönheit des Fleisches und eine andere Schönheit, die ich die Schönheit des Ausdrucks nennen möchte. Obschon ich nicht blind bin für die erstere, hat die letztere immer viel mehr Eindruck auf mich gemacht.

. . . Möge die Schönheit des Schönsten unter
den Menschenkindern uns gefallen und aus
uns hervorstrahlen!

✧

„Zum wahren Glück ist volles Vertrauen nötig.
Ich werde dir immer alles, alles sagen, und du deiner=
seits mir auch. O es soll ein reiches Leben sein, reich
an Vertrauen, reich an Liebe, reich an gegenseitiger,
echter Höflichkeit.

✧

„Das Leben besteht aus sehr vielen großen und
kleinen Kleinigkeiten. Mit dem eigenen Herd und Haus
werden nun auch bei dir einige noch unbekannte Sor=
gen sich einstellen. Die wollen wir dann teilen und mit
einander tragen und mit einander auf den Herrn wer=
fen. Und dann wollen wir nicht für die Zukunft unser
Herz mit irdischen Gedanken beschweren, sondern nach
der Regel einher gehen, die der Herr uns gibt: Sorget
nicht für den andern Morgen; denn es ist genug, daß
ein jeder Tag seine eigene Plage habe.

✧

„Weißt du, was wir tun wollen, um immer recht
lieb mit einander zu sein: Es gibt in der Bibel viele
Stellen, die von den gegenseitigen Pflichten der Ehe=
gatten reden. Nun werde ich diejenigen Stellen beher=
zigen, die von den Pflichten des Mannes handeln, und
du wirst diejenigen beherzigen, da von den Pflichten der
Frau dem Manne gegenüber gesprochen ist. Bei vielen
christlichen Ehegatten geschieht das Gegenteil. Der
Mann kennt nur die Stellen, die ihm sagen, was seine

Frau ihm schuldig ist. So hat es aber Gott nicht gemeint. Jene Worte sind an das Weib gerichtet und nicht an den Mann.

⊕

„Es wäre mir ein großes Glück, wenn ich Urlaub bekäme, in die Schweiz zu reisen. Ich könnte mir diese Freude selbst nehmen, wenn ich wollte, in den Ferien. Aber ich würde fürchten, gerade dadurch die Freude zu verderben. Ich will sie mir nur von meinem zarten Meister schenken lassen, wenn Er es für gut findet, und wenn nicht, dann ist es auch recht. Er soll immer in der Mitte sein zwischen uns.

⊕

„Alle vierzehn Tage gehe ich zur Predigt nach Kairo; verreise Sonnabend Mittag und komme Montag Abend wieder heim. Hier habe ich keine regelmäßige Predigt. Wenn ich diesen Herbst sehe, daß meine Haupttätigkeit die Schule sein soll und nicht die Predigt, so werde ich mich mehr damit beschäftigen und mich bestreben, unsere Schule zur besten in der Stadt zu machen. Ich bin nicht der Meinung, daß ein Missionar bald seinen Posten verlassen soll. Er muß arbeiten wo und wie er kann, bis er vom Herrn ganz deutliche Winke hat, daß er an einen andern Ort gehen soll.

⊕

„Realität des Lebens ist Realität der Sünde, die alles so verdorben hat, daß wir diese Erde nicht unsere Heimat nennen dürfen. Das neue Leben, das durch die Gnade Gottes in uns gewirkt ist, macht uns diese Erde nicht zu einem Paradies, wohl aber den Himmel zu einem Ort der Seligkeit für unsere Seelen, wenn wir uns treu hindurch gekämpft haben. Glaube mir, unsere schönsten Stunden werden nicht die sein, wo wir gemeinsam genießen, was die Erde Schönes uns bietet, sondern wo wir, nach oben blickend, lebendige Eindrücke haben werden von der zukünftigen Herrlichkeit bei Jesu.

✠

„Dieser Brief wird dich auf Iben treffen, bei meiner lieben Mutter, meinen Schwestern und Brüdern. Es macht mich in der Tat fröhlich, daß du da bist. Grüße sie alle von mir, meine Lieben. Grüße den Nußbaum, das Haus, die Veranda, die Wälder, Wiesen und Felder, den Himmel, der über das alles sich wölbt. Grüße d i c h Gott!

✠

„Wenn du nach St. Chrischona gehen kannst, wird es mich herzlich freuen. Ich bin dort sehr glücklich gewesen. In dem Gebetszimmer oben im Turm habe ich meines Heilands Nähe tief empfunden. Ein Glück, das mit der Erde nichts gemein hat, erfüllte mein Herz. Warum ist es jetzt nicht mehr so? Und doch, was hätte ich, wenn ich Ihn nicht hätte?

✠

„Weißt du schon, was leiden ist? Ich glaube es zu wissen, darum bin ich getrieben, täglich zwei Mal zu beten für alle, die in Leiden irgend welcher Art sich befinden. Ich werde nie vergessen, was ich im ersten Jahr in Alexandrien durchgemacht habe!

✠

„Es ist ein großer Unterschied zwischen der Freude des Weltmenschen und der Freude des Gotteskindes. Der erstere sucht sein Glück in den Dingen dieser Welt und f i n d e t es. Das Gotteskind wird vielleicht versuchen, es da zu finden, aber niemals wird es ihm ge-

lingen. Nein: für uns ist das Los gefallen. Nie kann
die Welt uns die Freude geben, die sie ihren Kindern
gibt. Wir könnten nach außen glücklich scheinen, aber
eine Stimme in unsern Herzen würde uns immer sagen:
Ihr seid nicht wahrhaft froh. Unser größtes irdisches
Glück, sogar das Glück unserer Vereinigung, wird uns
nur dann recht erfreuen, wenn wir in Jesu sind. Ich
danke Gott, daß Er unsere Herzen so verändert hat,
daß sie sich nicht lang freuen können an irgend etwas
Vergänglichem, sondern daß eine innere Beängstigung
uns immer wieder zu den Füßen Jesu hintreibt, wo
es uns allein so ganz wohl ist.

⊕

„Eben hat mir die Post die beglückende Nachricht
gebracht, daß ich in die Schweiz reisen kann. Ich danke
dem Komitee, das mir den Urlaub gibt und meiner ge=
liebten Mutter, die mir das Reisegeld sendet. Im
Haus meiner Mutter auf Iben dich zu treffen und die
ersten Tage des Beisammenseins zu verbringen, ist ein
wunderschönes Geschenk unsers Herrn.

Aus den letzten Briefauszügen ist ersichtlich, daß
Rappard im Herbst dieses Jahres in die Schweiz
reiste, wohin seine Braut mit den Ihrigen inzwischen
gekommen war, damit nach dem Wunsch seiner lieben
Mutter die Hochzeit im Beisein beider Familien ge=
feiert werden könnte. Als Ort der Vereinigung wurde
Beuggen gewählt, jenes alte Schloß am Rhein, un=
weit Basels, wo Großvater Chr. Heinr. Zeller sein be=
kanntes Rettungshaus und Lehrerseminar gegründet
hatte und wo die Mutter der Braut, Frau Maria

Gobat, geb. Zeller aufgewachsen war. Dort wurde am
28. November 1867 Carl Heinrich Rappard getraut
mit Dora Gobat, der zweiten Tochter des Bischofs
von Jerusalem. Der Vater segnete das Brautpaar ein
nach dem schönen Ritus der anglikanischen Kirche, und
der teure Onkel, Inspektor Reinhard Zeller, derselbe,
den Heinrich schon in seiner Chrischonazeit so lieb gewonnen hatte, leitete die gesegnete Nachfeier. Diese Ehe
ist die Quelle eines großen, tiefen Glückes und reichen
Segens geworden, eines Segens, der auch das bittere
Trennungsweh überdauert.

Die erste Etappe auf der Hochzeitsreise der jungen Missionsleute war merkwürdigerweise St. Chrischona.
Sie wohnten in dem Hause, das schon nach Jahresfrist ihre traute Heimat werden und so lange bleiben
sollte. In Basel durften sie noch den sterbenden Gottesmann, C. F. Spittler, sehen, der wenige Tage später
heimging und dessen letzte Segensworte ihnen köstlich
waren.

Nach überaus stürmischer Überfahrt von Marseille
kamen sie am 14. Dezember wohlbehalten in Alexandrien
an, von Freund Bauder brüderlich bewillkommt. Wohl
selten ist eine junge Frau mit solch echter ritterlicher
Freude begrüßt worden, wie die Hausmutter, die Heinrich Rappard seiner Tafelrunde in der St. Matthäus-
Station in Alexandrien zuführte. Sie fand eine Tischgesellschaft von sechs bis acht Herren und zwölf bis
vierzehn Knaben, die allesamt mit der größten Zuvor-
kommenheit und Dankbarkeit sie empfingen und fort-
dauernd sich bestrebten, ihre Aufgabe leicht und lieblich

zu machen. Sogar der originelle Koch, Jakob Rosen=
zweig, ein lieber Proselyte aus Galizien, überbot sich
in seinen Leistungen zu Ehren der festlichen Gelegenheit,
obwohl er wußte, daß sein Regiment nun zu Ende sei.

⊕

Aus den folgenden Monaten tauchen einige Er=
innerungen auf, die es wert sind, festgehalten zu wer=
den. Leider hört Heinrichs inhaltsreiches Tagebuch hier
auf und muß fortan, so gut wie möglich, durch das
Gedächtnis ersetzt werden.

Einer der Kostherren, ein junger Schotte, der in
leidendem Zustand nach Aegypten gekommen war, fiel
den Hauseltern gleich bei ihrer Ankunft durch sein
schlechtes Aussehen auf. Sie ahnten, daß es hier viel=
leicht bald gelten könnte, einer Seele beim letzten großen
Schritt beizustehen. Man kommt sich sehr nahe im Licht
der Ewigkeit! Eines Abends, bald nach Neujahr, fühlte
Richard sich recht müde und elend. Man bat ihn, doch
früher zu Bett zu gehen; aber er sagte, er möchte die
Abendandacht ja nicht versäumen. Als er hörte, man
würde gern die Andacht in seinem Zimmer halten,
zog er sich dankbar zurück. Zur gewohnten Zeit ver=
sammelte man sich um sein Lager. Rappard las das
siebzehnte Kapitel des Evangeliums Johannes und be=
fahl den lieben jungen Bruder dem Herrn in herzlichem
Gebet. — In der Nacht trieb eine innere Unruhe die
Hausmutter in sein Zimmer; sie fand ihn matt in seinen
Kissen sitzen; doch fühlte er sich wohler, und sein Mund
strömte über von Lob und Dank gegen Gott und Men=
schen. Nach einer Weile sagte sie: „Ich muß Sie jetzt
wieder verlassen, lieber Richard, aber der Herr Jesus
bleibt bei Ihnen.“ Mit freudestrahlendem Gesicht er=

widerte er: „Es ist der Mühe wert, die ganze Nacht
wach zu bleiben, um Ihn so nahe zu haben."

Als der Morgen anbrach und Heinrich nach ihm
sehen wollte, fand er nur die entseelte Hülle. Das müde
Kind war daheim.

Der ausführliche Brief, der an seine Angehörigen
in Schottland geschrieben wurde, machte einen so tiefen
Eindruck, daß der Pfarrer bat, ihn von der Kanzel
lesen zu dürfen und dann die große Freude erlebte, daß
mehrere junge Männer sich entschlossen, dem Heiland
nachzufolgen.

Ein anderer junger Mann aus dem Kreis in
Alexandrien wurde aufgefordert, in der Eigenschaft eines
höheren Dolmetschers, die englische Expedition zur Be-
freiung der gefangenen Missionare in Abyssinien, unter
Lord Napier of Magdala, mitzumachen. Er nahm das
Anerbieten an. Am Abend vor der Abreise wurde bei
der Andacht das Lied gesungen: „Seh'n wir uns wohl
einmal wieder?" mit der Antwort: „Ja, gewiß, wir seh'n
uns wieder." Nach einigen Wochen traf ein Brief vom
Kriegsschauplatz ein mit allerlei interessanten Mitteilungen.
„Ich muß Ihnen noch sagen", fügt der Schreiber
hinzu, „wie wichtig mir jenes Lied geworden ist, das
wir bei der letzten Abendandacht sangen. Mehr als einmal, wenn in meiner jetzigen rauhen Umgebung eine
Versuchung an mich herandringen wollte, meinte ich im
Geist die Worte zu hören: „Seh'n wir uns wohl einmal wieder? Und der Gedanke daran half zum Überwinden."

Eine große Freude war der vierzehntägige Besuch
Bischof Gobats in den zu seiner Diözese gehörigen

Gemeinden Alexandrien und Kairo. Diesmal stieg er
nicht, wie sonst, in dem Haus eines englischen Groß-
kaufherrn ab, sondern in dem schlichten Heim seiner
Pilgermissionskinder. Wie köstlich war jenes Zusammensein! Mit Wonne durfte die Tochter und Gattin den
Gesprächen lauschen über die großen Taten der göttlichen Offenbarungen in der Vergangenheit, und die
seligen Verheißungen für die Zukunft, auch über Israels
Hoffnung. Wie gut verstanden sich die beiden Missionare, der alte und der junge! Beide so feurige Liebhaber des göttlichen Worts, beide so überzeugt in ihrem
Glauben, und beide so unendlich bescheiden.

Nach außen bot die Stadt Alexandrien wenig
Erfreuliches. Es war die Zeit, da durch den mächtigen
Aufschwung der Baumwollen-Industrie viele europäische
Kaufleute ins Land gekommen waren. Man schätzte die
Einwohnerzahl auf etwa 200,000, wovon die Hälfte
Europäer: Griechen, Italiener, Malteser, Deutsche,
Schweizer, Franzosen, Engländer. Es war viel Geld
vorhanden, aber auch viel Sünde. Raub und Mord
war auf der Tagesordnung. Jeden Morgen hörte man
von neuen Schrecknissen, Messerkriegen und Gewalt-
taten, die in der Nacht geschehen waren. Um so dankbarer waren die Missionare für ihre stille Wohnung,
wo sie nicht nur selbst im Frieden leben, sondern auch
andern den Weg des Friedens zeigen durften. Rappard
lernte immer mehr den Wert der Schule schätzen und
sah, daß die Hoffnung auf Hebung des Lebens in
dieser gottlosen Stadt auf das heranwachsende Geschlecht gehe.

Jeden Morgen 8½ Uhr eröffnete er den Unter=
richt mit allen Knaben durch Gebet und Biblische Ge=
schichte in französischer Sprache. Um 9 Uhr verteilten
sich die Klassen, und es brauchte die ganze Gewandt=
heit des tüchtigen Lehrpersonals, mit Herrn Bauder
an der Spitze, um den Schülern aus vier bis fünf
Nationalitäten und Sprachen gerecht zu werden. Doch
es ging gut, und Gottes Segen war spürbar.

Aber gerade, als Heinrich die Lektion gelernt hatte,
seine Arbeit nicht nach eigenem Wunsch und Plan,
sondern nach Gottes Führung einzurichten, sandte ihn
sein Meister in ein neues Feld.

3.

Kairo.

Schon zu Anfang seines Aufenthaltes in Aegypten
trafen wir Heinrich Rappard ab und zu auf der
Fahrt von Alexandrien nach Kairo, wo er jeweilen in dem
Betsaal der St. Markus=Station deutsch und franzö=
sisch predigte. Zu Ehren des damaligen Khediven sei
es gesagt, daß er allen Missionaren und Mitgliedern
geistlicher Orden völlig freie Eisenbahnfahrt in seinem
Lande gewährte.

Seit Anfang 1867 hatte Rappard diese Gottes=
dienste regelmäßig alle vierzehn Tage gehalten, und in
einigen Gliedern der deutsch=schweizerischen Kolonie
war der lebhafte Wunsch entstanden, ihn ganz zu ihrem
Prediger und Seelsorger zu gewinnen und sich zu einer
Gemeinde zu konstituieren. Sie wandten sich mit ihrem
Anliegen direkt an das Komitee der Pilgermission in

Basel, das den Schritt gut hieß, unter der Voraus=
setzung, daß die betreffenden Brüder darin einen gött=
lichen Wink erkennen könnten.

Das war der Fall. Die Arbeit in Alexandrien
konnte in guten, bewährten Händen gelassen werden;
die wenigen Schäflein in der geistlichen Wüste der großen
volksreichen Stadt Kairo aber bedurften der Evan=
gelisierung und der Pflege sehr. So verließ denn das
junge Ehepaar Rappard schon Mitte April 1868 das
erste traute Heim in Alexandrien, um sich in Kairo
niederzulassen.

Das Haus, das die Pilgermissionare einige Jahre
zuvor in dem arabischen Teil der dicht bevölkerten ägyp=
tischen Hauptstadt gemietet hatten, zeugte rühmlichst von
ihrem selbstverleugnenden Sinn. Sie hatten nicht ein
jeglicher auf sein Haus, das heißt auf eigenes be=
quemes Wohnen geschaut, sondern für das Haus Gottes
gesorgt (Hagg. 1, 9).

Ein wirklich schöner, überraschend hoher Saal
nahm den größten Teil des Hauses ein. Daneben lag
eine kleine Kammer, die den Namen Prophetenstübchen
erhielt und die gleiche imposante Höhe hatte. Ein
Hausflur, der als Eßzimmer benützt werden konnte,
war noch um ein Stückchen höher, so daß man da gute
Luft hatte. Aber die andern Zimmerchen des Hauses
waren einfach unbeschreiblich. Über einander, neben ein=
ander lagen sie, ohne jeglichen Plan und Ordnung,
durch Treppen und Winkel verbunden oder auch ge=
trennt, zum Teil mit kleinen Fensterchen versehen, zum
Teil auch ganz ohne diesen Luxus, nur durch die Tür
erhellt. Dazu war alles baufällig, so daß es den mit
so viel Ordnungssinn begabten Rappard eine Überwin=

dung kostete, diese Wohnung zu beziehen und besonders seine junge Frau hinein zu führen. Aber der Saal, der gute, hohe Betsaal überwog alles!

Am ersten Abend, als man eben die Mahlzeit beendet und sich in ein anstoßendes Gemach begeben hatte, hörte man einen dumpfen Fall, und gleich darauf lief einer der Hausgenossen herein mit der Meldung, es sei eine große Schlange durch ein „Loch im Dach" direkt auf den Eßtisch gefallen und liege, von dem Sturze betäubt, da. So war es. Das immer noch regungslose Tier konnte zum Glück sofort getötet werden; aber trotz der Versicherung einer jungen Kairenerin, daß die „Hausschlangen" selten gefährlich seien, war es doch ein wenig ungemütlich. Der kleine Zwischenfall diente aber zum besten: denn es konnte dem nachlässigen mohammedanischen Hauseigentümer, den man bisher umsonst um Reparaturen gebeten hatte, nachdrücklich bewiesen werden, daß so große Löcher entschieden ausgebessert werden müßten, und er ließ sich herbei, allerlei kleine bauliche Veränderungen anzubringen. In zwei bis drei Wochen hatte die Wohnung ein so nettes Aussehen gewonnen, daß man nie etwas Hübscheres begehren wollte. Zudem war das Haus in seinem düstern, schattigen Winkel verhältnismäßig kühl; das Thermometer zeigte im Wohnzimmer einige Grade weniger als in den eleganten Häusern in dem europäischen Stadtteil, Esbekijeh genannt; immerhin hatte man im Hochsommer meist 27 bis 30 Grad Reaumur zu verzeichnen, auch im kühlsten Raum.

Neben Br. Ostertag, der das letzte Jahr in Kairo des Amtes gewaltet hatte, war in dem Hause noch ein Bewohner, ein etwa zwölfjähriger Negerknabe Samuel.

Er war etliche Jahre zuvor an dem „großen Fluß" (dem
Weißen Nil), wo er seine Kindheit zugebracht hatte,
durch arabische Menschenräuber überfallen und mit einigen andern schwarzen Knaben nach Ober=Aegypten ge-
schleppt worden, um als Sklave verkauft zu werden.
Aber die gute Hand Gottes hatte es gefügt, daß gerade,
als das Boot mit den Negerjungen an Bord sich der
Stadt Chartum näherte, die bekannte holländische
Reisende, Fräulein Alexine Tinné, sie vom Ufer aus erblickte und sofort dem Pascha energisch berichten ließ,
daß hier wohl in gesetzwidriger Weise Negerknaben auf
den Sklavenmarkt gebracht werden sollten. Als das
Boot landete, waren schon Polizeidiener zur Stelle, die
den bösen Räubern ihre Beute abnahmen und die
schwarzen Jungen in Freiheit setzten. Fräulein Tinné,
die nun über sie verfügen durfte, ließ sie zu den Pilger-
missionaren führen, die in Chartum die St. Thomas=
Station besetzt hatten. Unter der Leitung des dort
arbeitenden Missionskaufmannes, Herrn Duisberg,
wurden Samuel und seine Gesellen verpflegt und unter-
richtet und später auf verschiedene Stationen verteilt.
Samuel kam nach Kairo, wo ihn Rappards als Knecht-
lein antrafen, als sie die Station übernahmen.

Mit Eifer und Freude nahm der Missionar seine
neue Arbeit zur Hand. Eigentliche Missionsarbeit unter
Kopten und Mohammedanern konnte er in der kurzen Zeit
seines Aufenthalts in Kairo nicht tun. Die sonntäglichen
Predigten, Hausbesuche, namentlich bei Kranken und
Sterbenden, — ach, bei so manchen, die es nicht
wissen wollten, daß sie sterbend seien, — nahmen seine
Zeit in Anspruch. Die Leichenbegängnisse waren für

ihn immer ernste Gelegenheiten, das Evangelium solchen nahe zu bringen, die nicht zu bewegen waren, die Gottesdienste zu besuchen. Hier wie in Alexandrien schienen sich die Deutschen und Schweizer das Wort gegeben zu haben, nur den einen Zweck zu verfolgen, baldmöglichst Geld zu gewinnen und sich, so gut es ging, zu amüsieren. Später, wenn sie wieder daheim wären, so meinten sie scherzend, sei dann immer noch Zeit!

Aber einige Seelen waren zubereitet, wie ein dürstendes Erdreich. So gedenken wir gern einer braven Zürcherin, die den Haushalt einiger Herren leitete und ihre Marktgänge so einzurichten wußte, daß sie zur Zeit der Morgenandacht schnell ins „Pfarrhaus schlüpfen" konnte, um einen Trunk Lebenswasser zu holen, und dann hurtig, mit ihrem freundlichen: „Adie, Adie" wieder an ihre Arbeit zu gehen. Sie ist nun schon längst beim Herrn. Auch einige Männer zeigten Ernst, und es bildete sich in der Tat eine kleine Gemeinde, aus der die heutige deutsche Kirche erwachsen ist.

Eine Schule, die früher bestanden hatte, fing an zu blühen. Samuel war die Seele der kleinen Gesellschaft. Einst, als die Geschichte von der Speisung der fünf Tausend erzählt worden war, blickte er mit Stolz im Kreis seiner meist mohammedanischen Mitschüler umher und fragte: „Habt ihr's jetzt gehört, was mein Herr Jesus tun kann?"

Große Freude machte es Rappard, daß seine Frau so viel Eingang fand in den Harems, wo die geknechteten Töchter des Volks ein solch unwürdiges Dasein führen. Er hoffte, es könne auf diesem Wege etwas erreicht werden für das Reich Gottes.

Aber kaum war diese ganze Arbeit in Kirche und Schule, im Haus und auswärts in Angriff genommen worden, so ertönte schon wieder das Signal zum Aufbruch, wiewohl man es nicht sogleich verstand.

Von St. Chrischona kamen ernste Berichte. Der teure Kaplan Schlienz war gestorben. Herr Bauder kam selbst von Alexandrien, seinem Freund die Nachricht zu überbringen. Heinrich war seltsam bewegt. Er hatte St. Chrischona sehr lieb und fühlte instinktiv, daß sie an einem wichtigen Wendepunkt ihrer Geschichte stehe. Er schloß sich in sein Studierzimmerchen ein und blieb lange allein mit Gott. Daß dieser Heimgang seine eigene Lebensführung berühren könnte, dachte er damals nicht.

Den nächsten Tag schrieb er an das Komitee einen Brief, in dem er seine Gedanken über die Zukunft der Anstalt in aller Offenheit aussprach und seinen „ehrwürdigen Brüdern und Vätern" gewisse tief empfundene Bedürfnisse darlegte. Er meinte, sie würden ihm vielleicht darob zürnen; aber dem war nicht also. Er hatte einem starken inneren Liebesdrang gefolgt, und das spürten die Empfänger. Dieser Brief, der leider nicht mehr zu finden ist, kreuzte sich mit einem ersten Berufungsschreiben von seiten des Komitees! Darüber soll der nächste Abschnitt eingehend berichten.

Es sei hier nur gesagt, daß schon nach drei und ein halbmonatlichem Aufenthalt in Kairo die Stunde schlug, da die Pilgermissionare, bei denen dieser Name sich in sehr praktischer Weise zu verwirklichen schien, den Wanderstab aufs neue ergreifen mußten. Ihre ganze trauliche erste Einrichtung wurde schon acht Mo-

nate nach der Hochzeit wieder verkauft; doch diese
äußeren Dinge schienen ihnen gering im Vergleich zu
der großen und schweren Aufgabe, die ihrer wartete.

Aber ehe der Leser mit Heinrich Rappard und
seiner Frau das alte Land der Pharaonen verläßt, soll
er sie noch begleiten auf einigen denkwürdigen Gängen.
Interessant vor allem war der Ritt zu den Pyramiden
von Gizeh, diesen uralten Denkmälern der Vergangenheit. Auf die große Pyramide klommen sie mit Hilfe
der dazu von der Regierung bestellten Beduinen ohne
viel Mühe und waren tief ergriffen von dem unvergeßlichen Anblick. Der Aufstieg im Inneren der Pyramide,
wo der Staub von Jahrtausenden in dicken Wolken
den Wanderer umwirbelt, war mühsam und bedrückend.
Heliopolis, die Sonnenstadt, wurde besucht in Gesellschaft des teuren alten „Volksboten", Herrn Pfarrer
Adolf Sarasin von Basel, der auf der Rückreise von
Palästina einen Besuch in Kairo machte und einige
Tage in jenem hohen Prophetenstübchen neben dem
Betsaal rastete. Der ganze eigentümliche Zauber der Stadt
Kairo, mit ihrer malerischen Zitadelle, ihren ungezählten
Minarets, ihren luxuriösen Gärten, ihren breiten Alleen
und engen Gassen, durch die eine bunte Menge unaufhörlich wogt, blieb den jungen Missionsleuten eine
lebenslange, aber tief wehmütige Erinnerung. Sie
hatten zu viel Sünde und Elend gesehen. Sie waren
auch Zeugen fanatischer Auftritte unter den mohammedanischen Derwischen; sie sahen, wie einer zu
Ehren des falschen Propheten, den er mit mark-
erschütternder Stimme und schauerlichen Gebärden ge-
grüßt hatte, einer noch lebenden Schlange den Kopf

abbiß und ihn samt dem ganzen Reptil Stück für Stück verschlang. Auch der unheimlichen Szene wohnten sie bei, die sich alljährlich bei der Rückkehr der Mekka-Pilger abspielt, da hunderte von Männern sich auf offener Straße flach auf das Antlitz werfen, und den Scheich-el-Islam, einen hohen Würdenträger, auf schwerem weißem Roß über ihre Rücken dahin reiten lassen. Man merkt bei diesen Anlässen etwas von einer Finsternis, die man greifen kann.

Lieblicher war das letzte Bild, das sie schauen durften. Schon seit Wochen hatte man das Steigen der Wasser des Nils beobachtet, wie es alljährlich in der Sommerzeit zu geschehen pflegt. Plötzlich vernimmt man die Freudenbotschaft: der Nil überflutet seine Ufer! Und nun werden alle Dämme geöffnet und alle wohl zubereiteten Graben und Gräblein mit dem schlammigen Wasser erfüllt, das Fruchtbarkeit und Erntesegen in seinem Gefolge hat. So hat Gott für das Land, wo es fast nie regnet, auf andere Weise für die notwendige Feuchtigkeit gesorgt.

Oft hat Rappard in seinen späteren Reden an dies Bild gedacht. Der Segen, das Lebenswasser, kommt von oben. Gott allein kann es geben. Aber Schleusen öffnen, Hindernisse wegräumen, Gräben machen, das können und sollen wir, sowohl im eigenen Herzen und Leben, als auch in den Arbeitsfeldern, die uns vertraut sind.

Viertes Kapitel

Des Herrn Ruf nach St. Chrischona.

1868.

Aus des Bruders starren Händen
Nahm er die geweihte Fahne.
„König!" rief er, „hilf vollenden,
Du bist mit uns auf dem Plane!"

Drei Briefe in einem Umschlag, auf den Heinrich Rappard in kräftigen Zügen die Worte geschrieben hatte: „Des Herrn Ruf nach St. Chrischona durch seinen Knecht Louis Jaeger" lagen seit dem Sommer 1868 in einem kleinen Fach stets auf seinem Schreibtisch. Daß es der Herr war, der ihn auf seinen Posten gestellt hatte, war ihm eine gewisse und außerordentlich trostreiche Sache.

Als er im August 1864 die Anstalt St. Chrischona verlassen hatte, stand sein teurer Lehrer, Herr Kaplan Schlienz, noch in voller Tätigkeit. Im darauffolgenden Jahr wurde nach dem Weggang Bonekempers ein junger württembergischer Theologe, Pfarrer J. Völter, berufen und mit dem Titel eines Inspektors neben den alternden Kaplan gestellt. Diese Doppel-

leitung brachte manche Schwierigkeiten mit sich, beson=
ders als Inspektor Völter die Absicht bekundete, die
Anstalt in streng konfessionelle lutherische Bahnen zu
leiten. Vater Spittlers Heimgang im Dezember 1867
machte eine Klärung der ganzen Lage notwendig. Völter
stellte Thesen auf, die als Richtlinien für die Arbeit
dienen sollten und die er als Bedingung seines weiteren
Verbleibens in dem Werke bezeichnete. Das Komitee
konnte nicht darauf eingehen. Die Pilgermission stand
auf dem Boden der Einheit aller Gottes=
kinder und wollte darauf stehen bleiben.

So schied denn Inspektor Völter aus der Anstalt
am 20. April 1868. Sechs Tage später, Sonntag, den
26 April, rief der Herr seinen treuen Knecht Kaplan
Schlienz zu sich. An jenem Tage sollte die Aussendung
von fünf Brüdern stattfinden, und trotz eingetretener
großer Schwäche wollte Schlienz es sich nicht nehmen
lassen, ihnen die Hände segnend aufzulegen. Allein es
sollte nicht sein. Er stand zwar in der Morgenfrühe
auf, mußte sich aber bald wieder legen, und nach=
mittags 4 Uhr, während unten im gedrängt vollen Kirch=
lein die Gemeinde den Segen des Herrn auf die aus=
ziehenden Brüder erflehte, wurde droben im Turm=
stübchen der müde Knecht von seinem Herrn heimgeholt.
Sterbend betete er mit Inbrunst:

„Meister, laß Dein Werk nicht liegen!"

Bald darauf griff der Herr nochmals ein, als
wolle Er es mit der Anstalt gar aus machen. Haus=
vater Keßler, dessen Gesundheit schon lange geschwächt
war, bekam heftige Lungenblutungen und mußte auf
längere Zeit Urlaub nehmen. Auch der jüngere Lehrer,

Herr Közle, nahm seinen Abschied, da er eine Evange-
listenstelle angenommen hatte.

Waren die Gemüter im Blick auf die Pilgermission schon durch Spittlers Heimgang in Unruhe
versetzt worden, so ist es begreiflich, daß die darauffolgenden merkwürdigen Fügungen diesen Eindruck ver-
schärften. Auch wußte man, daß durch die ungeahnten
Ausgaben auf der Apostelstraße eine große Schuld entstanden sei, und von vielen Seiten konnte man es
hören, es gehe mit der Pilgermission zu Ende. Ein
Angestellter, der Hausvater auf dem Meyenbühl, ein
trefflicher, frommer Mann, ließ sich so weit beunruhigen,
daß er seine Kündigung einreichte, da er einen Ruf
erhalten habe und man ja doch nicht wissen könne, was
aus der St. Chrischona werde.

Das waren schwere Zeiten für das Komitee, das
damals aus nur vier oder fünf Mitgliedern bestand,
und besonders für den treuen Freund und Hauptträger
des Werkes, Herrn Louis Jaeger. Da wurde aus der
Tiefe geschrieen zu dem einzigen, aber mächtigen Erretter,
und solches Rufen kann nicht ohne Erhörung bleiben.

Es war nötig, baldmöglichst einen kräftigen Leiter
zu suchen für das tief erschütterte Werk, und die Gedanken der Freunde einigten sich auf den jungen Missionar Carl Heinrich Rappard in Kairo. Am 25. Mai
1868 erhielt er folgendes Schreiben, das wir mit einigen Kürzungen mitteilen:

Basel, den 17. Mai 1868.

„In unserm Herrn Jesus geliebter Bruder!

„Du hast gewiß mit letzter Post die überaus
schmerzliche Nachricht vom Heimgang unsres teuren

Herrn Kaplan erhalten und gehörst zu den vielen
Söhnen, die diesem väterlichen Freund und Mann
Gottes mit tiefer Wehmut, mit Liebe und Dank=
barkeit nachsehen.

„Es ist eine schwere Prüfung, welche uns der
Herr auferlegt hat, indem Er so bald nach dem
teuren Vater Spittler diesen lieben Vorsteher dem
Werke entrissen hat. Wir beugen uns mit zerschla=
genen Herzen vor Ihm, unsrem heiligen Gott und
Herrn, legen uns und das Werk Ihm zu Füßen
und harren seiner, daß Er uns gnädig sei und die
Wunden heile. Er soll aber auch die Lücken aus=
füllen mit Männern nach seinem Herzen, die sich
Ihm zum Opfer gebracht haben und daher durch
seine Gnade mit ganzer Hingabe Ihm leben und
dienen wollen.

„Als einen solchen Mann, der seinem Herrn
Jesus dienen will mit dem Vermögen, das Er dar=
reicht — und darreicht nach dem Amt, das Er
seinem Kind und Knecht gibt, — haben wir alle
dich erkannt, und es ist mir von unserem Komitee
der Auftrag geworden, dich, lieber Bruder Rap=
pard, zu berufen, an die Stelle des seligen
Herrn Kaplan als Vorsteher der Anstalt
auf St. Chrischona zu treten. Es ist dieser
Beschluß kein übereilter oder oberflächlich gefaßter,
sondern die Frucht langer, gebetsvoller Erwägung,
und wir dürfen daher um so mehr hoffen, der Herr
Jesus werde diese von Ihm getroffene Wahl be=
stätigen und in deinem Herzen das Ja sprechen durch
seinen heiligen Geist.

„Du nanntest dich in deinen Briefen an Herrn
Spittler seinen getreuen Pilgersohn, und
schriebst mir von deiner lieben Frau, sie sei eine
treue Pilgerseele. Das ist es, was wir
für St. Chrischona brauchen.

„Am meisten Bedenken bei deiner Person machte
uns der Umstand, daß du erst nach Kairo versetzt
und dem dortigen Gemeinlein als Prediger gegeben
worden bist. Dieses Bedenken wurde aber in dieser
Woche vollends weggenommen, als ein Telegramm
von dem Lokal=Komitee in Jerusalem (das erste, das
von dort nach Basel gekommen ist) dich als Nachfolger
des Herrn Kaplan vorschlug. Wenn du der Gemeinde die weitgreifenden Todesfälle vorstellst, so
wird sie wohl begreifen, wie wir zu diesem Ent=
schluß kamen.

Dein treu verbundener J. L. Jaeger.“

Dieser Brief traf Rappard in Alexandrien, wo
er Geschäfte halber einige Tage weilte. Er schickte ihn
seiner Gattin nach Kairo mit folgendem Begleitschreiben,
das wir um so lieber hier mitteilen, als sein dies=
bezüglicher Brief an Jaeger nicht vorhanden ist.

Alexandrien, 25. Mai 1868, abends.
„Beiliegender Brief wird dir erklären, warum
ich ernst, sehr ernst gestimmt bin. Es dreht sich bei
mir noch alles im Kreis herum, und ich weiß nicht,
was ich denken soll. Beim ersten Durchlesen war in
mir lauter: Nein, nein! Ich bin dazu niemals tüchtig
oder würdig. Die lieben Leute überschätzen meine
Kraft sehr. So denke ich auch jetzt noch, nach ein
paar stillen Stunden, doch mit einem Unterschied.

Das Fleisch fängt an mit zu reden und spricht mir vor, wie schwer und unangenehm die Stellung auf St. Chrischona für uns sein wird; aber solche Gründe sollen uns nie abhalten. Es verlangt mich, mit dir darüber zu reden. Bete recht ernstlich und anhaltend, damit wir vom Herrn, von Ihm allein geführt werden. Sieh, ich traue es Ihm zu, daß Er mich auch in dieser Sache nach Pf. 32, 8 leiten wird. Welch ein Trost ist das!

„Ich fühle mich überaus klein und gering und nicht wert aller Barmherzigkeit meines Gottes. Doch sein bin ich und will ich sein, und zwar sein Knecht. Er kann mich hinstellen, wo Er will.

„Das Leben scheint mir so ernst und die Be- rufung so groß. O möge Gott uns heiligen durch und durch. Gott segne dich und gebe dir Klarheit. Niemand außer Ihm kennt mich so gut wie du.

„Ich werde hier niemand ein Wort davon sagen. Sei so gut und mache es auch so. Nur mit Jesus sprich!   Dein Heinrich."

In dieser Gesinnung war denn auch der Brief an das Komitee abgefaßt, den er in Kairo am 29. Mai der Post übergab. Er betonte außerdem, daß er sich zum Evangelisten berufen wisse und diesen Beruf nicht aufgeben könnte, auch wenn er Inspektor der Anstalt würde. Er fühle in sich den Drang, Jesum Christum und das durch Ihn vollbrachte Heil zu verkündigen, und könnte nicht „Chrischona predigen", d. h. nicht Vorträge halten über das Werk, auch keine Kollekten- reisen machen, überhaupt nicht um Gaben bitten. Er fühle sich gedrungen, das dem berufenden Komitee im

voraus zu sagen und bitte um nochmalige Erwägung
der ernsten Frage.

Zu seiner Frau sagte er: „Dieser Brief soll uns
sein, was dem Gideon sein Fell war. Was das Ergebnis nun auch sein möge, wir nehmen es an als
Gottes Wille."

Ehe eine Antwort kommen konnte, traf aus Basel
ein z w e i t e s Schreiben ein mit Bezug auf jenen
merkwürdigen Brief, den Heinrich gleich nach Empfang
der Todesnachricht an Hrn. Jaeger gesandt hatte (siehe
Seite 102).

Basel, 27. Mai 1868.

„Mein Brief vom 17. Mai wird dich nicht
wenig überrascht haben, denn einen Ruf an die
Stelle des seligen Herrn Kaplan hast du kaum darin
geahnt. Aber jener Brief von dir, der mir zwei Tage
nach Abgang des meinigen zukam, läßt uns hoffen,
daß der treue gnädige Hirte und Bischof der Seelen
d e i n e m H e r z e n d a s B e d ü r f n i s d e r
C h r i s c h o n a s o k l a r v o r g e s t e l l t h a t,
um dich selbst dadurch vorzubereiten auf diesen Posten.
Gerade dieser dein Brief bestätigt uns die Richtig-
keit unserer Wahl. Du hast mit der darin ausgesprochenen Gesinnung meine volle Sympathie. Ich
reiche dir darauf die Hand, und der Herr wird mit
uns sein. Hallelujah!

Unserm teuren Hausvater Keßler geht es besser;
er ist heute zur Erholung verreist. Er trug mir einen
herzlichen Gruß an dich auf; e r f r e u t s i c h r e c h t,
u n t e r d e i n e n D a u m e n z u k o m m e n!

In treuer Bruderliebe Euer
J. L. Jaeger."

Der dritte Brief endlich, der die mit Gebet und
Zuversicht erwartete Antwort auf Heinrichs Bedenken
enthielt, lautet im Auszug:

Basel, den 17. Juni 1868.

„Gelobt sei Gott, der Vater der Barmherzigkeit, und Gott alles Trostes. Billig fange ich den
Brief an dich mit Loben und Danken an, hast du
doch selbst Materie zu diesem Lob geliefert durch
deinen Brief vom 29. Mai mit deinem, wenn auch
bedingten „Ja" auf unsern Ruf. Da du diese bedingte
Zusage um unsertwillen gabst und die Bedingungen
erfüllt sind, nehmen wir keinen Anstand, dich den
Freunden als Nachfolger des Herrn Kaplan Schlienz
und Vorsteher unserer Anstalt zu nennen. Also kommt,
ihr lieben Geschwister, im Namen Jesu! Chrischona
ist verwaist, arg verwaist! Der Herr
wird alles wohl machen nach seiner Gnade.

Dein treu verbundener J. L. Jaeger."

Und nun konnte Rappard getrosten Herzens seine
endgültige Zusage geben. Er schreibt:

Kairo, den 27. Juni 1868.

„Ihr Brief vom 17. Juni liegt vor mir. In
betender Stimmung hatten wir darauf gewartet und
hatten dabei die feste Zuversicht gewonnen, daß er
die göttliche Antwort auf unsere vielen menschlichen
Fragen enthalte. Es ist also mein Gott, der mich
ruft, Er, der mich kennt, der Herz und Nieren er-
forscht, der durch den Mund seiner Knechte mir
sagen läßt: Komm in meinen Weinberg
Chrischona und arbeite dort! Was könnte

ich als Knecht Christi, und das bin ich und will ich sein, anders tun, als freudig folgen; kenne ich doch meinen göttlichen Meister mit seiner Gnadenfülle und mit seinen Kräften, die Er von Tag zu Tag darreicht und womit Er sich von jeher so gern in den Schwachen mächtig erwiesen hat.

„Indem wir dem Ruf folgen, ist es unser Verlangen und Bedürfnis, uns mit allem, was wir sind und haben, ganz dem Herrn zu weihen zu lebendigem Priestertum, seinen Willen zu tun, uns zurichten zu lassen zu dem Werke, woran Er uns stellt.

„Liebe zum Herrn, Liebe zu den Brüdern, Liebe zu jeder unsterblichen Seele ist das Köstlichste vor Gott. Das erkenne ich und darum bete ich täglich. Aber ich bekenne dabei offen vor Gott und den Brüdern, daß mir da noch viel fehlt. Betet deshalb mit mir, daß mir Gott diese beste Gabe (1. Kor. 12, 31) reichlich geben wolle, damit ich allezeit und bei jeder Gelegenheit diesen köstlichen Weg gehe, welcher der Weg des Segens und Gelingens ist in der Arbeit im Reiche Gottes.

„Ich fühle nun noch lebendiger als vorher, w i e ich St. Chrischona liebe und wie innig ich mit ihr verbunden bin. Zum besondern Trost gereicht es mir, daß meine liebe Frau gleichen Sinnes mit mir ist.

C. H. Rappard.

Nun galt es aber, nicht mehr zu säumen, wollte man die Arbeit zu St. Chrischona noch vor dem Winter beginnen. Die Station Kairo wurde zunächst von Br. Ostertag verwaltet, bis — nicht lange danach — ein ständiger deutscher Pastor angestellt werden konnte.

Es ist hier der Ort, noch beizufügen, daß der ganze schöne Plan der Apostelstraße in den darauf folgenden Jahren aufgegeben werden mußte. Die Gründe dafür waren einerseits die Aufhebung der Mission in Abyssinien, um derentwillen das ganze Unternehmen ins Leben gerufen worden war, andererseits die Last der Schulden, die durch diese Arbeit entstanden waren und die Pilgermission bedrückten. Man lernte daraus, daß im Reiche Gottes alles wachstümlich, eines aus dem andern hervorgehen müsse, nicht nach vorgefaßtem Plan, sondern Schritt für Schritt nach göttlicher Leitung.

Dreißig Jahre später durfte ein Zögling von St. Chrischona, im Dienst der Sudan-Pionier-Mission in Assuan, der einstigen St. Petrus-Station der Apostelstraße, eine neue Missionsarbeit beginnen.

Möchte aus der Tränensaat der vorangegangenen Brüder den jungen Arbeitern eine Freudenernte erwachsen.

Am 7. August verließ Rappard mit seiner Frau und dem kleinen Samuel, der zu seiner großen Freude die Pflegeeltern nach Europa begleiten durfte, den Boden Aegyptens. Ein kurzer Abschiedsbesuch bei den teuren Eltern und Geschwistern in Jerusalem konnte noch gemacht werden, wurde aber getrübt durch Heinrichs Erkrankung an einem Fieber, das ihn sehr schwächte, aber durch Gottes Güte bald nachher, auf der Seereise von Jaffa nach Venedig, völlig überwunden wurde. Die Eisenbahnfahrt ging diesmal über den Brenner, und die Reisenden konnten nie den Eindruck vergessen, den die grünen Berge und Täler um Bozen im Tirol auf ihre

von dem Glaſt des ſonnigen Aegyptens ermüdeten Augen
machte. Aber Innsbruck, München und Lindau wurde
zuerſt das traute Heim in Iben erreicht, wo einige
Tage der Ruhe Seele und Leib erquickten, und dann
ging es weiter nach Baſel und St. Chriſchona, wohl
etwas in der Geſinnung der Jünger, von denen es
Marci 10, 32 heißt: „Jeſus ging vor ihnen her und
ſie folgten Ihm nach und fürchteten ſich"; doch aber
auch mit dem freudigen Glauben an des Meiſters Wort:
„Seid getroſt: Ich habe die Welt überwunden."

Fünftes Kapitel

Der junge Inspektor.

1868—1874.

Du bist der Meister, Herr, nicht ich, nicht ich!
Du gibst den Knechten ihre Arbeit an;
Du leitest sie und gehst selbst voran,
Und ihrer Sorge Last nimmst Du auf Dich!

1.

Ein neuer Anfang.

Ein herbstlich kühler Wind strich über die Stoppel=
felder und rauschte durch den herrlichen Buchen=
wald, als am Morgen des 29. August 1868
die neuen Inspektorsleute hinauf pilgerten zu dem St.
Chrischona=Kirchlein, unter dessen Schatten sie fortan
ihre Heimat finden sollten. Tags zuvor waren sie in
Basel angekommen und hatten im Klösterli zu Riehen
bei Herrn Jaeger und Fräulein Spittler einen warmen
Willkomm gefunden. In Begleitung dieser getreuen
Freunde zogen sie am genannten Morgen der Straße
entlang, so weit sie damals führte, bis dahin, wo bei
einer Biegung des Weges plötzlich die Häusergruppe
auf dem Berge in bläulichem Schimmer sichtbar ward,
und stiegen dann bewegten Herzens den steilen Pfad
bergan.

Es war eine sehr verwaiste Hausgemeinde, die
des Hirten und Lehrers wartete. Heimgegangen und
weggezogen waren, wie wir es erzählt haben, sämtliche
Lehrer; auch der liebe alte englische Geistliche, Herr
Robinson, der in freundlich väterlicher Weise sich an-
geboten hatte, die Sommermonate in der Anstalt zuzubringen, war wenige Tage zuvor in seine Heimat
zurückgerufen worden. Nur ein christlicher Freund aus
der Buchhandlung im Fälkli, Herr A. Weißmann,
waltete als Vizehausvater inmitten der Zöglinge, die
übrigens, nach übereinstimmendem Zeugnis, in jenen
schweren Monaten sich als unter der Zucht des Geistes
stehend bewährt hatten. An der Ringmauer der Kirche,
oben an der „westlichen Treppe", die seither so manche
denkwürdige Abschiedsstunde gesehen hat, waren die
Brüder versammelt und begrüßten die Herantretenden
mit dem Liede:

> Der Herr ist fromm und treu und gut!
> Wohl dem, der auf Ihn trauet!
> Ja, selig ist, wer auf Jehova bauet
> Und still in Seiner Gnade ruht:
> Der Herr ist fromm und treu und gut!
>
> Durch Nacht führt Er uns fort zum Licht,
> Durch Sterben geht's zum Leben,
> Und was Er nimmt, das will Er wieder geben.
> Drum, Knechte Gottes, zaget nicht:
> Durch Nacht führt Er uns fort zum Licht!

Es war ein schöner eigenartiger Gesang, bei dem
es etwa klang, wie es Esra so ergreifend schlicht zu beschreiben weiß: „Man konnte nicht erkennen das Tönen
mit Freuden vor der Stimme des Weinens im Volk."

Dann zog man gemeinsam in den Chor der Kirche, um vor dem Herrn im Gebet die Herzen zu stillen, sein Wort zu vernehmen und auf's neue Ihm Herz und Leben zu weihen.

Eine Woche später, Sonntag den 6. September, fand die Einsegnung von acht Brüdern statt, und bei diesem Anlaß wurde der neue Inspektor der Festversammlung vorgestellt. Manche kannten ihn noch wohl und freuten sich, ihn wieder zu begrüßen. Andere waren mit dem Aussehen des hochgewachsenen schlanken jungen Mannes, dessen bleiche Züge noch die Spuren des Aufenthalts in Aegypten und besonders der jüngst durchgemachten Krankheit trugen, nicht zufrieden, und man hörte sie sagen: „Das ist ja wieder ein Todeskandidat." Aber durch Gottes große Güte durfte Heinrich Rappard noch einundvierzig Mal mitwirken bei der Aussendung von jungen Streitern Jesu Christi und ihnen segnend die Hände auflegen. Bei jenem ersten Anlaß wählte er zum Text seiner Ansprache die Geschichte Gideons (Richter 6), die seine Gedanken in den letzten Wochen vielfach beschäftigt hatte. Ein jeder Diener des Herrn, sagte er, müsse den doppelten Ruf vernommen haben: Erstens das Wort der Begnadigung: „Der Herr mit dir" (V. 12) und dann das Wort der Sendung: „Ich habe dich gesandt; gehe hin in dieser deiner Kraft" (V. 16). Mit Dank und Beugung durfte er bekennen, daß diese beiden Worte an seine Seele gedrungen seien, ganz besonders in Bezug auf den Ruf nach St. Chrischona, und nun stehe er hier beschämt, aber auch erfreut, schwach in sich selbst, aber stark in der Kraft des Herrn, Herrn.

ST CHRISCHONA 1861

ST CHRISCHONA
DIE WESTLICHE TREPPE 1868

Und nun gab es in der Tat **einen neuen Anfang**, sowohl für den Erzieher, als für die Zöglinge. Einer derselben schreibt:

„Von 1868 bis 1870 durfte auch ich Rappards gediegene Auslegung des göttlichen Wortes vernehmen. Er war wirklich ein großer Segen für uns Brüder, und wir waren glücklich, daß der Herr einen solchen Mann dem Werk als Leiter gegeben hatte. Es war ja damals eine sehr ernste Zeit, und wir Brüder schauten mit Besorgnis auf unsere geistige und geistliche Ausrüstung; denn wir hatten fast keine Lehrer. Mit dem Eintritt des lieben Inspektors wurde das Versäumte nachgeholt, und später konnten wir mehr nnd mehr seine Umsicht und Einsicht, seine Energie und Tatkraft recht erkennen."

In einem der Berufungsschreiben hatte Herr Jaeger schon gesagt: „Manches muß bei uns geordneter, fruchtbringender angelegt werden, das erkennen wir gut, und wir werden unsre Einrichtungen einer genauen Prüfung und Revision unterwerfen. Das alles aber erst, wenn die Stellen in der Anstalt und im Komitee wieder besetzt sind." Diese Arbeit der inneren Organisation mußte nun aufgenommen werden. Es ging nicht immer leicht. Oft sagte Rappard: „Es ziemt mir nicht, **durchzufahren**, auch in Dingen, die ich für unerläßlich halte. Aber ich muß sie immer wieder hervorheben, und dann wird die Wahrheit selbst, wie die Tropfen in der Tropfsteinhöhle, sich Bahn machen und ihr Ziel erreichen."

Gott schenkte ihm zu der angeborenen Herrschergabe eine wohltuende Mäßigung. Es handelte sich einst um eine notwendige Einschränkung der Ausgänge der

Zöglinge, und es wurde eine gute, durchaus nicht zu
strenge Regel dafür aufgestellt. Das wollte aber man=
chem Bruder nicht gefallen. Es meinte einer, in seinem
speziellen Fall ginge das durchaus nicht, und er bat
wiederholt zu einer andern als der festgesetzten Zeit
gehen zu dürfen. Da wurde ihm vom Inspektor freund=
lich ernst die Antwort gegeben: „Lieber Bruder, du
kannst dir ja denken, wie unangenehm es mir ist, dir
immer wieder „Nein“ sagen zu müssen; bitte jetzt doch
nicht mehr darum.“ Das half, und in kurzer Zeit war
diese Schwierigkeit völlig überwunden.

In den ersten Jahren gab es manche neue Auf=
gaben zu lernen. Die laufende Schuld war eine Last,
die alle fühlten und fühlen sollten. Da galt es,
äußerst sparsam sein und für sich und die Hausgenossen
nur das Nötigste anzuschaffen. So wurde an jenem
ersten Weihnachtsfest nicht ein Heller verausgabt für
Geschenke. Von Gehalt hatte niemand ein Wort ge=
sagt, aber Nahrung und Obdach hatte man ja, und es
war bei aller Armut eine reiche Zeit.

Von Anfang an wurden die Mahlzeiten gemein=
sam mit den Brüdern eingenommen; im ersten Winter
bewohnten die neuen Hauseltern drei Zimmer des An=
staltsgebäudes. Später zogen sie in das Haus Kirch=
heim, dessen Erdgeschoß damals und noch fünfzehn Jahre
lang die Buchdruckerei und Buchbinderei beherbergte.

Eine Prüfung war es, daß sich die nötigen Lehr=
kräfte schwer fanden und der Inspektor sehr überbürdet
war. Ein Zögling, Br. Martin Uhlinger, ein früherer
Lehrer, trat wacker ein und blieb manche Jahre lang
ein sehr geschätzter Mitarbeiter.

Ein körperliches Leiden, das Rappard in Aegypten schon befallen hatte, währte noch den ganzen Winter fort und brachte oft bange Stunden; aber im Frühjahr gab der Herr zuerst freudigen Glauben, um Hinwegnahme des Übels zu bitten, und bald darauf volle Heilung.

In jenen Frühlingstagen 1869 erlebte er auch die erste starke Vaterfreude durch die Geburt eines Töchterleins. Wir werden in einem späteren Abschnitt das teure Familienhaupt im Kreise der Seinen noch näher kennen lernen.

2.

Arbeit und Mitarbeiter.

Die Arbeit, die Rappard zu übernehmen berufen war und die so recht seine Lebensaufgabe werden sollte, war ihm keine fremde. Schon als Zögling hatte er die Eigenart des Werkes mit tiefem Verständnis erfaßt und damals schon mitgetragen und mitgeholfen in großer Treue. „Er, der willige Schüler und vorbildliche Zögling, konnte, als er nach wenig Jahren zum Inspektor ernannt wurde, mit Recht Gehorsam und emsiges Arbeiten von seinen Zöglingen erwarten; er, der die Beschwerden des Anstaltslebens so mannhaft auf sich genommen hatte, konnte später mit sicherer Hand die Brüder leiten, ihre Wünsche und Bitten verstehen und Abhilfe schaffen, so daß sich das Lernen und Arbeiten auf St. Chrischona immer lieblicher gestaltete." — So schreibt sein einstiger Freund und Lehrer Bauder.

Über die Aufgabe der Anstalt St. Chrischona sprach sich Rappard in dem ersten von ihm herausgegebenen Jahresbericht von 1869 folgendermaßen aus:

„Zu einer richtigen Beurteilung des Unterrichts
ist es nötig, den Charakter und Zweck der Pilger=
mission nicht aus dem Auge zu lassen. Der Gründer,
die Gründung und der geschichtliche Gang der An=
stalt bis auf den heutigen Tag können nicht im
Zweifel lassen, was die Aufgabe ist, die der Herr
der Chrischona gestellt hat. Unsere Anstalt ist kein
wissenschaftliches Seminar und will auch keines sein;
sondern sie ist dafür da, allerlei Kräfte und Gaben,
auch geringe, für die verschiedensten Tätigkeiten im
großen Feld des Herrn flüssig zu machen, indem sie
den aufgenommenen Jünglingen eine einfache, aber
möglichst gründliche Ausbildung gibt.

„Die biblische Ausbildung hat zur Basis das
christliche Gemeinschaftswesen, welches durch anstren=
gende und austrocknende Studien nicht gehemmt
werden darf, und besteht aus Bibelerklärung mit
Hinweglassung aller Kritik. Lehrer und Schüler sitzen
zu den Füßen des Herrn, der durch sein Wort alten
und neuen Testaments zu ihnen redet. Sie suchen
den ganzen Heilsplan in seinem Zusammenhang auf=
zufassen, aber auch jede einzelne Stelle im Licht des
Ganzen zu verstehen. Dieser Bibelunterricht soll eine
Erbauung, eine Durchbildung, ein Starkwerden des
inneren Menschen bewirken. Weitere Fächer sind
Biblische Geschichte, Bibeleinleitung,
Glaubenslehre, Sittenlehre, Kirchen=
geschichte, einiges über Symbolik und
Praktische Theologie und endlich Ana=
lyse, Ausarbeitung und Halten von
Predigten.

„Wer also eine wissenschaftliche Bildung wünscht, findet bei uns nicht, was er sucht, und ebenso, wer sogenannte theologisch gebildete Leute haben will, muß sich nicht an uns wenden. Wer aber einen im Evangelium konzentrierten und in der Auslegung der biblischen Wahrheiten praktisch gebildeten Mann will, der sich nicht rühmt, etwas anderes zu wissen, als Jesum Christum, den Gekreuzigten, und der das göttliche Geheimnis kennt, sich zu erniedrigen, um von Gott nach den Gesetzen seines Reiches erhöht zu werden, dem sucht unsere Anstalt mit vollem Ernst entsprechen zu können. St. Chrischona hat sich das Ziel menschlich niedrig, aber göttlich hoch gestellt."

Wie tief und ernst er die Durchbildung der ihm anvertrauten Zöglinge auffaßte, zeigt ein Passus im Jahresbericht 1870:

„Das, was in einer Missionsanstalt innerlich vorgeht, muß dem nach außen sich bekundenden Wirken seinen Wert geben. Zu dieser inneren Geschichte des Anstaltsjahres rechnen wir die größere oder geringere Wirkung des Wortes und Geistes Gottes in den Herzen derer, die sich vorbereiten lassen für den heiligen Dienst des Herrn. Der Herr will für seine große Ernte auch solche Arbeiter verwenden, die, ohne viel zu wissen, doch das Rechte wissen; die ohne besondere Begabung dennoch Gaben besitzen, und die in ihrer Armut reich sind und andere reich machen können. Wir haben diese köstlichen Gaben und Kräfte unseres Gottes angestrebt, müssen aber bekennen, daß wir uns oft nicht nur arm im Geist, sondern auch arm an Geist gefühlt haben. Wir haben viel gebetet, doch ohne viel Gebetsgeist. Wir haben das ganze Wort Gottes geglaubt, doch ohne viel Glaubensfreudigkeit. Wir haben uns ermahnen lassen durch die heilige Schrift und haben viel von Heiligung gesprochen, und es hat doch bei uns vielfach gefehlt am stillen ernsten Wandel vor dem Angesicht des Herrn in der Zucht seines heiligen Geistes. Doch in dem allen haben wir eines festhalten können, daß wir ein Eigentum Jesu Christi sind, der uns verlorene und verdammte Menschen erlöset hat, erworben und gewonnen von allen Sünden, vom Tode und von der Gewalt des Teufels, nicht mit Gold oder Silber, sondern mit seinem heiligen teuren Blute, auf daß wir sein eigen seien und in seinem Reiche unter Ihm leben und Ihm dienen in ewiger Gerechtigkeit, Unschuld und Seligkeit, gleichwie Er ist auferstanden von den Toten, lebet und regieret in Ewigkeit. Das ist gewißlich wahr."

Rappard nahm es von Anfang an mit jedem Zweig seiner Aufgabe sehr genau. Einer seiner leitenden Grundsätze als Inspektor war das Wort: Regieret jemand, so sei er sorgfältig. Als Trost und Mahnung zugleich hatte er über seinen Schreibtisch den Spruch gehängt: Verlaß dich auf den Herrn von ganzem Herzen, und verlaß dich nicht auf deinen Verstand.

In seinem Amt wurde er durch tüchtige Mitarbeiter unterstützt. Hatte man auch im Anfang, mit Ausnahme des schon genannten Herrn Ühlinger, nur provisorische Hilfskräfte angestellt, so gelang es doch, in den folgenden Jahren die erwünschten und erbetenen Lehrer zu gewinnen und während einer Reihe von Jahren in ununterbrochener Tätigkeit zu behalten. Da war der theologische Lehrer, Herr Pfarrer Glinz; sodann Herr Seminarlehrer Gollmer, Herr Uhlinger und endlich der Ökonom, Herr Hübscher, der, wenn auch nicht unterrichtend, doch erzieherisch mitwirkte. Sie arbeiteten gemeinsam, jedoch ein jeglicher nach seiner Art. Einer dieser lieben Freunde erzählt: „Wir waren alle noch jung; der älteste, unser Inspektor, war erst drei und dreißig, wir andern waren einunddreißig, neunundzwanzig, siebenundzwanzig und fünfundzwanzig Jahre alt. Wir waren Kinder und hatten allerlei Kinderkrankheiten". Damit bezeichnete er gewisse Schroffheiten, Einseitigkeiten, vielleicht auch Unverträglichkeiten. Aber in einem Punkt waren sie alle Eins. Sie wollten mit ganzem Herzen dem Herrn und seiner Sache dienen; darum war auch Gottes Segen offenbar auf ihrem Tun, und sie durften miteinander und durch einander wachsen und gefördert werden.

Eine Zeitlang wirkte neben dem Inspektor und den drei genannten Lehrern der treue Hausvater Keßler mit. Seine volle Gesundheit hatte er aber nie wieder erlangt, und im März 1872 nahm der Herr seinen müden Knecht heim. Rappard hat ihn sehr lieb gehabt. Von ihm schrieb er einmal die rührenden Worte: „In dem Zimmerchen, wo ich zum ersten Mal in meinem Leben einen Freund gefunden und gefühlt habe, daß die Liebe Christi das Band aller rechten Freundschaft sei, da ist er nun nicht mehr, der liebende, demütige, kämpfende Pilgermissionar, mein Bruder, mein Freund Keßler! Unsere Gemeinschaft und Liebe wurde im Heiland gehegt."

Sehr dankbar war der junge Inspektor für die Verstärkung, die das Komitee auf seinen Wunsch hin bald nach seiner Berufung erfuhr. Diese Gemeinschaft und Mitarbeit in der Leitung und im Gebet hat er stets hoch geschätzt und viel Segen daraus gezogen. — Die von manchen sonst ernsten Brüdern angestrebte Unabhängigkeit von jeglicher menschlichen Führung und Autorität hielt er in gewissen Fällen, namentlich bei jüngeren Leuten, für gefährlich. Er hatte den Eindruck, daß mancher Bruder, der später nach rechts oder links abirrte, sicherer geführt worden wäre, wenn er sich in Demut unter menschliche Ordnungen gefügt hätte, um des Herrn willen.

Von dem Komitee der Pilgermission schreibt er:

„Haben wir auch keinen Gedenktag, wie die Brüdergemeinde einen solchen am 13. November zu feiern pflegt wegen der im Jahr 1741 gemachten ‚Seligen Erfahrung des Aeltestenamtes Jesu‘, so hält doch das Komitee es fest, daß Jesus Christus der König und unsichtbare Direktor des ganzen Werkes ist. Wir sind unserem hochgelobten Haupte dankbar, daß Er uns, seinen vielfach so untüchtigen Jüngern, gesagt hat: Ihr sollt keinen Meister nennen auf Erden; denn Einer ist euer Meister: C h r i s t u s. Ihn laden wir zu unsern Sitzungen ein, damit Er uns nach seinem guten Willen sicher leite.“

Zu der Arbeit in der Anstalt gehören auch die von derselben ausgehenden sonntäglichen Tätigkeiten. Darüber sagt Rappard:

„Die erste Frucht des Unterrichts tragen die ältesten Brüder in zwanzig bis dreißig der umliegen=

den Ortschaften, indem sie in größeren und kleineren Kreisen Bibelstunden halten. Freilich ist dieses in vielen Beziehungen noch Lehrlingsarbeit, und niemand weiß das besser als die Brüder selbst. Und doch hat uns der Herr sichere Beweise gegeben, daß diese Tätigkeit Ihm wohlgefällig ist. Wenn ein aufrichtiger Jünger Jesu, der die ganze Woche im Umgang mit dem Worte Gottes gewesen ist, dazu noch eine mit dem Lehrer durchgesprochene und ge=schriebene Analyse über einen passenden Text erhalten hat, hinausgeht im Gefühl seiner Schwachheit, um mit vollem Herzen von dem zu zeugen, was sein Heiland an seiner Seele getan hat, so bleibt das nicht ohne Segen."

Der junge Inspektor beteiligte sich selbst eifrig an dieser Arbeit und besuchte große und kleine Ortschaften. Am ersten Sonntag des Monats jedoch fielen alle aus=wärtigen Versammlungen aus, und Lehrer und Schüler vereinigten sich alle um den heiligen Tisch des Herrn. Das sollte der stille Feiertag der Hausgemeinde sein. Diese Ordnung besteht noch heute zu kraft.

In den Anfang der siebziger Jahre fällt auch eine Arbeit, die Rappard mit der Stadt Basel in Berührung brachte. In die Räume ihres schönen, am Rhein gele=genen Hauses, der sogenannten Kapelle in der Augustiner=gasse, lud Fräulein Louise Bischoff jeweilen in den Wintermonaten, wöchentlich einmal, eine Anzahl Damen ein zu Bibelstunden, die von einem dafür bestimmten Prediger gehalten wurden und den Zweck hatten, die Erkenntnis der Schrift zu fördern. Diese Aufgabe fiel nun dem Inspektor Rappard zu und wurde von ihm eine

Reihe von Jahren hindurch mit Freuden erfüllt, durfte er doch merken, daß die Verkündigung des Wortes von Segen begleitet war.

3.

„Ja, ich weiß, Gott hört Gebet."

Ein Segen der Armut ist, daß sie das gläubige Gotteskind im Gebet zum reichen Vater treibt. Das erfuhr die Hausgemeinde von St. Chrischona in besonderem Maße in jenen Jahren, von denen wir jetzt schreiben. Die laufende Schuld, die auf dem Werk der Pilgermission lastete, belief sich auf Fr. 36.500.—. Das war nicht etwa nur ein Defizit, das durch eine Betriebskasse konnte gedeckt werden, sondern die Schuld starrte dem jungen Inspektor entgegen in Form von unbezahlten Rechnungen und Schuldscheinen verschiedener Art und verursachte ihm manche heiße Anfechtung. Aber er betete mit freudiger Erwartung der Erhörung. Gläubig beten und einfach leben — das war seine Devise. Darin war er eines Sinnes mit dem treuen Kassier des Werkes, Herrn Louis Jaeger.

Schon am Schluß des ersten Jahres konnten Fr. 9.645 abbezahlt werden, und so ging es langsam fort, bis in der Jahresrechnung von 1872 der schöne Posten zu lesen war: „Deckung der alten Schuld: Fr. 14.930 und Guthaben auf neue Rechnung Fr. 2300." „Beredte Zahlen", pflegte Rappard zu sagen. „Sie reden von viel Liebe und Selbstverleugnung bei den Gebern, von viel Flehen und Danksagung bei den Empfängern, von viel Güte und Treue bei Gott."

Es war im zweiten Jahre seines Inspektorates. Eine Anzahl Brüder sollten nach Amerika ausgesandt werden. Die Schiffsplätze waren schon längst bestellt, aber das vorhandene Geld reichte nicht aus. Es fehlten Fr. 450. Man bat den Herrn darum, aber die Antwort säumte. Da entschloß sich Herr Jaeger in Basel, bei einem Freunde die Summe zu entlehnen, mit Aufrundung auf Fr. 500.—. Nach den schon gemachten Erfahrungen tat es ihm doppelt leid, die Schuldenlast wieder zu vermehren, und mit einem Hoffnungsblick auf Gottes Güte legte er das Bittgesuch nochmals in seinen Pult. Droben auf dem Berge wurde in der Abendversammlung gebetet zu dem, des Eigentum alles Silber und Gold ist. Und siehe da! Die nächste Post brachte einen Wertbrief mit Fr. 450.—. Die teure Geberin, es war die Mutter des Inspektors, kannte im allgemeinen die bedrängte Lage wohl, wußte aber nichts von dem speziellen Bedürfnis. Sie hatte Fr. 500.— als Gabe bestimmt, schrieb aber, sie hätte augenblicklich nicht die ganze Summe in Papiergeld gehabt, fühlte sich jedoch gedrungen, mit der Sendung nicht länger zu zögern, und wurde so das Werkzeug, daß das Gebet des Glaubens auf Heller und Pfennig erhört ward.

Viele große und kleine Züge könnten erzählt werden von Gebetserhörungen ähnlicher Art.

Es war oft große Ebbe in der Haushaltungskasse. Ein oder zwei Male waren nur noch zehn bis zwanzig Franken darin. Aber ganz leer wurde sie nie! Solch eine Missionshauskasse könnte überhaupt ganz wundersame Geschichten erzählen. Da bringt, zum Beispiel, die Post eine kleine Gabe von einer

Fremden mit schüchternem Begleitbrief: „Beten Sie doch für mich, daß ich Frieden und Vergebung der Sünden finden möge!" Da kann man doch nicht nur danken, sondern muß den Weg des Friedens zeigen und mit der Geberin fernere Fühlung behalten. Oder es kommt von dem hochgestellten, jetzt längst heimgegangenen Vater eines verlorenen und wiedergefundenen Sohnes ein „Dankopfer des Elenden, der zu dem Herrn rief und Er ihm half aus aller seiner Not." Mancherlei Beziehungen zu etlichen Reichen und vielen Armen, viel Teilnahme an allerlei Not und Freude, viele Gebets= anliegen und Gebetserhörungen sind durch die Kasse vermittelt worden. Auch in dieser Beziehung hatte Heinrich recht, wenn er von „beredten Zahlen" sprach.

Aber auch in andern Anliegen hielt er sich gläubig an das königliche Vorrecht: In a l l e n Dingen lasset eure Bitte im Gebet und Flehen mit Danksagung vor Gott kund werden. In Krankheitsfällen in der eigenen und der Anstaltsfamilie suchte Er das Antlitz dessen, der gesagt hat: Ich bin der Herr, dein Arzt.

Ein Zögling, der liebe Abyssinier Argawi, war sehr krank, und der herbeigerufene Arzt hatte die Befürchtung ausgesprochen, daß es wohl in wenigen Wochen zu Ende gehen werde. Das traf den Inspektor sehr schmerzlich. Unmittelbar nachher mußte er die Abend= andacht halten und las dabei 1. Mose 22 mit tiefer Emp= findung. Es schien ihm, als müsse auch er einen Isaak, einen hoffnungsvollen Sohn, opfern. Doch erhielt er Freudigkeit, mit der ganzen Hausgemeinde und dann unter Händeauflegung mit dem Kranken selbst ernstlich um Er= haltung des teuren Lebens zu beten. Es geschah ihm nach seinem Glauben. Argawi erholte sich bald soweit, daß er in sein Heimatland zurückkehren konnte, wo er heute noch im großen Segen wirkt.

In allen ähnlichen Fällen betonte Rappard aber immer, daß der Glaube nicht in erster Linie ein Ringen mit Gott sein solle, um das Erbetene zu erhalten, sondern vor allem ein Ruhen in Gottes Willen, ein festes Vertrauen, daß Er, der allmächtige und gnadenreiche Herr, im Gewähren und im Versagen seinem betenden, glaubenden, harrenden Kinde immer das Beste geben werde.

In einem Stück durfte man oft sehr direkte Gebetserhörungen erfahren. Einsam und im Kreis der Mitarbeiter wurde ernstlich gebetet, Gott möge selbst die etwa vorhandenen unlauteren Elemente ausscheiden und nicht zugeben, daß durch sie Schaden angerichtet werde. Da war das Eingreifen Gottes oft klar zu erkennen, sei es, daß die Betreffenden selbst zur Erkenntnis kamen, sei es, daß sie, von innerer Unruhe getrieben, das Haus verließen.

Überhaupt gab es kein Gebiet, auf dem nicht Gebet und Gebetserhörung zu verzeichnen wäre, von den großen Interessen des Reiches Gottes und der Arbeit der ausgesandten Brüder an bis hinab zu dem Vieh im Stall, zu den Früchten des Feldes und den Blüten der Bäume. Rappard befolgte die Mahnung eines seiner Lieblingslieder:

> Was dein Herze auch bewegt,
> Ob sich Schmerz, ob Freude regt:
> Flieh zu Jesu früh und spät,
> **Mach aus allem ein Gebet!**

4.

Das Kriegsjahr 1870.

Das große Kriegsjahr 1870 begann zu St. Chrischona mit einer Friedensarbeit, nämlich mit der Anlage einer Fahrstraße. Rappard hatte von Anfang an gefühlt, wie nötig es für die gedeihliche Entwicklung der Anstalt sei, den Verkehr mit der Außenwelt zu erleichtern und gab sich viel Mühe, die Sache zustande zu bringen. Er schrieb im Juni 1870:

„Die Regierung kam unserm Gesuch in freundlicher Weise entgegen, indem sie einen Beitrag an Geld bewilligte und die Unterhaltung der nach ihrem Plan auszuführenden Straße übernahm. Die übrigen immer noch sehr bedeutenden Kosten fielen der Anstalt zu; und eingedenk der vielen Witwenscherflein und all' der Gaben, die mit Liebe und Selbstverleugnung in unsre Missionskasse gelegt werden, fühlten wir uns gedrungen, die Ausgabe so viel wie möglich zu verringern. Dies konnte nur dadurch geschehen, daß die Brüder selbst rüstig die Hand ans Werk legten, wozu sie sich auch mit freudigem Mut bereit erklärten. — Wenn wir unsre Brüder mit solcher Kraft und Ausdauer arbeiten sehen, steigt in unsern Herzen die Bitte auf, daß sie doch alle einst wackere Arbeiter und Wegbereiter werden möchten für den großen König. Dazu gehört freilich, daß sein Weg in den Herzen zuerst recht zubereitet werde, daß da alle Täler geebnet und alle Höhen erniedrigt werden."

Kaum war diese Arbeit, die sich im Lauf der Jahre gut bewährt hat, vollendet, so wurden aller Herzen, auch auf dem stillen Schweizerberge, erschüttert durch die Nachricht von dem Ausbruch des deutsch-französischen Krieges. Darüber schreibt Rappard im August 1870:

„Wir sind durchdrungen von dem Ernst unserer Zeit. Dieser schreckliche Krieg im Herzen unserer europäischen Christenheit ist ein mächtiger Mahnruf zur Buße; denn auch wir tragen mit an der Schuld unsres Volkes. Unsre Aufgabe soll es sein, in diesen finstern Tagen unser Licht leuchten zu lassen, zu helfen, wo zu helfen ist, zu retten, was sich retten läßt. Mehrere unserer Brüder haben die Anstalt verlassen müssen, um ihrer Militärpflicht nachzukommen. Andere sind von verschiedenen Gesellschaften und Vereinen verlangt worden zur Verbreitung des Wortes Gottes unter den Truppen und zur Pflege der Verwundeten. Unsere Brüder hatten Freudigkeit zu gehen, und wir sind dankbar, daß wir imstande sind, hilfreiche Hand zu bieten.

„Es wird nicht zur Aufgabe der Kinder Gottes gehören, sich für die eine oder andere der streitenden Mächte allzusehr begeistern zu lassen; denn das Reich unsers Königs ist nicht von dieser Welt. Wohl aber sind wir berufen, nach dem Beispiel unsers Herrn, bei Freund und Feind Samariterdienste zu tun.

„Möge ein glaubenstärkendes Gefühl der Zusammengehörigkeit uns alle durchdringen, damit wir als eine Betgemeinde vor den barmherzigen König der Könige treten, eingedenk des Wortes: Des Gerechten Gebet vermag viel, wenn es ernstlich ist.

Laſſet uns beſonders unſerer Brüder auf dem Schlacht-
felde gedenken, damit ſie auch mitten in dem Gewühl
des Kampfes das köſtliche Gut des Seelenfriedens
ſich nicht rauben laſſen."

Dem zuletzt ausgeſprochenen Gedanken folgend
wurde während der Kriegszeit täglich im Chor der
Kirche eine Verſammlung zum Gebet gehalten, und
zwar in der Mittagspauſe von 12½ bis 1 Uhr. Es
waren weihevolle Augenblicke, wo namentlich der F ü r -
b i t t e viel Raum gelaſſen wurde. Aus dem Mutter-
hauſe waren vierundzwanzig Brüder ausgezogen, denen
man „daheim auf den Knien" folgte und deren Berichte
mit geſpannteſtem Intereſſe entgegen genommen wurden.

Deutlich hörte man auf dem Berge den Donner
der Geſchütze von Belfort. Als Obſervationspoſten war
die Chriſchona-Höhe auch für das ſchweizeriſche Grenz-
bewachungskorps von Wichtigkeit, und den Sommer
hindurch hatte man ſtets dreißig Mann zur Einquar-
tierung. Sie waren liebe angenehme Gäſte; manche
nahmen gern an den Andachten in der Anſtalt teil.

Perſönliche Eindrücke erhielt Rappard auf einer
Reiſe nach Neukirchen, die er im September unternahm zum
Beiſtand ſeiner Mutter. Sie war mit ihrer Tochter H.
noch vor Ausbruch des Krieges nach Rheinpreußen ge-
reiſt. Als ſie aber im Auguſt zurückkehren wollte, fand
ſie den Eiſenbahnverkehr durch die Truppentransporte
ſo aus der Ordnung gebracht, daß ſie die Weiterfahrt
nicht ohne männlichen Schutz unternehmen wollte und
von Köln aus nach Neukirchen zurückfuhr, wo ihr
Sohn Heinrich ſie abholte. Mit der Reiſe dorthin verband Rappard den Beſuch ſo vieler Brüder, als er
erreichen konnte.

Auf einem aus dem Notizbuch herausgerissenen Blatt schreibt er seiner Frau von Worms, am 3. September 1870:

„Den Gedanken, einen Tag vor Straßburg zuzubringen (wo der wackere Zögling Adam Ewald mit seiner Kompagnie lag), mußte ich auf dem Wege aufgeben, da es Fremden streng untersagt ist, sich in die Nähe zu begeben. Von Offenburg aus sah ich lange Zeit den Münsterturm seine graue Spitze wie drohend zum Himmel erheben; das Elend in der armen zerschossenen Stadt sei furchtbar.

„Gestern abend hielt ich in Mannheim eine Versammlung. Gleich nachher hörten wir plötzlich Freudenschüsse und ein nicht enden wollendes Hurrarufen durch die ganze Stadt. Telegraphisch war die Nachricht angekommen, daß Napoleon sich bei Sedan mit 80 000 Mann ergeben hatte. — Heute früh fuhr ich hierher, hatte große Verspätung und habe nun keinen Anschluß. Die Verspätung rührte her von dem Eintreffen eines Zuges voller Verwundeter. Es war mir ergreifend, diese Männer zu sehen und zu sprechen und ihnen die große Siegesnachricht mitzuteilen. Wie die Augen leuchteten! Ich werde zwei bis drei Stunden warten müssen."

Neukirchen, den 5. September.

„Nun bin ich im stillen Neukirchen, wo so manches mich an den Vater erinnert, wo es aber süß war, die Mutter und die alten Verwandten zu treffen.

„Ich konnte vorgestern schneller als ich es gedacht, von Worms weiter fahren und zwar — in einem Zug mit Verwundeten. In allen Orten, die wir passierten, war das Volk in hoher Begeisterung, und die Worte: „Sedan", „Kaiser", „gefangen" flogen von Mund zu Mund. Überall wehten die Fahnen, läuteten die Glocken, ertönten die Freudenschüsse.

„Mein Herz freute sich über die Siegesbotschaft des Lammes, gelobt in Ewigkeit!"

Glücklich langte Rappard bald nachher mit Mutter und Schwester wieder in der Schweiz an.

Als im Frühjahr 1871, nach all den wunderbaren Ereignissen, die Friedensglocken läuteten, kehrten bis auf einen alle die lieben Söhne ins Mutterhaus zurück. Der Eine, ein frommer Jüngling aus dem Kanton Neuenburg, August Eggly, hatte in Orleans bei der Pflege im Lazarett die schwarzen Pocken bekommen und war selig heimgegangen. Die viele Säemanns= arbeit, die die Brüder in schwerer Zeit tun durften, blieb nicht ohne Frucht.

5.

Samuel.

Der Name eines armen Negerknaben aus Afrika, dessen Leben eine kurze Zeit das Leben des Inspektors berührt hat, soll in diesen Gedächtnisblättern eine Stelle finden. Die Leser erinnern sich wohl noch an den kleinen Samuel, den Rappard in Kairo antraf, als er dort die Leitung der Station übernahm. Vom Küchenjungen war der Knabe bald zum Pflegesohn avanciert, und als die Pflegeeltern nach Europa zurück=

kehrten, war es fast selbstverständlich, daß er mit=
kommen sollte.

Es gefiel ihm von Anfang an außerordentlich gut
zu St. Chrischona, und was mehr ist, er erhielt bald
tiefe Eindrücke über göttliche Dinge und öffnete der
Gnade sein junges Herz. So sagte er einmal nicht
lange nach seiner Ankunft, als er von seiner Jugend=
heimat sprach: „Armer Vater! Er weiß nicht Heiland
und weiß nicht neues Herz."

In dem ersten Winter seines Aufenthalts schrieb
er nachstehenden Brief an seine ehemaligen Gefährten
in Chartum. Viele Freunde, die diesen Brief im Ori=
ginal gesehen haben, fanden daran ein solches Wohl=
gefallen, daß wir nicht anstehen, ihn hier abzudrucken:

„Lieber Bruder Thomas und Daud,

„Ich euch lange nicht gesehen. Ich mit Herrn
Rappard auf Chrischona. Ich in Europa. Ich arbei=
ten und putzen in der Schreinerei. Ich viel aufräu=
men bei Samstag.

„Ach lieber Thomas, mein Bruder! Ja, ich
gewesen in Chartum sehr böse; aber ich kennen nicht
Heiland gut, ich immer stehlen, und lügen, und so
machen dumm. Ach, lieber Herr Duisberg! Du mir
immer sagen, aber ich nicht verstanden in dem Kopf.
Ich jetzt aber besser; ich kennen Heiland mehr als
in Chartum.

„Ach, lieber Thomas, du Br. Duisberg immer
folgen, und wenn er dir etwas sagen, du machen
schnell; du nicht immer so lachen. Diese Heiland
nicht lieb haben. Die Mohammedaner sagen: ‚Thomas
du schwarz, du nicht gehen Europa!' Aber nein, du

diese Leute nicht hören. Ein Bruder dich mitnehmen, du gehen mit. Die Mohammedaner lügen, aber du nicht hören, nicht fürchten, nein gar nicht. Ich auch in Aegypten, aber ich nicht hören auf Mohammedaner. Ich gehen nach Europa, und hier Leute sehr lieb, gar nicht werfen Steine; sie kennen Heiland.

„Auch in Europa viele Leute Heiland kennen, aber nicht machen mit dem Heiland mit dem Herz. Diese Leute bös, und mit dem Herz dem Teufel. Nicht nur solche in Chartum.

„Thomas, du noch nichts gehört von mein Vater? Ich in Europa auch recht Christ werden, ich muß gehen Heimat und finden Vater und Mutter und Bruder auch.

„Ich kommen Europa, ich noch nie gesehen Schnee, und ich nehmen zusammen und werfen. Ich einmal gesehen Eis; dieses ganz dick. Ich auch gehen in die Kirche und ein wenig verstanden, aber nicht so viel.

„Ein Gruß für die Lehrer und für dich
Samuel."

Aus dem Leben dieses teuren Kindes seien hier nur zwei bedeutsame Züge mitgeteilt.

Wenige Monate nach seiner Ankunft stürmte er einmal, entgegen seiner sonst etwas zurückhaltenden Art, in das Zimmer seiner Pflegemutter und rief: „Ich habe einen Brief bekommen von Mansur in Kairo; denke nun, der Konsul hat ihm einen Freibrief gegeben." Mansur war ein Negerknabe wie er und gehörte dem deutschen Konsul, der ihn aber nicht als Sklave behalten wollte, sondern ihm nun die Freiheit geschenkt hatte.

„Ei, das ist schön, Samuel", sagte die Mutter; „es freut mich sehr, daß der Konsul das getan hat."

Doch in Samuels Zügen malte sich eine unbeschreibliche Angst. „Aber Du mir nie einen Freibrief geben", sagte er, „Du mich nie loslassen!"

„Aber Samuel, was denkst du denn? Du bist nicht unser Sklave; du bist ja frei!"

„Nein, nein", rief er, „ich nicht frei. Ich dein. Du mir nie Freibrief geben! Du mich immer, immer behalten!"

Zu seiner Beruhigung wurde ihm erklärt, er sei nicht unser Sklave, aber unser Kind, und wir würden ihn niemals von uns lassen. Da schwand seine Angst, und Freude erfüllte sein Herz.

Das war eine schöne Illustration zu dem Namen, den Paulus so gern sich beilegt: Ein Sklave Jesu Christi. Tönt nicht wie ein Echo des Rufes dieses afrikanischen Kindes im Herzen des Erlösten das Wort: Herr, ich bin dein. Halte mich fest. Ich will keinen Freibrief von dir, sondern will an dich gebunden sein im Leben und im Tod.

Die zweite Begebenheit bezog sich auf Rappard selbst. Samuel liebte ihn sehr, war ihm gegenüber aber stets etwas schüchtern, und während er Frau Inspektor gern Mutter, manchmal sogar mit schelmischem Lächeln Mama nannte, sprach er von seinem Pflegevater nie anders als von dem Herrn Inspektor. Da ereignete sich etwas recht Betrübendes. In der Schreinerwerkstätte, wo er jeden Tag eine Stunde oder zwei arbeitete, wurde er einmal wegen eines erhaltenen Tadels so zornig, daß er dem leitenden Bruder einen heftigen

Schlag auf das Auge gab. Solch ein Vergehen ver=
diente natürlich eine scharfe Züchtigung. Ernst, aber
liebevoll sprach Rappard ihm zu und erklärte ihm, er
müsse ihn jetzt strafen, damit er es nie wieder vergesse.
Zwei fühlbare Streiche fielen nun auf die ausgestreck=
ten schwarzen Hände, dann plötzlich schlang der Knabe
seine beiden Arme um den Hals des Inspektors, küßte
ihn und sagte: „Danke, mein **Vater!**"

Es liefen Tränen der Rührung über die Wan=
gen des starken Mannes; in der Züchtigung hatte das
Kind die Vaterliebe erkannt. Es brauchte nie wieder
gestraft zu werden.

Mit dem Lernen ging es Samuel schwer, und er
machte nicht die erwünschten Fortschritte. Da dachten
die Pflegeeltern immer wieder an den vorzüglichen Unter=
richt, den die taubstummen Kinder in der Anstalt zu Riehen
erhielten; sie wagten die Bitte, ob ihr vollsinniger,
aber der deutschen Sprache so unkundiger schwarzer
Junge den Unterricht mit genießen dürfe und wurden
freundlich erhört. So wanderte denn Samuel jeden
Morgen mit dem Ränzlein auf dem Rücken hinunter
nach Riehen, durfte auch das Mittagsmahl in der
Taubstummen=Anstalt einnehmen und kehrte abends fünf
Uhr fröhlich heim.

Da war es nun, als ob jeden Tag ein neues
Lichtlein in seinem Verständnis angesteckt würde.

„Liebe Pflegeeltern", schrieb er einmal, „weil
ich große Freude an dem Briefschreiben habe, des=
halb will ich euch auch einige Zeilen zukommen las=
sen. . . . Ich freue mich wohl an meiner Schule.
Ich glaube, daß Ihr mich an den Ort getan habt,
für was der Herr mich hat von Afrika gebracht."

Man durfte hoffen, daß der kräftig heranwachsende und innerlich so gut gesinnte Knabe als ein Werkzeug des Segens in sein dunkles Vaterland zurückkehren werde. Aber der Herr hatte es anders beschlossen. Eine heftige Lungenentzündung befiel ihn eines Vormittags in der Schule; er wurde in das Diakonissenhaus gebracht und aufs beste verpflegt. Aber schon am fünften Tag sanken die Kräfte. „Ich fürchte mich nicht", tröstete er seine Pflegemutter, und wenige Stunden vor dem Ende sagte er: „Jetzt gehe ich bald zum Heiland". Am 2. August 1871 schlief er sanft ein.

Die Beerdigung fand in Riehen statt. Der Text der Leichenrede war Hes. 16, 6: Ich ging vor dir vorüber und sah dich in deinem Blute liegen, und sprach zu dir, da du so in deinem Blute lagst: Du sollst leben!

Ja, auch zu diesem Kinde Afrikas hatte die ewige Liebe gesprochen: Du sollst leben! Das war bei allem Schmerz ein kräftiger Trost.

6.

Wurzeln und grünen.

(Jes. 27, 6.)

Wir kehren zu Rappard zurück. Die Jahre, die wir zusammengefaßt haben unter dem Titel: Der junge Inspektor, waren in besonderem Sinne grundlegend für seine ganze spätere Arbeit. Es ist schade, daß wir hier keine Tagebuchnotizen haben; wir müssen, um ihn selbst reden zu lassen, uns auf seine Berichte und einzelne Briefe beschränken. Es waren Jahre des

„Wurzelns", sowohl für ihn selbst, als auch für
die Anstalt, mit der er immer mehr verschmolzen wurde.
Es waren aber auch Jahre des „Grünens und
Früchtetragens", Jahre voller Schaffenstrieb
und Lust; und wenn wir spätere Lebensperioden benannt haben: Der Inspektor in des Mittags
Hitze, und: in des Abends Schimmer*),
so dürften diese ersten Jahre seiner Amtstätigkeit füglich
die Bezeichnung tragen: in des Morgens Frische.

Das Wurzelfassen führt naturgemäß in
die Tiefe. Das erfuhr Rappard, als er seiner Gattin
schrieb:

„Ich mache die Erfahrung, daß zu einem
Glaubenswerk Glauben nötig ist; daß aber der
Glaube geläutert wird und daß solche Läu-
terung wehe tut."

⊕

„Das feste Gottvertrauen muß sich gerade in
Zeiten innerer und äußerer Not als eine Kraft er-
weisen; dann ehren wir Gott damit."

⊕

„Unser Kleinglaube", heißt es in einem Bericht,
„und die daraus hervorgehende Kurzsichtigkeit in
Reichs-Gottes-Sachen verleitet uns gar zu leicht, auf
die Männer Gottes zu schauen, statt auf den
Gott der Männer unser Vertrauen zu setzen.
Der Herr hat es aber in großen Zügen durch die
ganze Reichs- und Weltgeschichte geschrieben, daß Er
allein es ist, der alles leitet und erhält."

---

*) Siehe Inhaltsverzeichnis.

„Sämtliche Zöglinge machen die Erfahrung, daß die inneren Kämpfe der Finsternis gegen das Licht und des alten gegen den neuen Menschen sich nirgends gewaltiger gestalten, als in der friedlichen Missionsanstalt. Wir freuen uns darüber; denn es geht im Reiche Gottes nur durch Kampf zur Krone, nur durch Leiden zur Herrlichkeit."

☩

„O Herr", so betete er einmal, „wir sind sehr bedrückt durch mancherlei Schmerz und Sorge. Aber die Trübsal drückt uns nicht von dir hinweg; nein, **sie drückt uns an Dein Herz!"**

☩

Es war des Inspektors Wunsch und Bestreben, die Anstalt zu einer wirklichen Evangelisten = S c h u l e zu machen, den Unterricht auch der jüngeren Klassen zu heben und seine Zöglinge zum selbständigen Denken anzuleiten. Der Lehrkurs wurde auf vier Jahre ausgedehnt. Die neu aufgenommenen Brüder, die man „Präparanden" zu nennen pflegte und die fast ausschließlich Handarbeit zu tun hatten, wurden vom Jahre 1871 an gleich beim Eintritt unter die Zöglinge als vierte Klasse eingereiht.

Neben dem Unterricht war Rappard auf die Er = z i e h u n g seiner jungen Brüder bedacht. Dazu hatte ihn Gott auch in besonderer Weise begabt und ausge- rüstet. Er arbeitete auf der Kanzel, im Lehrsaal und in der Seelsorge z i e l b e w u ß t. Er sagt darüber:

„Die Aufgaben, die uns aus der Gegenwart erwachsen, liegen klar am Tage. Die Tore zu den großen Arbeitsfeldern der inneren und äußeren Mis- sion sind weit geöffnet. Es gibt allenthalben suchende

Seelen, die gleichsam instinktmäßig nach etwas recht Positivem und Bergendem sich sehnen, um bewahrt zu werden vor dem leeren Scheinglauben, vor der religiösen Gleichgültigkeit und vor dem krassen Unglauben. Wer sein Heil in Christo gefunden hat, kann nicht anders als wünschen, daß möglichst viele seiner Mitmenschen auch zu diesem einzigen Heile kommen."

„Wir wollen es keinen Augenblick vergessen, daß unser großer Hohepriester nicht nur für unsere Sünden, sondern für der ganzen Welt Sünden gestorben ist (1. Joh. 2, 2). Das gibt Missionssinn."

„Drei Dinge sind es, nach Joh. 4, 35 und Matth. 9, 37, die ein wahrer Evangelist besitzen muß:

1. Ein geöffnetes Auge, um das weiße Feld, die Not und Erlösungsbedürftigkeit der Menschen zu erblicken.

2. Ein liebendes Herz, um diese Not zu erkennen und sie dem Herrn in der Fürbitte darzubringen.

3. Eine tätige und geübte Hand, um auf dem weiten Ackerfeld der Welt mit Glaubensmut zu wirken." Solche Gesinnung zu wecken und zu fördern war sein Bestreben.

⊕

Aber die Anstalt auf dem Berge sollte den darin aufgenommenen Söhnen nicht nur eine Schule, sondern eine Heimat, **ein Mutterhaus** sein, in dem sie sich frisch und frei entfalten und durch ungezwungenen Umgang unter einander und mit ihren Vorstehern und Lehrern Anregung und Förderung erhalten könnten. Wir glauben sagen zu dürfen, daß dieses Bestreben in hohem Maß erfüllt worden ist. Schon während der Studienzeit, und noch mehr, wenn sie auf den Arbeitsfeldern stehen, wissen es die meisten Brüder hoch zu schätzen, daß sie von sorgender Liebe und gläubiger Fürbitte umgeben und getragen sind.

Freilich ist auch die äußere Lage der Anstalt, mit der wunderschönen Aussicht, die sich von der einsamen Bergeshöhe darbietet, dazu angetan, dies Heimatgefühl zu wecken. Mit der weihevollen Stille in der Natur stimmt das Walten des Wortes und Geistes Gottes, das man hier verspürt, und der Odem des Gebets, der die Räume durchweht und dies Fleckchen Erde manchem Wanderer zu einer Himmelspforte gemacht hat. Ein solcher schrieb einmal in das Fremdenbuch des Inspektorats die schönen Worte:

Wonniger Waldesduft,
Würzige Bergesluft —
Odem der Ewigkeit,
Vorschmack von selger Zeit —
Ruh in der Felsenkluft:
Das ist Chrischonaluft!

Mit Ernst und Liebe waltete Rappard seines Amtes. Es mochten manche den Ernst mehr fühlen als die Liebe, aber wahre Liebe wachte dennoch über alle, und erstreckte sich im Gebet stets aus nach mehr.

Man sprach damals öfters von dem Inspektorauge. Das war in der Tat ein merkwürdiges Auge, das alles sah, auf alles merkte, keine Nachlässigkeit duldete, überall Ordnung schaffte. Er sah aber nicht nur Dinge, sondern vor allem die Menschen. So schreibt er einmal:

„Auf manchem Angesicht, dem Spiegel der Seele, konnte das forschende und teilnehmende Auge des Vorstehers und Lehrers gar vielerlei lesen. Das eine Mal lautete die eingegrabene Schrift so, daß einem unwillkürlich das Psalmwort in den Sinn kam: ‚Warum bist du so unruhig, meine Seele?' und daß man nur im Stillen wünschen konnte, es möchte die Antwort darauf bald eintreffen: ‚Harre auf Gott; denn ich werde Ihm noch danken.' — Bei einem andern fiel einem das Wort Gottes an Jonas ein: ‚Ist es billig, daß du zürnest?' oder auch war die ganze Erscheinung eines Zöglings derart, daß die ernste, bange Frage aufstieg: ‚Freund, wie bist du hereingekommen?' Freilich auch recht oft war auf dem Seelenspiegel zu lesen, daß der Friede Gottes das Herz und die Sinne in Christo bewahre, oder es strahlte das Angesicht von himmlischer Freude.

„O wie köstlich," so fährt er fort, „ist die Arbeit des Geistes Gottes in den Herzen! Wie kann dieser höchste Formierer ein Adamskind so schön machen! Wie häßlich macht sich hingegen der Mensch, der der Zucht des Geistes widerstrebt."

Ein früherer Zögling redete bald nach dem Heimgang des Inspektors in einer Predigt von der Notwendigkeit des rechten Blickes für die Seelenvorgänge bei den Mitmenschen. Da rühmte er, wie dieser Blick dem Inspektor in so hervorragender Weise geschenkt war. Er erzählte:

„Vor dreißig Jahren war es, da befand ich mich in schweren inneren Kämpfen, die mich bis an den Rand der Verzweiflung gebracht hatten. Meine intimste Umgebung hatte nichts davon gemerkt. Da traf mich der Inspektor zufällig und fragte mich: ‚Bruder . . . ., was fehlt dir? Warum bist du so

traurig?' Diese Bemerkung löste mir die Zunge, und
unter dem Lindenbaum fand eine kurze seelsorgerliche
Besprechung statt, die meinem ganzen späteren Leben
seine Richtung gegeben hat. Er hatte meine inneren
Kämpfe bemerkt und durch längere Zeit beobachtet,
während niemand anders aus meiner Umgebung etwas
davon gesehen hatte."

Zu dem „Grünen und Früchtebringen", von dem
wir oben sprachen, gehören einige Missionsbestrebungen
nach außen, die in den Anfang der siebziger Jahre
fallen. Vor allen Dingen finden wir da den unschein-
baren Beginn der organisierten Evangelisationstätigkeit,
die von so großer Bedeutung wurde. Davon wird
später ausführlich erzählt werden.

In diesen Jahren verließen eine ganze Reihe sehr
tüchtiger Brüder die Anstalt, von denen manche noch
leben und mit ihrem Inspektor alt geworden und in
herzlicher Liebe verbunden geblieben sind. Etliche aber
sind entschlafen. Unter diesen soll genannt sein Jakob
Fink, der nach mehrjährigem Missionsdienste in China
aus Gesundheitsrücksichten nach Europa zurückkehren
mußte und als Evangelist der Pilgermission viele Jahre
in Schaffhausen arbeitete und vielen Menschen ein Weg-
weiser zu Christo wurde.

Auch Br. Markus Hauser wurde um diese Zeit
ausgesandt. Bei seinem Eintritt in die Anstalt hatte sich
etwas Eigenartiges zugetragen.

Als Knabe schon hatte er Gott gesucht und gefunden. Später hatte er die Gärtnerei erlernt, aber
dabei immer eine Sehnsucht gehabt nach mehr Erkenntnis
und höherer Bildung. Was ihn hinderte, war mangelnde
Sehkraft und körperliche Schwachheit. Als Gärtner-

gehilfe in Basel hörte er von St. Chrischona, meldete
sich bei Herrn Jaeger und wurde als „Präparand" aufgenommen. So traf ihn Rappard bei seiner Ankunft zu
St. Chrischona im August 1868.

In der ersten Komiteesitzung, der der junge Inspektor anwohnte, wurden etliche Meldungen besprochen,
unter anderen auch diejenige des Markus Hauser. Der
damalige Ökonom, mit dem die Präparanden es hauptsächlich zu tun hatten, schilderte den jungen Mann als
unbrauchbar, beinahe blind und unpraktisch, und das
Komitee beschloß, ihn nicht definitiv aufzunehmen. Der
Inspektor wurde beauftragt, ihm dies mitzuteilen.
Rappard hatte ihn noch nicht näher kennen gelernt, ließ
ihn auf sein Zimmer kommen und teilte ihm den Komitee-
Beschluß mit. Bei diesem Gespräch wurde er aber so
überzeugt, daß Markus sowohl die nötigen Gaben,
als besonders auch die größte Gabe besitze, daß
er dieses dem Komitee mitteilte und die Aufnahme des
Petenten aufs wärmste beantragte. Man ging darauf
ein, und nach wenigen Tagen hatte Rappard die Freude,
dem Jüngling die gute Botschaft seiner Wiederaufnahme
mitzuteilen. Niemand hat das je bereut. Hauser wurde
einer der erfolgreichsten Evangelisten der Pilgermission
und hat achtundzwanzig Jahre lang durch Wort und
Schrift seinem Meister treu gedient. Wir werden ihm
später nochmals begegnen.

Kurz sei hier noch erwähnt, daß im Dezember
1872 die Missionare Greiner und Mayer nach der Provinz Schoa, im Süden Abyssiniens, gesandt wurden,
von wo aus sie die Gallastämme evangelisieren sollten.
Bis zum Jahr 1886 wurde unter mancherlei Not dort
gearbeitet; dann wurden die Missionare von dem in-

zwischen mächtig gewordenen König Menelek, der sie anfangs sehr begünstigt hatte, des Landes verwiesen. Seither sind keine europäischen Missionare mehr im Lande geduldet worden.

Um so erfreulicher war es, daß in den Jahren 1873 und 1874 fünf abyssinische Chrischonabrüder als Missionare in ihr Vaterland gesandt werden konnten.

Missionar Flad, der als Europäer nicht im Lande wohnen durfte, leitete aus der Ferne ihre Arbeit, die der Herr mit Segen gekrönt hat. Mehrere dieser Brüder sind seither heimgegangen. Argawi, der bedeutendste unter ihnen, hat unter großen Schwierigkeiten und Entbehrungen treu ausgehalten und steht jetzt noch in den Tagen des Alters fest auf seinem einsamen Posten im fernen Habesch.

Sechstes Kapitel

Segenszeiten.

1874—1882.

Es ist etwas Unbeschreibliches, mit Gott wahrhaftig vereinigt zu sein! C. H. R.

1.

Zehn Tage in Oxford.

Von einer Gnadenheimsuchung des Herrn, die Rappard mit vielen Gotteskindern im Jahre 1874 erleben durfte, soll in diesen Blättern ausführlich geredet werden, weil sie für ihn nicht nur eine vorübergehende Erfahrung war, sondern sein ganzes späteres Leben und Wirken beeinflußt hat. Aus den eingehenden Mitteilungen, die er seiner Zeit darüber veröffentlichte, geben wir hier die wichtigsten Stellen:

„Ein Gefühl der Dankbarkeit gegen den Herrn und der Liebe zu meinen Mitchristen treibt mich an zu berichten von einer besonderen Segenszeit, die mein treuer Gott mir in Gnaden beschert hat. Ich bin überzeugt, daß viele gläubige Christen mich verstehen werden, wenn ich sage, daß ich seit meiner Bekehrung zum Herrn und während einer zehnjährigen Arbeitszeit als Zeuge des Evangeliums oft schmerzlich den Mangel einer inneren Heiligung, einer völligen Erlösung von

der anklebenden Sünde, einer ununterbrochenen Gemeinschaft mit Gott vermißte. Der treue Gott, der das
Seufzen seines Kindes hörte, ließ mich durch einen
lieben Bruder in sehr unerwarteter Weise zu einer Reihe
von Versammlungen einladen, die von einem Amerikaner,
Herrn Persall Smith, angeregt, in Oxford gehalten
werden sollten, um, wie ich bald mit Freuden erfuhr,
gerade das zu erflehen, was mir mangelte. Die Hindernisse einer längeren Abwesenheit von meiner Amtstätigkeit wurden durch das freundliche Entgegenkommen
meiner lieben Mitarbeiter gehoben, und am 26. August
1874 trat ich mit meinem Schwager Paul Kober-Gobat
die Reise nach England an. Samstag, den 29. August,
erreichten wir Oxford; Herr Smith war schon da und
hatte alles zum Empfang seiner Gäste vorbereitet.

„Laßt mich nun, teure Brüder, den inneren Gang
des Wirkens Gottes während der zehn Tage euch mitteilen, wie ich es an meinem eigenen Herzen erfahren
habe und aus dem Munde vieler anwesender Brüder
habe bestätigen hören.

„Unter dem Einfluß des Gebets und des Wortes
Gottes, abgeschlossen von den Zerstreuungen des täglichen Lebens, wurden zuerst die Gemüter stille; wir
fühlten uns vor das Angesicht Gottes gestellt. Diese
Sammlung und andächtige Stille war bei vielen von
uns nicht identisch mit Frieden und Freude, es war
nur zu sehr eine Stille — über dem Chaos. Aber es
kam Licht in die geöffneten Herzen; Gottes Geist er-
forschte uns. Manche bisher entschuldigte Sünde, viel
ungöttliches Wesen und besonders die zähe Selbstsucht
und Ichheit, das Selbstsuchen und Selbstmeinen wurde
vom Lichte gestraft, wie nie zuvor.

„In den stillen Stunden der Nacht, da jeder mit seinem Gott allein war, gab es heiße Tränen und harte Kämpfe. Die Frage stieg auf: ‚Willst du dich deinem Gott, der dich geliebt und mit seinem Blut erkauft hat, völlig übergeben? Willst du deinen Willen auf die Seite Gottes stellen, hassen, was Er haßt, lassen, was Er dich lassen heißt und tun alles, was Er dich tun heißt? Willst du aufhören vom eigenen Wirken und vom Grunde deines Herzens sprechen: Himmlischer Weingärtner, reinige du mich Reben am Weinstock, damit ich viele Früchte bringe zu deiner Ehre.‘

„Geliebte, diese Fragen scheinen leicht zu beantworten; aber wenn sie einem durch den erleuchtenden und wirkenden Geist Gottes gestellt werden, durch welchen die Antwort gleich zur Tat wird, geht es, das habe ich erfahren, nicht so leicht. Doch sie wurde von Vielen und auch von mir gegeben. Es war ein Akt des Willens im Angesicht Gottes, der das Wollen und das Vollbringen wirkt.

„Durch die aufrichtige Übergabe unserer selbst an Gott war das Hindernis hinweg getan, welches den vollen Segen, den Gott so gern den Seinen geben will, aufgehalten hatte. O, es ist etwas Unaussprechliches, mit Gott wahrhaftig vereinigt zu werden und durch den Sohn, der uns mit seinem Blute ganz rein macht, einen freien Zutritt zu haben zum Vater. Der **Vater,** der Urheber aller Vater- und Mutterliebe, wurde uns herrlich wie noch nie, und ich muß es freudig bezeugen, daß ich einmal auf meinem Lager während mehrerer Stunden der Nacht nichts anderes tun konnte, als den süßen Vaternamen im Herzen bewegen, der mir immer tiefer und immer unerschöpflicher an Gnade und Liebe

wurde. Eine weitere süße Frucht dieser Gnadenzuflüsse
war die, daß uns die Bibel als ein neues Buch erschien. Sie ist wie mit lauter Licht geschrieben, und es
strömt von ihr eine Kraft in das Herz, die den Glauben beständig nährt und aufrecht erhält.

„Der Heilige Geist wehte und bewegte — nicht
die Stätten, wo wir versammelt waren, wohl aber die
Herzen. Mir wurde es gleich zur Gewißheit, daß es
nichts Vorübergehendes sein werde, sondern daß durch
einen Wandel im Glaubensgehorsam jeden
Augenblickes es immer besser gehen müsse.

„Bis zum Schluß behielten die Versammlungen
denselben Charakter. Sie waren nicht für Unbekehrte
bestimmt, sondern sie bezweckten vor allem das immer
tiefere Eindringen der Gläubigen in das volle Heil in
Christo. Trotzdem übten sie eine große Anziehungskraft
auch auf die Welt aus. Man kann wohl sagen, daß
die ganze Stadt Oxford bewegt war. Die Dienerschaften
in den Hotels begehrten, auch in die Versammlungen
zu kommen, und gewiß war dieses Verlangen eine
Frucht des Wandels im Licht und in der Liebe, den
sie als etwas Ungewohntes wahrnehmen konnten bei
denen, die sie bedienten.

„Mit innigem Dank gegen Gott und mit tiefer
Freude im Herzen verließen wir nach zehn Tagen die
Stadt Oxford, eine Stadt, die sich für manche von uns
als die höchste Universität erwiesen hat. Und frage ich
mich nun nach der Rückkehr ins tägliche Leben, was
mir von der zehntägigen Segenszeit geblieben ist, so
kann ich mit Freuden antworten: ‚Alles, und es wird
immer reeller.‘

„Durch völlige Übergabe an Gott und Über=

tragung des Willens auf die Seite Gottes wird der
Gang gewiß. Das auf den Altar gelegte lebendige
Opfer empfängt das Feuer von Gott. Der Glaube,
durch Christus e r l ö s t z u s e i n nicht nur von der
Schuld und Strafe der Sünde, sondern auch von ihrer
Herrschaft und Macht, und mit dem Blute des Lam-
mes g e r e i n i g t z u s e i n von aller Unreinigkeit, öffnet
den Herzen den Zugang zu dem Vater des Lichts. Alle
Sünde und alle Bosheit, die das stets zunehmende Licht
durch das lebendig gemachte Wort im Herzen offenbart,
sowie auch die Versuchung von außen wird nicht in
eigener Kraft bekämpft, sondern durch die Glaubens-
übergabe an Jesum und im Aufblick zu Ihm, beständig
a l s d u r c h I h n , d e n L ö w e n a u s J u d a ,
ü b e r w u n d e n b e h a n d e l t, nach dem Wort des
Apostels: ,Haltet euch dafür, daß ihr der Sünde gestorben seid, und lebet Gott in Christo Jesu, unserm
Herrn'. Diese sündlichen Regungen dürfen den Frieden
nicht stören, wiewohl sie oft peinlich daran mahnen,
was für ein Gemächte wir sind und es Einem eindrücklich zu Gemüte führen, daß wir, nur einen Augenblick
von Christo getrennt — erbärmliche Sünder sind und
daß wir wachen und beten müssen, um in Ihm, unserer
Festung zu bleiben.

„Die Verantwortlichkeit des Amtes und Berufs
und alle Sorgen des täglichen Lebens sind auf Ihn geworfen, der für uns sorgt. Er leitet uns mit seinem
Auge; unser Auge aber ist stets auf Ihn gerichtet, und
freudig, ohne Nebengedanken, geschieht der Liebeswille
Gottes in seinem erlösten Kinde. Das Herz hat Lust
an dem Herrn. Sein Wort ist süßer als Honigseim.
Halleluja!"

In den von Oxford an seine Frau gerichteten Briefen sind noch etliche wertvolle Äußerungen:

„Das größte Hindernis des Segens ist das eigene Ich. Das muß durchaus verleugnet werden — auch das Ich des Predigers. Das ist eines der schlimmsten. Der Inspektor muß sterben und im Tode bleiben.

✠

„Der Herr segnet uns je mehr und mehr. Aus der Ferne könnte man denken, das sei eine Gefühlssache; aber ich kann dich versichern, es ist eine Realität. Gottes Verheißungen glauben, ist das Allerrealste, was es nur gibt. Nimm eine Zusage deines Gottes, schau sie in dem Zusammenhang, in dem sie steht, dir recht an, und mit völliger Übergabe des Herzens glaube ganz einfach, daß Gott meint, was Er sagt.

✠

„Es wurde uns immer wieder ans Herz gelegt, ganz einfach und natürlich zu sein, die Unsrigen herzlich lieb zu haben und im engsten Familienkreis zart und freundlich zu sein.

✠

„Die zehn Segenstage sind hinter uns, aber der Segen ist in uns. Der Heiland ist mir näher und köstlicher als je zuvor. Ich komme zu dir zurück viel ärmer, als da ich ging, aber Jesus wird meine täglichen Bedürfnisse erfüllen. Ich bin viel schwächer in mir selbst, ja, ich bin gar nichts; aber Jesus wird in mir und durch mich wirken."

Von Oxford aus fuhr Rappard nach Liverpool und über das Irische Meer hinüber nach Belfast in Irland, wo die Evangelisten Moody und Sankey damals arbeiteten. Die mächtigen Versammlungen waren für ihn von großem Interesse, und es war ihm auch eine Freude, die lieben Männer persönlich kennen zu lernen. Ein Besuch in Edinburg bei den alten treuen Freunden Scott und ein mehrtägiger Aufenthalt in London bei seinen Geschwistern bildeten den Abschluß dieser denkwürdigen englischen Reise. Am 21. September kam er glücklich zu Hause an.

2.

Die Oxford = Bewegung.

Viele Brüder aus Deutschland und der Schweiz hatten der Konferenz in Oxford beigewohnt und waren dort, wie Rappard, reich gesegnet worden. Wir nennen die Pfarrer Otto Stockmayer und A. Bovet, Professor F. Bovet und Herrn Kober aus der Schweiz; aus Deutschland die Pastoren Pank und Müller, Prochnow und Jellinghaus. Pank und Müller gaben über die „Segenstage in Oxford" wertvolle Schriften heraus; Jellinghaus verfaßte einige Jahre später das vielverbreitete Buch: „Das volle Heil in Christo." Durch die Berichte aller dieser Brüder waren die Kreise in der Heimat bewegt und zubereitet, etwas über die Botschaft zu vernehmen, deren Hauptinhalt zusammengefaßt werden konnte in dem Wort: Heiligung durch den Glauben.

Von der Bundeshauptstadt Bern kam bald nach Rappards Rückkehr eine herzliche Einladung, er möge doch etwas von dem erzählen, was er in Oxford gesehen und erlebt hatte. Er tat es in seiner einfachen,

schlichten Weise im Saal der Evangelischen Gesellschaft.
Einige der leitenden Brüder, Herr Pfarrer Gerber,
Pfarrer L. von Fellenberg, E. von Wattenwyl und
andere wurden sofort von der Tatsache überzeugt, daß
die Bewegung vom Herrn gewirkt und die Lehre biblisch gesund sei. Pfarrer O. Stockmayer fand sich auch
in Bern ein, und in kleinem Kreise Gleichgesinnter verlebte man unvergeßliche Stunden des Segens.

Auch aus St. Gallen kam ein Ruf, dem Rappard
gerne folgte. Er war dort wenig bekannt, aber der Herr
machte seinem Worte Bahn. Ein ehrwürdiger Gottesmann schrieb ihm wenige Tage darauf:

„Was ich seit Jahren in meiner Vaterstadt
vergeblich angestrebt habe, ist Ihnen geschenkt worden.
Es ist in manchen Herzen ein Sehnen erwacht nach
dem wahren Leben mit Christo in Gott. Ich habe
aus Ihren Worten die Stimme des Bräutigams
vernommen. Der Freund aber des Bräutigams stehet
und höret Ihm zu und freut sich hoch über des Bräutigams Stimme. Dieselbe meine Freude ist nun
erfüllt.“

Wie schön ist solche Demut und Liebe!

Aber nun war es des Inspektors herzliches Verlangen, in der Anstalt selbst etwas von dem sich verwirklichen zu sehen, was er persönlich so kräftig erlebt
hatte. Zu dem Ende wurden die Tage vom 16.—21.
November ausgesondert als eine Zeit der Stille und
Sammlung vor dem Herrn. Als Mitwirkenden hatte er
nur seinen Freund Pfarrer J. J. Riggenbach eingeladen; die Herren Lehrer halfen alle mit. Er schreibt
darüber·

„Bei diesen Versammlungen, deren Leitung wir im Glauben ganz dem heiligen Geist übergeben hatten, mußte der Herr uns zuerst tief herab führen. Das Licht brachte manches an den Tag, was den Segen aufgehalten und die Kraft gelähmt haben muß. Als aber das geoffenbarte Übel offen bekannt und mit ganzem Willen gelassen war, als die Seele sich in völliger Übergabe in die Arme Gottes werfen konnte, da durfte sie es auch durch den Glauben erfahren, daß 1. Joh. 1, 7 göttliche Wahrheit sei, daß das Blut Jesu Christi rein macht von aller Sünde.

„Mit nie gekannter Freude konnten Manche die längst bekannte Wahrheit nun ergreifen, daß die Sünde nicht über die herrschen könne, die gläubig in Jesu verborgen bleiben, und dankbar legten sie sich in die offenen Arme ihres Hirten, um sich von nun an durch Ihn bewahren und tragen zu lassen bis an das Ende."

Die Versammlungen waren nur für die Hausgemeinde bestimmt und fanden in dem damals engen Raum des Lehrsaals der 1. Klasse statt. Sie waren ganz einfach, aber das Wort war in Beweisung des Geistes und der Kraft. Es kamen keine außergewöhnlichen Kundgebungen vor, nur ein wunderbares Zerbrochensein der Herzen wurde bemerkbar. Mit Tränen tiefer Reue wurden Sünden und kleine Untreuen bekannt, aber nicht in öffentlicher Versammlung, sondern stets nur dem Inspektor oder einem Lehrer, unter vier Augen. Und aus dieser inneren Zerknirschung floß ein Gebetsdrang und eine Gebetsfreiheit, die man vorher nie gekannt hatte. Die frühe Morgenstunde von 6 bis 7 Uhr war zu kurz, um alle Anliegen vor dem Gnadenthron kund werden zu lassen.

Etliche Freunde aus den benachbarten Dörfern und aus Basel, die etwas von dem Geisteswehen vernommen hatten, fanden sich uneingeladen ein, um auch daran teil zu haben. Wer solche Zeiten erlebt hat, wo die Fenster des Himmels weit offen stehen, der behält eine Art Heimweh danach. Aber, zum Trost und zur Beruhigung sei es gesagt, die Erfahrung lehrt, daß Seelen, die in aller Stille und Verborgenheit, oft unter viel Kampf und Anfechtung, ihre Last zum Fuße des Kreuzes bringen und das vollbrachte Heil im nackten Glauben ergreifen, denen nicht nachstehen, die in den hochgehenden Wogen einer Erweckungszeit zum Frieden kommen.

Noch im Herbst desselben Jahres gründete Rappard im Verein mit seinem Schwager, dem Buchhändler Kober in Basel, die Monatsschrift: „Des Christen Glaubensweg, Blätter zur Weckung und Förderung des christlichen Lebens". In der Eingangsnummer heißt es:

„Das Kreuz Christi hat uns von der Strafe der Sünde frei gemacht; es ist auch das Mittel, durch das wir von ihrer Macht frei werden. Der Weg hierzu ist der Glaube, der uns mit Christus verbindet. Der Glaube ist das Band zwischen unserer Schwachheit und der Allmacht Gottes.

„Je näher der gläubige Christ dem Herrn, dem Urbild aller Heiligkeit, ist, desto mehr erkennt er den weiten Abstand, der noch zwischen ihm und seinem Heilande sich findet, desto tiefer fühlt er seine Unvollkommenheit und die Mangelhaftigkeit seines Gehorsams. Er hat täglich zu bitten: „Vergib uns unsere Schulden!" selbst wenn er empfindet,

daß Christus ihn nach dem Maß seines Glaubens
vor offenbaren Sünden bewahrt.

„Diese Blätter möchten zeigen, was für Hindernisse dem Glauben oft im Wege stehen und
möchten behülflich sein, alle die Schätze, welche das
Wort Gottes für die Entwicklung ihres Geistes-
lebens darbietet, recht auszunützen. Endlich möchten
sie die Gläubigen davor behüten, den Standpunkt
der Schrift zu erniedrigen bis zu dem, den ihre eigene
fehlerhafte Erfahrung einnimmt, und sie dagegen
lehren, ihr eigenes inneres und äußeres Leben zu
dem Standpunkt der göttlichen Offenbarung erheben zu lassen in fortwährend wachsendem Licht, in
Erkenntnis und Sieg über die Sünde und das
eigene Selbst."

Man sieht wie fern solche Aeußerungen sind von
den Lehren der Perfektionisten unserer Tage. Es ist
hier kein Stürmen und Drängen, kein Haschen nach
außerordentlichen Gaben, wohl aber ein tiefes mächtiges Verlangen und ein gläubiges sich Ausstrecken nach
den wahren Gaben des Geistes, die da sind Liebe und
Demut, Gerechtigkeit, Friede und Freude. Nicht etwas
Neues zu erwarten, wurde man ermahnt, sondern das
vom Herrn Gegebene gläubig zu nehmen.

Es folgte nun eine ganze Reihe von mehrtägigen
Konferenzen oder Allianz-Versammlungen, wie man sie
nannte, bei denen Rappard mitzuwirken berufen war,
in verschiedenen Städten, so in Bern, Genf, Straßburg, Basel, Schaffhausen. Von jeder wäre viel Kostbares zu erzählen, aber wir müssen es uns versagen,
Einzelheiten mitzuteilen.

„Es ist nichts Neues, und doch ist alles neu geworden," bezeugten mehrere Brüder. „Wir sind vielfach ungläubige Gläubige gewesen," war das Bekenntnis Vieler. „Wir wollen nun hingehen und glauben", sagten einige, als sie nach reichgesegneten Tagen in ihr Heimatdorf zurückkehrten. — „Ich habe so lange gewartet draußen in der Kälte; jetzt habe ich gelernt, daß der Herr auf mich gewartet hat. Sowie ich kam, hat Er mich aufgenommen, und ich traue es Ihm zu, daß Er sein Werk in mir vollenden wird." — Das war die Sprache mancher Herzen.

Von der Konferenz in Bern, 3.—10. Januar 1875, sei hier gesagt, daß seither im Andenken an jene so gesegneten und fruchtbaren Zusammenkünfte jedes Jahr einige Tage der ersten Januar-Woche ausgesondert werden, zu besonderer Vertiefung des Glaubenslebens. Bei den erwähnten ersten Berner Versammlungen trat ein Ehepaar aus Basel, Herr und Frau Vischer-Sarasin, mit freudigem und offenem Bekenntnis in die Reihe derer, die dem Herrn angehören und Ihm dienen wollten. Eine innige Freundschaft verband fortan diese Familie mit der Rappardschen. Zu dem in Jesu Liebe eng verbundenen Freundeskreis gehörten schon aus früheren Zeiten Herr Theodor Sarasin, der liebe „Volksbote", und seine Gattin.

Bei den Versammlungen in Basel, 4. bis 11. April 1875, erschien unter den Rednern zum ersten Mal Herr Pearsall Smith. Er machte großen Eindruck durch sein persönliches Auftreten und seine geistesmächtigen Reden. Rappard und die andern Brüder, die bis dahin in den verschiedenen Städten die Glaubensversamm-

lungen geleitet und sich hatten angelegen sein lassen, daß
kein menschlicher Name in den Vordergrund trete und
alles so einfach und schlicht wie möglich gehalten werde,
konnten sich einer leisen Sorge nicht erwehren, als sie
sahen, wie sich nun eine gewisse äußere Begeisterung für
das Werkzeug kund gab. Smith hatte sich zwar dagegen
gewehrt. Er sagte einmal: „Wenn ein Freundeskreis in
der Dämmerstunde versammelt wäre und ein Diener
träte herein und stellte eine brennende Lampe auf den
Tisch, so würde man ihm höchsten ‚Danke‘ sagen, aber
es würde keinem einfallen, dem Diener nachzulaufen,
sondern man würde sein beim Lichte bleiben.“ So wollte
man denn dem Herrn auch in diesem Stück vertrauen
und sich von Herzen freuen über das, was Er an vielen
Seelen tat. Eine Abendmahlsfeier im Münster, an der
zweitausend Personen teilnahmen, bildete den Schluß
jener Woche.

Von Basel aus reiste Smith nach Deutschland.
Von den Versammlungen in Karlsruhe und Stuttgart
schrieb der bekannte Vorsteher Thumm von Wilhelmsdorf:

„Wie ist es mir da ergangen! O lieber Bruder,
meine Wüstenreise ist zu Ende. Der Herr hat mir
meine glaubensfrische und siegesstarke Jugend wieder
gegeben. Ich bin mir selbst ein Wunder. Halleluja.“

Wir müssen endlich noch die große Konferenz in
Brighton, England, erwähnen, die vom 29. Mai bis
7. Juni tagte, und der etwa fünfzig deutsche und zehn
bis fünfzehn schweizerische Geistliche beiwohnten. In
dem „Glaubensweg“ ist über diese Tage ausführlich berichtet worden; aber wir dürfen uns nicht dabei aufhalten. Nur eine Erinnerung sei uns erlaubt.

In einer Morgenstunde erzählte ein hochbegabter Prediger, dessen Wirksamkeit vorher und nachher in besonderem Maße gesegnet worden ist, ungefähr wie folgt: „In den letzten Nächten ist mir mein Gott sehr nahe gekommen und hat mir vieles zu sagen gehabt. Da hieß es zuerst: ‚N., jener Ast an deinem Lebensbaum taugt nichts, der muß abgehauen werden.‘ — ‚Ja, Herr‘, sagte ich, so schwer es mir wurde, ‚er soll gehen.‘ — Dann hieß es weiter: ‚N., hier ist ein ganz unfruchtbarer Zweig; dort schießt etwas hervor, was nicht in meinen Weinberg paßt.‘ — ‚Ja, Herr‘, sagte ich wieder, ‚haue es nur ab. Nimm es hin. Wenn ich nur dich habe.‘ — Aber letzte Nacht trat mir der Meister noch näher und sprach zu mir: ‚Nicht nur diesen und jenen Zweig des Baumes mußt du hingeben; der ganze N. muß abgehauen und in den Tod gegeben werden.‘ — Brüder, es wollte wehe tun, aber es ist geschehen, und es soll gelten."

Am Schluß des obenerwähnten Berichts über Brighton heißt es in „Des Christen Glaubensweg":

„Nichts, gar nichts in uns selber, auch nicht das Werk Christi in uns, ist der Grund unserer Freude, nichts als Er, nur Er. Sein herrliches Erlösungswerk, das Er für uns vollbracht hat, d a s ist der Grund des Friedens."

Nun ging in der Heimat die Arbeit weiter. Es war allenthalben großes Verlangen nach Gottes Wort. Auch nach St. Chrischona kamen viele heilsuchende Menschen, und es war köstlich, so durstige Seelen zu der Quelle des Lebens zu leiten.

Da drangen betrübende Nachrichten an Ohr und Herz. In „des Christen Glaubensweg" spricht sich Rappard offen darüber aus, und druckt zunächst eine Kundgebung einiger Vertrauensmänner in England ab. Da heißt es:

„Einige Wochen nach der Konferenz in Brighton vernahmen wir, daß er (P. Smith) in einzelnen Fällen in Privatunterredungen Lehren behauptet habe, die höchst unbiblisch und gefährlich sind. Wir fanden auch, daß ein Benehmen vorlag, welches, obwohl wir überzeugt sind, daß er keine bösen Absichten hatte, dennoch einen Eingriff von unserer Seite nötig machte. Wir baten ihn deshalb, von jeglicher öffentlichen Arbeit abzustehen; und als die Umstände ihm in ihrem wahren Licht dargestellt wurden, stimmte er völlig in die Rechtmäßigkeit unseres Verfahrens und erkannte mit tiefstem Schmerz den unbiblischen und gefährlichen Charakter jener Lehre und jenes Benehmens."

Dazu schreibt Rappard:

„Aus Briefen von lieben Gläubigen, die den Sachverhalt genau kennen und um des Geschehenen willen ihr Vertrauen dem Bruder nicht entzogen haben, entnehme ich, daß die Verirrungen, in die er geraten ist, Ähnlichkeit haben mit solchen, die zu verschiedenen Zeiten in der Kirchengeschichte und besonders in der mittelalterlichen Mystik vorgekommen sind, von denen auch die Brüdergemeinde in der sogenannten Sichtungszeit nicht frei geblieben ist."

Pearsall Smith schrieb selbst darüber an Rappard:

„Lassen Sie sich mein Beispiel zur Warnung dienen, daß die höchsten Gefahren den höchsten Vorrechten nahe liegen, und daß wir, auch wenn wir aufrichtig meinen, in dem Willen Gottes zu stehen, dennoch betrogen werden können von dem Feinde, der sich uns in Lichtsengelsgestalt naht. Bleiben Sie beim Wort. — Ich habe nicht zu viel, aber vielleicht zu ausschließlich das V e r t r a u e n auf Gott betont und nicht genug auf das W a c h e n hingewiesen. Ich bitte Sie, wo meine Unterweisungen mangelhaft und einseitig gewesen sind, suchen Sie Rat vom Herrn, um das Fehlende nach seinem Willen auszufüllen.*)

Diese betrübenden Geschehnisse waren ein empfindlicher Schlag für die Freunde allerorten, und es war selbstverständlich, daß solche, die der Bewegung fern standen, daraus folgerten, die ganze Sache sei unrichtig. „Wir verstehen ihr Eifern wohl", schreibt Rappard, „und stellen alles d e m anheim, der recht richtet." Er für seine Person wurde wohl betrübt, aber nicht erschüttert. Er hatte zu tief durchgeschaut in das vollkommene Gesetz der Freiheit (Jak. 1, 25), um nicht auch in Stunden der Anfechtung darin zu verharren.

Was er darüber seinen Lesern gesagt hat, wollen wir hier in seinen eigenen Worten kurz zusammenfassen:

„Vor allem demütigen wir uns vor Gott, der solches nach seiner tiefen Weisheit hat zulassen müssen.

---

*) Herr Pearsall Smith wurde um diese Zeit von einem Nervenleiden befallen, das ihn zur Untätigkeit zwang, von dem er sich aber allmählich ganz erholte. Er blieb jedoch in der Zurückgezogenheit bis zu seinem Heimgang im Jahre 1898.

Unser Gott ist ein eifriger Gott und kann seine Ehre keinem andern geben. Wir lernen daraus nachdrücklich, daß man im Reden von sich selbst und von seinen Erfahrungen recht Maß halten soll nach der Zucht des Geistes, um in den Grenzen der vollen Wahrheit zu bleiben.

„Auf der andern Seite wundern wir uns gar nicht, daß eine Sache, die des Herrn ist, einer Sichtung unterworfen wird. Auch uns dient dieses Feuer zur Läuterung unsres Glaubens. Nun wird es sich offenbaren, wer einen wirklichen Segen empfangen hat und in Gemeinschaft mit dem ewigen und unveränderlichen Heiland getreten ist.

„Wir können nicht anders, als den Herrn loben, daß Er es mit seinem Knechte so genau genommen hat. Er hat es nicht zugegeben, daß die Verirrung sich im Geheimen ausbreite, sondern Er hat es bald an's Licht gebracht, auf daß es vom Lichte gerichtet und gestraft werde. Haben wir nicht darin ein Unterpfand seiner treuen Leitung?

„Die Wahrheiten aber, die der heilige Geist, wenn auch durch fehlbare Knechte, unsern Herzen nahe gebracht, sie bleiben unerschütterlich stehen. Das Wanken eines Menschen ändert nichts an der Treue Gottes."

Was manche, namentlich noch unbefestigte Christen aus den Schriften Smiths, mehr noch als aus seinen Reden entnommen hatten, nämlich die Erwartung, daß durch einen einmaligen Akt das Herz gereinigt und geheiligt werden könnte, hatte Rappard nicht in der Weise aufgefaßt und auch nie gepredigt. Dazu kannte er seine Bibel zu gut. Aber einen völligen Bruch mit der Sünde,

ein in den Tod geben des eigenen Willens, ein inneres
Besitzergreifen durch den Glauben der auf Golgatha
vollbrachten Erlösung, und zwar der Rechtfertigung
sowohl, wie der aus der Gemeinschaft mit Jesu er-
wachsenden Heiligung, eine ganze Übergabe an den
Herrn und ein volles Vertrauen, daß Er das Ihm dar-
gebrachte Opfer annehme, — das war es, wozu er
seine Zuhörer und Leser aufforderte und mit seinem
freudigen Zeugnis ermunterte.

„Wenn du mir sagst", heißt es im „Glaubensweg" (Band II, S. 199), „du seiest darüber nicht im
Klaren, ob die völlige Übergabe ein einmaliger Akt
oder eine fortlaufende Tat sei, so verstehe ich dich sehr
wohl und möchte dir vor allem sagen: sie ist keides.
Es scheint mir sehr wichtig, die Übergabe zunächst als
einen einmaligen entscheidenden Akt anzusehen, der
in der Kraft des heiligen Geistes geschieht und die ganze
Energie des Willens erfordert. Wenn man von einer
Handlung den Eindruck hat, sie sei endgültig und ent-
scheidend, so wird man dieselbe mit viel größerer Be-
sonnenheit und tieferem Ernst vollziehen, als es sonst
möglich wäre. Es ist deshalb von großer Wichtigkeit,
daß es bei einem Menschen einmal zu diesem großen
Entscheid, zu einer völligen, rückhaltlosen Übergabe
kommt, wo es dann heißt:

Nun ist es geschehen! Ich bin nicht mehr mein;
Des Herrn will ich einzig und ewiglich sein!

Wenn unsere Übergabe an den Herrn auf diese
Weise durch eine innere entscheidende Handlung geschehen ist, wobei wir allem abgesagt haben, was wir
im Lichte Gottes als sündlich und zweifelhaft erkennen,

dann kann und soll sie auch eine fortlaufende Tat sein. Nun muß es sich offenbaren, ob die Übergabe eine Wahrheit oder nur ein Wort war. Nun gilt es, sich fort und fort dafür zu halten, daß man der Sünde abgestorben und ein lebendiges Eigentum Jesu sei. Kommt die sündliche Lust oder eine Versuchung von außen, so heißt es: Ich bin sein; wie sollte ich mich beflecken? Kommt eine Frage in Betreff der Anwendung des Geldes oder der Zeit, so wird das Herz gemahnt: ‚Ei, deine Zeit, dein Geld, alles gehört ja schon deinem Herrn, dem du dich mit Leib und Seele übergeben hast! Bin ich einmal sein, so gilt es, Ihm immer völliger anzugehören, Ihm immer unbedingter alles hinzugeben. Habe ich den entscheidenden Schritt aus dem Ich heraus und in den Herrn Jesum hinein getan, dann gilt es weiter zu gehen, Schritt für Schritt, in seiner seligen Nachfolge." Es ist die alte, ewig neue Botschaft: Kommet zu mir! und Bleibet in mir!"

Dreiunddreißig Jahre später, wenige Wochen vor seinem Heimgang, hat Rappard Gelegenheit gehabt, nochmals eingehend über jene Tage zu reden, und zwar bei Anlaß der neueren betrübenden Strömungen innerhalb der Gemeinschaften.

Die eigentliche „Oxford-Bewegung", um diesen Namen noch einmal zu gebrauchen, lebt in England weiter in der durch Keswick vertretenen Richtung. Die erste Keswick-Konferenz im Sommer 1875 reihte sich unmittelbar an die oben erwähnte Brighton-Versammlung an. Jedes Jahr, in ununterbrochener Reihenfolge, haben seither diese sorgfältig geleiteten, sehr gesegneten

Vereinigungen stattgefunden. Männer, wie Dr. Moule, Bischof von Durham, Hopkins, Moore, lauter Geistliche der anglikanischen Kirche, sind an der Spitze. Dr. Eugen Stock, der englische Missionsschriftsteller, hat es festgestellt, welch tiefgehenden Einfluß Keswick auf die Mission gehabt hat, indem von jenen siebziger Jahren an nicht nur mehr, sondern auch tüchtigere Kräfte sich dem Herrn für das Arbeitsfeld der Heidenmission geweiht haben.

In Deutschland und der Schweiz ist es anders gegangen. Wir wollen auch da wieder den „Glaubensweg" reden lassen:

„Die sogenannte Bewegung ist, wenigstens ihren äußern Kundgebungen nach, stille geworden; wir sehen die Leitung des Herrn in der ganzen Sache und können dafür loben und danken. Er sandte den guten Wind, der vielen seiner Kinder und noch vielen Draußenstehenden neues Leben brachte. Er sah das Mangelhafte und Fehlerhafte, das die Menschen hinzugetan hatten; darum mußte Er reinigen. Er nahm wahr, daß Manche die herrlichen Wahrheiten in fleischlichem Sinn aufgefaßt hatten und nur oberflächlichen Gefühlsregungen gefolgt waren, und darum mußte Er sichten. Wir hatten ernstlich gefleht, Er möge uns vor allem Eigenen, vor irgend einer besonderen Partei bewahren, und Er hat es getan."

Das Läuterungsfeuer hat die menschlichen Unvollkommenheiten verzehrt; das göttliche Gold ist geblieben. Die Wahrheiten, die damals auf den Leuchter gestellt worden sind, haben in der Gemeinde Jesu ihre siegreiche Kraft bewiesen und sind klarer verkündigt worden als zuvor. Immer und immer wieder durfte Rappard auf direkte Segenswirkungen jener Tage stoßen, und er war gewiß, daß die Ewigkeit noch vieles offenbaren werde.

Mit großer Freude dürfen wir hier das Zeugnis eines in Deutschland wirkenden, früher in Genf wohnhaften schweizerischen Geistlichen mitteilen:

„Meine Erinnerungen an Herrn Inspektor Rappard gehen zurück bis in die Zeiten der Erweckung, die durch das Zeugnis des Amerikaners Pearsall Smith hervorgerufen wurde. Man nannte bei uns diese religiöse Periode einfach: „Le Réveil". Hunderte von Geistlichen und Tausende von Laien wurden von dieser bedeutsamen Bewegung mitgerissen und kamen dadurch zu einem neuen, dem Herrn geweihten Leben. Auch ich persönlich werde es nie vergessen, daß diese gewaltige geistliche Strömung es war, die mich senkrecht auf den Boden des Kreuzes gebracht und mir die wahre ewige Bedeutung des Todes Christi offenbarte. Seitdem habe ich viele Fehler begangen, aber nie habe ich das Bewußtsein der wunderbaren Erlösungskraft verloren, die in der Glaubensauffassung des Todes und der Auferstehung Jesu liegt. Diese Grundwahrheiten von Röm. 6, 7 und 8 waren damals vielfach verloren gegangen, und es wurde Pearsall Smith vergönnt, unsern schlummernden Gemeinden diese Kernwahrheiten wieder ins Gedächtnis zu rufen.

„Aber um Herrn Smith herum bewegte sich ein ganzer Kreis, ich möchte sagen ein Generalstab von Männern und Frauen, die die lebendigmachende Erfahrung des Mitsterbens und Mitauferstehens Christi gemacht hatten und vor großen Versammlungen zeugen durften von dem, was der Herr an ihnen getan hatte.

„Mitten unter diesen Zeugen ragte die männliche, aristokratische und kraftvolle Gestalt des Inspektors von St. Chrischona, des Herrn Rappard hervor. Sowohl in Genf, wie in Yverdon und St. Croix hörte ich ihn mehr als einmal mit Theodor Monod-Paris, Professor Godet-Neuchatel, Pfarrer Besson-Tavannes, Pfarrer Otto Stockmayer reden von der alles überwindenden Kraft des Kreuzes Christi. Vielleicht gingen einige der Redner zu weit in der Betonung der völligen Ruhe, deren wir uns in Christo freuen dürfen, als ob der Kampf absolut vorbei sei. Ich erinnere mich nicht, daß Rappard je diese irrtümlichen Ansichten geteilt hätte. Was mir stets an ihm auffiel, ist seine große Nüchternheit, gepaart mit einer jugendlichen Wärme und einer brennenden Liebe zum Herrn, die uns, die Jugendlichen von damals, besonders hinriß. Die klare Betonung der Möglichkeit der Heiligung, des völligen Sieges in Christo, wenigstens im Glaubensstande, einer ununterbrochenen Gemeinschaft mit dem Gekreuzigten und Auferstandenen klang wie Siegesposaunen durch die Reihen der damaligen, vielfach ermüdeten Streiter des Herrn. Es kam uns wie eine neue Offenbarung vor, und mit Begeisterung sang ich mit meinen Freunden aus der „Union chrétienne" und der Fakultät der Theologie die Lieder Moodys und Sankeys, in denen diese Ansichten ihren bewegten Ausdruck gefunden hatten.

„Unvergeßlich sind mir gewisse Gebetsversammlungen aus dieser Zeit geblieben, wie z. B. eine in dem Saal der Reformation in Genf, wo in spontaner innerer Bewegung nach einigen kernigen Worten der Herren Th. Monod und Godet, die ganze Schar der Anwesenden auf die Kniee sank, um das herrliche Hugenottenlied zu singen: Comme un cerf altéré brâme, Après le courant des eaux. (Wie ein Hirsch schreiet 2c.)

„Auch gedenke ich einer Versammlung in der Rive droite, an welcher Herr Rappard einen hervorragenden Anteil nahm und wo viele, auch viele Pfarrer bezeugten, den Heiland gefunden zu haben. Den Inhalt der Ansprachen könnte ich nicht mehr wörtlich wiedergeben. Ich kann mich nur erinnern, daß Herr Inspektor Rappard ganz besonders warm die Ruhe des Herzens und Gewissens hervorhob, die wir in dem auf Golgatha vollbrachten Werke Christi finden.

„Die gesegneten Spuren dieser Erweckung in den Jahren 1875 und 1876 sind noch vielfach vorhanden, und in der ganzen französischen Schweiz, sowie in andern Ländern gibt es Viele, die dieser Periode ihr inneres Leben verdanken. Vielen von ihnen dürfte der liebe Inspektor der Chrischona zum geistlichen Vater geworden sein.

„Hier in Frankfurt, sowie in Blankenburg und in der Gnadauer-Konferenz hatte ich das Vorrecht, mehr als einmal seitdem mit Herrn Rappard zusammenzukommen, und stets machte er mir den Eindruck eines in der heiligen Schrift fest gegründeten, in seinem Heiland ruhenden Jüngers, der Tausenden durch seinen kindlichen und doch so männlichen Glauben, seine innere Freudigkeit und die Innerlichkeit seines Glaubenslebens zum Segen geworden ist.

Ch. Correvon,
Pfarrer an der franz. Kirche in Frankfurt a. M.

Wir können diesen Abschnitt nicht besser beschließen als durch die Mitteilung eines Gedichtes des öfters genannten Th. Monod, das Rappard seiner Gattin von Orford zusandte:

Ach, daß eine Zeit gewesen,
Da ich lebte ganz für mich!
Ich vernahm Dein sanftes Werben,
Doch mein trotzig Herz erklärte:
Gar nichts Du — und alles ich!

Doch Du fandst mich, und ich schaute
Blutend an dem Kreuze Dich,
Sah Dein wunderbares Lieben,
Und im Herzen klang es leise:
Etwas Du — doch etwas ich!

Aber Deines Geistes Walten
Zog mich näher hin zu sich:
Ich ward kleiner, Du wardst größer,
Und ich sprach mit Lieb und Sehnen:
Mehr, HErr, Du und wen'ger ich!

Himmelhoch die Berge ragen,
Endlos dehnt das Weltmeer sich: —
Aber Deine Lieb ist größer,
Und sie hat mich ganz bewältigt:
Alles Du — und gar nichts ich!

(Aus dem Englischen übersetzt
von † Pastor F. Zeller.)

3.

Zu Hause.

Mit der reichen Tätigkeit nach außen, wie sie auf
den letzten Seiten beschrieben worden ist, gingen
die Interessen und Arbeiten im Hause selbst Hand
in Hand. Einige Ereignisse, die auf Rappards Leben
Bezug haben, fallen in die durch den Rahmen dieses
Kapitels bezeichneten Jahre.

Im Mai 1876 hatte er die große Freude, seine
teure Mutter mit den drei jüngsten Geschwistern als
Mitbewohner der kleinen Kolonie auf dem Berge zu
bewillkommnen. Nach dem Wegzuge ihres Sohnes Carl
nach Nord=Amerika hatte Frau Rappard das schöne Gut
auf Iben verkauft — der Löwenstein ging schon bald
nach des Vaters Heimgang in andere Hände über —
und sich in Heiden, der Gemeinde ihres Schwieger=
sohnes Arnold niedergelassen. Bei der Übersiedelung die=
ser ihrer Kinder nach Basel war nichts mehr, was sie
in der Ostschweiz festgehalten hätte, und so ging sie
freundlich auf die Aufforderung ihres ältesten Sohnes
ein, in seiner Nähe auf dem stillen St. Chrischona=Berge
ihren Witwensitz aufzuschlagen. Ein Grundstück wurde
auf der Ostseite der zu der Anstalt gehörenden Gebäu=
lichkeiten erworben, und daraus von Basler Baumeistern
ein Haus erstellt, das der Sohn mit viel Liebe und
praktischem Geschick nach der Mutter Wünschen und
Bedürfnissen einrichtete. Ihr Kommen war eine Be=
reicherung für das Gemeinschaftsleben auf dem Berge.
Sie war eine tiefgegründete Christin, die ein klares Ge=
merk hatte sowohl für die Segnungen, die der Herr
seinen Knechten gern mitteilt, als auch für die geist=
lichen Gefahren, die ihnen drohen, und ihr Rat wie
ihre Fürbitte waren dem geliebten Sohne von großem
Wert. Während der Segenstage des Winters 1874/75
hatte auch sie, die schon von früher Jugend an den
Herrn kannte, ganz neue Blicke in den Gnadenreichtum
ihres Heilandes getan, und die gemeinsam empfange=
nen Segnungen hatten Mutter und Sohn noch inniger
verbunden als zuvor.

An Stelle der früher genannten lieben **Lehrer,**
die in den Anfangsschwierigkeiten so treu mitgeholfen
und nach Verlauf etlicher Jahre Rufe an selbständige
Arbeitsfelder angenommen hatten, traten die Herren
Pfarrer Th. Jaeger aus Württemberg, jetzt Stadtpfarrer in Heubach und Mitglied des Pilgermissions-
Komitees, und die Herren Lehrer Dähler und Oetliker.
Einige Jahre hindurch war auch Herr Lehrer Jak.
Heiniger ein sehr geschätzter Mitarbeiter. Mit allen
diesen Herren und mit etlichen andern, die auf längere
oder kürzere Zeit Lehrposten inne hatten, die Herren
Dröner, Schäfer, Surer, fühlte sich Rappard freund-
schaftlich verbunden. Der Umstand, daß man die Mahlzeiten gemeinsam einnahm, trug dazu bei, daß das Zu-
sammenleben einen familiären Charakter hatte; in den
wöchentlichen Lehrerkonferenzen wurden die Anliegen
des Brüderhauses besprochen und im Gebet dem Herrn
vorgetragen. „Wir Lehrer", schreibt der Inspektor, „sind
uns tief bewußt, daß wir noch lange nicht ausgelernt
haben, auf welche Weise und mit welchen Mitteln wir
die uns anvertrauten jungen Männer am besten dahin
bringen, Evangelisten zu sein, die mit Erfolg dem
Volk das Heil in Christo zu verkündigen wissen."

Von einem der obengenannten Mitarbeiter ist ein
schöner Brief aufbewahrt worden, der es wert ist, hier
mitgeteilt zu werden.

„In Jesu teurer Bruder!

„Obschon meine Liebe nicht viele und schöne
Worte zu machen versteht, so ist sie doch vorhanden,
und hat das Bedürfnis, sich wenigstens hie und da
bei gewissen Gelegenheiten, zu äußern. Eine solche

Gelegenheit iſt dein Geburtstag, der 26. Dezember.
Wie bedeutſam, daß er gleich auf den Chriſttag folgt.
Ruht doch dein ganzes äußeres und inneres Leben,
dein Tun und dein Ruh'n, dein Wandeln und Handeln, dein Glauben und Lieben, dein ganzes Sein
auf Jeſu, dem Sohne Gottes! Ich bezeuge es gern,
daß ich während meines Umgangs mit dir und zwar,
was ausſchlaggebend iſt, meines Werktagsumgangs,
dieſen tiefen Eindruck von dir erhalten habe. Darauf
gründet ſich auch alle wahre brüderliche Liebe. Eins
weiß vom andern, Jeſus ſei ſein A und O, ſeines
Lebens Urſache, Mittelpunkt, Inhalt und Ziel. So
liebt jedes den Heiland im andern.

Wie wird's einſt ſein, wenn ſie alle ſich von
Angeſicht ſehen, rein, ſelbſtlos, die Gnade, die alle
durchgebracht, allein preiſend!

Was ich dir wünſche? Dasſelbe, was du dir
ſelbſt erflehſt. Wie herrlich, daß für uns alles in
Einem liegt, und daß es nur gilt, dies Eine immer
völliger zu erkennen und aus ſeiner Fülle immer meh-
reres zu ſchöpfen und durch jeden Zug aus dem vollen Borne immer — durſtiger zu werden!

Weil mir aber das Kommen des Reiches Gottes am Herzen liegt, ſo bitte ich den Herrn, dich
für das neue Jahr mit neuer Kraft für ſeinen heiligen Dienſt auszurüſten. Dieſer Wunſch fließt aus
der dankbaren Anerkennung deſſen, was Er dir gegeben und zu welch' großer Aufgabe Er dich braucht.
Möge Er dich auch ferner zum Werkzeug der Bekehrung
von Tauſenden machen. Ich freue mich ſtets über den
hellen Ton deiner Poſaune und über die Überzeu-
gungskraft, die in ihm liegt.

„In herzlicher Liebe grüßt und segnet dich und
empfiehlt sich deiner ferneren Geduld und Fürbitte
Dein — —"

Am Schluß des Jahres 1877 fühlte Rappard
das Bedürfnis, in seinen schriftlichen Arbeiten eine
Aenderung eintreten und die Monatsschrift: „Des
Christen Glaubensweg" eingehen zu lassen. Er schreibt
darüber:

„Des Christen Glaubensweg" ist vor drei
Jahren herausgegeben worden, um eine Hauptwahr-
heit, die Heiligung der Christen durch den Glauben,
ins Licht zu stellen. Dieses ist nach dem geringen
Maß unserer Erkenntnis geschehen, und entweder
hätten wir, wenn auch mit andern Worten und unter
verschiedenen Bildern Vieles wiederholen, oder dann
von unsrem ursprünglichen Zweck mehr und mehr ab-
kommen müssen.

„Im Rückblick auf unsere Mitwirkung an dieser
vom Herrn uns aufgetragenen Arbeit beugt uns vor
allem tief unsre Untüchtigkeit und Unwürdigkeit.
Dann erfreut uns aber wieder die bis zum letzten
Heft treu gebliebene Überzeugung, daß es eine Arbeit
für den Herrn und seine Gemeinde war, die Ihm
wohlgefiel und die Er mit vielen Beweisen seiner
Gnade geschmückt hat. Das in den drei Bänden ge-
druckte Wort bleibt als ein abgeschlossenes Ganzes
stehen, und wir zweifeln nicht daran, daß manche
Stillen im Lande auch in der Zukunft darin Be-
lehrung und Erquickung finden werden."

Mit Dankbarkeit durfte Rappard in der Tat je
und je hören, daß Gott das Blatt an vielen Seelen

gesegnet habe. So kam eine der ersten Nummern in die Hände eines Soldaten der Fremdenlegion in Algerien und ward ein Mittel, ihn aus der Wüste der Sünde und des Unglaubens zu seinem Heiland und dann auch zurück in die schweizerische Heimat zu führen. Und auch jetzt noch spürt man beim Lesen dieser Blätter eine Kraft und eine Bezeugung des Geistes, die nicht ohne Eindruck bleibt.

Um den ausgesandten Brüdern und andern Freunden der Pilgermission öfters Nachricht und auch etwas Förderndes für ihr eigenes Herz und für ihre Arbeit zu bieten, wurde mit dem Januar 1878 die Monatsschrift: „Der Glaubensbote" herausgegeben, womit die Mitteilungen aus der Pilgermission, die bis dahin alle zwei Monate in Form eines kleinen Blattes erschienen, verschmolzen wurden. Der „Glaubensbote" hat wegen seiner lokalen Färbung als Organ der Pilgermission einen kleineren Leserkreis, als der „Glaubensweg" es hatte. Aber er entspricht seinem Zweck und bot dem Inspektor je und je Gelegenheit, seine Stimme hören zu lassen über Ereignisse in Welt und Kirche, die er im Licht der Erfahrung und des göttlichen Wortes besprach.

Das Blatt möchte in Wahrheit das sein, was sein Name besagt: ein Bote, der zum Glauben weist, zum Glauben hilft, oder besser noch, die Augen seiner Leser lenkt auf das große Objekt des Glaubens, Jesus Christus.

Im Jahre 1875 wurde von Rappard und seiner Frau unter der wertvollen Mitarbeit des Herrn Lehrer Gollmer das Gemeinschaftsliederbuch herausgegeben, das der Herr in vielen Kreisen zum Segen gebraucht hat.

Mehrmals hatten Rappard und die Seinen die große Freude, ihre geliebten **Eltern aus Jerusalem** zu Besuch zu haben; so auch im Jahre 1878. Es war das letzte Mal. Bischof Gobat stand in seinem achtzigsten Lebensjahr; seine Gattin war viel jünger, aber gebrechlicher als er, und beide sagten mit dem liebenswürdigsten Lächeln, sie seien noch einmal gekommen, um von all den lieben Ihren Abschied zu nehmen, ehe sie vom irdischen in das himmlische Jerusalem gerufen würden. So geschah es auch. Sie brachten einen großen Teil des Sommers in Riehen zu, in einem ihnen von Herrn Sarasin zur Verfügung gestellten Hause; man konnte sich häufig sehen und innige Gemeinschaft pflegen. Der Bischof war noch geistig und körperlich frisch und stramm, wie in seinen jungen Jahren; in jenem Sommer besorgte er noch mit unermüdlichem Fleiß die Korrektur eines arabischen Gebetbuches. Aber im Herbst erlitt er einen leichten Schlaganfall. Er erholte sich genügend, um, seinem sehnlichen Wunsch gemäß, noch nach Jerusalem zu gelangen. Aber zu voller Kraft kam er nicht mehr, und in der Sonntag-Morgenfrühe des 11. Mai 1879 durfte er zu seinem Herrn gehen.

Zwölf Wochen später folgte ihm die teure Mutter nach. Unter einem Olivenbaum auf Zion wurden die müden Pilger zur Ruhe gebettet, in seliger Hoffnung des ewigen Lebens.

☖

Besuche. In den ersten Jahren seiner Amtstätigkeit hatte Rappard ab und zu Vorlesungen auf der Basler Universität besucht; es lag ihm daran, sich in allen Stücken weiter zu bilden und das Lehren immer besser zu lernen. Mit besonderem Interesse hatte er den

philosophischen Vorlesungen Professor Steffensens gefolgt und war in etwas nähere Berührung mit diesem
geistvollen Denker gekommen. Ergreifend ist das Zeugnis, das Steffensen in einem Gedicht niedergelegt hat,
das betitelt ist: Letztes Sonett. Mit Anspielung
auf die Worte des greisen Künstlers Michael Angelo
(„Nicht Malen und nicht Meißeln kann dem Herzen
Ruhe geben") sagt er:

> Auch meinem Geist hat's endlich sich entrungen:
> Nicht Denken und nicht Sinnen bricht die Ketten —
> Zur Gnade ruf ich um ein selig Ende!

Rappard verkehrte in jenen Jahren viel mit seinem Freund, Pfarrer Joh. Jak. Riggenbach. Die Vor-
gänge in der Basler Kirche, in der damals die Reform-
Theologie Eingang gefunden hatte und das Glaubens-
bekenntnis preisgegeben war, bewegten ihn schmerzlich.

In der Einsamkeit des Berges erfreuten ihn Besuche von gleichgesinnten Brüdern sehr. Dr. Bädeker
war öfters ein lieber Gast. Bald nach seinem ersten Be-
kanntwerden mit ihm hatte sich jene kleine Begebenheit
zugetragen, die in Bädekers Leben so anschaulich geschildert ist:

„In Basel machte Bädeker einst einen Versuch
mit der Straßenpredigt, wie sie ihm von England
her vertraut war. Er wurde mit Hohn und Stein-
würfen empfangen. Mitten in dem Tumult stellte sich
plötzlich eine hohe Gestalt schützend an seine Seite.
Es war der Inspektor Rappard von St. Chrischona.
Dieser eine Helfer machte andern Mut. Bald umringte eine Schar von Christen den unerschrockenen
Prediger."

Diesem wurde indessen von Rappard und andern

Brüdern der Rat gegeben, nicht in dieser Weise in
Basel aufzutreten. In der Folgezeit hat er zu wiederholten
Malen im Vereinshaus gesegnete Versammlungen ge-
halten.

Auch der ehrwürdige Georg Müller von Bristol
besuchte mehrmals die Anstalt auf dem Berge, ebenso
der geistvolle Prediger und Schriftsteller aus Stellen-
bosch in Süd-Afrika, Andreas Murray. Pater Hyacinth
Loyson kehrte auch einmal mit seiner Gattin im
Rappardschen Hause ein. Er war damals dem evangelischen Glauben sehr nahe, doch fehlte ihm die persönliche Erfahrung, die einst den Klosterbruder zu Erfurt,
Martin Luther, zu einem Reformator gemacht hat.

4.
Trübsal und Trost.

In das neuerbaute Haus der lieben Mutter Rappard
zu St. Chrischona kehrte der HErr mit Leiden
ein. Ihr jüngster Sohn Louis war schon lungen-
krank, als sie im Mai 1876 mit ihm das neue Heim
bezog. In der guten Luft des Berges ging es ihm ein
Jahr lang recht erträglich, und sein auf die Ewigkeit
gerichteter Sinn fand in der geistlichen Atmosphäre, die
ihn umgab, Erquickung und Freude. Aber in dem Maße,
wie der innerliche Mensch von Tag zu Tag erneuert
wurde und der ewigen, über alle Maßen wichtigen Herrlichkeit entgegenreifte, nahm der äußerliche Mensch ab,
und im September 1877 kam der Ruf nach Hause.
Louis war wohl zubereitet. Seitdem er als Schüler des
Lerber-Gymnasiums in Bern in jener Januar-Woche
1875 sein Herz dem Heiland übergeben hatte, war sein
Leben ein Lauf gewesen dem himmlischen Kleinod zu.

„In der Felsenkluft geborgen", das war in den letzten Wochen nicht nur sein Lieblingslied, sondern seine selige Erfahrung. In seiner letzten Leidensnacht bezeugte er dem noch fern stehenden Dienstmädchen, wie glücklich der Herr Jesus seine Jünger mache, und bat sie doch zu Ihm zu kommen. Die Zöglinge der beiden obersten Klassen wünschte er noch an seinem Sterbetag zu sehen, und mit seinem letzten Odem rief er ihnen zu: „Wir werden uns wiederfinden bei dem Herrn, wenn Sie treu beharren bis ans Ende."

So wurde der neunzehnjährige Jüngling als eine früh gereifte Garbe eingeheimst.

Wenige Monate nachher, bald nach Neujahr, traf die Mutter bei einem Besuch in Neukirchen ihre vierundzwanzigjährige Tochter Minna, die den Winter bei dem alten verwitweten Ohm Bräm zubringen sollte, in recht leidendem Zustande an. Nur zu bald konstatierte der Arzt, daß die galoppierende Schwindsucht eingesetzt habe. Der Versuch einer Luftveränderung blieb erfolglos, und Ende März brachte die gebeugte Mutter ihr einst so blühendes Kind als eine dahinwelkende Blume nach Hause. In den ersten Tagen des Monats Mai schlossen sich die müden Augen für diese Erde.

Auch Minna kannte ihren Heiland und fürchtete das Sterben nicht. Wenige Tage vor ihrem Ende sagte sie, die sich immer so gern hatte nützlich machen wollen, in ihren Fieberphantasien: „Der Herr Jesus hat soeben zu mir gesagt: ‚Minna, ich habe dir schon eine Arbeit bereit im Himmel.'"

Zwischen diesen beiden Todesfällen lag eine Zeit ernsten Kummers. Schon Anfang März hatte sich Rap=

pard eine starke Erkältung zugezogen. Der Husten wollte nicht weichen, dazu gesellten sich große Abmagerung und heftige Nachtschweiße. Kein Wunder, daß die bange Sorge aufstieg, ob die tückische Krankheit auch ihn befallen habe. Ab und zu stellten sich auch hohe Fieber ein, die ihn sehr schwächten. Wenn es ihm nicht gar zu unwohl war, ging er aber unentwegt seinen täglichen Pflichten nach, befahl sich dem Herrn als seinem Arzt, nahm aber freundlich die kleinen Stärkungsmittel an, die die Liebe ihm darbot. Von einem längeren Urlaub wollte er vor dem Ferienmonat nichts hören. Er meinte: Nichtstun könnte er nicht ertragen, und er wolle weiter machen, bis ihm der Herr einmal sage: Heinrich, lege dich hin und stirb!

Als das warme Wetter kam, trat allmählich Besserung ein, und er war immer voll Vertrauen, daß sein himmlischer Meister ihm seine volle Kraft wieder geben werde. Wie dann am 1. Juni die Heuernte begann, und die Lektionen unterbrochen wurden, reiste er nach Heinrichsbad, um sich dort zu erholen. Es gab noch einmal ein kurzes starkes Unwohlsein, aber dann kam die volle Heilung, und Freude und Dank erfüllten alle Herzen. Einen kurzen schönen Aufenthalt mit seiner Frau und den drei ältesten Töchterlein gewährte ihm der Herr in Engelberg, und inmitten der herrlichen Bergwelt tönte aus Herz und Mund der Psalm des Dankes zum Herrn, der den Elenden so herrlich hilft. An Seele und Leib gestärkt durfte er mit den Seinen im Juli nach Hause zurückkehren.

Von jener Zeit an durfte Rappard dreißig Jahre lang, mit ganz unbedeutenden Unterbrechungen, in voller Gesundheit seinem Herrn dienen.

Aber Trübsal gab es doch noch mancherlei. Der Tod zweier lieber neugeborener Söhnlein in den Jahren 1879 und 1881 ging dem Vaterherzen sehr nah. In ein Exemplar der Lyra Passionis, das er seiner Gattin bei einem dieser Anlässe schenkte, schrieb er als Widmung: „Zum Andenken an u n s e r e Passion in der Passionszeit 1881." Doch überwog die Dankbarkeit den Schmerz; denn bei einer vorangegangenen schweren Erkrankung seiner Frau hatte er ernste Sorge gehabt, und es kam ihm von Herzen, als er sprach: „Ach, Herr, du hast mir wohl das Kind genommen, aber die Mutter hast du mir gelassen. Ich danke dir!"

Leiden ganz anderer Art stellten sich in diesen Jahren ab und zu bei ihm ein. Er bekam etwas zu fühlen von den Mächten der Finsternis, die sein sonst so sonniges Gemüt trüben wollten, und er litt um so mehr, als er sich darüber nicht zu äußern vermochte. Es waren stets nur vorübergehende Stunden; denn es konnte von ihm heißen, wie von manchem treuen Knechte Gottes: „Er hat sich durch die Finsternisse h i n d u r c h-geglaubt."

Es mögen auch physische Ursachen mitgewirkt haben; aber das wollte er niemals als Entschuldigung gelten lassen. Denn Gott ist ein Herr auch des Leibes, sagte er, auch ein Herr über die Nerven. Solche Stunden kamen auch in späteren Zeiten je und je vor, doch in den letzten Jahren kaum mehr. Sie mußten wohl zu seiner Erziehung und Bewährung dienen, und lehrten ihn, seine Stellung in Christo immer fester einzunehmen. In jeder Anfechtung hielt er sich an die Kraft des Blutes Jesu, wovon es heißt:

> „Davor erschrickt die ganze Hölle,
> Und darauf ruhet die Gemein':
> Käm' Satan selbst bis an die Schwelle,
> So läßt das Blut ihn nicht herein."

Aber neben der Trübsal fehlte es an reichem Trost und wahrer Freude auch in diesen Jahren nicht. Freude und Leid sind im Christenleben oft so in einander verschlungen, ja, es geht so oft eines aus dem anderen hervor, daß sie nicht zu trennen sind, sondern zusammen klingen in der herrlichen Zusage: Alle Dinge dienen zum besten denen, die Gott lieben.

Der Segen Gottes, der sichtlich auf der Arbeit ruhte, füllte Rappards Herz mit tiefem Dank. Der Herr öffnete ihm auch neue Türen der Wirksamkeit. So machte er im Jahr 1881 eine längere Besuchsreise in Süd=Rußland, von der an anderer Stelle berichtet werden soll; im darauffolgenden Frühjahr war er für kurze Zeit in London tätig. Bei jenem Besuche lernte er die Heilsarmee kennen, die damals ihr Werk auf dem Kontinent noch nicht begonnen hatte. Auch die weihevollen Konferenzen in Mildmay machten Eindruck auf ihn. Bei seiner Rückkehr schrieb er:

„Wir müssen uns von dem heiligen Geiste als Werkzeuge brauchen lassen und so gefügig in der Hand Gottes sein, wie die Feder in der Hand des Schreibers. Wir wollen nicht andern nachmachen, wohl aber so los sein von Menschenfurcht und Menschengefälligkeit, daß wir, wenn der Herr uns dazu treibt, die Schranken althergebrachter Sitte durchbrechen können. In vielen Beziehungen dürfte es in unsern Kirchen und Versammlungen heißen: Pflüget ein neues und säet nicht unter die Hecken (Jer. 4, 3). Doch die äußere Form

tut es nicht, sondern was uns als Knechten Jesu Christi,
als Gliedern des großen Rettungsheeres, wovon
Christus der Herr und Meister ist, not tut, das ist die
Ausrüstung mit dem heiligen Geist und mit Kraft aus
der Höhe. So wir glauben, werden wir die Herrlichkeit
Gottes sehen; ja, wir sehen sie schon von ferne; wir
wissen, daß Jesus, unser König, ein Sieger ist und
freuen uns auf sein Erscheinen in der Herrlichkeit."

5.

Helle Wochen in Basel.

Die letzten Worte des vorigen Abschnittes deuten
schon darauf hin, daß neue Aufgaben und Ziele
Rappards Herz bewegten. Und nicht nur das seine,
sondern in vielen Knechten Gottes war die Überzeugung
erwacht, es müsse in wirksamerer Weise das Evangelium
dem Volke nahe gebracht werden. Heute scheint das
alles so selbstverständlich; aber vor dreißig Jahren
mußte der Boden gleichsam noch erobert und manches
Vorurteil beseitigt werden.

Gegen Ende der siebziger Jahre hatte Prediger
Schrenk angefangen, sich ausschließlich der Evangelisation
zu widmen. In Basel waren auch Versuche gemacht
worden; so hatte z. B. Rappard in Verbindung mit
einigen Freunden im Jahr 1875 eine Zirkushalle vor
dem Abbruch für einige Abende gemietet und mit
Pfarrer Otto Stockmayer, Pfarrer J. J. Riggenbach
und andern die frohe Botschaft des Heils verkündet.

Nun sollten in der Stadt Basel anhaltende Ver=
sammlungen stattfinden. Darüber schreibt Rappard im
November 1882:

„Die feste Überzeugung: ‚Gott will, daß allen
Menschen geholfen werde'; der Befehl unsres Königs:
‚Gehet hin in alle Welt und predigt das Evangelium'; der freudige Glaube: ‚Der Herr hat besucht
und erlöst sein Volk', hatte sich im Lauf des vergangenen Sommers einigen verbundenen Brüdern
immer mehr auf's Herz gelegt, und im Aufblick zu
ihrem göttlichen Meister hatten sie es unternommen,
in Basel eine Reihe von Versammlungen anzukün-
digen, in welchen Jesus als der Retter von Sünden
gepredigt werden sollte. Es war ihnen ein heiliger
Ernst, dem Herrn selbst die Leitung dieser Arbeit zu
übergeben. Sie fühlten sich innerlich gedrungen, in
manchen Punkten auf neuen Bahnen vorwärts zu
gehen und das Volk, das sich so sehr gewöhnt hatte,
das Evangelium zu hören, ohne danach zu tun,
darauf aufmerksam zu machen, daß auf Gottes
gnädiges Anerbieten eine Antwort von ihrer Seite
nötig sei."

Montag, den 2. Oktober, abends 8 Uhr, wurde
die erste Versammlung gehalten. Einem im „Weis-
sagungsfreund" erschienenen Bericht, der den Titel trägt:
„Helle Wochen", entnehmen wir nachstehendes:

„Da diese außerordentliche Verkündigung nicht
sowohl den gläubigen Christen, als dem Gott und
der Kirche entfremdeten, dem Unglauben verfallenen
Volk gelten sollte, so wählte man dazu außer den
Lokalitäten im Vereinshaus auch den größten,
sonst nur für weltliche Vergnügungen und Sommer-
Theater dienenden Saal in der Burgvogtei.

„Diese Burgvogtei-Halle, die für etwa 1500
Personen Raum bietet, konnte gleich an den ersten

Abenden das herbeiströmende gemischte Publikum
nicht faffen; es mußte eine Teilung eintreten. Die
Halle wurde daher für die Männer, der große 1600
bis 1700 Perfonen faffende Saal im Vereinshaus
für Frauen bestimmt, und vierzehn Tage lang waren
beide Räume jeden Abend gefüllt. Es war eine Luft,
von der Estrade aus diese Versammlung von 1500
bis 1600 Männern und Jünglingen zu überschauen,
die in ernster Stille der Predigt von der Buße zu
Gott und dem Glauben an Jesum Christum, den
Heiland der Sünder lauschten. Der allabendliche
Verkauf von mehreren hundert Liederheftchen zeigte
auch, daß immer neue Scharen sich einstellten. Neben
diesen Abend-Versammlungen her gingen vormittags
11 Uhr eine Gebetsstunde und nachmittags 4 Uhr
eine Bibelstunde im Vereinshaus, die auch stark besucht waren.

"Nach vierzehn Tagen wurde die Burgvogtei-
Halle entzogen, um wieder der Welt und ihrer Luft
zu dienen. Dagegen wurden von da an gemischte
Versammlungen im Vereinshaus, in der Vereins-
kapelle in Klein-Basel und in der kurz zuvor einge-
weihten Engelgaß-Kapelle gehalten. An Sonntag-
Abenden waren in vier bis fünf Lokalen wenigstens
dreitausendfünfhundert Personen versammelt, die der
Botschaft von der freien Gnade im Blute des Lammes zuhörten, und von denen immer etliche im Glauben das Heil annahmen.

"Die lieben Brüder: Missionar Schrenk, Pfarrer
Stockmayer, Inspektor Rappard und Adolf Vischer,
begnügten sich nicht damit, die große Menge Volkes
anzupredigen und dann wieder gehen zu lassen, ohne

eine Wirkung zu sehen, sondern sie forderten diejenigen auf, die Vergebung der Sünden im Blute
Jesu annehmen und ihre Sündenwege verlassen wollten, hervorzutreten, um ihren Bruch mit der Welt
und ihren Glauben an Jesum vor der ganzen Versammlung zu bekennen. Es war beugend und er-
hebend, wenn jeden Abend eine ganze Anzahl
Männer und Jünglinge hervortraten.

„Nicht unerwähnt darf bleiben, welche Wirkung
die gewaltigen und einfachen Zeugnisse auf unsere
kirchlichen Kreise ausgeübt haben. Manche bekannten,
daß sie bisher auf Sand gebaut hätten, indem sie
wohl Hörer, aber nicht Täter des Worts gewesen seien.
Andere sahen ein, wie bei den vielen Segnungen,
die sie seit Jahren empfangen, sie doch nicht der
Vergebung der Sünden und des Heils ihrer Seelen
gewiß wurden, und jetzt erst fanden sie Frieden.
Vielen Kindern Gottes endlich war es eine Zeit der
Erquickung zu neuer völliger Übergabe an Jesum und
treuer Arbeit für sein Reich."

Daß es wirklich ein Gnadenwerk war, davon hat
man viele lebendige Beweise gehabt. Es sind noch
manche da, die Zeugen sind von der großen Gnade,
die ihnen damals zuteil wurde.

Es hat sich später ein Verein gebildet für Evangelisation und Gemeinschaftspflege in Basel, der seither das Werk weitergeführt, und dem Rappard bis an
sein Ende angehört hat. Durch regelmäßige Bibelstunden
Sonntags und Werktags, durch außerordentliche Versammlungen, bei denen zu wiederholten Malen Evangelisten wie Prediger Schrenk und General v. Viebahn
mitgewirkt haben, durch Hausbesuche bei denen, die be-

kennen, Segen empfangen zu haben, wird das Werk gefördert. Das „Hervortreten", das jene ersten Versammlungen von 1882 kennzeichnete, ist nicht in dem Maße
wiederholt worden; es wird in diesem Stück dem Evangelisten Freiheit gelassen. Das Haupterfordernis ist, daß
er den Geist Jesu Christi habe und sich von Ihm lenken
und leiten lasse, in Demut, Liebe und Kraft.

Viele Jahre hindurch war Herr Adolf Vischer
nicht nur der Präsident, sondern auch der hauptsäch-
lichste Arbeiter des Vereins. Er zog sich von seinem
irdischen Beruf und seinen verschiedenen Ämtern zurück
und widmete sich ausschließlich dem Dienst im Reiche
Gottes. In seinem schönen Hause an der Gartenstraße
haben zur Zeit der oben geschilderten Evangelisationswochen die drei Brüder Schrenk, Stockmayer und Rappard logiert, und mit viel Gebet und Flehen wurde
von der kleinen Hausgemeinde die Arbeit unterstützt.
Andere gleichgesinnte Freunde mit ihren Frauen und
etlichen andern Schwestern fanden sich oftmals in diesem
Gebetskreise ein: Sarasin-Bischoff, Burckhardt-Zahn und
der unvergeßliche theologische Lehrer an der Predigerschule, Herr Johannes von Hüene, ein Mann von
wenig Worten, aber viel Kraft. Wer das Vorrecht hatte,
an diesen Vereinigungen teilzunehmen, kann mit an-
betendem Herzen die Wahrheit der Verheißung des
Herrn Jesu bestätigen: „Wo zwei oder drei versammelt
sind in Meinem Namen, da bin Ich mitten unter ihnen."

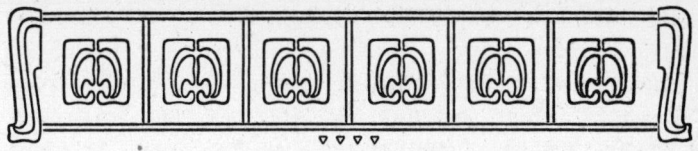

Siebentes Kapitel

Der Evangelist.

1883—1890.

Was kann's in diesem kurzen Leben
Für tief're, schön're Freuden geben,
Als Seelen führen zu dem Retter hin!

1.

Frei zur Evangelisation.

Der Beruf zur Evangelisation war tief in Rappards Herz eingegraben. Das hatte ihn in seiner Jugendzeit in Jben ergriffen, das stand ihm, während seinen Zubereitungsjahren stets als Ideal vor Augen; und bei seiner Berufung an die Leitung des Werkes hatte er es ausgesprochen, er werde als Inspektor stets Evangelist bleiben. Es war ihm dazu auch reiche Gelegenheit geboten worden, was er dankbar anerkannte. Aber nun hatten sich die Rufe noch gemehrt; immer neue Türen gingen auf, und in seinem Herzen wuchs das Verlangen, sich ganz dieser Tätigkeit hinzugeben.

Im Jahre 1880 teilte er diesen Wunsch in vorübergehendem Gespräch seinem Freunde Schrenk mit, der damals im Kanton Bern in großem Segen wirkte.

Die Evangelische Gesellschaft jenes Kantons, die davon Kenntnis bekam, beschloß in einer eigens dazu eingeladenen Hauptversammlung, Rappard zur Mitarbeit nach Bern zu berufen. Allein das Komitee der Pilgermission konnte und wollte auf den Gedanken nicht eingehen, und der Inspektor selbst hatte doch nicht die Freiheit, eine Verbindung zu lösen, die so sichtlich vom Herrn selbst geknüpft worden war. Herr Pfarrer E. Gerber, der diesen Zwischenfall in seinen Erinnerungen in den „Brosamen" erzählt, bemerkt dazu:

„Das Vorkommnis beweist den starken Zug zur speziellen Evangelisation bei dem Inspektor der Chrischona, sowie den damaligen Eifer für diese Arbeit in unsern Gauen."

Aber zwei Jahre später, schon während der im letzten Kapitel beschriebenen Evangelisations-Versammlungen, kam dem Inspektor mit großer Klarheit ein Gedanke, den er alsbald seinem Komitee unterbreitete, und der dessen volle Zustimmung fand. Er schreibt darüber:

„Schon seit einigen Jahren wurde ich häufig von der Anstalt weggezogen, teils um die Evangelisten auf ihren Stationen zu besuchen, teils um auch sonst, auf bestimmte Einladungen hin, an verschiedenen Orten das Evangelium zu predigen. Der Herr legte auch auf diese Arbeit seinen Segen. Der Gang der Anstalt wurde dadurch nicht zu sehr gestört, weil der theologische Lehrer mich während meinen Abwesenheiten vertrat.

„Aber die sich vermehrenden Anforderungen waren mir ein Wink des Herrn, daß die Zeit doch gekommen sei, eine Teilung der Arbeit vorzunehmen, das heißt, einen Inspektor zu haben, dem speziell die

Leitung der Anstalt, der Unterricht und die Ausbildung der Brüder übergeben sei, und einen andern,
der die Stationen der Pilgermission besuche, neue
Brüder einführe und dem Herrn für die in dieser Zeit
so wichtigen Arbeit der Evangelisation zur Verfügung stehe.

„Den geeigneten Mann für den erstgenannten
Posten hatte der Herr, dem diese ganze Sache im
Gebet übergeben wurde, in der Person des Herrn
Theodor Haarbeck, Lehrer am Lerbergymnasium in
Bern schon vorbereitet. Seine theologische Bildung,
seine vierzehnjährige Lehrtätigkeit in Bern und vor
allem seine dem Komitee bekannte Gesinnung ließen
erkennen, daß er der Mann sei für die Leitung der
Bildungsanstalt zu St. Chrischona.“

Herr Inspektor Haarbeck nahm den an ihn er-
gangenen Ruf als vom Herrn kommend an und zog
mit seiner Gattin, einer Schwester Inspektor Rappards,
zu St. Chrischona ein. Mit der Überzeugung, daß die
geliebte Anstalt auf dem Berge einen wohl ausgerüsteten
Leiter und Lehrer erhalten habe, konnte nun Rappard
getrost seine Straße ziehen.

Im Blick auf die vielen Reisen war es nämlich
notwendig, einen zentraler gelegenen Wohnort zu wählen;
zudem hätte es damals in den Häusern auf dem Berge
nicht Raum gehabt für zwei Familien. So wurde denn
Rappards Übersiedelung nach Basel beschlossen. Darüber
teilte er selbst den Brüdern und Freunden folgendes mit:

„Am 12. Juli 1883 verließen meine liebe Frau
und ich mit den acht Kindern, die uns der Herr hier
geschenkt und erhalten hat, den lieben St. Chrischona-

Berg, um fortan von Basel aus das ganze Arbeits=
gebiet der Pilgermission öfters besuchen und auf dem=
selben mitarbeiten zu können.

„Unsere Verbindung mit dem Werk der Pilger=
mission wird dadurch in keiner Weise gelockert, da ich
nach dem ausdrücklichen Wunsch des Komitees in
leitender Verbindung und inniger Gemeinschaft mit
den Brüdern in der Anstalt bleiben werde.

„Bei den häufigeren Besuchen auf den Statio=
nen wolle der Herr es geben, daß ich den Brüdern
ein älterer Bruder sei, zu dem sie volles Zutrauen
haben können und der ihnen mit Rat und Tat bei=
steht, wobei das gemeinsame Gebet göttliche
Verheißung hat.

„Es wird mir auch Bedürfnis sein, mit andern
Dienern des Herrn in und außer der Landeskirche
Gemeinschaft zu haben und etwaige Anstöße und
Mißverständnisse lösen zu suchen. Mein Sinn steht
auf eine weitherzige, für Alle offene Evangelisations=
Arbeit, und mein Herz verlangt nach Gemeinschaft
mit Brüdern in Christo und Einigkeit der Kinder
Gottes.

„Es ist uns ein Anliegen, der Stadt Bestes
zu suchen, in welche wir zu wohnen gekommen sind
und die uns jetzt schon so lieb ist. Unser Haus und
unsre Zeit und Kraft gehört unserm Herrn Jesus
Christus. Er verfüge darüber nach seiner Gnade und
Weisheit."

Rappards Tätigkeit während seines siebenjährigen
Aufenthalts in Basel war, wie vorgesehen, eine zwiefache.

Weilte er **zu Hause**, so war seine Zeit ausgefüllt durch die große Korrespondenz mit seinen Evangelistenbrüdern, durch Redaktionsarbeiten und durch rege Mitwirkung bei den Versammlungen der Evangelisation, was ihm auch manche seelsorgerliche Besuche aufs Zimmer brachte. Der Dienstag war sein Tag für St. Chrischona. Da ging er früh morgens durch den stillen Wald, oder er fuhr in seinem leichten Bernerwägeli der Straße nach den Berg hinan. Von 11 bis 12 Uhr hielt er alsdann im Lehrsaal eine Bibelstunde, wovon er einmal schrieb:

> „Daß es für mich selbst eine ganz besondere Freude und Erquickung ist, mit den Brüdern in alter Weise mich zu erbauen, ist leicht begreiflich."

Manche der damaligen Zöglinge haben von diesen Stunden dauernde Eindrücke empfangen. Seine brüderliche Art, erhaltene Anregungen oder gemachte Erfahrungen lebensvoll mitzuteilen, wirkte belehrend und ermutigend.

An allen Sitzungen, Konferenzen und Festen der Pilgermission beteiligte er sich selbstverständlich in altgewohnter Weise.

In seinem Hause in Basel, Karthausgasse Nr. 42, fand jeden Montag Abend eine Bibelstunde „für die Nachbarn" statt, wozu Einladungen in alle Häuser und Wohnungen der Straße getragen worden waren. Wegen seiner häufigen Abwesenheit hatte man sich bei diesen Einladungen allerdings beschränken müssen auf Frauen und Jungfrauen, die, wenn er nicht da war, von seiner Gattin ins Wort Gottes eingeführt wurden.

Die Nähe des Kinderspitals brachte viele ernste und liebliche Beziehungen. Oft eilte die liebe leitende

Schwester noch in später Abendstunde herüber, um Fürbitte zu suchen für ein besonders schwer erkranktes Kindlein. Und die Lämmer der eigenen Herde freuten sich
auch hoch, wenn der teure Vater sich ihnen etwas widmen konnte, hatten sie doch früh lernen müssen, seine
Gegenwart gar oft zu entbehren.

Seine **Reisetätigkeit** umfaßte sowohl Aushilfe auf
den Stationen der Pilgermission als auch Besuche
anderer Orte, auf bestimmte Einladung hin.

Einige der wichtigsten Reisen sollen noch eingehend beschrieben werden an der Hand seiner so anschaulich erzählenden Briefe. Eine Aufzählung der vielen
kürzeren Evangelisations-Reisen, die ihn zum Teil auch
weit hinwegführten, wäre ermüdend und zwecklos.

Wenn er die Pilgermissionsstationen besuchte, so
kam er in erster Linie als Evangelist und freute sich,
mit den Leuten in nähere Berührung zu kommen und
ihnen das Wort Gottes zu sagen. Daß er daneben als
Inspektor seine Augen offen hatte für alles, was den
Evangelisten, seine Familie und seine Arbeit anging, ist
selbstverständlich. Er hatte einen durch Liebe und Erfahrung geschärften Blick, und der Herr legte ihm
manchmal, meistens in den Stunden der Nacht, eine
„Last" aufs Herz in Bezug auf irgend eine Sache, die
er dann mit den Betreffenden besprach, was zur Vor-
sicht und zum Segen aufmunterte. So wurde er seinen
geliebten Brüdern je länger je mehr ein **Vater**.

Mit welcher Freude er seine Arbeit tat, beweist
folgendes:

„Obschon der Herr mir Gesundheit und Kraft
bis heute erhalten hat und ich oft längere Zeit nach-

einander Tag für Tag zweimal, an Sonntagen
dreimal predige oder Bibelstunden halte, komme
ich doch mit meiner Zeit nicht aus, und es tut mir
leid, so manchen Anforderungen nicht entsprechen zu
können. Ich tue die Arbeit mit Freuden. Ich darf
es sagen, das Evangelium zu verkündigen
ist meine Lust, und die mancherlei Beschwerden,
die das viele Auswärtssein mit sich bringt, sind nicht
wert der Herrlichkeit, die jetzt schon in der Befolgung
des königlichen Gebotes liegt: ‚Gehet hin und pre-
diget das Evangelium!‘ Wie oft stärkt mich das Vorbild des Herrn selbst und seiner Apostel, die predi-
gend von Ort zu Ort gingen!

„Weitherzige Evangelisation ist Aufgabe des
Evangelisten. Sein Herz sei voll des herrlichen Evangeliums; Parteiwesen habe keinen Raum darin."

Über Rappards Auftreten und Wirken hat sich
Herr Dr. Christ=Socin von Basel in einem bemerkens-
werten Nekrolog folgendermaßen ausgesprochen:

„Wie das Kirchlein von St. Chrischona über
unser Weichbild hinleuchtet, so leuchtete der Inspektor
der Chrischona uns voran auf dem Wege des an-
und eindringenden Christentums. Er ist Bahnbrecher
unter uns für das gewesen, was heute Evangelisation neben der Landeskirche heißt.

„Neben seiner Arbeit auf St. Chrischona diente
er mit seiner herzandringenden, ja mächtigen Beredsamkeit namentlich unserer Stadt in unschätzbarer
Weise. Wir werden ihn schwer vermissen. Er war
unter den Ersten, die in Basel die Evangelisation
neben der Kirche als ein Organ geistlicher Seelen-

pflege bei uns einführten; was uns anfangs verblüffte, ist uns durch ihn jetzt lieb und unentbehrlich geworden.

„Die Persönlichkeit Rappards war eine imposante; wo die mächtige Gestalt mit dem wallenden Bart auftrat, zog sie die Blicke auf sich. Autorität strahlte von ihm aus, aber ein tiefes Wohlwollen, eine herzliche Liebe milderte deren Strenge: ein Mann, dem man abfühlte, daß er vor Gott stand und daß das Gebet seine Stütze und seine Waffe war. Die Anziehungskraft, die er ausübte, war nicht eine seelisch gefühlige, sondern eine geheiligte. Als Redner war er unerschöpflich in stets neuer und belebter Behandlung des einen großen Grundthemas: Christus den Gekreuzigten zu verkündigen und das neue Leben in Ihm zu bezeugen. Er war populär und traf es dem gemeinen Mann wie dem Gebildetsten, und — wunderbar, bei so langer Laufbahn — er verfiel nicht in Manier; denn er schöpfte alles, was er wußte und redete, aus dem einen klaren Quell.“

2.

Teilnahme an anderen Bestrebungen.

Das Werk der Pilgermission hatte, wie es sich gebührte, den ersten Platz in dem Arbeitsprogramm des Inspektors. Aber einseitig wollte und konnte er nicht sein, und jede Bestrebung, die das Wohl der Menschen und die Förderung der Sache Jesu Christi zum Zweck hatte, besaß seine volle Teilnahme. Unter diesen nennen wir zuerst

Die evangelische Allianz.

Diese Sache war ihm heilig und teuer, noch ehe er von einem besonderen Verein dafür gehört hatte. Denn als Jünger Jesu fühlte er schon in seinen jungen Jahren, daß alle, die durch das hohepriesterliche Gebet des Herrn umfaßt sind, als ein Leib zusammengehören und diese Einigkeit ausleben sollten. Die Bitte Jesu, „daß sie alle Eins seien, gleichwie du, Vater in mir und ich in dir, daß auch sie in uns Eins seien", bewegte sein Herz tief. Mit Überzeugung und Freude trat er daher dem Komitee der Evangelischen Allianz bei, das sich in Basel bildete, und blieb ein treues Mitglied desselben bis an sein Ende.

„Ich weiß nicht", sagte er einst, „was bei mir größer ist, der Schmerz über die Zerrissenheit unter dem Volke Gottes oder die Freude über die Einheit, die dennoch vorhanden ist und die ich stets empfinde."

Das Ideal, das ihm bei den Zusammenkünften der Evangelischen Allianz vorschwebte, drückte er in den Worten aus: „Je näher jeder einzelne von uns zu Jesus, als zu der Zentralsonne, kommt, desto näher kommen wir zu einander."

Damit übereinstimmend ist das Zeugnis, das Herr Professor von Orelli, mit dem Rappard bei den Sitzungen der Allianz in Basel zusammenzukommen pflegte, und den er herzlich liebte, im „Kirchenfreund" veröffentlicht hat:

„Rappards Persönlichkeit war eine irenische. Zwar das Bekenntnis als Basis der christlichen Gemeinschaft ließ er nicht antasten. Hier konnte er vielleicht einmal zu streng sein. Aber im übrigen war er nicht nur weitherzig, sondern hatte auch eine edle,

feine Art, über bestehende Differenzen hinwegzu=
helfen. Es wäre gut, wenn unter „akademisch Ge=
bildeten" die Diskussion öfter auf derjenigen Höhe
christlichen Anstands und Wohllauts bliebe, die er
jeden Augenblick behauptete. Er war so recht ein
Mann der Evangelischen Allianz; denn diese Liebens=
würdigkeit im Umgang kam aus einer warmen brü=
derlichen Gesinnung, und diese wiederum stammte aus
der Erfahrung des Erbarmens Jesu.

„Jeder Evangelist aus innerem Beruf hat sein
besonderes Charisma: der eine ist als Bußprediger
gewaltig, der andere als Mahner zur Heiligung.
Rappard wußte durch sein herzgewinnendes Zeugnis
von der heilsamen Gnade Gottes, die in seinem
Sohn erschienen ist, besonders zu erwärmen, weil er
selber von dieser göttlichen Liebe innerlich durch=
leuchtet war. Sie befähigte ihn auch zu jener Ge=
duld gegen andere und Zurücksetzung des eigenen
Ich, die ihm von Natur schwerlich möglich gewesen
wäre und die ihn doch nichts zu kosten schien. Man
wird ihn schwer vermissen in manchem Brüderkreis
der Schweiz und des Auslandes, wo er als will=
kommener Gast einzukehren pflegte und zu mancher
festlichen Stunde erst die rechte Weihe brachte."

In dem Organ der Evangelischen Freien Gemein=
den der Ost= und Westschweiz ist zu lesen:

„Inspektor Rappard war ein Allianzmann in
des Wortes bester Bedeutung, ein Mann, der nicht
einer Partei, sondern dem ganzen Reiche Gottes,
der Gesamtgemeinde der Gläubigen zugehörte, ein
apostolischer Mann, dessen Bedeutung wohl manchem

seiner Freunde, wie seiner Gegner erst jetzt nach seiner Hinwegnahme zum vollen Bewußtsein kommen wird."

Ähnliches bezeugten Glieder der verschiedensten Gemeinden.

Dabei erkannte Rappard sehr wohl die Schwierigkeiten, die namentlich in der praktischen Arbeit, dem inneren, tiefen Allianzbewußtsein drohen. Da kann nur ein wirkliches Verleugnen des eigenen Lebens hinüberhelfen. Auch machte er gern auf die Mannigfaltigkeit in der Einheit aufmerksam.

„Für die verschiedenen Herzensschlösser gibt es verschiedene Schlüssel; seien wir dafür dankbar. Ein jeder soll seiner Meinung gewiß sein, und bei dem bleiben, was ihm Gott als das richtige zeigt, aber die Überzeugung des Andern ebenso ehren wie die eigene".

Wahre Allianz ist gekennzeichnet durch das Wort: Wer da glaubet, daß Jesus sei der Christ, der ist von Gott geboren; und wer da liebet den, der ihn geboren hat, der liebet auch den, der von Ihm geboren ist. 1. Joh. 5, 1.

Mit großer Liebe und Hingabe schloß sich Rappard dem

Verein des Blauen Kreuzes

an. Es ist bekannt, daß diese im Jahr 1877 in Genf ins Leben getretene Gesellschaft die Rettung von Trinkern und die Bekämpfung der Trinksitten zum Zweck hat. Mit ihren Statuten konnte er vollständig übereinstimmen, weil sie biblisch und nüchtern sind. Die Erfahrung hat gelehrt, daß einem Trinker nichts hilft,

als vollständige Enthaltsamkeit von allen alkoholischen
Getränken. Die Hand, der Fuß, das Auge müssen ab=
gehauen und ausgerissen werden, sagt der Herr, sofern
sie Ärgernis geben. Um den Gebundenen in ihrem Kampf
zu helfen, schließen sich ihnen solche an, die für ihre
eigene Person des bindenden Gelübdes nicht bedürfen,
die sich aber, um des schwachen Bruders willen, frei=
willig binden wollen.

Im Oktober 1882 unterschrieb Rappard das Ent=
haltsamkeitsgelübde zusammen mit einem jungen Pferde=
knecht, der zu viel trank und dessen Wohl ihm sehr am
Herzen lag. Mit wehmütigem Lächeln hat er manch=
mal erzählt: „Ich habe seither das Versprechen gehalten,
a b e r — e r n i c h t!"

Die Zusammengehörigkeit zum Blauen Kreuz hat
Rappard manchen Gewinn gebracht, besonders in seiner
Arbeit für den Herrn. Sie half ihm im Verkehr mit
den Pfleglingen der Trinker=Heilstätte Pilgerhütte bei
St. Chrischona, für die er ein warmes Herz hatte, und
denen er gern bezeugte, wie gut es ist, von jeder Sünde
und Leidenschaft frei zu sein. Für ihn war immer das
Evangelium im Vordergrund und die Beseitigung der
Trunksucht Mittel zum Zweck.

Bei einer Reise nach Nord=Deutschland im Herbst
1883 lernte er in Königsberg den damaligen Major
Curt von Knobelsdorff kennen, der früher schon eine
innerliche Erweckung erlebt hatte, aber eben durch die
Trinkgewohnheiten, die er nicht zu überwinden ver=
mochte, immer wieder gefesselt wurde und darum zu
keiner klaren Bekehrung kam. Der geniale Offizier und
seine Gattin waren in einer von Rappard geleiteten
Versammlung in der Bürger=Rotunde zu Königsberg

gewesen, hatten an dem Vortrag große Freude gehabt und den Prediger zum Mittagessen eingeladen, was er auch gern annahm. Zum Erstaunen der lieben Gastgeber wurde aber von den verschiedenen köstlichen Weinen, die der Bediente dem Fremden einschenken wollte, nichts angenommen, und auf die bekümmerte Frage der Hausfrau, erzählte Rappard, er sei Mitglied des Blauen Kreuzes und erklärte dessen Grundsätze und Praxis.

Damals hörte von Knobelsdorff zum ersten Male vom Blauen Kreuz reden, wiewohl er schon früher einmal sich alkoholischer Getränke enthalten hatte. Es machte einen großen und beunruhigenden Eindruck auf ihn, aber trotz immer wiederholter innerer Mahnung vergingen noch vier Jahre, bis er frei wurde. Dann aber kam die Erlösung mit Macht. Sein geängstetes Herz brach zusammen vor dem mächtigen Heiland. Der Sieger zog ein, um fortan in Herz und Leben und Gewohnheiten eine vollständige Erneuerung zu schaffen. Knobelsdorff gab nicht nur das Trinken auf, sondern er schied sich völlig von der Welt und ihren Gebräuchen. Ja, in der Erkenntnis seiner Schwachheit nahm er sogar seinen Abschied aus der Armee, was ihm, mit Verleihung des Grades eines Oberstleutnants, gewährt wurde.

Die Erinnerung an jene Begegnung mit Rappard in Königsberg bewog den Oberstleutnant von Knobelsdorff, sich nach St. Chrischona zu melden, einesteils um sich in die Schrift tiefer einführen zu lassen und andernteils um, wie er sich ausdrückte, „mit all dem sündlichen Plunder aufzuräumen, der ihm noch anhaften mochte."

Nach achtmonatlichem Kursus in der Anstalt wurde er im August 1888 auf seine Bitte hin für den Dienst

des Herrn eingesegnet und hat als tapferer Soldat
seines himmlischen Königs vielen Seelen vom Tode
zum Leben, von der Sklaverei zur seligen Freiheit ver=
holfen. Inspektor Rappard blieb in herzlicher Freund=
schaft mit diesem treuen Genossen verbunden, bis zu
dessen Heimgang im Januar 1904.

Eine Erfahrung etwas anderer Art machte Rap=
pard bei einer Besuchsreise im Württemberger Länd=
chen. Er ging damals von Dorf zu Dorf, wo man ihn
begehrt hatte, in Begleitung eines Freundes, und pre=
digte in Kirchen und Gemeinschaftshäusern. Bald darauf
traf von einem dieser Orte ein Brief ein von einem
Bauersmann, der seinen Dank ausspricht für den em=
pfangenen Segen. Schon in der Kirche, schreibt er,
habe er manches Wichtige gehört, aber das Aller=
wichtigste sei erst nachher im Hause gekommen.
Da habe man nämlich dem Inspektor Wein anbieten
wollen, er aber habe es freundlich fest abgeschlagen, und
als man in ihn drang, habe er seinen Grund angegeben
und von dem Bann der Trunksucht gesprochen, der
schon so manches Leben zerstört habe. Dabei sei er so
anspruchslos gewesen für seine Person und so lieb,
daß es ihm, dem Schreiber, wie ein Stich durchs Herz
gegangen sei. Er gehöre zwar schon lange zu den From=
men, aber er habe eine schwache Seite gehabt, das sei
die Liebe zum Wein gewesen. Wie oft habe ihn sein
Gewissen geschlagen, wenn er, meist im Verborgenen,
seiner Lust nachgegeben habe; aber er habe sich vor sich
selbst entschuldigt und sei auf diese Weise innerlich
immer mehr abgekommen. Aber nun sei ihm alles klar
geworden, und mit Gottes Hülfe werde er hinfort
überwinden.

Diese kleine Erzählung mag sowohl den Arbeitern des Herrn, als vielleicht auch irgend einem Gebundenen zum Segen sein. Sie zeigt, wie wichtig es ist, sich allezeit in Zucht zu halten. Wir dienen dem Herrn noch mehr durch das, was wir sind, als durch das, was wir reden.

Mit Pfarrer Arnold Bovet, dem Präsidenten des deutsch-schweizerischen Zweiges vom Blauen Kreuz, war Heinrich Rappard schon von früher her innig befreundet. Zu zwei verschiedenen Malen fand auf St. Chrischona ein Bibelkursus für die Freunde des Blauen Kreuzes statt, und es war dem Inspektor eine Freude, mit manchen getreuen Waffengenossen diese gesegneten Stunden zu verbringen. Neben den beiden schon genannten Brüdern Bovet und von Knobelsdorff waren anwesend Pfarrer Fischer-Essen, Pfarrer Furrer-Zäziwil und andere. Der Präsident der Sektion Basel, Herr Nabholz, fehlte selbstverständlich nicht. In der Anzeige über Rappards Heimgang, die er im Blaukreuz-Blatt brachte, sagt er:

„Das schweizerische Blaue Kreuz verliert in Carl Heinrich Rappard einen allzeit zur Hülfe bereiten Mitarbeiter. An unsern Konferenzen, sowie an den kantonalen und schweizerischen Bibelkursen wußte er stets das Wort Gottes in fruchtbringender Weise den Seelen nahezubringen. Sein Leben und Wirken ist uns ein lebendiges Zeugnis vom wahren Glauben, der in der Liebe tätig ist."

Es soll hier endlich noch hervorgehoben werden, daß Inspektor Rappard

war. Seine Kenntnis des prophetischen Wortes, sein Glaube an Gottes Verheißungen und vor allem seine Liebe zum Messias, der nach dem Fleische aus Israel stammte, erzeugten in seinem Herzen ein Interesse und ein Wohlwollen für das Volk der Juden, das um so kräftiger war, als es sich durch viele gegnerische Meinungen Bahn zu brechen hatte. Wir freuen uns, aus der Feder des Herrn Professor Heman in Basel, des Vorsitzenden des Vereins der Freunde Israels in dieser Stadt, ein Zeugnis hierher setzen zu dürfen.

„Den christlichen Freunden der Schweiz und weit über ihre Grenze hinaus ist der Name und die Person des Gottesmannes Heinrich Rappard wohl bekannt, des Mannes, der Tausenden die Herrlichkeit und Seligkeit der Liebe Christi verkündet und sie dafür zu gewinnen verstanden hat und sich zur Lebensaufgabe gemacht hatte, das Feuer der Liebe Christi allerorten anzufachen und brennend zu erhalten. Daher haben auch sehr viele Blätter über seinen Lebenslauf und seine rastlose Arbeit berichtet. Aber dem Bilde, das sie von dieser reichgesegneten Persönlichkeit zeichnen, fehlt noch ein wesentlicher Zug, der für ihr inneres Leben und Denken und für das auf Chrischona gegründete und geleitete Werk nicht ohne Bedeutung war.

Da sein ganzes Innenleben auf der heiligen Schrift, als dem Wort und der Offenbarung seines Gottes, fest und unerschütterlich gegründet war, so erfüllte ihn auch eine warme und herzliche Liebe zu Israel, dem alten Bundesvolk Gottes. Es stand ihm unwandelbar fest, daß alle Verheißungen, die in unsrer Bibel Israel gegeben sind, sich noch ganz und voll erfüllen werden, und daß wir Christen die Pflicht haben, mitzuhelfen, daß sie erfüllt werden. Daher war es ihm während seines ganzen Inspektorates auf Chrischona ein Anliegen, Gläubigen aus Israel beizustehen und sie in der Erkenntnis Jesu Christi zu fördern. Solche fanden daher willige Aufnahme in seiner Anstalt, und es wird kaum sich eine Zeit finden, wo nicht mehrere Proselyten aus Israel sich daselbst befanden, die am Unterricht teilnahmen und des Umgangs mit christlichen Brüdern genießen durften."

„Auch bei den Freunden Israels wird sein Gedächtnis im Segen bleiben."

3.

Reise nach Süd = Rußland.

Auf wiederholte herzliche Einladungen hin entschloß sich Rappard, die in Süd=Rußland arbeitenden Brüder zu besuchen, um ihnen und ihren Gemeinden geistliche Erquickung zu bringen durch das Wort Gottes und Gemeinschaft im Herrn. Diese erste größere Reise unternahm er im Frühjahr 1881. Er fand, trotz der ausgefüllten Tage, Zeit, die Seinen zu erfreuen mit eingehenden Briefen, die zum Teil schon im „Glaubensboten" veröffentlicht worden sind, von denen aber hier einige Auszüge nicht fehlen dürfen, blieb ihm doch diese „Russenreise" stets in lebhafter Eeinnerung.

Am Tag vor der Abreise, Sonntag Exaudi, hatte im Chor der Kirche eine Verabschiedung stattgefunden,

bei der Herr Pfarrer Jaeger köstliche Worte sprach
über die Speisung der Fünftausend. Als Geleitwort
wurde ihm ein Lied mitgegeben, das mit den Worten
schließt:

> Fünf Brote und zwei Fischlein! —
> Doch Jesus war dabei:
> Ein Helfer in den Nöten,
> Ein Heiland stark und frei.
> So zieh mit solchem Führer,
> Du Bote Gottes, aus,
> Und bring von seinem Segen
> Zwölf Körbe voll nach Haus!

Montag, den 30. Mai, trat Rappard die Reise
an und fuhr von Basel über Romanshorn, Lindau,
Innsbruck nach Wien. Er schreibt:

Wien, den 31. Mai 1881..

„Der segnend aufgefahrene Jesus segne dich, die
lieben Kinder und alle Brüder und Freunde auf und
bei dem Berg!

„Nach dem Abschied in Basel war es mir etwas
wehmütig zu Mute, doch kam bald wieder die zuver-
sichtliche Stimmung zurück, besonders beim Gebetslesen
des 91. Psalms. Wie herrlich ist jeder Satz dieses
Gebets!

„Auch in der großen Stadt Wien, deren Schönheiten die Freunde mir gestern zeigten, fühle ich mich
im Dienste Jesu; es gab an manchen Orten ernste Gespräche und kleine Gebetsvereinigungen. Abends war
bei Herrn Millard eine zahlreiche Gesellschaft und längere Abend-Andacht. Wir waren recht gesegnet.

Odessa, 3. Juni.

„Der treue Gott hat mich glücklich hierher ge=
bracht nach einer Fahrt von sechsundvierzig Stunden.
Mit direktem Billet: Wien=Krakau=Lemberg=Odessa
bestieg ich Mittwoch Vormittag 11 Uhr in Wien
den Schnellzug, und Freitag Morgen 9 Uhr kam
ich in Odessa an. Ein reicher Wiener Jude und ein
junger römisch=katholischer polnischer Gutsbesitzer waren
manche Stunde lang meine Gefährten. Sie hörten mir
aufmerksam zu, als ich ihnen auf Grund der heiligen
Schrift, die ich ihnen als Quelle meiner Erkenntnis
pries, die verschiedenen Rätsel des Menschen und seines
Daseins zu lösen suchte.

„In den langen Eisenbahnnächten habe ich viel
an Euch alle gedacht vor dem Herrn. Es kam mir gar
viel Liebe von jedermann in den Sinn!

„Um 10½ Uhr Donnerstag Vormittag überschrit=
ten wir die russische Grenze in Podwoloczyska. Da
mein Gepäck leicht ist, so nehme ich immer alles selbst
in die Hand. Die Pässe wurden ohne Bemerkung mit
Namensaufruf wieder abgegeben, und nun ging es in
russischen Wagen weiter.

„Gegen Odessa fängt die eigentliche Steppe an.
Streckenweise ist oft kein Baum zu sehen, nur unab=
sehbare grüne Felder, auf welche Pferde= und Ochsen=
herden weiden. Auf den Stationen wurde nachts lange
gehalten. Ich ging oft hinaus und sah den Sternen=
himmel an.“

⊕

In Odessa erwartete der erste Chrischonabruder,
Evangelist Flubacher, seinen Inspektor und geleitete
ihn zunächst auf einer mehrtägigen Rundfahrt durch die
Rohrbacher=Steppe.

Rohrbach, 6. Juni.

„Seit Samstag Abend bin ich bei den lieben Ge=
schwistern Glinz in dem uns dem Namen nach längst
bekannten Rohrbach. Wir hatten einen wundervollen
Reisetag. Kein Staub belästigte uns. Um uns lag die
Steppe, in herrlichstem Grün prangend, so weit das
Auge sehen konnte. Alle zwanzig Werst (eine Werst ist
ungefähr gleich einem Kilometer) wurden zwei frische
Pferde vor unsern Wagen gespannt; auch die Kutscher
wechselten allemal, und dann ging es weiter in schnell=
stem Trab oder in kleinem Galopp über die Steppe
hin. In Worms verließen wir die Poststraße; ein
deutscher Bruder spannte für einen Rubel seine zwei
Pferde vor unsern Wagen und brachte uns nach halb=
stündiger Fahrt nach Rohrbach in das freundliche Pa=
storat.

„Ich habe gestern die hiesigen „Brüder", wie man
die Versammlungsleute nennt, schon recht kennen ge=
lernt. Sie hören sehr aufmerksam zu, um zu erkennen,
wes Geistes Kind man sei und kommen mir mit Ver=
trauen entgegen. Der Herr Pfarrer hat mich gebeten,
die Morgenpredigt zu halten; es wurden dann noch
drei außergewöhnliche Gottesdienste hier und in Worms
angesagt. Es war ein Segenstag für mich; Gott gebe,
auch für Andere!"

Rohrbach, 11. Juni.

„Gestern Abend kam ich von einer dreitägigen
Kolonien=Fahrt zurück. Ich darf erfahren, daß der Herr
Gnade zu meiner Reise gibt. Daß ich bei jedem Be=
such von Jesu zu verlangenden Seelen zeugen kann, ist
die Sonne meine Reise.

„Dienstag, den 7. Juni, fuhren wir nach Worms, wo ich in der Kirche des Hrn. Pfr. Schlarb predigte. Beim Herausgehen aus der Kirche stimmten die Männer ein schönes Lied an. Ich blieb im Pfarrhaus übernacht, und am Mittwoch früh 6 Uhr war der Wagen bereit, um Br. Flubacher und mich auf die „Chutters" zu führen. (Ein Chutter ist ein großes Landgut oder Bauernhof). Es war ein prächtiger Tag, und rasch kutschierte uns der „Bruder" aus Worms, ohne Lohn annehmen zu wollen, zu Herrn G., der wie ein kleiner Fürst auf seinem Chutter lebt. Wenn man sich solch einem Chutter naht, sieht man zuerst viele kleine Lehm= hütten mit Lehm= oder Strohdach. In der Mitte ist ein weißes, etwas größeres Haus, umgeben von Akazien= bäumen. Im weißen Hause wohnt der Patriarch, in den kleinen seine verheirateten Kinder und die Russen= knechte mit ihren Familien. Der Kutscher fährt im Ga= lopp in den Hof. Die Hunde bellen nach Herzenslust. Freundlich begrüßt den Ankömmling der Hausvater vor seiner Hütte Tür. In der Stube angekommen, suchte ich die Befangenheit der Leute zu durchbrechen durch einige offene herzliche Worte, was auch jedesmal ge= lang. Nach einiger Zeit hatten sich alle anwesenden „Deutschen" zur sogenannten „Kirche" versammelt. Nach der Andacht forderte ich immer auch die Hausväter zum Gebet auf; ihre Gebete zeugten von reifer christlicher Erfahrung. (Die Leute sind Nachkommen von schwäbi= schen Ansiedlern.)

„Um 1 Uhr stand die vierspännige Kutsche des Herrn G. vor der Tür, um uns in ein anderes Chutter zu führen. Auch da war „Kirche" von 4—5 Uhr. Als der Patriarch nach mir noch betete, erstickten Tränen seine Stimme.

„Dreispännig ging es nun etwa zwanzig Werst weiter nach der Kolonie Rosenthal. Wir waren nicht erwartet, und die Sonne war schon untergegangen, als wir vor der Hütte eines Bruders abstiegen. Das Glöcklein des Schulhauses wurde geläutet, und um 9 Uhr waren etwa achtzig Personen versammelt. Ich war den ganzen Tag angestrengt gewesen, so daß ich wohl etwas ermüdet sein durfte; doch Gebet, Wort Gottes und die Aufmerksamkeit der lieben Leute erquickte mich. Es war nahe an 11 Uhr, als wir das Schulhaus verließen.

„Ich kehrte bei einem lieben Bruder ein, einem Wagner und Vater von neun Kindern, die alle noch zu Hause sind. Im Stübchen, mit eingemauerten Fenstern, schlief ich auf dem hölzernen Divan, mit Vater, Mutter und einigen Kindern, nicht ganz so gut wie im eigenen Bette, aber doch ganz erträglich. Ein großes Glück war es für mich, daß — vielleicht von einem der Buben — aus dem Fensterlein eine Scheibe ausgeschlagen worden war, wodurch mir Kühlung zuge= fächelt wurde. Möge der Junge für diese mir unbewuß= terweise erwiesene Wohltat nicht geprügelt worden sein!

„Der Donnerstag Morgen fand uns in Maro= sawa versammelt. Die russische Edelfrau, auf deren Pachtland die siebzehn Familien angesiedelt sind, hatte uns ihren Saal zur Versammlung eingeräumt. O wie lauschten die lieben Leute dem Evangelium! Flubacher ist dieser Niederlassung recht zum Segen geworden. Er war der erste Prediger, der sie nach fünf Jahren besuchte!

„Noch mehrere solcher Höfe wurden besucht. In einem Hause waren fünfundsiebenzig Personen um das

Wort Gottes versammelt. Gott segnete uns. Freitag Abend langten wir wieder im Rohrbacher Pfarrhaus an und freuten uns der guten Nachtruhe!"

Odessa, 16. Juni.

„Der russische Pfingsttag fiel nach dem griechischen Kalender auf den 12. Juni. Ich hatte in Rohrbach die Pfingstpredigt zu halten und sprach abends 9 Uhr in dem lutherischen Betsaal zu Worms.

„Am Pfingstmontag war zum ersten Mal wieder nach vielen Jahren eine Versammlung im Freien. Es gibt in der Steppe da und dort kleine runde Hügel, ganz regelmäßig geformt, wie spitzulaufende Pyramiden. Solch ein Hügel ist auch bei Rohrbach, und dorthin war die Versammlung zusammenberufen worden. Als wir, vom Rohrbacher Pfarrhaus kommend, dem Hügel uns näherten, war er schon ganz mit Menschen bedeckt; aus der Ferne nahm es sich aus, wie ein großer Ameisenhaufen. Um den Hügel herum war eine förmliche Wagenburg von mehr als hundert zwei-, drei- und vierspännigen Gefährten aller Gattungen. Die Redner stellten sich unten am Abhang auf, während das Volk am Hügel hinan bis zur Spitze sich lagerte. Schlarb, Glinz und Flubacher sprachen über Röm. 8, 1—27; den Schluß machte ich und benützte die Gelegenheit, um die Deutschen Süd-Rußlands an ihre Aufgabe dem Russenvolk gegenüber zu mahnen; sie sollen ein Salz und Licht sein.

„Nach Schluß der Feier war es interessant, die Wagen und Reiter sich nach allen Seiten zerstreuen zu sehen. Da es Weideland ist, so gibt es keine Straßen, und jeder fuhr nach der Richtung seiner eigenen Kolonie.

„Auf dem Wege hierher besuchte ich Johannesthal und Alexanderfeld, und überall wurde Versammlung gehalten. Die zwölf Tage in der Steppe werden mir in gesegnetem Gedächtnis bleiben. Ich erfuhr das Wort, wie nie zuvor: Wenn ich schwach bin, so bin ich stark."

✠

Es begann nun der zweite Teil der Reise von Odessa durch die Krim nach dem Azow'schen Meer und wieder zurück:

Sebastopol, 17. Juni.

„Gestern Nachmittag verließen wir Odessa und gelangten heute Vormittag glücklich hierher. Ich genoß mit dankbarem Herzen die Stille der Seefahrt. Mein Zug fährt erst um Mitternacht ab, so daß wir alle Zeit hatten, das arme zerschossene Sebastopol zu besichtigen. Ich sah noch nie eine so zerstörte Stadt."

Freudenthal in der Krim, 21. Juni.

„Seit Samstag bin ich wieder in den Kolonien, wo ich mit Predigen, Privatgesprächen und Fahrten von früh bis spät beschäftigt bin (die Kolonien Annenfeld, Gerlaud, Schönbrunn wurden besucht). Ein ehemahliger Lehrer von Calw, (die Schwabenkinder halten fest an den heimatlichen Namen) der jetzt in Annenfeld wohnt, hatte solche Freude an den Gemeinschaftsstunden, daß er mich bat, in den drei Kolonien, die an dem Wege nach Feodosia liegen, auch Vorträge zu halten; er wolle mich mit seinen Pferden kutschieren und in die Bethäuser einführen. So kommt es, daß ich heute Morgen 7½ Uhr im hübschen Betsaal von Calw eine Stunde hielt, jetzt im Betsaal von Freudenthal dies schreibe und um 12 Uhr hier sprechen soll, heute

Abend um 7 Uhr in einer Kolonie, 35 Werst diesseits
Feodosia, abermals einen Vortrag zu halten habe, und
dann den größten Teil der Nacht auf einem Wagen
fahren werde, um morgen früh das Schiff nach Berdjansk in der lieben Gesellschaft der Brüder Eberle,
Krähenbühl und Flubacher zu besteigen."

Berdjansk, 24. Juni.

„Die im letzten Brief erwähnten Nachmittags-
und Abendversammlungen waren zahlreich besucht, und
die Ansiedler waren sehr dankbar. Der Abend bis
10 Uhr wurde mit Besuchen ausgefüllt; dann legten
wir uns angekleidet auf Divans bis 1 Uhr und wurden
dann von einem lieben Bruder die 35 Werst nach Feodosia geführt, wo wir das Schiff gerade noch erreichten.
Mittags kamen wir zur starken Festung Kertsch, die im
letzten Krieg der türkischen Flotte den Eingang in das
Azow'sche Meer so energisch verbot. Die Abendfahrt
auf dem Azow'schen Meer nach Berdjansk war sehr
lieblich, das Wasser spiegelglatt, der Sonnenuntergang
einzig schön. Lange blieben wir auf dem Verdeck. Die
Brüder sangen Lieder. Kurz nach 3 Uhr morgens erreichten wir Berdjansk. Ich eilte auf das Verdeck, und
bald sah ich ein hübsches Boot mit einer Flagge uns
entgegen steuern. Ich erkannte die Brüder Christen,
Grüninger, Lehmann; auch zwei Prediger der Menno-
niten-Gemeinde waren da. Wir umarmten uns in herzlicher Wiedersehensfreude.

„Es wartet viel Arbeit auf mich. Ich erbitte viel
Segen vom Herrn; aber wie alles unverdiente Gnade
ist, so gebührt auch Ihm allein alle Ehre. Dem Glauben ist nach Gottes Wort viel geöffnet und
gegeben!"

Neu=Hoffnung, 27. Juni.

„Die Fahrt von Berdjansk hierher war sehr an=
genehm, die Ankunft in Neu=Hoffnung überraschend
schön. Vor dem ganz im Grünen liegenden Pfarrhaus
hatten sich der Gemeinderat mit den Lehrern und ihren
Frauen versammelt. Die Begrüßung war eine herz=
liche. Mit Tränen in den Augen bezeugten die alten
Männer ihren Dank dafür, daß ihnen durch Chrischona
ein lieber Seelsorger zugekommen sei.

„Abends war eine Begrüßungsstunde in der Kirche.
Vorher machten wir noch einen gemeinsamen Spazier=
gang in den Wald und auf den Gottesacker. Ich wurde
tief gerührt durch den Anblick der vielen Kinder=
gräber. Da konnte ich über eingefaßten Gräbern lesen:
Die fünf Kinder von den Eltern N.; vier Kinder der
Eltern O. 2c.. Als mich tags darauf Bruder Christen
bat, bei einem Kinderbegräbnis die Leichenrede zu halten,
da fühlte ich mich gedrungen, die Eltern, besonders die
Mütter, zu trösten, mit den tiefen Worten Jer. 31, 15. 17.

„Sonntags stand ich auf mit Dank gegen Gott,
daß ich meine Lieben alle Ihm voll Vertrauen anbe=
fehlen kann und daß ich sein herrliches Evangelium ver=
kündigen darf. Um 9½ Uhr war die große Kirche ganz
gefüllt."

Kornthal, 1. Juli.

„Jesus bleibt unser treuer Hirte, und der Vater
im Himmel, dem wir uns mit ganzem Herzen anver=
trauen, der gütige und gnädige Gott. Bis heute ist
alles gut gegangen. Die Müdigkeit infolge gar zu sehr
verkürzter oder gestörter Nachtruhe war oft peinlich
stark. Aber der Herr gab mir dann zwischen hinein
immer wieder eine gute Nacht."

Es wird nun im Briefe die zwölfstündige Fahrt beschrieben von Neu-Hoffnung nach Ostheim; von diesem Ort heißt es im nächsten Brief:

Ostheim, den 5. Juli.

„Samstag, den 2. Juli, fand hier die Brüderkonferenz statt. Um 8½ Uhr morgens versammelten sich acht Chrischonabrüder, wovon vier mit ihren Gattinnen, im Betsal von Ostheim. 1. Kor. 13 wurde unsern Besprechungen zu Grunde gelegt. Jeder sprach, auch die Ältesten der Gemeinden Neu-Hoffnung und Ostheim. Der Herr gab gute Worte. Nachher beteten wir, nicht ohne Tränen, und dann traten wir zum Tisch des Herrn und empfingen zu seinem Gedächtnis seinen Leib für uns gebrochen, sein Blut für uns vergossen.

„Sonntag, den 3. Juli, war zuerst Gottesdienst in Ostheim, nachmittags in Kornthal und abends wieder in Ostheim. Der Herr gab den Brüdern und mir viel Freudigkeit. Die Leute waren sehr verlangend nach dem Wort des Lebens; überall waren die Fenster noch belagert. O welch eine unerschöpfliche Quelle ist doch das Evangelium!“

In Ostheim wandte sich der Reisende nun westwärts und damit heimwärts. Er schreibt:

„Früh morgens um 4 Uhr versammelten wir uns vor dem Schulhaus. Beinahe alle Hausväter von Ostheim hatten sich eingefunden. Vier Reisewagen standen bereit. Wir Neu-Hoffnunger hatten 110 Werst in einem Tag zu machen mit denselben Pferden.

„Noch ein Lied zum Lobe Gottes schallte gen Himmel, ein Gebet, herzlicher Abschied — und wir

fuhren ab. Hinauf ging's durch Wiesen aus dem Ost-
heimer Tal, hinaus in die unendliche, baumlose Steppe,
mit den wogenden Getreidefeldern und großen Weide-
plätzen.

„Drei Mal rasteten wir, um unsere trefflichen
Pferde zu füttern, und 9½ Uhr abends erreichten wir
wohlbehalten Neu = Hoffnung, nach siebzehnstündiger
Fahrt."

Am 5. Juli mußte auch dieser liebliche Ort verlassen werden. „Der Abschied war recht herzlich", schreibt
Rappard; „wir hatten uns lieb gewonnen". Für die
Rückreise nach Sebastopol wurde der Landweg gewählt,
durch das Berdjansker Gebiet und die blühende Ma-
loschna, „wo man vergißt, daß man in der russischen
Steppe ist." Auf dieser Fahrt wurden viele Orte besucht, so das große Dorf Neu=Stuttgart, die schöne
mennonitische Niederlassung Gnadenfeld, die Stadt
Halbstadt mit Prischip und andere. Überall erwiesen
die Leute dem Reisenden große Liebe, stellten ihre
Pferde und Fuhrwerke zur Verfügung und nahmen be-
gierig das Wort der Predigt an. So heißt es einmal:

„In der Versammlung segnete uns der Herr reichlich. Ich hatte zu dem Herrn im Glauben beten können, mir sein Wort an die Gemeinde zu geben.
Wie wir nachher erfahren durften, hat während der
Predigt des Worts der heilige Geist in manchem Herzen gearbeitet. Das einfache Evangelium hat auch da
wieder seine Kraft bewiesen."

Die Kirchspiele sind meist so groß, daß einzelne
Ortschaften nur ganz selten besucht werden können. Das
preßte dem Reisenden den Seufzer aus:

„Ach, daß die Kirche den Diakonendienst nicht annehmen will! Wie vieles ließe sich machen in den vielen kleinen Dörfern mit einigen tüchtigen Evangelisten!

„In Michaelowka nahm Br. Christen Abschied, um
in sein schönes Neu=Hoffnung zurückzukehren; in Kur-
man zweigte Br. Eberle ab und nahm die Richtung
nach Annenfeld, wo er eine wichtige und gesegnete Arbeit hat.

„Ich zog nun meine Straße allein, aber mit jeder
Station komme ich der lieben Heimat näher. Das
Heimweh wäre bei mir oft stark geworden, wenn nicht
die Heimatluft des herrlichen Evangeliums
mich an jeden Ort hin begleitet hätte."

Auf der Fahrt von Sebastopol nach Odessa
den 10. Juli.

„Ich hoffte, Samstag von Sebastopol abzureisen;
aber das Schiff fuhr erst Sonntag Nachmittag ab. So
hatte ich zum ersten Mal 1½ Tage zur Verfügung.
Da ich an diesem Sonntag in Odessa zu predigen versprochen hatte, war mir der Aufenthalt nicht ganz angenehm; doch nahm ich es aus der Hand Gottes an
und dachte, Er wolle mir einen Ruhetag geben. Ich
besuchte die großen englischen Friedhöfe und stand mit
Rührung vor dem Grabe des Hauptmann Hedley Vi-
cars. Der englische Konsul, der mich begleitete, sagte
mir, einer der Friedhofaufseher sei ein Deutscher; ich
bat den Konsul, mir zu gestatten, die Familie in dem
Wohnzimmer zu versammeln, um mit ihnen das Wort
Gottes zu lesen und zu beten. Alle weinten; das war
das erste Mal, daß bei ihnen ein deutscher Prediger
einkehrte!

„Auf dem Schiff, da ich dies schreibe, ist ein großes Getriebe; der Geist muß sich eigentlich beständig aus all dem Werktagstreiben heraus und in das Heiligtum hineinleben, um den Tag des Herrn heiligen zu können."

☩

Von Odessa aus wurde nun der dritte Teil der Reise, nämlich Besuche in den österreichischen Staaten, in Angriff genommen. Es stellte sich heraus, daß die Bahnverbindung auf dieser Route äußerst mangelhaft war; zudem hatten in Folge von Überschwemmungen alle Schnell= und Nachtzüge eingestellt werden müssen. so daß der Inspektor bald wahrnahm, daß er sein Pro=gramm nicht werde durchführen können. Er schreibt:

Belgrad, 17. Juni.

„Daß ich bei meiner Ankunft in Jassy keinen Nachtzug fand und somit alle Hoffnung aufgeben mußte, in Galatz das Schiff zu erreichen, war mir sehr unan=genehm, und ich war nahe daran, recht verstimmt zu werden. Doch bald schämte ich mich tief ob meiner üblen Laune, und der Weg von Jassy bis Braila wurde ein rechter Buß= und Gebetsweg für mich. Ich erkannte, daß mich mein göttlicher Erzieher in die Wüste des rumänischen Landes geführt hatte, um mich zu rei=nigen von dem, was durch die so wohl gelungene rus=sische Reise ins ruhmsüchtige Fleisch gedrungen war. Ach, wie arm und elend kam ich mir vor! Diese Fahrt ist eine Kampfes=, aber auch eine Segenszeit gewesen. Den ersten Korintherbrief las ich ganz durch mit Nach=denken und Gebet.

„In Belgrad erwartete mich der liebe Bruder Lichtenberger und führte mich in sein Heim. Jesus ist bei uns alle Tage."

Der Schluß der Reise brachte viel Arbeit, aber auch viel Freude. In Neu-Banovce, Essegg, Agram, Warasdin und Triest konnten die Brüder besucht und viel göttlicher Same ausgestreut werden. Aber zu einer eigentlichen Arbeit war die Zeit zu kurz, und Rappard mußte den Freunden versprechen, wenn immer möglich in zwei Jahren wieder zu kommen.

Den letzten „Reisebrief" schrieb er, nachdem er schon den Schweizerboden wieder betreten hatte.

Flüelen, 30. Juli, früh morgens.

„Mein Herz ist voll Dank gegen den Herrn beim Rückblick auf seine Leitung während meiner ganzen Reise. Er hat mich behütet zu Wasser und zu Land, Er ist als Erzieher mit seinem schwachen Jünger umgegangen und hat ohne Aufhören die strafende und mahnende Zucht seines heiligen Geistes im Gewissen verspüren lassen. Der Zug zu Euch allen wird allerdings immer stärker, und es ist auch eine weise Führung Gottes, daß die Reise keinen Tag länger dauert, als die bestimmten zwei Monate. Am 30. Mai reiste ich ab; am 30. Juli kehre ich wieder heim. Gepriesen sei Gott für alles!"

Mit lobendem Herzen darf gesagt werden, daß diese Reise nach Süd-Rußland nachhaltige Segensspuren zurückgelassen hat. Das ist durch manche Briefe immer wieder bestätigt worden. Etliche Jünglinge aus jener Gegend sind später in die Anstalt zu St. Chrischona als Zöglinge eingetreten, mehrere andere als Hospitanten. In Rappards Herz blieb bis zuletzt ein besonders warmes Interesse für das große Russenreich und das so unwissende und doch religiös so empfängliche Volk.

4.
Reise nach Ostpreußen und Österreich.

Treu seinem zwei Jahre zuvor gegebenen Versprechen besuchte Rappard im Jahre 1883 nochmals die österreichischen Staaten. Zuvor aber reiste er nach Nord-Deutschland, wo er in Züllichau, einer kleinen Stadt in der Provinz Brandenburg, bei einer Reihe von Versammlungen, vom 9. bis 16. September, mitzuwirken versprochen hatte. Er verlebte dort reich gesegnete Tage unter dem gastlichen Dach des Herrn Superintendenten Röhricht, der sich in sehr freundlicher Weise zu der Arbeit bekannte und nicht wenig zu ihrem Gelingen beitrug. Herr Thumm von Wilhelmsdorf war sein Gefährte in dieser schönen Tätigkeit.

„Wir dürfen mit Anbetung bezeugen, daß der Herr unter uns ist", schreibt Rappard, „und die Gebete seiner armen Knechte und Mägde herrlich erhört. Wir fühlen aber wohl, wie nötig es ist, daß der jeweilige Leiter der Versammlung recht nahe bei seinem Herrn sei, um den geraden Weg des Wortes zu gehen."

Mit dem teuren Superintendenten blieb Rappard noch manche Jahre in brüderlicher Verbindung. Eine köstliche Frucht aus jenen Segenstagen war die gründliche Bekehrung eines jungen Lehrers, der später Zögling von St. Chrischona und dann ein gesegneter Evangelist wurde, bis ihn der Herr heimholte.

Ueber Elbing ging es nun nord= und oftwärts nach Königsberg, wo Rappard eine Reihe von Vorträgen hielt und den Major von Knobelsdorff kennen lernte, wie schon früher erwähnt worden ist.

Die Besuche in dem Arbeitsgebiet der Pilger=missions=Evangelisten Motzkus und Wisotzky in Oftpreußen waren von großem Interesse. Die Leute kamen stundenweit zusammen und wollten dementsprechend auch stundenlange Versammlungen haben. Mitten in allerlei Unruhe, die diese Besuche mit sich brachten, schrieb Rappard an seine Frau:

„Die allein weise Aktivität des Knechtes Gottes läßt sich zusammenfassen in dies Eine: Christus in uns und wir in Ihm. Das Ihn=walten=lassen wird mir immer wichtiger. Wie oft sind wir Ihm im Wege durch unser ungläubiges Selbermachenwollen.

„Es ist mir ein großer Trost, daß jeder Augenblick auch auf dieser Reise Ihm gehört. Mein Herz ist voll des Evangeliums, das Menschen selig macht.“

In einem späteren Briefe heißt es:

„Ich bin fast immer auf der Fahrt. Es ist eine angestrengte, aber reiche Zeit. Was ich von dem Versammlungswesen gesehen habe, hat mich recht erquickt. Es sind viele Kinder Gottes da, denen unsere Brüder zum Segen sind.

„Den 29. September war ich in T., wo Br. K. (ein reicher evangelistisch begabter Landbesitzer) ein Bethaus hat, das ungefähr tausend Personen faßt. Es war gedrängt voll. Ich sprach deutsch, K. litauisch; zum Schluß übersetzte mich noch ein Prediger ins litauische. Es waren viele Leute aus Rußland gekommen,

manche zwölf bis vierundzwanzig Stunden weit zu
Fuß, um diesen Zusammenkünften beizuwohnen. Die
russischen Brüder baten mit Tränen, daß man ihnen
doch helfen möge. Sie hätten viele unbesetzte Pfarr-
stellen, und das Versammlunghalten sei ihnen verboten,
sie könnten nur verstohlenerweise um Mitternacht einen
Prediger auftreten lassen. Der Herr erbarme sich über
die Gefangenen Zions!

„Mehr als hundert Personen blieben die ganze
Nacht da, und am andern Morgen 6½ Uhr war dann
wieder Versammlung. Bis nach Mitternacht sangen sie
Lieder aus dem Gesangbuch, und morgens 5 Uhr
hörte man schon wieder den Gesang.

„Ich bin bis jetzt recht wohl und immer in der
Arbeit für den Herrn und sein Evangelium. Das allein
tröstet und stärkt mich über der langen Abwesenheit von
dir und Euch allen. Der Herr ist unser Trost ganz
und gar für Gegenwart und Zukunft. Wir wollen in
Ihm sein, los von aller Sünde."

Die nächste Station war Ponarien bei Liebstadt,
der schöne Sitz des Herrn Grafen von der Groeben.
Die Gräfinnen, seine Töchter, hatten eine reiche Liebes-
tätigkeit, und das Wohl der Leiber wie der Seelen
ihrer Untergebenen lag ihnen am Herzen. So waren
die Versammlungen im gräflichen Schloß wie auf dem
Gut, rechte Evangelisationsgelegenheiten. Rührend war
es, wie der prächtige alte Graf den Gesang auf dem
Flügel begleitete. Unserm Reisenden wurde viel Liebe
erwiesen, und in seinem Zimmer, von dessen Fenster
man eine herrliche Aussicht hatte auf die Parkanlagen
und den See, durfte er zwischen den Versammlungen

Stunden der Ruhe genießen, die ihn nach Geist und Leib erquickten.

Am 8. Oktober fuhr er nun hinüber in die österreichischen Lande, und besuchte zuerst in Prag und Tabor die daselbst in reger Arbeit stehenden Brüder Novotny und Kostomlatzky. Er schreibt von Tabor:

„Es war mir interessant, diese natürliche Festung des Kriegshelden Ziska zu betreten. Die Statue, die ein früheres Geschlecht ihm aufgerichtet hatte, ist vom fanatischen Volk zerstört worden. Es besteht nur noch das Postament, auf dem alle die Siege des Helden aufgezählt sind. Die Brüder stehen an ihren Posten im Segen und Leben des Lebensfürsten. Abends hielt ich Versammlung. Das hübsche Zimmer füllte sich; am Schluß sagten zwei Personen, daß sie sich von jetzt an nur an den Herrn Jesum halten wollten.

„Bis 11 Uhr blieben wir beisammen, dann machten wir uns in der stillen Nacht auf den Weg nach der Station."

Über Wien und den schönen Semmering kam Rappard am Abend des nächsten Tages nach G r a z, wo der dort stationierte Br. Iseli ihn sofort in eine Versammlung führte, die Freund Fermaud als Agent der internationalen Jünglingsvereine hielt und die ihm Gelegenheit bot, eine Ansprache an die Jünglinge zu richten.

In W a r a s d i n wurde die Familie Bläser besucht, die dort in treuer Arbeit stand, und in E s s e g g Br. Locher, der langjährige Kolporteur. Nach einer schönen Fahrt auf der Donau von Drauerk langte der Reisende in B u k o w a r an, von wo aus er nach Neu=Banovce fahren wollte. Er hatte sich nicht recht=

zeitig anmelden können und fragte sich, wie er wohl
eine Fahrgelegenheit finden werde. Aber, siehe da! ein
innerer Zug hatte den Br. Keller von Banovce gedrängt, in Begleitung des erst vor kurzem zum Herrn
bekehrten, seither mit dem Werk so innig verbundenen
Gutsbesitzer Andreas Kettenbach nach Vukowar an das
Schiff zu fahren, und so fand der Inspektor die aller-
beste Fahrgelegenheit nach Banovce, dem schönen Arbeitsposten Br. Kellers. Jeden Abend wurden dort große
Versammlungen gehalten, und die Mitglieder des Männer-
vereins kamen nachher noch aufs Zimmer, wo man
sich über göttliche Dinge unterhielt, sang und betete.
Er erzählt:

"Es waren schöne Tage. Der Herr, der die
Seinen kennt, segnet die Geschwister sehr. Das Dorf
hat eine andere Gestalt gewonnen, seitdem das Evangelium darin herrscht. Ein Bauer sagte mir, der
Wert des Bodens habe dadurch um das Doppelte
gewonnen, weil jetzt niemand verkaufen wolle und
jedermann gern kaufen möchte."

Bisher war die Reise per Eisenbahn oder Dampf-
schiff gegangen; jetzt galt es, auf Bauernwagen über
rauhe Wege die übrigen Stationen aufzusuchen. Darüber schreibt Rappard:

"Ein junger gläubiger Mann, J. Kettenbach, wollte
uns begleiten, um teilhaftig zu werden des Segens unserer
Konferenz in Rastovac. Unser nächstes Ziel war Adolfs-
dorf, wo wir abends 6 Uhr anlangten. Die letzte
Strecke war durch finstern Wald und tiefe Wasser gegangen; aber die trefflichen Tiere unsers Essegger Kutschers zogen uns durch.

„Donnerstag, den 25. Oktober, machten wir uns auf zwei Wagen, von je zwei kleinen Pferden gezogen, auf den Weg nach Rastovac, wo die Brüder zusammenkommen und die Konferenz stattfinden sollte.

„Es ging zuerst durch Urwald und viel Sumpf. Es regnete noch immer, und wir mußten nach allen Seiten den Ästen ausweichen. Wir fuhren durch Wiesen und über einen Bach, dessen Brücke zerstört war. Glücklich kam der erste Wagen durch das Wasser hindurch. Mein kleines Handköfferchen wurde naß und natürlich sein Inhalt teilweise auch. Der zweite Wagen blieb mitten im Wasser stecken. Schon wollten wir versuchen, mit unsern Pferden vorzuspannen, als die energischen Bemühungen des Kutschers und wohl auch der Instinkt der Pferde, dieselben zu einem letzten verzweifelten Versuch antrieben, und der Wagen mit seinen Insassen kam glücklich aus dem Wasser und Schwamm heraus.

„Nun ging es weiter und bald war das Filial Gravic erreicht. Auch dort wollte ich gern das Evangelium verkündigen. Die Leute waren bald versammelt, und ich redete zu ihnen. Wie arm sind diese Leute, aber sie können reich sein in Gott. Viele Augen waren feucht.

„Nach einer starken Stunde setzten wir unsern Weg fort und kamen gegen 3 Uhr an ein elendes Gasthaus. Die Pferdchen waren erschöpft und wir hungrig. Eine Gans wurde für uns zugerichtet mit Reissuppe. Um mit Appetit essen zu können, war es empfehlenswert, nicht in die Küche zu gehen!

„Um Mitternacht erreichten wir endlich Daruvar und den nächsten Tag Rastovac. Bald füllte sich dort das große Schulzimmer und ich hielt die erste Versammlung.

„Samstag, den 27. Oktober, fand unsere Konferenz statt. Zuerst Andacht mit dem ganzen Hause, dann dreistündiges Beisammensein, Gebet, Besprechung eines Schriftabschnittes und Mitteilung über die Arbeit und Stellung eines jeden.

„Sonntags hatten wir drei Versammlungen. Es wurde immer ernster. Der Herr half mir, seine Worte in die Herzen zu geben. Mit tiefem Ernst ging die Versammlung aus einander. Wir beteten mit den Kirchenältesten noch im Zimmer.

„Montag, früh um 2 Uhr, mußten wir aufbrechen, und nach zwölfstündiger Fahrt, auf einem Wagen ohne Federn, langten wir nachmittags 10 Minuten vor Abgang des Zuges an der Bahnstation Sissek und dann abends 6 Uhr in Agram an. Br. Palmer nahm uns mit großer Freude auf. Er hat in seiner Arbeit für den Herrn eine schwere Zeit der Verfolgung durchlebt, und es ist immer lieblich, zur gegenseitigen Stärkung bei einander zu sein im Tiegel der Trübsal.

Der nächste Besuch galt den Geschwistern Enderlin in Triest, der großen Hafenstadt am adriatischen Meere.

„Das Depot der B. u. A. Bibelgesellschaft", schreibt der Inspektor, „ist in schöner Ordnung und unser lieber Bruder führt das Werk der Bibelverbreitung mit Kraft und Umsicht. Sonntag, den 4. November, predigte ich vormittags in der reformierten Kirche und hielt nachmittags Bibelstunde in der lutherischen.

„Ewig Dank dem Herrn, daß seine Evangelisten etwas so Gutes zu verkündigen haben."

Die letzte Station auf der Reise war das Schloß der Frau Gräfin La Tour in Russiz, das der Mittel-

punkt einer ganzen reichen Liebes= und Evangelisations=
tätigkeit ist. Von dort aus ging es über Mailand und
den Gotthard nach Hause. Er schreibt:

„Während der Nachtzug uns schnell durch Ober-
italien hin nach Westen führte, dachte ich an die vielen Orten, die mir wie „Inseln" (Ps. 97, 1) im österreichischen Volksmeer vorkamen und die ich mit der
Botschaft des Evangeliums hatte fröhlich machen dürfen.

„An allen diesen Orten hatte ich einige glaubende,
betende, lobende, kämpfende und leidende Kinder Gottes gefunden, neben vielen teuer erkauften Menschen,
denen die Verkündigung vom Heil in Christo einen
tiefen Eindruck gemacht hatte.

„Samstag, den 10. November, abends 7 Uhr:
Station Basel und Wiedersehen nach zweimonatelanger
Trennung!"

Seine Gesamteindrücke faßte der Inspektor in folgendem Rückblick zusammen:

„Der Herr hat Gnade gegeben zur Reise. Die
Türen und Herzen waren offen. Die Stellungen und
Arbeitsfelder der Brüder habe ich recht kennen gelernt,
und das war gut. Die zuständigen Geistlichen habe ich,
so viel ich konnte, besucht und offen über die Arbeit
der Evangelisten mit ihnen gesprochen; denn es ist meine
Überzeugung, daß die Evangelisten oder Stadtmissionare
Friedensboten auch den Landeskirchen und ihren Ver-
tretern gegenüber sein sollen. Ich sagte meinen Brüdern
immer wieder, wie ihre Arbeit sich darauf zu konzen-
trieren habe, die Menschen zu dem Mensch gewordenen
Sohn Gottes zu führen, der da ist der Weg, die Wahrheit und das Leben, ohne welchen niemand zum Vater
kommt."

5.
Reise nach den Vereinigten Staaten Nordamerikas.

Im Jahre 1887 unternahm Inspektor Rappard, nach dem oft ausgesprochenen Wunsch vieler in den Vereinigten Staaten arbeitenden Brüder von St. Chrischona, eine Reise in jenes große Land des Westens. Dem Komitee war es ein Anliegen, daß durch diesen Besuch die Bande mit den fernen Söhnen des Hauses möchten befestigt werden, und daß der Visitator aus eigener Anschauung die Verhältnisse der Pastoren, ihrer Gemeinden und Synoden möchte kennen lernen. Diese lange Reise, die vier und einen halben Monat in Anspruch nahm, wurde mit viel Gebet und großer Sorgfalt vorbereitet. An der Hand eingelaufener Briefe konnte schon in Basel der Reiseplan in seinen Hauptzügen fertig gelegt und, wie einst Hiskias' Brief vor dem Herrn ausgebreitet werden, mit der freudigen Zuversicht: „Du sendest mich nicht nur, — du gehest mit!"

In glaubenstärkender Weise wurde die Erhörung dieser Gebete erfahren. Der Inspektor durfte, wie einer sich ausgedrückt hat, gleichsam „mit der Uhr in der Hand" von Woche zu Woche sein Programm ausführen und dann zum bestimmten Tage wieder zurückkehren in sein trautes Heim.

Auch auf dieser Reise war er unermüdlich treu im Schreiben von eingehenden Briefen, die den Seinen daheim es ermöglichten, ihm auf Schritt und Tritt zu folgen, und hernach eine wertvolle Erinnerung für ihn selbst und andere bildeten. Sie hier mitzuteilen, würde viel zu viel Raum einnehmen; wir müssen uns damit begnügen, die Umrisse der Route zu zeichnen und hie und da durch einen Briefauszug etwas Farbe und Leben hineinzulegen. Seine Art, zu beobachten und zu erzählen, kennzeichnet sein Wesen so gut, daß auch die kurzen Auszüge wertvoll sind. Da die vielen Namen der besuchten Pastoren für den nicht unmittelbar beteiligten Leser kein Interesse hätten, sollen sie hier nicht aufgezählt werden; daß diese Namen im Herzen des besuchenden Freundes eine Stätte hatten und behielten, mögen ihnen diese Erinnerungen bestätigen.

Von Basel nach New-York.

Am 18. März 1887 verließ Rappard Basel, reiste über London nach Southampton, wo er das schöne Bremerschiff „Aller" bestieg, das ihn am 2. April glücklich nach New-York brachte. Dort war zuerst frohes Wiedersehen mit seinem Bruder August, der als Kaufmann in jener Stadt lebte. Er schreibt:

„Wenn man bei einem Bruder ankommt, den man liebt und der ein Heim hat, so fühlt man sich bald zu Hause. So ergeht es auch mir jetzt, da ich in seinem gemütlichen Zimmer dieses schreibe. Ich habe mit Hilfe eines jungen Freundes Briefe und Karten geschrieben, achtzig an der Zahl, als Antwort auf Schreiben, die aus allen Staaten im Blick auf meine Reise eingelaufen sind."

Es war lieblich, hier den alten Freund und Trübsalsgenossen von der Alexandriner Zeit, Br. Grandlienard, als Pastor der französischen Kirche wieder zu finden. Seiner Gemeinde galt denn auch die erste Predigt, die Rappard in Amerika hielt. Am Karfreitag predigte er in einer deutschen und am heiligen Osterfest nochmals in der französischen Kirche.

Von New=York nach Brenham.

Über Allentown, Scranton und Reading in Pen=
sylvanien ging die Reise nun nach der großen Indu=
strie=Stadt Cincinnati im Staate Ohio, wo mehrere
Brüder zusammen kamen in herzlicher Gemeinschaft;
dann weiter nach St. Louis, im Staat Missouri, von
wo er schreibt:

„Ich besuchte das Evangelische Seminar, das
eine halbe Stunde von der Stadt schön gelegen ist
und mich vielfach an St. Chrischona erinnerte. Der
Inspektor und die Professoren kamen mir sehr freund=
lich entgegen. Die neunzig Studenten versammelten
sich im Betsaal und sangen sehr schön zwei Lieder.
Es wollte mich fast ein stilles Heimweh ankommen!
Gerne folgte ich der Einladung, eine Ansprache zu
halten.“

Es folgte ein kurzer Besuch in dem lieben Pfarr=
haus zu Berger, wo er das neugeborene Söhnlein
taufte, dann ein Tag der Rast bei dem alten Freund
in Springfield, und nun ging es in sechsunddreißig=
stündiger Eisenbahnfahrt nach Texas. Die Reise führte
durch das Indianer=Territorium, wo die Weißen keinen
Landbesitz haben dürfen. In dem Städtchen Vinite
hatte der Reisende fünf Stunden Aufenthalt. Er schreibt:

„Ich wünschte eine Indianerschule zu sehen, ging
hin und fand, daß gerade Examen gehalten wurde. Der
Direktor freute sich über den Besuch, und nun hörte
ich über eine Stunde lang die Indianerkinder, im Alter
von sechs bis zwanzig Jahren, Knaben und Mädchen,
singen, aufsagen, Aufsätze vorlesen, — auch stecken blei=
ben — Harmonium spielen, was mich alles sehr inter=
essierte. Nun mußte ich auch zu ihnen reden, und das

sollte der Schluß des Examens bilden. Sie schienen alle sehr erfreut. Ich mußte zum Abendessen bleiben, und um sechs Uhr begleitete mich der freundliche und gläubige Direktor auf die Station.

„Von 6 Uhr abends bis 3 Uhr des nächsten Nachmittags war ich beständig auf der Fahrt; dann mußte ich in Hemstead, nur 20 Meilen von Brenham, von 3 Uhr bis Mitternacht abermals warten. Ich machte in einem hübschen Pfarrhaus, das ich erblickte, einen Besuch und setzte dann meine Wanderung fort, um den herrlichen Sonnenuntergang zu betrachten. Zwei Neger kamen auf einem Buggy (leichter Wagen) im Galopp herangefahren. Sie hielten bei mir an, und ich fragte sie, wo ihr Prediger wohne. ‚Nur aufgesessen, mein Herr, ich will Sie zu ihm führen‘, antworteten sie, und in einigen Minuten waren wir bei einer elenden Bretterhütte, an der Seite einer kleinen Bretterkirche. ‚Hallo, Prediger!‘ schrie mein Neger, und heraus kommt die Frau Pastorin, so schwarz wie Ebenholz. Der Pastor spaltete eben Holz, kam aber dann bald ins Zimmer, das außer einer kleinen Küche, der einzige Raum der Hütte war. Der schwarze Pastor verstand sehr bald, was mich getrieben hatte, auch ihm an diesem fremden Ort die Bruderhand zu drücken. Er und seine Frau waren sehr erfreut; ihre Herzen taten sich auf. Er erzählte, wie er bekehrt und dann dazu gekommen sei, ein ordinierter Prediger zu werden. Er machte mir einen sehr guten Eindruck."

In Texas.

In Brenham fand der Reisende, trotz der späten Nachtstunde die freundlichste Aufnahme. Er schreibt:

„Wie groß ist doch dieses Nord=Amerika! Der Staat Texas allein ist beinahe so groß wie ganz Deutschland. Wie weit bin ich hier von allen meinen Lieben in der Heimat, und doch im Herrn, unserm Gott, Eins und nahe. Meine Lieben, nur den König und sein Wort nie aus Auge und Herz verlieren!"

In Brenham gab es nun viele Begegnungen mit alten und jungen Pastoren; es galt alte Bekanntschaften zu erfrischen und einzelne neue mit den Veteranen der Synode zu machen.

Am 27. April versammelte sich in Burton die Synode. Davon erzählt Rappard:

„Vier Meilen von der Bahnstation gleichen Namens befindet sich das Kirchlein mit dem Pfarrhaus, mitten im Urwald, und macht mit seinen Einfriedigungen und Gärten einen sehr lieblichen Eindruck. Hier genoß ich während sechs Tagen die herzlichste Gastfreundschaft von seiten des Pastors und seiner Frau.

„Die meisten Synodalen waren schon da. Ich begrüßte nacheinander zwanzig ehemalige Zöglinge von St. Chrischona; drei waren verhindert gewesen zu kommen. Ich machte auch die Bekanntschaft der anderen Herren Pastoren und Kandidaten, die nicht von St. Chrischona ausgegangen sind. Sie kamen mir ohne Ausnahme höflich entgegen, und wo Ernst gemacht wurde mit dem Artikel des Apostolikums: „Ich glaube an die Gemeinschaft der Heiligen", gestaltete sich in den Tagen des Beisammenseins das Verhältnis zu einem lieblichen.

„Die Texas-Synode wurde bekanntlich vor sechsunddreißig Jahren durch Zöglinge von St. Chrischona gegründet und bestand bis vor wenigen Jahren beinahe ausschließlich aus Brüdern unserer Anstalt, wie dieselben der Synode auf ihr Gesuch hin alljährlich zugesandt wurden. Seit einigen Jahren kamen andere Elemente herein, die von ihrem streng konfessionellen Standpunkte aus in der Synode zu reformieren begannen."

In der Tat bekannte sich die Synode seit einigen Jahren offiziell zu der Regel: „Lutherische Kanzeln für lutherische Prediger allein; lutherische Altäre für lutherische Kommunikanten allein." Demzufolge wurde dem Inspektor nicht gestattet, in der Kirche zu predigen. Auf mehrfachen Wunsch hin wurde zwar eine Abstimmung vorgenommen, und durch eine bedeutende Majorität beschlossen, daß er doch predigen sollte, zumal die Gemeinde es sehr wünschte, aber er urteilte:

„Da ich von der gesamten Synode gleich zu Anfang als beratendes Mitglied zugelassen worden war, so gebot es der christliche Takt, daß ich, um keinen Synodalen Ärgernis zu geben, vom Reden in der Kirche abstehe. Dagegen hielt ich am Sonntag Nachmittag auf Wunsch der Brüder eine Ansprache unter den Bäumen vor der Kirche.

„Es war der Tag unserer Maikonferenz auf St. Chrischona."

Trotz dieser heiklen Sache wurde die Liebe nicht verletzt, wohl aber bewies dieser Vorgang, daß es in

absehbarer Zeit zu einer Klärung und Trennung kommen müsse.*)

Nach beendigter Synode besuchte der Inspektor
noch eine ganze Reihe von Städten und Niederlassungen in Texas, wo seine Brüder als Pastoren des
Amtes walteten. In Viktoria wurde ein festlicher Abend
zugebracht und den nächsten Tag eine Versammlung in
der Kirche veranstaltet. In Arneckville, Meyersville,
Yorktown, San Antonio, Flatonia, Austin (der Hauptstadt von Texas), Pflügersville, Round Rock, Bart-
lett und Temple wurden Besuche gemacht und überall
herzliche Gemeinschaft gepflogen.

In dem letztgenannten Ort, dem Wohnsitz des
Reisepredigers der Synode, wurde am 11. Mai ein
stiller Nachmittag zugebracht, eine Abendandacht gehalten, und um Mitternacht bestieg der Inspektor den Zug,
der ihn von Texas hinweg und dem Norden zuführen
sollte.

---

*) Das ist denn auch geschehen. Im Jahr 1895 wurde die
offizielle Verbindung der Synode mit der Pilgermission gelöst und
ihr Anschluß an die Jowa Synode vollzogen. Eine Anzahl Pastoren jedoch, die in den Vorschlag nicht einwilligen konnten,
führen ihr Werk unter dem Namen der „Alten evang.-lutherischen
Synode von Texas" weiter und stehen mit St. Chrischona in
engerer Verbindung; doch soll es hervorgehoben werden, daß
auch von der anderen Seite dem Mutterhaus Anerkennung und
Liebe entgegengebracht und die Korrespondenz stets im Geiste der
Wertschätzung geführt wurde.

Während des Schreibens dieser Erinnerungen kommt uns
von der am 19. April 1910 in Yoakum tagenden „Alten evang.-
lutherischen Synode" ein offizielles Beileidschreiben zu, das mit
den Worten schließt: „Auch im fernen Texas bleibt das Andenken des Gerechten im Segen."

Kansas und der Westen.

Aus Willow Springs bei Lawrence in Kansas, dem Besitztum des Herrn Carl Rappard, schreibt unser Reisender:

„Freitag, den 13. Mai erreichte ich Kansas City. Zwei Nächte war ich nicht aus den Kleidern gekommen, war aber doch gut und angenehm gereist. Das große Indianer-Territorium, das ich diesmal bei Tag durchfuhr, ist sehr schön und reich; es bietet noch Raum für Millionen von Ansiedlern. In Eudora bei Lawrence traf ich meinen lieben Bruder Carl, der mich mit seinem Wagen in drei Stunden nach seiner Farm brachte, wo ich seine liebe Familie wohl antraf. Daß einige Tage der Ruhe gut für mich sind, fühle ich nun wohl und nehme sie dankbar aus der Hand meines himmlischen Vaters an."

Wie köstlich war das Zusammensein der zwei Brüder, die einst in Iben in großer Stille und Einsamkeit mit einander gewohnt hatten, und nun, durch Land und Meer so weit getrennt, doch im Geist des Glaubens und der Liebe so innig verbunden geblieben waren! Nur zu rasch flogen die Tage vorüber in dem schönen großen Familienkreis auf der wohl kultivierten und fruchtbaren Farm. Heinrich erzählt:

„Dienstag, den 17. Mai, sattelte mein Bruder morgens zwei Pferde und wir ritten zusammen aus, um in weitem Umkreise Gesunde und Kranke zu besuchen. Bei heißem Sonnenschein, nach einem Regen, der die Pflanzenwelt herrlich erquickt hatte, ritten wir von Farm zu Farm, banden unsere Pferde an die Pfosten, die dafür überall angebracht sind, und suchten die Leute in ihren Häusern auf. Die Auf-

nahme war überall eine sehr herzliche. Die meisten
hatten meinen Gottesdiensten am Sonntag beigewohnt, und es gab recht erbauliche und ernste Gespräche. Ich fand zu meiner Freude viel Verständnis bei diesen Farmern und ihren Frauen, fand auch
sehr begabte Leute unter ihnen, die scharf unter-
scheiden können zwischen Schein und Wesen im
Christentum.

„Am 19. Mai, als am Himmelfahrtstage, sollte
ich laut Versprechen in Eudora predigen, bei einem
Pastor, den ich von Basel her kannte. Eine schöne
Morgenfahrt mit meinem Bruder, seiner Frau und
ältesten Tochter, brachte uns um 10 Uhr vor die
Kirche in Eudora, die schon von einer Wagenburg
umlagert war. Nach kurzer Zeit fing der Gottesdienst an. Zu meinem Erstaunen saß vor mir der
deutsche Methodisten-Sänger und Prediger Gebhardt,
der eine Kollektenreise in den Vereinigten Staaten
machte und sich gerade an dem Tage in dem Städtchen befand. Daß wir uns bei so unerwarteter Begegnung am Schluß des Gottesdienstes recht herzlich
und brüderlich die Hand schüttelten, versteht sich von
selbst.

„Nachmittags 4 Uhr mußte ich von meinem
lieben Bruder und den Seinen Abschied nehmen.
Scheiden tut weh. Einsam setzte ich meine Pilgerreise fort.“

Immer mehr nach Norden und Westen ging nun
die Fahrt, zunächst nach dem Staat Nebraska, wo in
Olive Branch eine Anzahl ehemaliger Zöglinge von
St. Chrischona, die in der Kongregationalkirche wirk-

ten, eine Zusammenkunft hatten. In Crete, Swanton, Sutton, Inland wurden Besuche gemacht. Aus ersterem Ort schreibt er am 27. Mai:

„Wenn ich nicht in Königsdiensten stünde, so hätte ich manchmal Heimweh. Aber des Königs Sache will das ganze Herz; deshalb muß der freudige Geist auch bei Hitze, Staub und Müdigkeit den Pilger erhalten. Der Teufel drückt nieder. Jesus erhebt!

„Die Stunden des Wiedersehns bilden die Lichtpunkte in meiner Reise, besonders wenn ich fühlen darf, daß unsere Brüder lebendige Reben am Weinstock Christi sind."

Zum Pfingstfest war er in Columbus, Nebraska. Er sagt:

„Nach guter Nachtruhe und gläubigem Gebet war ich am Pfingstsonntag Morgen gerüstet, in der geräumigen Kirche die Festpredigt zu halten. Nachmittags war Gottesdienst in einem alleinstehenden Schulhaus; auch dort gab mir der Herr, mit freudigem Auftun meines Mundes sein Wort zu reden."

In Fremont und Fontanelle hatte der Reisende die Freude, mehrere Brüder zu treffen und auch manche Ansiedler und ihre Familien kennen zu lernen. Mit seiner ausgeprägten Beobachtungsgabe ging er auch auf die äußeren Verhältnisse ein, hatte für alles Interesse und Teilnahme und gewann damit die Liebe und das Vertrauen der Leute. In Omaha war die Synode versammelt. Er erzählt:

„Die schöne Kirche, die Stiftung eines reichen Deutschen, ist sehr hübsch und mit Sprüchen sinnreich geschmückt. Der Gouverneur von Nebraska und der Bürgermeister der Stadt Omaha waren gekommen, um die Synode zu begrüßen. Beide Herren betonten in ihren Ansprachen die Tatsache, daß das Christentum die alleinige Grundlage für die Wohlfahrt der Staaten und Völker sei. Ich wurde gebeten, eine kurze Ansprache vor versammelter Synode zu halten, und zwar in englischer und dann in deutscher Sprache."

Manche Briefe aus späterer Zeit sprechen noch von dem gesegneten Einfluß, den Rappards Anwesenheit bei jener Synode ausgeübt habe.

Von Nebraska ging es in langer Eisenbahnfahrt nach St. Peter im Staate Minnesota, „dem Land der großen Wälder und der lachenden Gewässer." Beim Besuch eines geliebten Bruders und ehemaligen Klassengenossen sagt Rappard:

„Sein Luthertum hinderte ihn nicht, mich freundlich zu empfangen. In ernsten Gesprächen gingen die Stunden rasch vorbei. Beim Abschied am Bahnhof, wohin der Pastor mich begleitete, mußte ich mir sagen, daß unter dem Panzer des strengen Konfessionalismus, der nicht mein Panzer ist, der Herzschlag des Bruders in Christo doch vernehmbar war."

In Henderson wurde der Samstag verbracht und in der Kirche eines Freundes gepredigt, der mit ihm zu St. Chrischona gewesen und mit ihm in Leonberg die Ordination empfangen hatte. Über Minneapolis kam der Reisende nach Norwood. Er schreibt:

„Der Pastor erwartete mich an der Station mit seinem hübschen Pferd und Buggy und führte

mich durch offenes Land und Urwald zu seiner Kirche
und dem nebenanstehenden Pfarrhaus. Die Kinder
der von der Frau Pastor geleiteten Sonntagsschule
waren von den umliegenden Farmen meilenweit her-
gekommen, um mich mit einem Gesang zu erfreuen.
Da standen sie im herrlichsten Mondschein vor der
Kirche — im Hintergrund der dunkle Wald —
und sangen die mir wohlbekannten Lieder."

Mit kurzer Unterbrechung in Delano und Han-
nover wurde die Reise fortgesetzt nach dem Staate Wisconsin. Dort nahm ihn sein alter Freund und Bruder
aus Prescott in Empfang und wurde nicht müde,
traute Erinnerungen aus der alten Chrischonazeit mitzuteilen und Erzählungen aus der neueren Zeit zu hören.
Er, wie mancher treue Bruder, konnte trotz den verschiedenen kirchlichen Anschauungen doch wahre und
herzliche Gemeinschaft pflegen, andere „halten es für
besser, nur mit Pastoren aus ihrem Verband zu verkehren und bleiben fern." Der Reisebericht lautet weiter:

„In Wausau, einem hübschen blühenden Städtchen in Wisconsin, wurde ich von mehreren Brüdern
empfangen. Ich fand dort bei der Bezirksversamm-
lung der Evangelischen Synode von Minnesota und
Wisconsin zehn ehemalige Zöglinge unserer Anstalt
versammelt. — Sonntag Morgen hatte ich in meinem Quartier eine wohltuende, erbauliche Stunde
mit den Brüdern. Nachmittags, beim Missionsfest,
wurde ich gebeten, eine Ansprache zu halten, ebenso
beim Abendgottesdienst."

Nun ging es nach dem im Norden des Staates
Iowa gelegenen Städtchen Lansing, dann nach Portage
und Ackerville, wo Missionsfest gefeiert werden sollte.

Darüber hat der Reisende manches Liebliche zu erzählen:

„Einsam und verborgen, an den Urwald gelehnt, liegt Kirche und Pfarrhaus in Ackerville. Des Pastors Herz ist voll Liebe und Dankbarkeit gegen Chrischona. Da die Kirche klein ist, so ist ein Zelt an der einen Seite angebracht worden, damit die Leute, vor der Sonne geschützt, durch die Kirchenfenster hören können. Um 9 Uhr vormittags fangen die Farmerwagen an zu kommen. — Das Kirchlein füllt sich. Verschiedene Brüder reden, und der Herr gibt Segen.

„Dann geht das Scheiden wieder an. Ich bringe einen Tag in Milwaukee zu und wohne den Verhandlungen der lutherischen Wisconsin-Synode bei; die Brüder zeigen mir einige der Schönheiten ihrer am kühlen See gelegenen Stadt.

„Auf Samstag, den 18. Juni, war ich in Germantown erwartet. Im Pastor fand ich den alten treuen Bruder wieder, der aus manchem Kampf siegreich hervorgegangen ist. Feindliche Leute, besonders Wirte, wollten den treuen Zeugen mit aller Gewalt fort haben; aber er steht heute noch in seiner Gemeinde, und die Wirte mußten ihre verderblichen Häuser schließen."

Nach kurzem Besuch in Lena gelangte der Reisende nach Burlington, wo er bei dem Generalpräses der Evangelischen Synode gastliche Aufnahme fand. Er schreibt von dort:

„Es zieht mich stark nach der Heimat. Der Herr sei mein Hirte bis ans Ende, so wird mir nichts mangeln."

Oftwärts und heimwärts.

Der Sommer war mit Macht ins Land gekommen und brachte Hitze und oft starke Ermüdung; aber
noch war ein beträchtliches Stück Land zu durchqueren
und mancher lieben Einladung zu folgen. In Primrose
wurde ein inhaltsreicher Tag verbracht.

„Abends war Gottesdienst in der wohlgefüllten
Kirche, bei welchem Anlaß ich auf Wunsch der Pastorsleute ihr letztgeborenes Söhnlein, Paul Heinrich,
taufte.“

Den nächsten Tag fand in Quincy, Illinois,
eine schöne Begegnung statt, nicht nur mit einer ganzen Reihe ehemaliger Zöglinge von St. Chrischona,
sondern auch mit einem Jugendfreund, Herrn Pastor
von Ragué, mit dem Rappard als Knabe im Hause
des teuren Ohm Bräm in Neukirchen zusammen gekommen war.

„Am Sonntag wurde ich gebeten, in drei Kirchen der Stadt zu predigen; es war ein reicher Tag,
an den ich gern zurückdenke.“

In Chicago, wohl nach New = York der bedeutendsten
Handelsstadt der Vereinigten Staaten, wurde der dort
arbeitende Chrischona=Bruder besucht und die Kirche
Moody’s in Augenschein genommen. Der Evangelist
selbst war nicht da, aber Rappard traf ihn bald darauf
in Seabright, wo er evangelisierte, und freute sich, die
Bekanntschaft mit ihm zu erneuern. Nun ging es nach
Michigan hinüber. Am kühlen See dieses Namens
liegt die hübsche Stadt New Buffalo, wo der Inspektor
beim Pastor einkehrte und abends in seiner Kirche vor
zahlreicher Zuhörerschaft predigte. Ähnlich ging es in
St. Joseph und Marshall.

In den zur Michigan-Synode gehörenden Gemeinden fand er keinen Eingang, jedoch bei einzelnen Pastoren freundlichen Empfang.

„In Kalamazoo taten die Pastorsleute und der Vorstand der Gemeinde alles, um mich ihre Liebe und Achtung fühlen zu lassen. Mein treuer Herr erhielt mich stets ruhig und freudig in Ihm."

Früher, als geplant war, reiste er weiter, um an einige Orte zu gelangen, von denen dringende Einladungen eingelaufen waren. Einer dieser Rufe kam von Berne, Indiana. Über seinen dortigen Besuch erzählt er:

„Es ist dort eine dieser weitherzigen, am Bibelwort sich haltenden und deshalb auch lebendigen Mennoniten-Gemeinden, die beinahe ausschließlich aus Schweizern, und zwar meistens Bernern, bestehen. Die beiden Prediger dieser großen Gemeinde hatten mich in freundlichster Weise eingeladen, sie zu besuchen, und obschon ich nur zwei Tage vorher meine Ankunft hatte anzeigen können, fand ich alles bereit. Abends und dann wieder am nächsten Vormittag wurden große Versammlungen gehalten. Von meinem Fenster aus konnte ich die Farmer von allen Seiten in ihren hübschen ein- und zweispännigen Fuhrwerken, meist in ganzen Familien, kommen sehen; denn in Amerika nehmen die Mütter ihre Kindlein mit zur Kirche, als einfachstes Mittel, selbst dem Gottesdienst beiwohnen zu können. Wohl achtzig Wagen umgaben die Kirche, obschon es Erntezeit war, ein Beweis, daß den lieben Bernern auch in Amerika das Evangelium lieb und wert ist."

Dieser Besuch war eine freundliche Erquickung
für den Knecht des Herrn, dem die Einigkeit der Kinder Gottes ein Lebensbedürfnis war. Diese selbe gute
Atmosphäre fand er aber auch in Delphos und Toledo
in Ohio, bei lieben ehemaligen Zöglingen, „die gut
lutherisch, aber nicht schroff lutherisch waren." In
letztgenanntem Ort durfte er auch, da er sich sehr unwohl fühlte, die Hilfe des Herrn mächtig erfahren.

„Der Herr, den ich schon so manches Jahr
als meinen Arzt kenne, nahm mir in der Nacht das
Fieber", sagt er einfach; „es blieb mir nur eine gewisse Müdigkeit zurück, die mich aber nicht hinderte,
meine Arbeit zu tun."

In Cleveland, Ohio, fand der Inspektor sehr herzlichen Willkomm, sowohl in den deutschen Kirchen als
auch in der böhmischen Missionskapelle, in deren Verband eben in jenen Tagen zwei Zöglinge aus der Anstalt St. Chrischona als Evangelisten für die Böhmen
eintreten sollten.

Von Buffalo aus, wo er kurzen Besuch machte,
hatte der Reisende Gelegenheit, die größte Naturschön-
heit Nordamerikas zu sehen. Er schreibt:

„Den Niagara-Fall, den ich besuchte, will ich
nicht beschreiben. Überaus großartig ist er, hauptsächlich durch seine Höhe — 180 Fuß —, aber auch
durch seine Wassermasse. Es scheint mir jedoch, es
fehle den amerikanischen Landschaften eine gewisse
Anmut und Frische, an die wir Schweizer gewohnt
sind."

Die zwei Schweizer-Pastoren, die so manches
Jahr hindurch wacker in Baltimore arbeiteten, wollten

ihrem Inspektor gern die Hauptstadt der Vereinigten
Staaten, Washington, den Sitz der Regierung und
wohl eine der schönsten Städte des Landes, zeigen, und
so wurde gemeinsam ein Abstecher dorthin gemacht.
Dann ging es über Wilmington und Philadelphia
New = York zu. Die Hitze war sehr groß; um so köstlicher war die Erquickung, die des Pilgers im Seebad Seabright wartete, wo sein Bruder mit einer verwandten Familie den Sommer zubrachte und er einige
Tage verweilen durfte.

Den Schluß seiner Wirksamkeit in den Vereinigten Staaten bildete eine durch die Initiative des Herrn
Pastor Dr. Ph. Vollmer, von der ersten deutschen pres-
byterianischen Kirche in Brooklyn, in Verbindung mit
andern Kirchen veranstaltete Massenversammlung für
Deutsche. Da durfte er noch einmal mit ganzer Kraft
und Freudigkeit sein Zeugnis erschallen lassen von Jesu
Christo, dem Herrn der Herrlichkeit.

Auf dem letzten Blatt des Reiseberichts heißt es:

„Wie freundlich ist der Herr, daß Er seinen
Kindern erlaubt, ein irdisches Heim zu haben! Israel
sollte zur Ruhe kommen im Lande Kanaan und jeder
Hausvater sollte mit den Seinen wohnen unter sei-
nem Weinstock und Feigenbaum. Nur unser Herr
Jesus Christus hatte auf Erden nicht, da er sein
Haupt hinlegte. Doch nur drei Jahre waren es; dann
ging Er zurück in s e i n H e i m beim Vater!"

Auf demselben guten Schiff „Aller", auf dem
Rappard im Frühjahr über den Ozean gefahren war,
machte er auch die Rückreise, diesmal in Begleitung
seines Bruders August, der ihm während des Aufent-

haltes in den Vereinigten Staaten durch Empfang-
nahme und Vermittlung seiner Korrespondenz und auf
mannigfache andere Weise so wesentliche Dienste ge-
leistet hatte, und der nun einen Besuch in Europa
machte. Am 27. Juli verließ das Schiff den Hafenplatz in Hoboken bei New = York. Eine liebliche Erinnerung an die Seefahrt war ein Gottesdienst, den
Rappard gemeinsam mit einem mitreisenden Pastor,
Herrn Dr. Seibert, auf dem Schiffe hielt. Er fügt hinzu:

„Bei dieser Gelegenheit lernte ich zwei Ange-
stellte der „Aller“ kennen, die Jünger Jesu sind und
mit denen ich abends in meiner Kajüte die Bibel
lesen und beten konnte. Der Herr hat überall sein
Volk, das vielfach unter dem Spott der Welt Ihm
treu anhängt.“

Über Southampton, London (wo er nur wenige
Stunden hatte, um seine lieben Geschwister zu begrüßen),
Dover und Calais, eilte nun der liebe Reisende nach
Hause; denn er wollte zur Feier der Einsegnung, am
7. August, auf dem Berge sein. Früh morgens, am
6. August, kam er wohlbehalten in Basel an, von den
Seinen mit Jubel begrüßt.

Er schließt seinen Bericht mit den Worten:

„Es waren mir Eure Gebete viel wert. Der
Herr hat sie erhört. Ihm, nur Ihm sei Ehre für
alle Gnade. Es kam alles von Ihm, und Er mußte
seinen Knecht mit großer Geduld und Langmut tragen.

„Etwa einhundert ehemalige Zöglinge der Anstalt habe ich auf meiner Reise begrüßt, manche
allerdings nur auf Synodal=Konferenzen, fünfund=

fünfzig aber besuchte ich in ihren Häusern und Ar=
beitsfeldern und durfte in vielen ihrer Kirchen das
herrliche Evangelium verkündigen.

„Meine Reisekosten sind mir ganz und gar er=
setzt durch die Gaben, die mir in Amerika zu dem
Zweck überreicht wurden und die ich für unser Werk
in Empfang nahm. Da ich mit Ausnahme der Schiffs=
und Eisenbahnauslagen wenig verbrauchte, konnte ich
unserm lieben Kassier noch den schönen Überschuß
von Fr. 3500. — bringen. Eine Kollektenreise war es
nicht, denn der treue Vater im Himmel sorgt für
das tägliche Brot. Es war mir aber doch sehr wohl=
tuend, so manches Zeichen der Liebe von unsern
Brüdern in Empfang nehmen zu können.

„Einige Verse des Liedes, das mir die liebe
Mutter und die acht Kinder beim ersten Frühstück
sangen, eine Stunde nach der Ankunft zu Hause,
sollen hier beigesetzt werden; denn auch mein Herz
ist voll Dankens:

„Wir haben gebetet für dich so viel,
Nun bist du ja hier an der Reise Ziel:
Drum wollen wir danken, danken, danken dem Herrn!

Er hat dich behütet zu Land und See,
Er hat dich erquicket durch Seine Näh:
Drum wollen wir danken, danken, danken dem Herrn!

Ja, Herr, Du erhörst so gern Gebet,
Wir danken auch gerne Dir früh und spät:
Drum wollen wir danken, danken, danken dem Herrn!"

1887.

6.

Wieder auf dem Berge.

Mein Herz ist voll Dankens," hatte Rappard am Schluß seiner Amerika-Reise geschrieben. Das war auch immer wieder sein Wort während einiger Tage der Ruhe, die er bald nach seiner Rückkehr in dem schönen Bergdorf Wengen mit seiner Gattin zubringen durfte. Er liebte die Berge so sehr und konnte oft stundenlang, in den Anblick der leuchtenden Firnen versunken, schweigend dasitzen. Auf einer Postkarte, die er einst von solch einer Höhe nach Hause schickte, stehen nebst dem Gruß nur die Worte: „Wie schön ist doch das Haus des Vaters!"

Nach Leib und Seele erfrischt, nahm er anfangs September seine gewohnte Arbeit in Basel wieder auf.

⊕

„Mein Herz ist voll Dankens," sagte er auch wenige Monate später, als am 26. Dezember 1887 sein fünfzigjähriger Geburtstag gefeiert wurde. Es war ihm gar nicht in den Sinn gekommen, den Tag irgendwie auszuzeichnen. Als aber die Liebe der Seinen und der älteren Evangelistenbrüder doch ein kleines Familienfestchen veranstaltete, war er darüber recht erfreut. Nach dem Abendessen gruppierten sich die Kinder in einer Ecke des geräumigen Eßzimmers in der Karthausgasse und erzählten sich in Gedicht- und Gesprächform die Geschichte von „Vaters Jugendjahren". Seine liebe Mutter saß neben ihm, eben so überrascht und glücklich wie er selbst, und er genoß in seiner eigenen beschei-

denen Weise eine jener Stunden hoher Freude, wie sie
der Vater im Himmel so gern hie und da seinen Kindern zur Erquickung auf ihrer irdischen Pilgerreise
schenkt. Er dachte später oft an jenen Abend zurück mit
stillem Dank, aber auch mit heißem Sehnen nach einer
vollkommeneren Vereinigung.

⊕

Die folgenden Jahre vergingen in der eifrigen
Tätigkeit, wie sie weiter oben geschildert worden ist.
Eine Reise nach London zur Teilnahme an einer
großen Missionskonferenz fiel in den Sommer 1888.
Rappard schrieb darüber:

„Bei der Konferenz, die von Arbeitern im
Reiche Gottes aus allen fünf Weltteilen besucht
wurde, ging e i n Ton durch alle Versammlungen
hindurch, und dieser war: Der Herr hat seiner Gemeinde Philadelphia (Bruderliebe) auf der ganzen
Erde offene Türen gegeben, und es kann sie niemand
schließen. Deshalb lasset uns den Herrn bitten, daß
Er Arbeiter mit seinem heiligen Geist ausrüste und
in seine Ernte sende."

⊕

Während des Basler Aufenthalts weilte Rappard
mit seiner Familie zu wiederholten Malen in Bern als
Gast der wohlbekannten und geliebten Diakonissen-
Eltern, Herrn und Frau Dändliker-Schnell. In dem
zum Diakonissenhaus gehörenden Wylergut verlebte man
unter den uralten schattigen Linden und Ulmen Tage der
Sammlung und der Stille. Andere Male wohnte man
im Blumenberg, dem idyllischen Wohnhaus Dändlikers,
in unmittelbarer Nähe des Krankenhauses Salem, und

genoß dort die edelste Gastfreundschaft, im Verein mit Knechten Gottes aus allerlei Volk und Sprache. Die Mahlzeiten in der blumenumrankten Veranda mit dem herrlichen Blick auf die Stadt an der Aare und, weit darüber hinweg, auf die leuchtenden Berge sind allen, die daran teilnahmen, unvergeßlich. „Ich habe manchen Segen gehabt bei den Zusammenkünften in Bern", war das Zeugnis eines Gastes, „aber am allermeisten bei den Mahlzeiten auf dem Blumenberg. Diese inhaltsreichen Gespräche über das Wort und das Reich Gottes, diese Weitherzigkeit und Liebe, dieser heilige Ernst auch im schlichten Alltagsverkehr ließen mich die Einigkeit dieses Geistes unter den Kindern Gottes in wohltuendster Weise erfahren."

An dem Feste der Evangelischen Gesellschaft, das jeweilen Ende August stattzufinden pflegt, fehlte Rappard selten. Öfter war er einer der Redner in der dichtgedrängten Festhütte auf dem Muristalden, wo aus allen Teilen des Kantons Männer und Frauen zusammen kommen, um sich gemeinsam im Worte Gottes zu erbauen. Die Jahresfeier des Diakonissenhauses bildet allemal den Abschluß der Festtage.

Gott hatte in der zweiten Hälfte des letzten Jahrhunderts dem Bernerland eine ganze Reihe von Männern gegeben, die die Fahne des Kreuzes hoch hielten und mit denen Rappard sich immer wieder in warmer Liebe zusammenschloß: Pfarrer Gerber, Oberst von Büren, Pfr. v. Wattenwyl, Herr Dändliker, Pfarrer von Fellenberg, Direktor von Lerber, Pfr. Bovet. Sie sind alle schon droben beim Herrn, aber ihre Werke folgen ihnen nach.

Aber nun bahnte sich in unerwarteter Weise eine Wendung an, nicht nur im Lebenslauf Heinrich Rappards, sondern auch in dem seines Schwagers Theodor Haarbeck, eine Wendung, die auch für die Geschichte der Evangelisation in Deutschland von Wichtigkeit werden sollte.

Am 15. August 1889 entschlief zu Bonn a. Rhein der edle Professor der Theologie, Pfarrer Theodor Christlieb. Drei Jahre zuvor hatte er das Johanneum, eine Bildungsstätte für Evangelisten, gegründet und mit großer Liebe auf dem Herzen getragen. Nicht lange nach seinem Heimgang sah sich der seitherige Inspektor des Werkes genötigt, aus Gesundheitsrücksichten von seinem Amt zurückzutreten, so daß der Vorstand des Johanneums zu einer Neuwahl schreiten mußte. Diese fiel auf Herrn Haarbeck, damals zweiter Inspektor zu St. Chrischona. Er schreibt darüber:

„Nach reiflicher Prüfung vor dem Herrn und in Erwägung aller äußeren und inneren Umstände, konnten wir nicht anders, als einen Ruf des Herrn in dieser Wahl erkennen. Für St. Chrischona war von vornherein dadurch gesorgt, daß Herr Inspektor Rappard noch da war und sich auch bereit erklärte, wieder auf den Chrischona-Hügel zu ziehen; alles andere konnten wir mit Vertrauen dem Herrn anheimstellen, dessen Kraft in den Schwachen mächtig ist."

Rappard war auf einer Evangelisationsreise begriffen, als die erste Mitteilung von dieser Angelegenheit ihm gemacht wurde. Er schrieb darüber seiner Frau:

„Der Brief, den ich hier vorfand, hat mich tief bewegt. Ich lege diese wichtige Sache unserer Rückkehr nach St. Chrischona in des Herrn Leitung. Führt Er uns wieder hin, dann gehe ich im Glauben mit dankbarem Herzen. Der Herr ist in diesen Tagen uns besonders nahe.

„Ich bin dankbar, daß der Herr es so geleitet hat, daß ich über diese Zeit fort bin. Somit tue ich nichts zur Sache und lasse den Herrn alles tun. Will Er mich in der jetzigen Stellung und Arbeit erhalten, so wird dieses das Beste für uns sein. Er ist doch sehr freundlich und gnädig mit uns gewesen von Anfang an. Gelobt sei sein Vatername!"

Am 28. März verließen Herr und Frau Inspektor Haarbeck die Anstalt, um den wichtigen Posten in Bonn zu beziehen. Einige Jahre später wurde das Johanneum nach Barmen verlegt, wo es unter der bewährten Leitung Haarbecks sich sehr gedeihlich entwickelt hat und eine große Aufgabe erfüllt. Mit dankbarer Liebe wird des einstigen Lehrers und Inspektors Haarbeck stets zu St. Chrischona gedacht.

An eben demselben 28. März 1890 kehrte Inspektor Rappard mit seiner Familie wieder in die Anstalt zurück, von der er während der nahezu sieben Jahre nur räumlich geschieden war. Er sagt darüber:

„So viel Ursache wir haben, mit Dankbarkeit auf die letztverflossene Zeit und auf die während derselben ermöglichte doppelte Arbeit zurückzublicken, so hatte doch das Komitee nach der Abberufung Haarbecks den Eindruck, es sei das richtigere und einfachere, daß der alte Inspektor wieder seine Stelle auf St. Chrischona übernehme, und daß von dort aus auch die Arbeit auf den Stationen geleitet werde. Es wird die Aufgabe der in der Arbeit stehenden älteren Brüder sein, den jüngeren häufiger mit Rat und Tat an die Hand zu gehen und überhaupt mitzuhelfen und beizutragen zum gedeihlichen Fortgang des Werkes."

Es war ein warmer sonniger Frühlingstag, als die Familie wieder zurückkehrte ins heimatliche Nest. Man brauchte sich nicht neu einzuleben in den wohlbekannten Anstaltsgang. Aber die in Basel gemachten Erfahrungen hatten doch den Stempel größeren Ernstes auf alle Gemüter gedrückt. Eltern und Kinder hatten mancherlei gelernt in den Schulen Basels und in der Schule Gottes. In neuem Glanze leuchtete der alte Spruch an der Wand in des Inspektors Arbeitszimmer:

"Der Herr verläßt Sein Volk nicht, um Seines großen Namens willen!" (1. Sam. 12, 22.)

Wir haben bisher den Lebenslauf Rappards nach der Reihenfolge der Jahre verfolgt, von 1837—1890. Während der letzten zwanzig Jahre aber war — von seiner Hand mit Glauben und Gebet gepflegt — eine Pflanze herangewachsen, die immer mehr von seiner Zeit und Kraft in Anspruch nahm; wir meinen die Evangelisations=Arbeit der Pilgermission. Wir wollen die persönliche Geschichte des Inspektors unterbrechen, um etwas eingehender von diesem seinem Lebenswerk zu berichten.

Achtes Kapitel

Das Werk der Evangelisation.

Geht, ihr Boten, auf die Berge,
Kündet es in tiefen Tälern,
Ruft es laut vor großen Scharen,
Sagt es leis den müden Herzen,
Sagt's den Seelen, die verderben,
Die am Sünden-Elend sterben —
Sagt's den Reichen, sagt's den Armen,
Sagt's mit Ernst und mit Erbarmen,
Sprecht: Nur Einer kann euch retten,
Dieser Eine, Er ist da!

1.

Allgemeine Gedanken über Evangelisation.

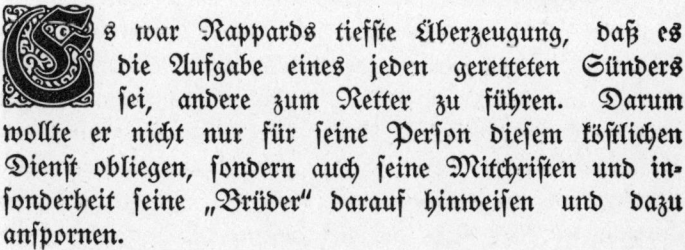

Es war Rappards tiefste Überzeugung, daß es die Aufgabe eines jeden geretteten Sünders sei, andere zum Retter zu führen. Darum wollte er nicht nur für seine Person diesem köstlichen Dienst obliegen, sondern auch seine Mitchristen und insonderheit seine „Brüder" darauf hinweisen und dazu anspornen.

Er ist von verschiedenen Seiten ein Bahnbrecher für die moderne Evangelisation genannt worden, und wenn er dies auch bei Beginn seiner Tätigkeit in keiner Weise ahnte, noch bezweckte, so ist es doch Tatsache, daß er auf diesem Gebiet sein

Bestes und Höchstes dargegeben hat. Darum ist es nur billig, in seinem Lebensbild dieser ihm so wichtigen und heiligen Sache den gebührenden Raum zu gewähren und ihn selbst darüber reden zu lassen.

Es mag zuvor ein im November 1867, bei seiner ersten Rückkehr aus Aegypten, an seinen Ohm Bräm in Neukirchen gerichteter Brief hier eine Stelle finden, zum Beweis dafür, wie unrichtig es ist, Rappard als „kirchenfeindlich" zu bezeichnen. Er wußte es wohl zu schätzen, was die Landeskirche bietet, aber er sah auch, was ihr mangelt und was nach seiner Erkenntnis am besten durch freie Evangelisation ergänzt wird. Er schreibt:

„Wie sehr lernt man die Gemeinschaft schätzen, wenn man einige Jahre außerhalb dieser Kreise, und zwar im finstern Aegyptenland zugebracht hat. Ja, die ganze Christenheit, als solche, erscheint mir unter einem andern Lichte, seit ich von Alexandrien zurückgekommen bin. Es ist eben doch etwas um die christliche Lehre und Zucht, wenn auch viel Form und Schwachheit dabei ist. Die Christenheit Europas hat große Vorzüge; sie steht in einer Gnadenzeit des Herrn. Wehe ihr, wenn sie es nicht erkennt, würdigt und davon Gebrauch macht. Die vielen Kinder Gottes in unserm Lande, die gläubige Gebete zu ihrem Erlöser, dem König aller Könige, hinauf senden, sind ein Licht und ein Salz. Sie leuchten, sie würzen. Das sieht der am besten, der hinausgeht in ein Land, wo der Fürst dieser Welt mehr unbeschränkt sein Wesen treibt in den Kindern des Unglaubens."

Inspektor Rappard hat seine Gedanken über Evangelisation und Evangelisten an vielen Stellen seiner

Jahresberichte und bei andern Anlässen klar dargelegt;
aus der Fülle des vorhandenen Stoffes können wir nur
eine Auswahl treffen:

„Die Evangelisation wird getragen von der allgemeinen Liebe, die aus der brüderlichen Liebe
kommt und jeden sündenkranken Menschen zum all-
genugsamen, barmherzigen und herrlichen Sünder-
heiland bringen möchte, damit er geheilt werde und
seine ewige Bestimmung erreiche. Deshalb soll der
Evangelist ein warmes Herz haben, aus dessen Fülle
der Mund überfließt von den großen Tatsachen des
Heils, die er jederzeit als Kraft von oben an sich
selbst erfährt. Er soll ein Mann des Reiches
Gottes sein, der diese reine Luft liebt und durch
sie die dumpfe Stubenluft der engherzigen Sonder-
interessen und des Parteiwesens zu korrigieren sucht."

„Es gibt heute eine ganze Anzahl Diener Jesu
Christi, die den schönen Namen Evangelisten
tragen. Man bezeichnet gewöhnlich damit Brüder,
die in freier Tätigkeit stehen, und deren Aufgabe es
vornehmlich ist, unter dem Volk die Erkenntnis des
Herrn zu fördern. Die Umstände bringen es mit sich,
daß sie unter den für Jesum Gewonnenen auch als
Hirten und Lehrer zu wirken haben, wie denn auch
mancher „Hirte" entschieden in evangelistischer Weise
arbeitet. Dem Herrn sei Dank für die
Freiheit, die Er seinen Leibeige-
nen schenkt! Menschliche Einrichtungen können
weder wahre Evangelisten noch wahre Hirten machen.
Der Herr muß es tun. Er gebe in dieser
letzten Zeit seiner Gemeinde weise und treue Hirten
und Lehrer! Er sende aber auch noch große Scharen

aus, die in der Kraft Evangelisten sei'n! Herr, sende
auch aus unserer Mitte solche aus!"

„Die Evangelistenarbeit wird noch zu wenig ge=
übt und verstanden. Es könnte gegen diesen Zweig
der inneren Mission eingewendet werden, daß er be=
ständig in das Amt eines anderen greife, indem in
der europäischen Christenheit überall ein organisierter
Kirchendienst anzutreffen sei. Indessen sagte ein gläu=
biger Geistlicher selbst: ‚Wir Pfarrer haben nun ein=
mal ein Amt, nicht nur von Gottes, sondern auch
von Staatswegen. Wir sind da für die Gesamtheit
des Volkes und sind vielfach mit äußerlichen Ge=
schäften so überladen, daß es uns schwer wird, auf
so direkte und positive Weise zu wirken, wie ein
Evangelist es kann.‘ Es ist das im Ganzen genom=
men richtig, und es ist Pflicht der freien Vereine,
diese schwierige Stellung zu würdigen, wie auch um=
gekehrt die Brüder im Amte die Arbeit eines Evan=
gelisten als zeitgemäß und berechtigt erkennen sollen."

Daß die Arbeit der Evangelisation von vielen
Brüdern, die er liebte und schätzte, nicht gutgeheißen,
wohl auch nicht verstanden wurde, das wußte Rappard
wohl, und dies verursachte ihm manchen Kampf und
Schmerz. Er sagt darüber:

„Neue Bahnen zu brechen, ist im Reiche Gottes
von jeher eine schwierige, aber auch eine gesegnete
Sache gewesen. Wer aggressiv vorgeht in einer Welt,
wo so viele feindselige Faktoren dem Evangelium ent=
gegenstehen, der muß sich gefaßt machen auf Kampf,
Widerspruch, Verkennung, Haß und Verachtung.

„Diese Kampfesstellung mitten
in der Friedensarbeit ist aber voller

Segnungen. Sie ist eine Glaubensschule für
den Evangelisten. Es treibt ihn an, seine Kraft und
seinen Trost im Herrn zu finden, und es bringt auf
die Gläubigen die Schmach Christi, die der heilsamste
und schönste Schmuck ist, den ein Christ haben kann.

„Wohl dem Lande, wo glaubende, betende und
lobende Schmachträger sind. Auch die ihnen kühl
gegenüber Stehenden haben, ohne es zu wissen,
Segen von ihnen."

Wie sehr es dem Inspektor daran gelegen war,
die immer zunehmende Arbeit in gesunden Bahnen zu
erhalten, zeigen nachstehende Bemerkungen:

„Um zu widerstehen den vielen Versuchungen
unserer Zeit, ist es nötig, zu bleiben auf den alten,
klaren, bewährten Wegen der Bibel. Dann wird man
nicht irren, weder nach rechts in unnüchterne Über-
schwenglichkeiten, noch nach links in Lauheit und
Weltförmigkeit."

„Wir halten darauf, daß die Arbeit in nüch-
terner, biblischer Weise geschehe. Wir haben gelernt,
jede künstliche Gefühlserregung zu vermeiden, damit
Früchte gebracht werden, die in das ewige Leben
bleiben. Wir geben viel auf eine gesunde Lehre und
nachhaltige Pflege derer, die zum lebendigen Glauben an Christum gekommen sind."

Rappard durfte es erfahren, daß auch solche, die
zu Anfang dem Werk der Evangelisation feindselig
entgegen getreten waren, sich in der Folge überzeugten,
daß die Arbeit gut und der Segen sichtbar sei. Er sagt:

„Es ist eine allgemein anerkannte Tatsache, daß,
wo lebendige Gemeinschaften entstanden sind, der Be-

such der kirchlichen Gottesdienste (sofern sie von gläubigen Seelsorgern gehalten sind) ein regerer geworden ist. Das erkennen auch einsichtige Pastoren je länger je mehr an.

„Die Ewigkeit wird es einmal offenbaren, daß nicht die sogenannte Gemeinschaftsbewegung der Kirche Abbruch tat, sondern ganz andere Faktoren. Wir haben den Eindruck, daß wir die Hand am Pflug behalten sollen und nicht zurückschauen, sondern vorwärtsgehen, als vom Herrn der Ernte in seinen Weinberg gerufene, geleitete und bewährte Knechte. Damit soll nicht gesagt sein, daß keine Fehler und Versäumnisse geschehen; aber wo solche vorkommen, tut es uns leid, und wir bestreben uns alles Verkehrte zu korrigieren."

Seinen Evangelistenbrüdern wurde der Inspektor nie müde zu betonen, daß die Fruchtbarkeit der Arbeit von ihrer Stellung zu Christo abhänge: Wer in Mir bleibet, sagt der Herr, bringt viele Frucht. Mit Bezug auf diese Wahrheit heißt es einmal in einem Bericht:

„Nicht C h r i s t e n t u m , sondern C h r i s t e n brauchen wir', sagte jener Brahmane; so sagen wir auch. Was unsre Namenchristen brauchen, sind g e h e i l i g t e M e n s c h e n , die durch wahre Lebensgemeinschaft mit dem Lebensfürsten ausgerüstet werden mit göttlicher Lebenskraft. Wer noch alle Hände voll zu tun hat, sich selbst über Wasser zu halten, der wird kein guter Helfer sein für Ertrinkende. Wer nicht ganz mit der Sünde gebrochen hat und eine innere Niederlage nach der andern erleidet, der kann nicht in des Teufels Reich eindringen, um die Menschen von der Gewalt des Teufels zu Gott zu

bekehren (Apstg. 26, 16). — Wie gerne wird der
Herr des Weinberges die erforderlichen Gaben und
Kräfte geben denen, die Ihn mit Ernst darum bitten."

Wie sich von Jahrzehnt zu Jahrzehnt die Evan-
gelisationsvereine in Deutschland und der Schweiz
mehrten, fühlte man sich auch in der Pilgermission nicht
mehr so isoliert wie zu Anfang, und erfuhr es, daß
Einigkeit stark macht.

„Man erkennt einander an um des gemeinsamen Hauptes willen", schreibt Rappard. „Das Pa-
nier Jesu Christi weht über den Kirchenparteien.
Unter diesem Reichspanier ziehen die Boten aus,
mit dem ernstlichen Gebet, daß das Wort vom
Kreuz an den Sündern seine erlösende Kraft beweise."

2.

Geschichtliche Entwicklung.

Es ist interessant, den Lauf eines Stromes aufwärts
zu verfolgen bis dahin, wo er als eine frische
junge Quelle dem Schoß der Erde entspringt. Und auf
geistlichem Gebiet ist es nicht minder interessant und
lehrreich, zu sehen, aus welch kleinen und verborgenen
Anfängen der Herr oft seine Gedanken zum Heil der
Menschen sich entfalten läßt nach seinem Wohlgefallen.

Die Evangelisationstätigkeit der Pilgermission fing
äußerst bescheiden, ohne vorherigen Plan, mit den allereinfachsten Mitteln an, zu einer Zeit, da in der Anstalt selbst noch große Dürftigkeit herrschte. Aber eine
„kleine Kraft" war da, und dieser gab der Herr „eine
offene Tür." (Off. 3, 8).

Es mag Etlichen scheinen, eine kurze Erzählung der Entwicklung des Werkes gehöre eher in die Geschichte der Pilgermission als in die Lebensbeschreibung ihres Inspektors. Aber die beiden sind schwer zu trennen. Jeder Schritt vorwärts war eine Herzens- und Glaubenstat des Mannes, den der Herr als Werkzeug gebrauchte; jede Evangelistenstation ist aus viel Gebet und Vertrauen, oft auch aus Kampf und Tränen geboren worden. Darum wäre das Lebensbild unvollkommen, wenn dies alles nicht geschildert werden dürfte.

Zudem haben diejenigen, die als die H i n w e g e i l e n d e n noch hienieden weilen und Zeugen der gnädigen Führungen Gottes gewesen sind, eine gewisse Verpflichtung, einzelne Tatsachen und Daten festzuhalten, die dem jüngeren Geschlecht von Wert sein können; was sie gelernt und gelitten, erglaubt und erfahren haben, soll ihren Nachkommen ein Segenserbteil bleiben.

Schweiz.

Es war im Frühling 1869, wenige Monate, nachdem Rappard sein Amt als Inspektor zu St. Chrischona angetreten hatte, daß ein junger Bruder aus Dänemark, ehe er seiner eigentlichen Bestimmung in Afrika zuging, den Kanton Thurgau mit Bibeln und Erbauungsbüchern aus dem Verlage von C. F. Spittler in Basel bereiste. Er berichtete bei seiner Rückkehr, die Leute seien schon reichlich mit Büchern aller Art versehen, seien zum Teil sehr unwissend in geistlichen Dingen, zum Teil aber verlangend nach Gottes Wort, und er habe an manchen Orten Bibelstunden gehalten, wozu man ihn dringend aufgefordert habe. Dies war die Veranlassung, daß im Herbst jenes Jahres 1869

Bruder Wilhelm Baumbach als erster Evangelist der Pilgermission nach Mattwil im Kanton Thurgau gesandt wurde. Er war ein inniger Christ, voll Glaubens und Gebets, und seine Arbeit, obschon in großer Stille und Einfachheit getan, war recht und gut. Schon nach zwei Jahren aber mußte er seiner wankenden Gesundheit wegen die Arbeit niederlegen, und nicht lange darnach ging er heim zu dem Herrn, dem er gedient hatte.

Mittlerweile wurde im Jahr 1870 auf eine bestimmte Bitte hin, ein Bruder in den Kanton Graubünden gesandt, und nun mehrte sich von Jahr zu Jahr die kleine Zahl der Sendboten. Schon 1871, als ihrer erst vier waren, wurde eine einfache Instruktion gedruckt, die nicht nur für sie selbst, sondern für die Leute, unter denen sie zu wirken berufen waren, und auch für weitere Kreise dartun sollte, welches die Stellung und Aufgabe der Evangelisten der Pilgermission sein sollte.

Im Jahr 1872 wurde Br. Markus Hauser nach Mattwil gesandt, um die von Baumbach angefangene Arbeit zu übernehmen. Er tat es mit kräftiger Hand und mit dem Feuereifer, der ihn kennzeichnete. Von Ort zu Ort wurde er gerufen und hielt meist in Wohnstuben stark besuchte Versammlungen. Bald aber traten einige Männer zusammen, um in Mattwil, wo kein Zimmer mehr ausreichen wollte, ein Versammlungslokal zu bauen. Einer der Männer schenkte auf seiner Wiese den Bauplatz samt Bauholz, andere lieferten Steine oder halfen auf andere Weise, so daß nach Jahresfrist eine hübsche Kapelle mit Raum für 250 Personen vollendet dastand. Dieser Betsaal zu Mattwil war der erste Bau der Pilgermission, den der Inspektor zum Dienst des Herrn einweihen durfte. Es war am 10. August 1873. Am 1. August 1909, wenige Wochen vor seinem Heimgang, durfte er ebenfalls im Thurgau, und zwar in Landschlacht, zum Bezirk Mattwil gehörig, das letztgebaute, zweiundsechzigste Vereinshaus der Pilgermission eröffnen.

Es war eine bedeutsame Fügung Gottes, daß gleich zu Anfang der Evangelisationstätigkeit eine so tüchtige Kraft, wie die Markus Hausers, dem Inspektor zur Seite gestellt wurde. Er war an manchen Orten ein Bahnbrecher, oder, wie er da und dort genannt wurde, ein „Tunnelbohrer". Seine Wirksamkeit, besonders auch später in Reinach, Kanton Aargau, war von reichem Segen gekrönt. Sein letzter Arbeitsposten war Zürich, wo er bald nach Vollendung der schönen Bethelkapelle, im Dezember 1900, heimging.

Mit dankbarem Herzen darf gesagt werden, daß er noch manche gleichgesinnte und gesegnete Mitevangelisten und Nachfolger gehabt hat; von den noch lebenden gebührt es sich nicht, hier zu reden; das Andenken der Heimgegangenen bleibt im Segen.

Als zu Anfang der siebziger Jahre die Evang. Synode des Kantons Thurgau den Gebrauch des apostolischen Bekenntnisses in der Kirche aufhob, wurden die Männer, die den biblischen Glauben nicht aufgeben wollten, vor ernste Fragen gestellt. Mehrere Pfarrer sahen sich gezwungen, aus dem Dienst der Landeskirche auszutreten und mit dem gläubigen Teil ihrer Gemeinden freie Kirchen zu bilden. Auch entschieden christliche Hausväter von Mattwil konnten gewissenshalber ihre Kinder nicht mehr in einen Unterricht senden, der darauf angelegt war, den Bibelglauben systematisch in den Herzen zu zerstören. Sie wandten sich deshalb an die Regierung, die ihrem Begehren um Austritt entgegenkam und die neue Gemeinschaft, damit sie einen Namen habe, „Freie Christengemeinde" nannte.

In einzelnen andern Fällen mußte auch auf diese Weise gehandelt werden. Rappard pflegte dann etwa zu sagen: „Wir sind es, die in der Kirche bleiben, die wir das Bekenntnis festhalten, auf dem die Kirche ruht: „Du bist Christus, des lebendigen Gottes Sohn." Die diesen Felsengrund aufgeben, das sind die ‚unkirchlichen' Leute".

Seine Richtlinien sprach der Inspektor in seinem Bericht von 1900 aus:

„In Betreff der Evangelisation der Pilgermission sind wir schon gefragt worden, ob wir denn im Sinne haben, eine Chrischonakirche zu gründen. Wir haben Mühe zu begreifen, wie man so etwas denken kann. Wir wollen keine neue Denomination einführen. Nach dem Wort und unter der Leitung des Herrn wollen wir in unserm geringen Teil durch die Verkündigung des Evangeliums Menschen zu Jesu, ihrem Heilande, führen und die zu Ihm Gebrachten in Gemeinschaften sammeln und pflegen. Es braucht nicht mehr nachgewiesen zu werden, daß diese Arbeit Raum hat auf dem landeskirchlichen Boden und vom Herrn gewollt ist.

„An manchen Orten sind die Gemeinschaftsleute auch die fleißigsten Besucher des landeskirchlichen Gottesdienstes. Wo die Vertreter der Landeskirche den biblischen Boden verlassen haben und einen andern Christus verkündigen, als die Apostel es taten, blei-

ben die Gemeinschaftsglieder von solchen Gottesdien=
sten fern und erbauen sich mit den Gnadenmitteln
nach Apostelgeschichte 2, 42."

Vierzig Jahre waren seit dem Ausgang des ersten
Evangelisten vergangen, als der treue Knecht des Herrn,
dem die Leitung dieser Arbeit anvertraut war, einging
in seine Ruhe. Er hatte die Freude erlebt, dreißig Ar=
beiter in dem schweizerischen Feld wirken zu
sehen. Allen war er ein Vater, ein Freund und treuer
Berater. Alle trug er auf betendem Herzen. Auch die
Familien seiner Brüder standen ihm nahe. Er liebte
die Kinder, und sie liebten ihn; er kannte ihre Namen
und verfolgte mit Interesse ihren Lebensgang. Mehr
als ein Brief von einem Evangelistenkind hat es be=
zeugt, was er auch ihm gewesen ist.

Die schweizerischen Stationen erhalten sich selbst,
d. h. die Beiträge der Gemeinschaftsglieder decken die
Ausgaben. Ja, an einigen Orten fließen die Gaben so
reichlich, daß auch die allgemeine Pilgermissionskasse,
die Basler Mission und andere Werke des Reiches
Gottes dieses Segens teilhaftig werden.

Vereinzelte Stationen in Deutschland.

Im Jahre 1871 erging an den eben von Ruß=
land zurückgekehrten ehemaligen Zögling, den Evange=
listen und Waisenvater J. G. Limbach, ein Ruf aus
seiner Heimatgegend im Oberamt Hall, Württemberg,
er möge doch kommen und den zerstreuten Häuflein der
Gläubigen dort mit dem Worte Gottes dienen. Er
folgte dieser Bitte mit Freudigkeit und stellte sich unter
die Leitung des Komitees der Pilgermission, das die=

sen tüchtigen und bewährten Bruder gern unter die
kleine Zahl seiner Evangelisten aufnahm und ihn in
Öhringen stationierte. An Württemberg hätte man ohne
diese besondere Veranlassung nicht gedacht, weil da schon
von anderer Seite in freier Weise gewirkt wurde. Doch
reihten sich im Lauf der Jahre noch drei ähnliche Posten
dem ersten an. Die Arbeit geschah mit ernstem Fleiß;
man lehnte sich an die bestehenden Gemeinschaften an
und durfte erfahren, daß des Wortes stille Kraft nicht
vergeblich wirke. Bei dem Heimgang der Brüder wurden
jedoch die Posten von der Pilgermission nicht wieder
besetzt.

Im Großherzogtum Baden entstand auch eine
Station der Pilgermission, und zwar in Konstanz. Dort
war während einer Reihe von Jahren vom nahen Thurgau aus evangelisiert worden. Herzen und Häuser taten
sich auf, und im Jahr 1880 siedelte der Evangelist ganz
hinüber in die ehrwürdige Hussenstadt, und es entwickelte
sich dort eine blühende Stadtmissions- und Evangelisa-
tionsarbeit.

Zwei weitere vereinzelt dastehende Arbeitsposten
sind in Rheinpreußen, im Saargebiet, und zwar in
Saarbrücken-St. Johann und in Ottweiler. Das schöne
große Vereinshaus des erstgenannten Orts ist ein gesegneter Mittelpunkt vieler Gemeinschaftskreise.

Hessen.

Das Arbeitsfeld der Pilgermission in Hessen ist
viel besprochen worden. Man nannte es wohl einmal
das „Sorgenkind", und bekanntlich liegt das Sorgenkind dem Vaterherzen sehr nahe. Der Anfang der Evan-

gelisation in jener Gegend geschah im September 1878 in Lich in der Wetterau. Aber merkwürdigerweise findet sich in den Annalen der Pilgermission schon viel früher eine Erwähnung dieses Landes. Noch ehe die Pilgermission ins Leben getreten war und ihre Heimstätte zu St. Chrischona gefunden hatte, erzählt ein Protokoll vom September 1835, es seien von Spittler und einigen verbundenen Freunden Statuten für die zu gründende Anstalt verfaßt worden, und man „h e g e s o g a r P l ä n e z u w e i t e r a u s g e d e h n t e n E v a n g e l i s a t i o n s a r b e i t e n, vornehmlich in **Hessen.**"

Wie man dazu kam, gerade an Hessen zu denken, darüber schweigt jenes Protokoll. Von diesen Gedanken wußten auch die späteren Leiter des Werkes gar nichts, als sie einem Ruf aus Hessen Folge leisteten und den ersten Evangelisten dorthin sandten. Aber eigentümlich ist es, daß jener in Einfalt gefaßte Plan nach etwas mehr als vierzig Jahren ohne besondere Absicht der leitenden Männer doch ausgeführt wurde.

Eine interessante Schrift, von Evangelist Herrmann in Gießen verfaßt, erzählt, unter dem Titel **„Eben-Ezer"**, von den Kämpfen, Siegen, Niederlagen, Mühen und Segnungen der dreißigjährigen Arbeit in Hessen. Eine bemerkenswerte Erfahrung machte Rappard einige Jahre nach Eröffnung der Station Lich. Man hatte durch einen kirchlichen Verein in Gießen an das Komitee der Pilgermission das Ersuchen gerichtet, ihren Sendboten Holdermann wieder zurückzuziehen. Der Inspektor wurde beauftragt, hinzureisen, die Sache zu untersuchen und eventuell die Aufhebung der Arbeit einzuleiten. Als er ankam, und noch ehe er den Zweck seiner Reise dar-

legen konnte, wurde ihm ein Bittgesuch überreicht mit
über vierzig Unterschriften, worin man mit großer
Dankbarkeit von den empfangenen Segnungen sprach
und um Anstellung eines zweiten Evangelisten bat. Das war auch eine Antwort! Das
Evangelium hatte in den wenigen Jahren große Siege
gefeiert, und es waren viele Seelen zu einem neuen
Leben gekommen.

Man durfte in der Tat mit dankbarem Herzen
sehen, daß der Herr sich zu der Arbeit bekannte. Wie
hätte man da die Hand vom Pflug abziehen können?
Wir dürfen uns hier nicht bei Einzelheiten aufhalten,
begreifen aber, daß der Verfasser oben erwähnten Büch-
leins nach einer seiner Mitteilungen ausruft: „Das
wiegt hundert Verleumdungen und
Verdächtigungen auf!"

Elf Evangelisten auf neun Stationen waren im
Hessenlande tätig, als der Inspektor zum letzten Male
in ihrer Mitte weilte. Seit einigen Jahren war die
Stadt Gießen der Mittelpunkt der Arbeit geworden. „In
Gießen", so berichtet Rappard im Jahr 1906, „konnte
ein Haus in passender Lage gekauft und im Garten
desselben ein geräumiger Vereinssaal gebaut werden.
Die Freunde haben treu mitgeholfen, und die Mutter
Chrischona hat dazu gegeben, so viel sie konnte. Sie
hat es gern getan, da das Werk vom Herrn der Ernte
sichtlich als ein Ihm wohlgefälliges legitimiert und gesegnet ist."

Welche Bedeutung dieses Haus in Gießen gewinnen sollte, und daß er da sein letztes Zeugnis sprechen und da zur letzten Ruhe sich niederlegen würde,
hat freilich keiner geahnt!

Oft= und Weftpreußen.

Ein Zögling aus Gumbinnen in Oftpreußen hatte im Jahr 1877 seinen vierjährigen Kursus zu St. Chri= schona beendet und war für den Dienft einer Gemeinde in Texas beftimmt worden. Als er aber zuvor in seiner Heimat Abschiedsbesuche machen wollte, und dabei da und dort Bibelftunden hielt, kam an das Komitee die dringende Bitte, ihn doch unter seinem Volke zu lassen, wo ein großes Bedürfnis nach solchem Evangeliften= dienft sich kund gebe.

Es wurde diesem Wunsch entsprochen, und als der Bruder nach dreijähriger Wirksamkeit einem Rufe nach seinem ursprünglichen Beftimmungsort in Nord= Amerika folgte, konnten aus der Anftalt neue Hülfs= mannschaften nachgesandt werden.

Br. Auguft Motzkus war es, der im Jahr 1880 die Arbeit übernahm. Wie ein kleines Feuer, das bald langsam, bald schnell um sich greift, so dehnte sich die Arbeit in Oft= und Weftpreußen aus.

Es waren damals in jenen Provinzen noch keine „Brüderräte" gebildet worden, die diese so wichtige Ar= beit hätten in die Hand nehmen können; darum mußte die Pilgermission, troß der großen Entfernung, die Leitung behalten. Mit um so größerer Sorgfalt ver= folgte der Inspektor die Wirksamkeit seiner Brüder. Die Arbeit hatte gleich von Anfang an den doppelten Zweck: Evangelisation und Gemeinschafts= pflege. Diese Worte lesen sich jetzt so leicht, daß man sich kaum dabei aufhält. Aber damals war es gar anders. Viele auch unter den ernften Chriften wußten nicht recht, was bezweckt wurde und sahen mit Miß= trauen und oft mit Verachtung auf die kleinen Anfänge.

Aber der Herr sah das ernste Verlangen seiner Knechte, Ihm Seelen zuzuführen und die Erkenntnis seines Namens auszubreiten, und von Schritt zu Schritt, von Jahr zu Jahr hat Er geleitet, gesegnet und bewahrt. Manche Brüder wurden später den entstehenden Evangelisationsvereinen abgegeben und wirken in Einigkeit des Geistes mit den zehn Evangelisten, die im Verband der Pilgermission stehen und eine gesegnete Arbeit tun, bis hinauf in die fernste Station Memel.

Österreich.

Im Auftrage der Britischen und Ausländischen Bibelgesellschaft durchzogen eine Anzahl Pilgermissionare von St. Chrischona als Bibelboten die österreichischen Lande. Sie fanden in Slavonien, Kroatien und Ungarn an verschiedenen Orten ganz verwahrloste Häuflein deutscher, evangelischer Christen, von denen sie dringend gebeten wurden, ihnen doch Prediger und Lehrer zu verschaffen. So kam St. Chrischona dazu, vom Jahr 1875 an, Brüder an neun verschiedenen, zum Teil ganz abgelegenen Niederlassungen zu stationieren.

An einigen Orten mußte man der aufgewachten Feindschaft der weltlichen und kirchlichen Behörden schon nach wenigen Jahren weichen; an andern wurden nach zehn= bis zwanzigjähriger Arbeit die Evangelisten in den Kirchenorganismus des Landes eingegliedert und versahen den sogenannten Levitendienst als Lehrer und Predigtgehülfen. Um der großen Entfernung willen, die eine sorgfältige Leitung und eine wirkliche Evangelisationstätigkeit erschwerte, war der Inspektor für diese Anordnung dankbar. Einzig die Station Neu=Banovce in Slavonien mit ihrem bewährten Prediger

Keller blieb im Verband der Pilgermission. Hier wurde buchstäblich die Wüste in einen Garten Gottes verwandelt, wie wir es schon bei dem Reisebericht des Inspektors gesehen haben.

Alle die genannten Arbeitsfelder zusammenfassend, könnten wir keine schönere und erfreuendere Schilderung geben, als sie Herr Pfarrer Simon, Rappards Schwiegersohn, in einem in der „Reformation" erschienenen Artikel gibt (wir erlauben uns, nur die Zahlen ein wenig zu ändern): Die achtundvierzig Stationen mit siebenundfünfzig Evangelisten sind wahrlich keine Brennpunkte kirchlichen Streits, sondern Lichtpunkte des Evangeliums."

Mögen sie es ferner bleiben, aus Gnaden!

3.

Verschiedene Erfahrungen.

Manche in das Kapitel von der Evangelisation einschlagende Züge und Erinnerungen mögen hier in losem Zusammenhang eine Stelle finden.

Es ist im Vorhergehenden viel gesprochen worden von dem Leiden, das der Dienst des Herrn mit sich bringt. Es ist dies Leiden mannigfacher Art. Angst und Enttäuschung, Gefühl der Schwachheit und des Unvermögens lasten oft schwer auf dem Herzen. Melanchton sagt: „Es ist der größte Unverstand, vielen dienen und nichts leiden wollen." Wer es nicht auf sich nehmen will, mit Tränen zu säen, wird auch das Ernten mit Freuden nicht erfahren. Verkennung und Abneigung von seiten der Menschen ist nicht das schwerste; Verfolgung

soll ja sogar den Jünger Jesu vor Freude hüpfen
machen. Nein, der Schmerz aller Schmer=
zen ist die Sünde. Sünde im Kreis von Brü=
dern oder unter den Gliedern der Gemeinschaften,
Taktlosigkeiten und Mangel an geheiligtem Sinn bei
denen, die des Herrn Geräte trugen, das beugte je und
je das Herz des Knechtes Christi und wollte die Freude
an der Arbeit trüben. Gott sei es gedankt, daß solche
Dinge Ausnahmen waren; aber in dieser Lebens= und
Arbeitsgeschichte müssen sie doch genannt werden, damit
uns nicht der Vorwurf treffe, nur das Schöne und Er=
freuende gezeichnet zu haben.

⊕

Von der Abneigung, die ein aggressives Vorgehen
verursachen kann, gibt nachstehendes kleines Vorkomm=
nis, das seine freundliche Seite nicht entbehrt, ein Bild.
Ein Verein gläubiger Christen, worunter einige Pfarrer,
wollte in einer geistlich toten Gegend ein Evangeli=
sationswerk beginnen und bat um Ueberlassung eines
Bruders. Es wurde entsprochen, und der junge Evan=
gelist fing seine Arbeit an. Aber kaum hatte es sich zu
regen begonnen, so regte sich auch die Feindschaft, und
dem lieben leitenden Verein wurden so viele Vorwürfe
gemacht über Friedensstörung und ungerechtfertigte Ein=
mischung, daß er die Verantwortung nicht tragen zu
können glaubte und an Inspektor Rappard die Bitte
richtete, die Pilgermission möchte doch die Führung des
Werkes übernehmen. Sie sei schon so gut gehaßt, hieß
es in einem Begleitschreiben, daß ein wenig mehr ihr
nicht fühlbar sein würde.

⊕

Es gab aber auch recht erfreuliche Beziehungen
auf den Arbeitsfeldern; so im schönen Münstertal im
Elsaß, wo der Pfarrer und Konsistorialrat Schaeffer
den Evangelisten sofort als einen jüngeren Bruder
oder gar als einen Sohn aufnahm und Hand in Hand
mit ihm die Arbeit tat, zum Segen für die ganze Gemeinde. So auch in einem wohlhabenden Schweizerdorf, wo der fromme Pfarrer einmal dem Inspektor
von Herzen dankte für die Sendung eines Evangelisten in die Nachbarschaft, weil er nun doch wisse, daß
seinen Leuten das Evangelium recht nahe gebracht
werde, was er mit Rücksicht auf seine ganze Parochie
nicht in der Weise tun könnte. In einer andern schweizerischen Gemeinde übertrug der Geistliche, während einer
nötig gewordenen Abwesenheit, alle amtlichen Pflichten
dem Evangelisten und half seinerseits diesem auch gern
aus in seinen Versammlungen im Vereinshaus.

In einem fernen westpreußischen Dorf hielten sich
der Herr Pfarrer und der Evangelist gemeinsam Pferd
und Wagen, die abwechselnd von dem einen und andern
benutzt wurden, wenn sie auf amtlichen Gängen über-
land gehen mußten.

In allen solchen Fällen trifft es zu: Siehe, wie
fein und lieblich ist es, wenn Brüder einträchtig bei
einander wohnen; denn daselbst verheißt der Herr
Segen und Leben immer und ewiglich.

☩

Eine Erfahrung gar anderer Art: In einem
Schweizerdorf, das schon Jahrzehnte lang keine gläu-
bige Predigt gehabt hatte, wurde eine Frau durch die
Begegnung mit einem Kinde Gottes erweckt und bat

nun sehr, man möge doch auch in ihrem Hause eine
Versammlung anfangen. Das geschah von der nächst-
liegenden Evangelistenstation aus, und es stellten sich
auch etliche verlangende Menschen in der schlichten Stube
ein. Aber das wollte man in dem Dorfe nicht dulden.
Das „Stündeliwesen" sollte nicht Eingang finden, und
man beschloß, der Sache energisch zu widerstehen. Als
an einem Sonntag Nachmittag der junge Evangelist,
von der Bahnstation kommend, dem ziemlich abseits gelegenen Dorf zueilte, wurde ihm der Weg von etwa
zwanzig kräftigen Männern verwehrt. Sie griffen ihn;
ihrer zwei hoben ihn auf die Schultern und trugen ihn,
von dem ganzen Trupp begleitet, zum Bahnhof zurück,
ließen ihn auch nicht los, bis er glücklich im Eisenbahn-
wagen saß und abfuhr. Man meinte im Dorf, leichten
Kaufs gesiegt zu haben.

Aber etwa eine Woche später schritt desselben
Weges ein hochgewachsener, ganz freundlich aussehen-
der Mann dem Dorfe zu, und ging direkt zum Ortsvorsteher, dem er sich als Inspektor von St. Chrischona
vorstellte. Dem kleinen eingeschüchterten Häuflein der
Gläubigen hatte er sagen lassen, er werde an dem Tage
eine Bibelstunde mit ihnen halten, und sie möchten sich
nur nicht fürchten. Dem Ortsvorsteher und etlichen der
erbittertsten Gegner, die er bei ihm traf, erklärte er, was
man mit den Versammlungen bezwecke und verwies sie
nachdrücklich auf die in der Schweiz gewährleistete Ge-
wissensfreiheit und sagte, er erwarte, daß nicht nur in
der nächsten Stunde, sondern auch fernerhin Ordnung
gehalten werde. Es blieb wirklich alles ruhig, und trotz
der Feindschaft, die sich kund tat, mußte bald aller
Widerstand weichen. Im Dorf erzählte man sich hernach:

„Der Häuptling von der Bande sei selbst
dagewesen."

Manch anderes Mal war Rappard mit dabei,
wenn bei Anfangsarbeiten in einem Dorfe lärmende
Gesellschaften sich vor der Tür des Versammlungs-
lokales aufstellten, und dann Scheiben klirrten und
Steine fielen. Seinen lieben Evangelisten geschah das
ja viel öfter als ihm selbst. Die Evangelisationswochen,
die von ihnen da und dort gehalten wurden, lagen ihm
stets sehr am Herzen und wurden von seiner und der
Hausgemeinde Fürbitte begleitet.

☩

Daß für diese ganze Arbeit eine feste Organisation nötig war, liegt auf der Hand; sie hier zu besprechen, würde zu weit führen. Die Evangelisten der
Pilgermission kommen alle Vierteljahr zu einer Distrikts-
konferenz auf einer ihrer Stationen zusammen, wobei sie
sich erbauen durch das Wort Gottes und Gebet und
die Bedürfnisse des Arbeitsfeldes besprechen. Sie haben
für jede dieser Konferenzen eine schriftliche Arbeit zu
liefern über ein in ihren Beruf einschlagendes Thema.
Der Inspektor hielt sehr auf fortgesetzte Weiterbildung
seiner Brüder und interessierte sich lebhaft für jeden
Zweig ihrer Tätigkeit.

Einmal im Jahr, in der ersten Juliwoche, findet
die Hauptkonferenz zu St. Chrischona statt, zu der auch
alle ehemaligen Zöglinge Zutritt haben. Es sind dies
Arbeits=, aber auch Festtage, woran das ganze Mutterhaus teilnimmt. Jahr für Jahr, wie die Zahl der
Evangelisten zunahm, beugte sich der teure Vater und
Inspektor mehr unter dem Bewußtsein der Gnade, aber

auch des Ernstes seiner Aufgabe. Es waren ihm diese Tage wohl die liebsten des ganzen Jahres, und die Lehren der Erfahrung, die er bei diesen Anlässen gab, waren kostbar und vielen unvergeßlich. Einige Worte aus der Instruktion der Evangelisten sollen den Ab= schluß dieses Kapitels bilden:

Zeuge durch das, was du sagst!
Zeuge durch das, was du tust!
Zeuge durch das, was du bist!

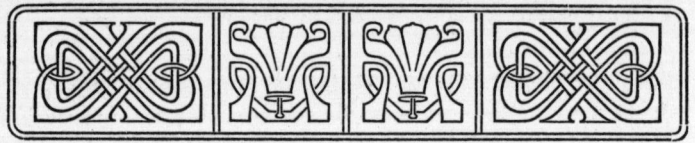

Neuntes Kapitel.

Der Inspektor — in des Mittags Hitze.

1890—1902.

Vor den Menschen steht er furchtlos da und frei,
Wissend, daß die Allmacht ihm zur Seite sei;
Doch vor Gottes Throne liegt er arm und klein,
Hüllt in das Erbarmen tiefer stets sich ein!

1.

Jahr um Jahr.

Wir nehmen den Faden von Rappards Lebensgeschichte wieder da auf, wo wir ihn gelassen
haben, in den warmen, sonnigen Frühlingstagen des Jahres 1890, als er mit den Seinen das
traute Heim auf dem Berge aufs neue bezog.

Es war ein denkwürdiges Jahr für die Pilgermission; denn man schickte sich eben an, das fünfzig-
jährige Jubiläum des Werkes zu begehen. Eine geräumige Halle mit zweitausend Sitzplätzen war er-
richtet worden und sollte anfangs Juli bei Anlaß der
Festfeier eingeweiht werden. Da gab es in den da-
zwischenliegenden Monaten noch viel zu tun; denn
nebenbei sollte die Gedenkschrift: Fünfzig Jahre der

Pilgermission*) fertig gestellt und herausgegeben werden. Die Halle, die den Namen „Eben=Ezer" erhielt, ist zum größten Teil ein Jubiläumsgeschenk der ehemaligen Zöglinge von St. Chrischona an ihr Mutterhaus. Die Kosten des massiven Unterbaues mit geräumigen Zimmern, Saal und Keller wurden jedoch aus dem Industriefonds bestritten; der ganze Bau ist von großem praktischen Nutzen für die Kolonie auf dem Berge geworden.

Die Festtage vom 5. bis 9. Juli waren Tage der Erquickung von dem Angesicht des Herrn. Dem Jubilate war, wie einer der Redner hervorhob, manches Kyrie Eleison vorangegangen; das bewahrte vor Ueberhebung.

Die mächtige Rede Herrn Samuel Zellers über die Worte, die so recht die Aufgabe der Evangelisten kennzeichnen: Saget den Städten Judas: Siehe, da ist euer Gott! (Jes. 40, 9) ist unvergessen geblieben. Ebenso der vom Inspektor verfaßte Festbericht, der so schlicht und wahr dem Herrn und Ihm allein die Ehre gab für alles, was in den fünfzig Jahren auf der einsamen Bergeshöhe hat getan werden dürfen. Unvergessen ist auch der sinnige Gruß Herrn Pfarrer Gerbers im Namen der Evang. Gesellschaft von Bern: „Du bist unsere Schwester; wachse in vieltausend mal tausend, und dein Same besitze die Tore seiner Feinde (1. Mose 24, 60) und das frische Wort des Oberstleutnants von Knobelsdorff: „So stolz ich früher war, meinen Namen unter den Offizieren meines kaiserlichen Herrn zu lesen, so erfüllt es mich heute mit viel höherer Freude, meinen Namen in der Liste der im Dienst des Herrn stehenden Chrischonabrüder zu finden!"

---

*) Siehe Anmerkung Seite 31.

Etwa zweihundert Freunde und Brüder waren in diesen Tagen anwesend. Aus Amerika, Rußland, Serbien, Spanien und aus allen Gauen Deutschlands und der Schweiz waren sie gekommen. Es war wunderschön!

Aber das Schönste war die spürbare Gegenwart des Herrn, der dem Worte seiner Knechte Kraft verlieh und seine Macht an den Herzen und Gewissen Vieler bezeugte.

⊕

Die zwölf Jahre, die in diesem Kapitel umfaßt sind, waren für Rappard eine Zeit vieler Arbeit und steten Fleißes. Einige denkwürdige Ereignisse im engsten Familienkreise werden in einem späteren Kapitel Erwähnung finden. Hier wollen wir in kurzen Zügen zusammenzustellen suchen, was Jahr um Jahr ihm durch Gottes Fügung für sein Amtsleben und seine Arbeit brachte. Es waren nicht große und hervorragende Dinge wie in manchen früheren Zeitabschnitten; aber die Treue und Emsigkeit, mit der er gerade den vielen einfachen Berufspflichten nachkam, machten sein Leben in diesen Jahren immer fruchtbarer und reicher.

Seine Mitarbeiter im Erziehungswerk waren in diesen Jahren die Herren Pfarrer Th. Heußer (später durch Pfarrer Hermann ersetzt), Lehrer Zimmermann, Hausvater Gmünder und Lehrer Braun. Für kürzere Zeit waren auch tätig die Herren Kandidaten Schmidt und Simon, die Herren Lehrer Heise, de Roche und Zimmerlin. Herr Zimmermann war nicht nur ein begabter Lehrer, sondern auch ein tüchtiger Ökonom; ihm war die Leitung der Landwirtschaft übertragen worden, und seinen Kenntnissen, wie seiner rastlosen Arbeit war es

zu verdanken, daß das Chrischonagut immer mehr ge=
hoben wurde. Mit Dankbarkeit nahm der Inspektor
dieses Umstandes wahr, der es ihm erlaubte, seine ganze
Zeit und Kraft dem Unterricht und der Evangelisation
zu widmen. Dies war um so nötiger, als er nun, nach
dem Wegzug Haarbecks, diese beiden Zweige des In=
spektoramtes allein zu verwalten hatte.

☧

Im Jahr 1891 mußte Rappard für dieses Leben
scheiden von einem seiner liebsten Freunde, dem Inspek=
tor Reinhard Zeller von Beuggen. Der Leser erinnert
sich, wie kostbar der Umgang mit diesem Gottesmann
für Heinrich Rappard schon damals war, wie er als
Missionszögling zu St. Chrischona weilte. Durch seine
Verheiratung mit Zellers Nichte waren die gegenseitigen
Beziehungen noch inniger geworden, und ein Besuch bei
Onkel Reinhard war stets eine der lieblichsten Erfrischun=
gen für Seele und Geist.

Siebenundzwanzig Jahre lang litt der teure Mann
an schmerzlichem chronischen Gelenkrheumatismus; trotz=
dem versah er sein Amt als Hausvater und Erzieher
in Beuggen mit seltener Hingabe, und sein Mund floß
stets über von Lob und Dank gegen seinen gnädigen
Herrn. „Mein Kreis wird immer kleiner“, sagte er bei
einem der letzten Besuche. „Ich kann kein Glied mehr
regen. Ich bin nun ganz blind. Voriges Jahr sah ich
doch noch die Umrisse der Gegenstände, merkte etwas vom
Licht des Himmels. Jetzt ist es aus. Ich sehe nichts
mehr, fange auch an, nicht gut zu hören. Kleiner, immer
kleiner wird mein Kreis. Aber — nach oben (mit auf=
wärts gerichtetem Blick) da geht's immer mehr auf. Der

Himmel ist offen, Herz, weißt du warum? Weil Jesus
gekämpft und geblutet darum! Da wird's immer heller,
lichter, weiter, schöner, bis der Tag vollends anbricht."

Er betete: „Wir preisen dich, du Lamm, das er-
würget ist. Du hast uns erkauft mit deinem Blut.
Bringe uns alle, alle zu dir. Gib, daß wir, die wir
in dieser Abendstunde dich umringen, einst alle stehen
mögen um deinen Thron an dem krystallenen Meer,
um bei dir zu bleiben in Ewigkeit. Mache uns los
von allem, was in dein Reich nicht taugt. Bringe uns
hindurch bis zu dir."

Am 5. Juli schlug die Stunde der Erlösung für
den treuen Knecht des Herrn.

Reinhard Zellers jüngster Bruder, der weithin bekannte Samuel Zeller von Männedorf, war nun das
Oberhaupt der Zellerschen Familie geworden. Mit dem
um nur wenige Jahre jüngeren Neffen, Heinrich Rappard, war er in warmer Bruderliebe verbunden.

☥

Am 29. August 1893 konnte Rappard dankbaren
Herzens zurückblicken auf eine fünfundzwanzigjährige
Dienstzeit als Missionsinspektor. Von einer festlichen
Feier wurde ganz abgesehen; aber mit der gesamten
Hausgemeinde machte man einen weiten Spaziergang
durch den herrlichen Wald, wobei Lieder gesungen,
Psalmen gelesen und unter dem grünen Blätterdom
von dem unerwartet herzugekommenen Freund, Pfarrer
Schollmayer, herzliche Segensworte gesprochen wurden.
Bei der Heimkehr durch den dunkelnden Wald wurde
von einem Hausgenossen auf der Flöte zart und sinnig
Lied um Lied geblasen, endigend mit der herrlichen

Melodie von Kreuter, zu der der Brüderchor die Worte
zu singen pflegt:

> O Jerusalem, du schöne,
> Wie so herrlich leuchtest du!
>
> Mit der güldnen Ehrenkrone
> Steh ich da vor Gottes Throne,
> Schaue solche Freude an,
> Die kein Ende nehmen kann!

Wie eine Momentaufnahme prägten sich diese
Worte für alle Zeiten in die Erinnerung an jenen
schönen Tag.

☙

Mit Bezugnahme auf diese fünfundzwanzig Jahre
schrieb Rappard in seinem Bericht von 1893:

„Es hat sich einmal jemand daran gemacht, alle
Verheißungen Gottes, die er in der Bibel fand, zusammenzustellen und drucken zu lassen. Das Buch
hatte guten Absatz, und die erste Auflage war bald
vergriffen. Ein alter Christ, der die Anzeige des
Buches gelesen, — der Titel war: ‚die Verheißungen Gottes‘ — bestellte sich ein Exemplar beim Ver-
leger und erhielt die kurze Antwort: ‚die Verheißungen Gottes sind vergriffen.‘
Der liebe Christ aber trat vor seine Bibel, las das
Wort: Jes. 54, 10: „Es sollen wohl Berge weichen,
aber meine Gnade soll nicht von dir weichen", faltete
die Hände und sprach: ‚Gott sei Dank, diese
Verheißung ist nicht vergriffen!‘

„Ähnlich ging es dem Schreiber dieser Zeilen,
als er sich anschickte, diesen Bericht zu verfassen. Das
obenstehende herrliche Verheißungswort erfüllte sein
Herz, als er im Jahr 1868 zum ersten Male nach
Übernahme des Inspektoramts die Ereignisse jenes

Jahres zusammenfaßte. Und heute, nach fünfund=
zwanzig Jahren, darf er es mit den Seinen rühmen,
daß die Gnade des Herrn nicht von uns gewichen
ist, und daß der Bund des Friedens feste steht. Frei=
lich ohne vielfachen Kampf und Schmerz ist es nicht
gegangen. Durch Nacht führte der Herr uns fort
zum Licht. Durch Sterben gings zum Leben. Noch
tiefer als vor fünfundzwanzig Jahren ist es in unser
Inneres eingegraben, daß unser Gott derselbe ist,
gestern und heute und in Ewigkeit und daß die Ar=
beit in seinem Hause und seinem Reiche das Herr=
lichste ist, was sich sein Knecht wünschen
kann."

⊕

Schon oft ist in diesen Blättern der Name Louis
Jaeger vorgekommen. Der Herr hatte ihn dem Werk
der Pilgermission, dem er von Anfang an als Kassier
und von 1890 an als Vorsitzender des Komitees diente,
lange Jahre zum Segen erhalten. Aber nun kam auch
für ihn der Ruf nach Hause.

Es war eine schöne Fügung, daß er noch kurz
zuvor, den 4. April 1897 auf den Berg kommen konnte,
um hier, wie er, der alte Junggeselle, lächelnd sagte,
seine goldene Hochzeit mit der St. Chrischona
zu feiern. Fünfzig Jahre zuvor, den 4. April 1847, war
er nämlich als Zögling hier eingetreten, mußte aber
schon nach zehn Tagen auf Spittlers dringende Bitte
hin zu ihm ins Fälkli ziehen, um ihm „vorläufig" bei
seinen mannigfachen Reich=Gottes=Arbeiten zu helfen.
Aus dem ursprünglich gedachten Provisorium ist aber
ein reich gesegnetes Tagewerk von fünf Jahrzehnten ge=
worden.

Sehr lieblich, doch wehmütig zugleich war der letzte Besuch des väterlichen Freundes in den Räumen seiner geliebten Chrischona. Man merkte gar wohl, daß der Pilger von hinnen eile. Und so war es auch. Wenige Tage später, am 13. April entschlief er in großem Frieden. Was er der Pilgermission und auch der Stadt, in der er wohnte, gewesen ist, kann hier nur angedeutet werden; man kann es kurz zusammenfassen in dem einen Wort: Er war ein Segen.

Ein und ein halbes Jahr später folgte ihm sein Geschäftsteilhaber, Rappards Schwager, Herr Paul Kober=Gobat nach. Dieser Heimgang griff tief in Herz und Leben. Kober war mit seiner Gattin auf der Orientreise begriffen, die bei Anlaß der Einweihung der Erlöserkirche in Jerusalem durch den deutschen Kaiser veranstaltet worden war. An Bord des Dampfers „Mitternachtsonne" trat eine heftige Erkrankung und dann ein sanftes unerwartetes Ende ein. In Alexandrien, auf dem Boden des Morgenlandes, das er so sehr liebte, wurde die irdische Hülle des teuren Bruders zur Ruhe gebettet.

�⊕

In demselben Jahre 1898 tagte in Basel die Internationale Konferenz der Jünglingsvereine, und es war für Rappard eine große Freude, die Delegierten und manche mitverbundene Freunde, etwa zweitausend an der Zahl, auf der Bergeshöhe zu empfangen. In der mit Tannengrün geschmückten Ebenezer=Halle wurden die Freunde durch den Inspektor und Herrn Adolf Vischer, den damaligen Vorsitzenden des Pilgermissionskomitees, begrüßt, worauf mehrere der Delegierten, unter anderen der greise Sir George Williams, kurze eindringliche Ansprachen hielten. Die Alpenfirnen blieben verschleiert, aber das Baselbiet und der Schwarzwald strahlten in herrlichem Glanz, als die Klänge der Posaunen zum Abmarsch riefen, und die Freunde wieder talabwärts zogen.

☥

Im Bericht des Jahres 1899 erscheint zum ersten Mal das Bild eines neuen Hauses, das für die kleine Bergkolonie von Bedeutung werden sollte, wir meinen das **Bibelhaus und Erholungsheim „Zu den Bergen"**.

Mit großer Liebe und praktischem Sinn hatte Rappard den Bau und die Einrichtungen des Hauses bis ins Einzelne ausgedacht und geleitet. Man kann wohl sagen, daß es ein „Andenken" an ihn ist. Es hat ihm auch in den letzten zehn Jahren seines Lebens viel Freude gemacht, da er wahrnahm, wie es unter der Leitung seiner Kinder, Herr und Frau Veiel, gut gedieh und für viele sowohl unter den Bibelkurs= schülern im Winter, als auch unter den Erholungsbe= dürftigen im Sommer eine Stätte des Segens wurde.

☥

Bei der **Wende des Jahrhunderts** schrieb der Inspektor seinen Brüdern inhaltsreiche Worte:

„Wenn ich in einem kurzen Wort angeben soll, was ich fühle und meinen Brüdern wünsche im Blick auf die uns anvertraute Arbeit, so ist es, was wir Sach. 4, 6 lesen: Es soll nicht durch Heer oder Kraft, sondern durch meinen Geist geschehen, spricht der Herr Zebaoth. Wir sollen lernen zu arbeiten im Glauben an unsern Heiland Jesus Christus, der alle Gewalt hat im Himmel und auf Erden. Viel

Lärm und Gepränge, oder auch allerlei Regeln und Ordnungen in der Evangelisation, menschlich Treiberisches in den Versammlungen kommt mir immer mehr vor als ein Zeichen, daß die wahre, stille und verborgene Kraft des Geistes fehle.

„Es ist heilsam, von Zeit zu Zeit wieder eine gute Kirchengeschichte zu lesen; da sieht man, wie wahr das Wort unsers Herrn ist: Ohne mich könnt ihr nichts tun.

„Es ist nötig, daß wir in den klaren, im Worte Gottes enthaltenen und von der Kirche Christi aller Zeiten erkannten und geglaubten Wahrheiten bleiben. Wir lehren auf St. Chrischona immer noch Dogmatik und halten die aus dem Worte Gottes entnommenen Bekenntnisschriften der Kirche Christi hoch. Die Sucht nach dem Außergewöhnlichen und Neuen soll uns nicht verführen. Wir lieben die alten bewährten Straßen, auf welchen unser Herr und seine Apostel gegangen sind und wollen uns auch in der Art unserer Arbeit im Reiche Gottes die im Neuen Testamente enthaltene Praxis zum Vorbilde nehmen.

„Junge eifrige Brüder sind in Gefahr, sich imponieren zu lassen von neuen Erscheinungen, die scheinbar viel Erfolg haben in der Seelenrettung. Wer diese Gefahr erkennt, soll dankbar sein für die Leitung der Aeltesten in der Gemeinde."

Wie nötig und heilsam diese Mahnungen zu wahrer biblischer Nüchternheit waren, sollte sich nur zu bald in den Gemeinschaftskreisen zeigen.

2.

Hauspriester und Hausvater.

Die in dem vorigen Abschnitt genannten äußeren Vorkommnisse bilden nur einen knappen Rahmen zu dem, was in diesen wichtigen Jahren Rappards eigentliches Tun und Leben ausmachte. Um dieses zu schildern, liegt reiches Material vor uns, wiewohl nicht in seinen eigenen Worten. Denn die zahlreichen Briefe, die er schrieb oder diktierte, waren meist kurz und sachlich gehalten, direkt auf den zu behandelnden Gegenstand eingehend und nur mit einigen, allerdings oft sehr viel sagenden Worten abschließend.

Der Schatz von Erinnerungen, der uns zur Verfügung steht, stammt großenteils von seinen einstigen Schülern, die dem Worte gern nachgekommen sind: Gedenket an eure Lehrer, die euch das Wort Gottes gesagt haben; ihr Ende schauet an, und folget ihrem Glauben nach. Wenn wir an der Hand dieser und anderer Mitteilungen das Bild des teuren Heimgegangenen unter verschiedenen Gesichtspunkten zu beleuchten versuchen, so geschieht das in der lebendigen Empfindung, daß er nur aus Gottes Gnaden das war, was er war; daß er vieles gern anders und besser gemacht hätte, und daß er bis zuletzt ein Lernender blieb. Aber es scheint uns gerade von dem, was er l e r n t e , können andere, namentlich seine Brüder lernen; ihnen zu Nutz und Segen soll dies Buch ja dienen.

H a u s p r i e s t e r und H a u s v a t e r haben wir diesen Abschnitt benannt. — Ein altes englisches Sprichwort sagt: „Tue das erste zuerst." Dem

Vorsteher einer Anstalt, ja auch einer Familie muß ohne Zweifel das Hauspriesteramt das erste und wichtigste sein. Der Priester des Alten Bundes war zunächst dadurch ausgezeichnet, daß er Zutritt hatte zu Gott und durch dieses heilige Vorrecht auch seinem Volk den Segen vermittelte. Dies war Rappards tiefste Auffassung von seinem Amt. Er fühlte, daß von seiner persönlichen Stellung zu Gott seine innere Kraft und sein Erfolg abhängig sei. „Salbe mich mit frischem Oel!" war seine häufige Bitte.

In dieser seiner Kraft ging er denn jeden Morgen, Sommers um 6½ Uhr und Winters um 7 Uhr hinüber in das Anstaltsgebäude, um mit seiner Brüderschar das Frühstück und darnach die Andacht zu halten. Es haben wohl wenige gewußt, wie wichtig ihm gerade dieses gemeinsame Gebet beim Beginn des Tages war. Erst in den letzten zehn Jahren ließ er sich in dieser ihm so lieben und heiligen Pflicht vertreten, und dann war es, wie er heimlich zugab, nicht sowohl um seinetwillen als um der jungen Leute willen, die nun auch daran kommen durften.

In dieser Gesinnung waltete er auch tagsüber in Unterrichtsstunden und Einzelbesprechungen seines Amtes, und abends wurde der Tag mit einer gemeinsamen Hausandacht geschlossen. Mit besonderem Ernst hielt er an dem Fürbittegebet fest, mit dem jeweilen die Samstag-Abend-Missionsstunde eröffnet zu werden pflegt. Schon als Zögling hatte ihm diese Sitte einen Eindruck gemacht und ihn an das hohepriesterliche Gebet Jesu gemahnt. „In der Kraft eines solchen Gebets läßt es sich gut beten", sagte er.

Das Priesterliche in seinem Wesen kam auch sehr zur Geltung bei den großen Versammlungen, die drei Mal im Lauf des Sommers zu St. Chrischona stattfinden, und die wir zu erwähnen noch nicht Gelegenheit hatten. Von den umliegenden Dörfern des Baselbiets und Wiesentals, auch von der Stadt Basel kommen da jeweilen an den ersten Sonntagen der Monate Mai und Juli mehrere hundert Freunde zusammen zur Betrachtung des Wortes Gottes. Besonders ist dies der Fall bei der Feier der Einsegnung am letzten Juli=Sonntag. Da reichen die zweitausend Sitzplätze der Ebenezerhalle oft nicht aus, um alle Zuhörer zu fassen. Welch ernstes Anliegen war es da dem Knecht des Herrn, daß die hungrigen Schäflein wirklich geweidet werden und der Herr selbst sein Wort kräftig und lebendig mache in den Herzen. Von einem solchen Anlaß handelt nachstehendes Erinnerungsblatt eines nachmaligen Zöglings und seit vielen Jahren im Segen arbeitenden Evangelisten:

„Im Sommer des Jahres 1871 kam ich zum ersten Mal nach St. Chrischona. Es war Einsegnung in der Kirche. Ich fand noch ein Plätzchen auf der Empore. Zum ersten Mal sah und hörte ich unsern lieben Herrn Inspektor, sehe und höre ihn aber im Geiste heute noch und repetiere sein mächtiges Zeugnis über 1. Kor. 3, 9: Wir sind Gottes Mitarbeiter; ihr seid Gottes Ackerwerk."

Er erbat sich oft vom Herrn als ein besonderes Gnadengeschenk, daß bei solchen Anlässen Seelen bekehrt werden möchten, und diese Bitte ist ihm wiederholt gewährt worden. Wie ernst und heilig war ihm

das Händeauflegen zur Einsegnung seiner jungen Brüder und der Verkehr mit den älteren Evangelisten bei
den Konferenzen!

Er war nicht in hervorragender Weise ein Seelsorger in der landläufigen Bedeutung des Wortes.
Freund Gollmer pflegte die wirksamen Reich-Gottes-
Arbeiter einzuteilen in A c k e r b a u e r und W e i n -
g ä r t n e r. Inspektor Rappard gehörte wohl eher zu
der ersten Kategorie. Er streute das Wort Gottes aus
mit offener Hand und freute sich hoch, wenn es Gar-
ben einzuernten gab. Die Einzelpflege des Rebstocks war
ihm nicht so nahe liegend. „Der Vater ist der Weingärtner", sagte er oft, und er vertraute auf die direkte
Wirkung des Wortes und Geistes Gottes auch in Bezug auf die Pflege der Einzelnen. Dennoch hat er
vielen Seelen gedient mit weisem Rat in schwierigen
Fällen. Er durchschaute bald die Sachlage und traf mit
wenigen Worten den Nagel auf den Kopf. In den
oben angeführten Erinnerungen eines Evangelisten heißt
es weiter:

„Was dem großzügig angelegten und weit-
blickenden Manne eigen und zum Teil das Geheimnis seines Einflusses war, das war sein großes
und kindliches Gottvertrauen, wie auch sein Interesse
und Verständnis für das Kleine. Kleinen Kindern
— kleinen Leuten — kleinen Verhältnissen und kleinen Versammlungen konnte er so großes Interesse ent-
gegenbringen, daß es außerordentlich wohltuend, aber
auch beschämend war."

Ein charakteristischer Zug seines priesterlichen Wirkens muß noch hervorgehoben werden, nämlich die große

Bedeutung, die er dem heiligen Abendmahl beilegte. Er liebte das Mahl des Herrn, ihn verlangte danach, und er freute sich, wenn solches Verlangen sich in den Kreisen regte, die er mit dem Worte Gottes bediente. „Sie blieben beständig in der Apostel Lehre und in der Gemeinschaft und im Brotbrechen und im Gebet (Apstg. 2, 42). „Diese vier Stücke", so pflegte er zu sagen, „gehören zusammen, da wo der heilige Geist die Kirche baut."

Er sah in dem heiligen Abendmahl für unsere zweifelsüchtige Zeit eine mächtige Stärkung des Glaubens, ein sichtbares Zeichen von der Wahrheit jenes Opfertodes, zu dem sich unser Herr Jesus in der Nacht, da Er verraten ward, freiwillig hingegeben hat.

> Und von Jahrhundert zu Jahrhundert
> Empfängt anbetend und verwundert
> Dies heil'ge Pfand die Christenheit —
> Wenn sie, um Seinen Tisch verbündet,
> Lobpreisend Seinen Tod verkündet,
> Bis daß Er kommt in Herrlichkeit!

Ein treuer Freund und Seelsorger war Rappard auch für die Kranken, deren manche ihn um seinen Besuch bitten ließen. Seine eigene Stellung zur Krankheit, oder vielmehr zum „Heiler", war ganz klar. Schon als junger Missionar hatte er seiner Braut geschrieben: „Was meine Person anbetrifft, wende ich mich in Krankheitsfällen immer direkt an d e n, der nicht nur die Mittel segnen kann, sondern seinem gläubigen Kinde zur Verherrlichung seines Namens auch ohne Mittel hilft."

So hat er es stetsfort gehalten. Er schätzte d a s, was von treuen Ärzten der leidenden Menschheit Gutes getan wird. Aber er hielt es für ein Vorrecht des Kindes Gottes, sich und die Seinen ganz unmittelbar in Gottes Hände zu befehlen und in Krankheitsfällen zu handeln nach Jakobi 5, 14. 15. Er durfte auch viele herrliche Erfahrungen machen in diesem Stück sowohl im Familien= als im Anstaltskreise. Auch auf Reisen fügte es der Herr mehr als einmal, daß er gerade in großer Not und Bedrängnis zu Kranken geführt wurde, sie zu dem allmächtigen Helfer weisen, mit ihnen beten und dann auch mit ihnen loben konnte. Er hielt aber dafür, es sei nicht gut, viel davon zu reden, und er wollte auch nichts zu tun haben mit der Ansicht, als müßte man „den Tod überwinden" und als wäre diese Glaubensstellung inbezug auf Krankheit an und für sich ein Merkmal größerer Heiligung.

Als einst eines der Kinder während der Abwesenheit der Mutter heftig erkrankte, aber bald wieder genas, schilderte er ihr in einem Brief den ganzen ernsten Hergang und schloß mit den Worten:

„Ja, ein Kind ist zu kostbar, um es menschlichen Händen anzuvertrauen. Jesus ist der beste Arzt, aber auch der teuerste; denn Er verlangt das eigene Leben, den eigenen Willen. Ich hatte keine Angst oder Unruhe, betete aber dankbar unaufhörlich. Dem Herrn ist nichts zu schwer."

Treue und sorgfältige Pflege wollte er in Krankheitsfällen sehen, darum schätzte er auch den Dienst der Diakonissen so hoch, was viele liebe Schwestern aus allerlei Mutterhäusern zu erfahren Gelegenheit hatten.

Wir haben uns bei der geistlichen Seite seiner Tätigkeit lang aufgehalten, und doch waren ihm auch die irdischen Pflichten seines Hausvateramtes sehr wichtig. Dieses brachte ihm gar viele äußerliche und scheinbar geringe Aufgaben, aber er tat sie gern und ließ sich darin wenig helfen. Sein praktischer Überblick, seine Kenntnis der Landwirtschaft und seine Erfahrung als einstiger Zögling gaben ihm eine Sicherheit, die sich seiner Umgebung mitteilte. Er sorgte für nötige Anschaffungen und gab sich große Mühe, die richtigen Quellen zu finden, um alles gut und doch sparsam einzurichten. Sorgfältig sein war von Anfang an seine Devise gewesen. Je länger, je mehr hörte man von ihm auch die Mahnung: „Nur nicht verschieben!" In diesem Stück ging er uns allen mit gutem Beispiel voran. Unbeantwortete Briefe zu haben, war ihm sehr peinlich. „Wenn ich eine Pflicht verschiebe", sagte er, „so komme ich mir vor wie ein Mann, der einen großen Stein vor sich her rollt; das macht viel müder, als den Stein einmal aufzuheben und zu beseitigen." Ein Bruder hat in seinem Notizbuch die Mahnung des Inspektors notiert: „Hastig sein ist selbstsüchtig", und fügt das Zeugnis eines Mitbruders bei: „Herr Inspektor war doch ein vielbeschäftigter Mann, aber er war nie in Hast."

Wenn er vormittags von 8 bis 10 Uhr seine Lektionen gegeben, von 10 bis 12 Uhr die nötigste Korrespondenz besorgt hatte, dann ging er um 1 Uhr, nach Abgang der Post, in Hof und Garten, etwa auch im Gut herum, oft mit dem Rechen in der Hand, Wege zurecht machend, kleine dürre Äste auflesend, überall ordnend. So sieht ihn gewiß jeder einstige Bewohner

des Berges im Geiste vor sich, und man wundert sich
nicht mehr, daß Fremde oft sagten, die Höfe und Wege
seien wie „ausgeblasen“. „Ein Christ ist ein in Ordnung
gebrachter Mensch“, sagte Rappard oft, „und der innern
Ordnung wird und muß auch die äußere entsprechen.“

Er hielt auf Zucht unter der Brüderschar, und
hie und da hatte ein Zögling wohl Mühe, in der
strammen Disziplin die Vaterliebe zu erkennen. Aber
die allermeisten blickten tiefer und wußten die feste Hand
zu schätzen; wenn Krankheit oder Not kam, da merkten
sie es wohl, wie treu er sorgte, und nachdem sie die
Anstalt verlassen, fühlten sie, daß sie dort einen Vater
hatten.

Was den Inspektor in all diesen äußeren Be-
sorgungen am meisten freute, war die Tatsache, daß
alles in Haus und Stall, in Flur und Feld keinem
Menschen, sondern allein dem Herrn gehöre. Wie oft
hat er das ausgesprochen! Und wie kindlich konnte er
beten: Herr, nimm dich deiner **Chrischona** an!

3.
Seine Predigtweise.

Unter den vielen Briefen, die bei Anlaß von Rappards Heimgang in das Trauerhaus gesandt wurden, sind nicht wenige, die es aussprechen, er sei den
Schreibern durch sein Wort ein Führer zu Jesu und
das Werkzeug zu ihrer Rettung geworden. Was war
wohl das Geheimnis solchen Segens?

Rappard war nicht das, was man Buß- oder
Erweckungsprediger nennt. Manche Leute vermißten bei
ihm den gewaltigen Gerichtston, wohl auch die drän-
gende, lockende Einladung zu Jesus. Beides fand sich

zwar in jeder seiner Reden, aber es war mehr in die Worte der heiligen Schrift gekleidet, als in hervorragende eigene Ausdrücke. Denn sein Predigtideal war die Verkündigung, Auslegung und Anwendung des Wortes Gottes. Dieses Wort wollte er wirken lassen als einen Hammer, der Felsen zerschmeißt, als ein zweischneidiges Schwert, das Seele und Geist scheidet und ein Richter ist der Gedanken und Sinne des Herzens; aber auch als einen Balsam für verwundete Herzen und Gewissen, als einen Samen der Wiedergeburt, als eine Stimme der Gnade und der Vergebung, als eine Kraft zur vollen Erneuerung des Herzens.

Was seine Predigten so wirksam machte, war vor allem, nach dem Bekenntnis vieler seiner Hörer, seine eigene Überzeugung von der Wahrheit, die er aussprach; das fühlte man nicht nur aus seinen Worten, sondern auch aus seinem ganzen Wesen heraus. Er war, das darf zu Gottes Ehre gesagt werden, ein Zeuge, der das verkündigte, was er mit seinem geistlichen Ohr gehört, mit seinem Glaubensauge gesehen und mit festem Glaubensgriff betastet hatte von dem Worte des Lebens (1. Joh. 1, 1—3).

In den ersten Jahren seiner Predigttätigkeit hat er eine gewisse Beredsamkeit entwickelt, die etwas Hinreißendes hatte und ihn selbst beglückte. Später wurde er immer schlichter. Meistens beschäftigte eine biblische Wahrheit in besonderer Weise sein Gemüt. Mehrere Tage lang nährte er sich gleichsam damit, sprach bei allen Anlässen hauptsächlich darüber und suchte sie seinen Zuhörern eindrücklich zu machen. Dann löste oft ein anderes Schriftwort das erste ab, um ebenso ge-

kostet und innerlich verarbeitet zu werden. Er lebte von
Gottes Wort. Darum war er auch stets gerüstet, wenn
er aufgefordert wurde, etwas zu sprechen.

Die Predigtweise, die aus einem Schriftwort ein
Thema formuliert und dasselbe schulgerecht einteilt und
aufbaut, konnte er bei begabten Kanzelrednern bewundern, aber sie war seinem inneren Empfinden fremd.
Lieber war ihm die homiletische, tiefgegründete Art
eines Beck oder die lichtvolle Weise, wie Spurgeon
die im Text enthaltenen Gedanken hervorzuheben und
aufzuzählen weiß. Das Wichtigste war ihm, ein Wort
Gottes selbst in Herz und Sinn und Gedächtnis ein-
zuprägen. Er sagte auch seinen Schülern: „Wenn ihr
je in eurer Bibelstunde Mühe habt durchzukommen, so
sorget dafür, daß den Zuhörern wenigstens das Schriftwort, das ihr behandelt, eindrücklich werde; das ist viel
wichtiger als alles, was ihr selbst darüber sagt.“

In Nachfolgendem haben wir einige seiner eigenen
diesbezüglichen Aeußerungen zusammenzufassen gesucht:

„Ein Evangelist muß voll sein vom Evangelium.
Wer die frohe Botschaft wirksam verkündigen will, muß
selbst darüber froh sein. Gottes große Liebe zu den
Menschen, sein Wille, alle zu retten, seine Macht, das
tiefste Verlangen des Herzens zu stillen, das ist es,
was den Prediger mit froher Zuversicht erfüllt.“

Über die Vorbereitung zur Predigt sagte er einmal: „Es ist bei der Vorbereitung unbedingt nötig:

1. Erfüllt zu sein mit dem heiligen Geist.
2. Im Glauben zu beten um das Gelingen.
3. Das Wort, das man verkündigen will, auf das
   eigene Herz und Gewissen wirken zu lassen.
4. Die Gedanken klar und sorgfältig zu ordnen.

Es war ihm wichtig, daß die Posaune stets einen deutlichen Ton gebe, und daß in jeder Predigt der Weg des Heils gezeigt werde.

„Die menschliche Natur ist unverbesserlich; sie ist dem Tod und dem Gericht verfallen. Aber Jesus tritt dazwischen, und wer sich in Buße und Glauben mit Ihm verbindet, dem teilt Er wahrhaftig seine Gerechtigkeit mit, gibt ihm Vergebung der Sünden, Frieden und Kraft. Dem Herzen, das Ihn aufnimmt, schenkt Er neues Leben. Das ist die neue Geburt, die Geburt aus Gott (Joh. 1, 12. 13; 3, 3. 5), ohne die der Mensch nicht eingehen kann in das Himmelreich. Da wird dann das große Wort erfüllt: Ist jemand in Christo, so ist er eine neue Kreatur; das alte ist vergangen, siehe, es ist alles neu geworden" (2. Kor. 5, 17).

Wie wichtig ihm dieses Wort war, ist gewiß den meisten seiner Schüler in Erinnerung. Er sagte:

„Diese organische Verbindung durch den Glauben mit dem Herrn Jesus als dem zweiten Adam ist von der größten Bedeutung; die bloße Kultivierung des alten Menschen hat keinen Ewigkeitswert."

Mit besonderer Klarheit wußte Rappard es zu bezeugen, wie sich der gnadenreiche Heiland zum sündigen Menschen herabneigt, ihm in der tiefsten Tiefe begegnet und das Werk der Errettung und Erneuerung in der Seele beginnt, so bald sie sich Ihm öffnet.

„Wenn ich in zwei Worte zusammenfassen wollte, was der Mensch zu seiner Rettung und auch zu seinem Fortschritt auf dem Wege des Lebens zu tun hat, so würde ich sagen: „Nicht

widerstreben!" Gott wirkt. Wer den Zügen
des Vaters und der Stimme des Geistes folgsam
ist, den wird Er sicher zum vollen Lichte führen.

„Auf dem in Christo gelegten Grund muß
gebaut werden. Das ist der Gedankengang des
Apostels Paulus in allen seinen Episteln. Zuerst die
festen Tatsachen der Erlösung durch des Lammes
Blut, dann die praktische Frucht in den Erlösten:
ein Wandel in der Heiligung, in Demut und Liebe,
ein Leben des Sieges über die Sünde, die Welt und
den Teufel. — Der ganze Ratschluß Gottes muß
verkündigt werden, nicht Spezialitäten."

„Christus für uns und Christus in uns; das
Kommen zu Jesu und das Bleiben in Ihm; Erlösung und Leitung; Zucht und Tröstung des heiligen und heiligenden Geistes, das sind die Schätze,
die unser Eigentum werden, wenn wir von Herzen
an Christo hangen."

Die selige Hoffnung auf die Erscheinung unseres
Herrn und Heilandes nahmen in Rappards Herzen
und in seiner Predigt einen hervorragenden Platz ein.
Er redete gern davon und hielt sich dabei genau an die
Worte der heiligen Schrift. Auch in diesem Stück war
es seine freudige Überzeugung, die einen so tiefen Eindruck machte. Wichtiger als alle spekulativen Fragen
war ihm die praktische Frucht dieser Wahrheit. Ein jeglicher, der solche Hoffnung hat zu Ihm, der reiniget
sich, gleichwie auch Er rein ist.

Mit seinem praktischen Sinn ging er immer sehr
warm ein auf die äußeren Schwierigkeiten, Nöte,
Krankheiten und Sorgen seiner Zuhörer und zeigte,
wie diese Verlegenheiten die Menschen zu dem Gott

treiben sollen, der nicht nur einen innern Segen daraus erwachsen lassen, sondern als der lebendige Gott eingreifen und auch äußerlich helfen kann.

Über die innere Ausrüstung eines Dieners Jesu Christi sagt er:

„Um dem Herrn in Wahrheit dienen zu können, müssen wir Ihm geheiligt sein, müssen entschieden mit jeder Sünde und sündigen Gewohnheit gebrochen haben, müssen in der ‚völligen Freude‘ stehen, die Jesus seinen Jüngern als ihr Erbteil verheißt, und müssen im Lichte wandeln, um so die fortwährend reinigende Kraft des Blutes Jesu zu erfahren. Nur dann kann der Heilige Geist in uns ungetrübt herrschen und walten, und **nur was Er in uns und durch uns wirkt, nützt etwas im Reiche Gottes.**“

Bei einem andern Anlaß sagte er:

„Ein einfacher Knecht Gottes, dem es w a h r h a f t e r n s t i s t um das Heil seiner Mitmenschen, wird viel mehr ausrichten, als der gewandteste Redner, dem es an dieser Ausrüstung fehlt.“

Die Erfahrung lehrte ihn:

„In der Arbeit für den Herrn gilt es ganz absehen von sich selbst, von eigener Kraft und Tüchtigkeit und lediglich sich stützen auf den Herrn und sein Wort. Wir sollen nicht warten, bis wir uns innerlich ausgerüstet fühlen. Wir wissen, daß der Pfingstgeist noch da ist. Unser Herr Jesus hat gesagt: Es ist euch gut, daß ich hingehe. Denn so ich nicht hingehe, kommt der Tröster nicht zu euch. So ich aber hingehe, will ich ihn zu euch senden. Ihr kennet Ihn, denn Er bleibet bei euch, und wird in euch sein.

„Er ist bei uns, und das ist uns genug. Wenn wir vom Herrn einen Auftrag erhalten haben, so sollen wir im Glauben vorwärts gehen, ganz ab= sehend von uns selbst, aufblickend auf den König, dessen Befehle wir ausrichten. Sind wir arm und schwach und elend, so ist Er dafür mächtig genug, und wir erfahren es in der Tat: Wenn ich schwach bin, dann bin ich stark."

4.

Der Inspektor als Lehrer.

Die Lehrtätigkeit war begreiflicherweise ein wesent= licher Teil der Lebensaufgabe Inspektor Rappards. War auch das Unterrichten nicht seiner natürlichen Neigung entsprechend, und hatte er selbst in seiner Ju= gend in diesem Stück vieles entbehrt und später schmerz= lich vermißt, so half ihm einesteils sein eigenes Be= dürfnis nach Klarheit und andernteils seine begeisterte Liebe zu seinem Lehrstoff die richtigen Wege finden.

Wie dankbar viele seiner einstigen Schüler für den genossenen Unterricht sind, beweisen manche. Zuschriften, die wir erhalten haben und deren wir hier etliche ver= werten dürfen.

Ein Bruder, W. Dröner, der in den siebziger Jahren Zögling und später eine Zeitlang Lehrer zu St. Chrischona war, schreibt darüber folgendes:

„Unser lieber Inspektor war uns Brüdern ein ganz vorzüglicher Lehrer, wußte er sich doch der Fassungskraft der zumeist aus geringen Verhältnissen hervorgegangenen und nur mit einfacher Volksschul= bildung ausgerüsteten Brüder in außerordentlicher

Weise anzupassen. Seine Sprache war stets einfach, klar und edel, selten gebrauchte er ein Fremdwort und wenn er es brauchte, so versäumte er nicht, es zu erklären. Es war uns ein Genuß, wenn er uns einführte in die Dogmatik, Symbolik, Ethik und Psychologie; denn unter seiner Leitung wurden uns auch die schwierigsten Fragen und Dinge klar und verständlich. Vor allem aber hingen wir förmlich an seinen Lippen, wenn er uns einführte in die reiche Schatzkammer des Wortes Gottes und uns aufmerksam machte auf die tiefen und herrlichen Gottesgedanken und -taten zur Rettung der in Sünden verlorenen Menschen.

Diese Stunden waren nicht nur äußerst lehrreich für uns, sie waren auch immer tief erbaulich und das Gewissen schärfend. Auch seine Andachten, Ansprachen und Predigten waren uns sowohl nach Form und Inhalt stets ein Muster, dem wir nachzustreben uns bemühten.

Unserm lieben Inspektor war es ein Herzensanliegen, uns Brüder in das rechte Verständnis des Wortes Gottes einzuführen; darum hielt er seine Ansprachen und Predigten fast immer in homiletischer Form, die es gestattet, einen biblischen Abschnitt Vers für Vers zu erklären und dann praktisch auf das Leben und den Wandel seiner Zuhörer anzuwenden. Da er diese Art und Weise der Betrachtung, Auslegung und Anwendung des Wortes Gottes für uns Brüder als die beste für den künftigen Beruf hielt, so wollte er auch, daß wir diese Art zu lehren und zu predigen uns aneigneten, d. h. lernten. Zu diesem Zweck gab er mit einem andern theologi=

ſchen Lehrer abwechſelnd den Brüdern der obern
Klaſſen jede Woche einen beſtimmten Text, über
welchen ſie in einer feſtgeſetzten Stunde ihre Gedanken
analytiſch geordnet niederſchreiben mußten. Dieſe ſo-
genannten Analyſen wurden dann in der folgenden
Stunde dem Inſpektor vorgeleſen und, wenn es nötig
war, auch kritiſiert. Zum Schluß diktierte er uns
ſeine Analyſe, die er über den gleichen Text geſchrie-
ben hatte. Da die Brüder der oberen Klaſſen jeden
Sonntag hinaus zogen, um in umliegenden Dörfern
und Städten Verſammlungen zu halten, ſo kamen
ihnen dieſe Übungen und die Analyſe ihres Inſpektors zu ihrer Vorbereitung gut zu ſtatten.

Wie ſchön und treffend, wie praktiſch und in die
heilige Schrift einführend dieſe Analyſen unſeres lieben Inſpektors waren, ſollen einige Beiſpiele zeigen.

Über den 93. Pſalm gab er uns folgende
Analyſe:

Thema: Das Königreich Jeſu Chriſti.
    I. Der König.
    II. Das Reich.
    III. Die Lehre und
    IV. Die Zierde des Reiches.

I. Der König.
  A. Sein Name:
    a) Jeſus, d. h. Seligmacher von den Sünden,
    b) Chriſtus, d. h. der Geſalbte Gottes zur Auf-
       richtung ſeines Reiches.
  B. Seine Perſon:
    a) wahrer Gott,
    b) wahrer Menſch.

C. Seine Herrlichkeit und sein Schmuck:
   a) als Prophet,
   b) als Hoherpriester,
   c) als König.

II. **Das Reich.**
   A. Es ist vorbereitet, angefangen und nun ausgeführt;
   B. Ausgebreitet über die Welt;
   C. Zugerichtet, daß es bleiben soll;
   a) stehet fest,
   b) ist ewig,
   c) es trotzt den Wasserströmen: allen Hindernissen und Feinden. Der Herr ist noch größer (Ps. 2).

III. **Die Lehre des Reiches.**
   a) Die Bibel,
   b) in welcher allein die rechte Lehre enthalten ist.

IV. **Die Zierde des Reiches.**
   A. Heiligkeit:
   a) Heiligkeit in Gedanken,
   b) Heiligkeit in Worten,
   c) Heiligkeit im Tun und Lassen.

❧

Über das Gleichnis vom Senfkorn Mark. 4, 30—32 gab er uns folgende köstliche Analyse, die jedem gefallen wird, der sie liest.

Thema: Die Ausbreitung des Himmelreiches.

Einleitung: Es liegt in der Natur des Reiches Gottes, daß es sich ausbreitet. Jeder, der ein Bürger dieses Reiches ist, steht unter diesem Gesetz des Wachstums.

   I. Sein kleiner Anfang.
   II. Sein guter Fortgang.
   III. Sein großer Umfang.

 305

I. Der kleine Anfang des Reiches Gottes auf Erden.

  a) Der kleine Same (senfkornartig):

    1. Die erste Regung im Herzen, bewirkt durch die vorlaufende Gnade;
    2. das erste Wort Gottes, welches einen Eindruck macht;
    3. das erste herzliche Gebet;
    4. das erste Kapitel, welches mit Hunger und Andacht gelesen wird;
    5. das erste Geld, das man für das Reich Gottes gibt;
    6. das erste Wort, welches man mit seinem Nächsten über sein Seelenheil redet.

  b) Das Land, auf das gesät wird:

    1. Anfangs noch leer und öde;
    2. Zwölf Fischersleute in Jerusalem;
    3. Paulus in Philippi; die Mission;
    4. Franckes Waisenhaus in Halle;
    5. Spittler und Chrischona;
    6. Georg Müller in Bristol;
    7. das Werk in Männedorf.

II. Des Reiches Gottes guter Fortgang.

  a) Wenn es gesät ist, so nimmt es zu:

    1. denn der Same ist gut;
    2. er ist im Glauben und auf Hoffnung ausgestreut;
    3. der Herr mit Seinem Segen ist gegenwärtig und gibt das Gedeihen.

  b) Es wird größer denn alle Kohlkräuter und gewinnt große Zweige:

    1. Eine Verheißung und Ermutigung, daß die Arbeiter im Reich mit Erfolg gesegnet sein werden;
    2. Eine Weissagung auf das Ende hin, wo das Reich Gottes größer und herrlicher sein wird als alles andere. (Daniel 2, 44. 45.)

III. Sein großer Umfang, also „daß die Vögel des Himmels unter seinem Schatten wohnen können".

a) Die Vögel des Himmels:

1. Menschen aus allen Verhältnissen, Nationen und Ländern;
2. Berufene, die nach der tiefen Beugung der Buße sich im heiligen Flug des Glaubens erheben;
3. die Schwalben des Himmelreiches, die ihr Nest suchen und finden;
4. die Kinder der Wahrheit.

b) Wohnen unter seinem Schatten:

1. Sie haben gefunden, wonach ihre Seele dürstete;
2. sie schmecken die Freundlichkeit Jesu;
3. sie ruhen und arbeiten im Schatten des Felsens, auf dem sie sich erbauet;
4. sie haben das selige Bewußtsein, daß sie nicht mehr Kinder des Reiches dieser Welt, wohl aber Kinder des Reiches Jesu sind.

Schluß: Hat das Reich Gottes bei dir angefangen? Hat es seinen guten Fortgang? Wächst es an Umfang in deinem Herzen und in deinem Wirken nach außen?

„Wie gerne möchte ich," so fährt Dröner fort, noch einiger solcher Analysen zu Texten aus den Propheten und den Episteln hier wiedergeben, wenn es der Raum gestattete! Hoffentlich wird einmal ein Bruder oder Lehrer aus der großen Zahl von ausgearbeiteten Analysen, die der Inspektor im Laufe der Jahre seinen Brüdern diktierte, eine Auswahl nach den Büchern der Bibel zusammenstellen und sie zum Nutzen der vielen, im weiten Arbeitsfeld zerstreuten Brüder, dem Druck übergeben; sie würde wohl mit Freuden und herzlichem Dank gekauft werden.

„Mit aufrichtiger Freude und Dank gegen Gott erinnere ich mich der vier Jahre, die ich auf Chrischona unter der Leitung unseres unvergeßlichen Inspektors und vortrefflichen Lehrers zubringen durfte. Es waren reiche Segensjahre für mich und viele andere."

Ein anderer, ebenfalls schon längst in der Arbeit stehender einstiger Zögling schreibt:

„Inspektor Rappard hat in seinem Leben und Lehren unbeirrt an der Wahrheit der ganzen heiligen Schrift festgehalten. ‚Wir wollen uns von der Bibel kritisieren lassen‘, sagte er, ‚das ist unsere Bibelkritik‘. — Wir meinten hie und da, er gebe im Blick auf die neue Strömung fast zu wenig nach. Heute sind wir ihm dankbar, nachdem wir sehen, wohin man mit der Kritik gekommen ist. Er hat uns Felsenboden unter die Füße gegeben.

„Gegen die moderne Theologie hat er sich oft ausgesprochen, aber ich kann mich in den dreiunddreißig Jahren, da ich mit ihm verkehrt habe, nicht erinnern, daß er sich je gegen die Kirche als solche ausgesprochen hätte. Er hat uns gelehrt, nicht niederzureißen oder abzubrechen, sondern aufzubauen."

Mit bewegtem Herzen reihen wir auch nachstehende Schilderung eines jüngeren Bruders unter diese Zeugnisse ein:

„Die Unterrichtsstunden, die der teure Inspektor in den oberen Klassen erteilte, lagen immer am Anfang des Tages. Welche Weihe und welche göttliche Kraft ging da von ihm aus! War etwa einmal in der Klasse Störendes vorgekommen oder war man persönlich innerlich nicht ganz in Ordnung — er trat ein, fing an zu beten, — und sofort war man innerlich völlig zerschlagen, entdeckt und gestraft von der Heiligkeit Gottes, dessen Gegenwart man verspürte. Man hatte den Eindruck, daß er selbst aus der Gegenwart Gottes kam, und darum konnte er durch sein ganzes Wesen andere in die Gegenwart Gottes hineinstellen.

„In einer Bibelauslegestunde sagte er: ‚Brüder, ihr sollt das nicht nur wissen oder verstehen, sondern innerlich a u f n e h m e n. Wir sind nicht nur deswegen beisammen, daß die Bibel e r k l ä r t werde. Wir könnten es dann mittags bei Tisch auch einfach so machen, daß wir die Zusammensetzung der Speisen nur e r k l ä r t e n. Das könnte ja für die Anstaltskasse ganz gut sein, aber ihr würdet damit nicht genährt.

„Was uns der Geist Gottes nicht innerlich lebendig macht, was wir nur mit dem Kopfe aufnehmen, das ist etwas Angehängtes, wie die Aepfel am Weihnachtsbaum.“

In einer Bibelauslegestunde vor den beiden Oberklassen kam er einmal auf die „Wissenschaft“ zu sprechen. „Brüder“, rief er plötzlich, „ich will euch zeigen, was Wissenschaft ist!“ — stand auf, ergriff die Kreide und warf ein mächtiges F r a g e z e i c h e n auf die Wandtafel.

In einer Unterrichtsstunde erzählte er, ein französischer Arzt habe eine Schrift geschrieben und vorgeschlagen, dem Jesus von Nazareth ein Denkmal zu setzen, weil Er der größte Lehrer der Menschheit ge-

wesen sei und die völligste Bruderliebe geübt habe. —
„Brüder", sagte er, „wo ist das Denkmal des Herrn
Jesu?" — Wie aus einem Munde kam die Antwort:
„Auf Golgatha!"

☙

In diesen Abschnitt vom Lehrer gehört noch
eine Bemerkung, die für die Charakteristik Rappards
von Bedeutung ist:

Tief war ihm das Wort in Herz und Gemüt
geprägt: Einer ist euer Meister: Christus.
Sowohl im Lehrsaal zu St. Chrischona wie in den
großen Versammlungen, wo er jeweilen als Lehrer auftrat, wollte er nicht herrschen, sondern dienen. Er hatte
eine heilsame Furcht vor allem Parteiwesen, vor allem
Schule-machen, vor dem Sich-an-Menschen-hän-
gen. Seine Wirksamkeit dehnte sich immer in die Weite;
die Sucht, kleine Kreise, mit besonderen Interessen und
Ansichten um sich zu bilden, war ihm fremd und zuwider.
Schön wurde dieser Lehrer gezeichnet als „ein fester,
klarer, demütiger Vater in Christo."

5.
Züge aus dem Leben.
In der Anstalt.

Einige anschauliche Züge aus dem Leben des Inspektors werden dazu dienen, seine früheren Schüler lebhaft an den geliebten Lehrer zu erinnern und
solchen Lesern, die ihn wenig oder gar nicht kannten,
sein Bild zu vervollständigen.

Ein in der Schweiz arbeitender Evangelist erzählt:

„Was mir an unserm Inspektor ganz besonders
entgegentrat, war seine selbstlose Liebe. Daran
hat sich mein Herz ergötzt. Dies beweist nachstehender
Zug aus dem Jahre 1891. Die Brüder der beiden
oberen Klassen waren wegen einer gewissen Sache unter
einander uneins geworden. Es handelte sich um den
Bruder N., der beschuldigt war, etwas Unrechtes getan zu haben. Herr Inspektor schritt eine Zeitlang nicht
ein; dann aber fühlte er sich getrieben, eine Konferenz
in der Klasse zu halten. N. wurde vom Inspektor aufs
Gewissen gefragt; er war in seinem Ehrgeiz beleidigt
und antwortete frech: „Herr Inspektor, ich muß Ihnen
zuerst sagen, daß Sie uns bei weitem nicht genügen."
Ich war über diese Antwort, die gar nicht hierher gehörte, so entrüstet, daß mir die Haare fast zu Berge
standen; solche Ungerechtigkeit empörte mich. Ich sah
mit scharfem Auge auf den Inspektor, seine Antwort
mit bangem Herzen abwartend. Zuerst schaute er ganz
ruhig die Brüder in die Runde an, wohl um sie zu
prüfen, was sie bei dieser Anklage dächten; dann gab
er mit großer Ruhe die Antwort: ‚Brüder, mir schadet
es nicht, wenn ihr so von mir denket; denn ich diene
mit der Gabe, die mir Gott gegeben hat. Ich möchte
euch aber doch bitten, abzulassen, weil ihr dadurch euch
selbst schädigt!' — Sich zu N. wendend sprach er
weiter: ‚Hättest du das von einem der Herren Lehrer
gesagt, so wärest du jetzt entlassen. Weil du es
aber von mir gesagt hast, kannst du ruhig
hier bleiben!'

„Ich war wie aus den Wolken gefallen. Eine
solche großmütige Liebe war mir noch nie begegnet."

In einer Vormittagsstunde wurde der zu behandelnde Stoff in üblicher Weise von dem Inspektor diktiert. Er bemerkte einen Zögling, der all zu hastig schrieb, ging zu ihm hin und fand, daß die Schrift dem hastigen Wesen entsprach und „unter aller Kritik" war. „Lies, was du geschrieben hast", lautete der kurze Befehl. Aber das war eben die Schwierigkeit; der gute Bruder konnte selbst nicht lesen, was er geschrieben hatte. Da erwachte der gekränkte Lehrer im Inspektor, und scharf hieß er den Zögling sein Heft nehmen und den Lehrsaal verlassen.

Nach Tisch, wie der Inspektor seinen Rundgang machte, erblickte er von weitem den betreffenden Bruder (er hat ihn ohne Zweifel gesucht), ging auf ihn zu und sagte einfach: „Bruder, vergib mir; ich habe gefehlt." Aehnliches mag noch öfter vorgekommen sein; dieser eine Fall ist von dem Bruder in liebevoller Erinnerung bewahrt worden.

✠

Einst wanderte Rappard des Nachts nach einer Abendversammlung in Grenzach, einem badischen Nachbardorf, nach Hause, in Begleitung eines Bruders, der eine Laterne trug. Auf der Sattelhöhe blieben die beiden einen Augenblick stehen. „Schau", sagte der Inspektor, „wie finster die Nacht ist. Hinter uns ist alles dunkel; vor uns ist alles dunkel; aber da, wo wir zunächst hinzutreten haben, sehen wir im Licht der Laterne ganz genau. So ist es auch mit den Führungen des Herrn. Wir sehen oft nicht ein paar Schritte vor uns. Es ist alles verhüllt. Aber den nächsten Schritt zeigt uns sein Licht immer, und das ist uns genug."

✠

Ganz ähnlich sagte er ein anderes Mal bei einem Gang mit seiner Frau durch den nächtlichen Wald von Riehen her: „Sieh, welch schöne Illustration gibt uns unsre kleine Laterne zu dem Spruch: Dein Wort ist meines Fußes Leuchte und ein Licht auf meinem Wege. Wie sicher können wir Schritt für Schritt den Fuß hinstellen im Schein dieses Lichtes; so führt uns auch Gottes Wort klar und deutlich auf unserm Glaubensweg."

☩

Noch eine liebliche Geschichte, die namentlich die jungen Leser freuen wird als ein Zeichen, wie wunderbar Gott oft seine Menschenkinder führt.

Kommt da ein Schneidergeselle von den grünen Hügeln des Appenzellerländchens gegen die Stadt Basel zu. Er hat eben seine Lehre vollendet und will nach altem Brauch sein Glück auf der Wanderschaft versuchen. In Rheinfelden geht er über den Rhein und folgt nun der großen staubigen Landstraße in der Richtung nach Basel, wo er vor der Nacht anzukommen hofft. Aber der Weg ist zu weit, und im Dorf Wyhlen macht er Rast. Dort ist eben „Kilbi" (Kirchweih), und in dem Wirtshaus, wo unser Appenzeller ein Plätzchen zur Herberge gefunden hat, geht es die Nacht hindurch laut her. Im tollen Uebermut lachen einige junge Leute: „Jetzt sollten nur noch die heiligen Väter von der Chrischona hier sein!" u. s. w. C h r i s c h o n a! Der Name kommt dem Jüngling nicht ganz fremd vor. Die Mutter, so meint er, hat einmal davon gesprochen, und es ergreift ihn ein großes Verlangen, dahin zu gehen. Früh morgens sagt er zum Wirt: „Ich habe heute Nacht von Chrischona reden hören, ist das denn hier

in der Nähe?" — „Jawohl, nur da den Weg durch
den Wald gegangen; in einer Stunde bist du droben."

Er findet richtig den Pfad an dem alten Kloster
„Himmelspforte" vorbei, kommt zu der kleinen Häuser-
gruppe auf dem Berge und fragt bescheiden an, ob er
Arbeit finden könne.

Die Antwort lautet nein, weil ein Zögling, der
das Schneiderhandwerk verstehe, am Platze sei und die
Arbeit versehe, aber er sei freundlich eingeladen, sich die
Anstalt etwas anzusehen und zum Mittagessen zu bleiben.
Mittlerweile aber bringt der Postbote einen Eil-
brief für den oben erwähnten Bruder Schneider mit
der Meldung, seine Mutter sei totkrank, und er möge
doch sofort heimkommen. Er will sich beim Inspektor
die Erlaubnis holen; aber wie soll es während seiner
Abwesenheit mit der Arbeit gehen? Man könnte es
vielleicht unter der Leitung eines Bruders mit dem
jungen Appenzeller probieren, der so gern hier Arbeit
fände? Der Inspektor läßt ihn aufs Zimmer kommen.
„Sie würden gerne hier arbeiten", sagt er, „und wir
könnten eingetretener Umstände wegen Sie wohl brauchen. Aber unsere Häuser gehören nicht uns, sondern
dem Herrn. Alles hier gehört Ihm, und wer hier wohnt
und arbeitet, muß sich seinem Wort und Willen unterwerfen und in seiner Furcht wandeln. Wollen Sie das
tun, junger Freund?" fragt er ernst und freundlich.

„Mir war es noch feierlicher zu Mut als bei der
Konfirmation", erzählte der Jüngling später, „und mit
aufrichtigem Herzen sagte ich: Ja!"

So blieb denn der Fremdling und war bald —
kein F r e m d l i n g mehr; er wurde nicht nur ein
liebes Glied der Anstaltsfamilie, sondern ein Bürger

mit den Heiligen und Gottes Hausgenosse. Denn nach kurzer Zeit fing er an zu merken, daß ihm etwas, ja alles fehle; er suchte und fand und ward gefunden.

Fünfundzwanzig Jahre später, am Jahrestag jenes ersten denkwürdigen Besuchs, kam der nun wohl= bestallte Schneidermeister wieder auf dem schattenreichen Waldweg von Wyhlen den Berg hinan, um hier sein Dankopfer dem Herrn darzubringen, und hat damals den ganzen Hergang mit frohem Herzen wieder erzählt.

Mehrere ähnliche Erfahrungen durfte Rappard im Laufe der Jahre machen. Wie beglückend ist es, mit dabei zu sein, wenn ein irrendes Schäflein zum ersten Mal die Stimme des Hirten hört und ihr folgt zu seinem ewigen Heil!

6.

Züge aus dem Leben.

Auf Reisen.

Wie herzlich Rappard mit Bern verbunden war, ist schon wiederholt hervorgehoben worden.

„An einem stark besuchten Fest der Evangelischen Gesellschaft", so erzählt das Berner Sonntagsblatt im Jahr 1900, „hielt Herr Inspektor Rappard von St. Chrischona die erste Ansprache. Er begann: ‚Auf dem ersten Blatt unserer teuren Bibel lesen wir als erstes Wort: Im Anfang schuf Gott Himmel und Erde. Wie bedeutsam ist das Wörtlein: ‚und'! — Himmel und Erde. Kein Himmel ohne Erde. Keine Erde ohne Himmel. Den Himmel für die Erde und die Erde für den Himmel. — Deshalb lesen wir auch am Ende unserer Bibel: Ich sahe einen neuen Himmel und eine neue Erde.'

„Im Verlauf seiner Ansprache kamen ungefähr folgende Worte vor: ,Lieber Zuhörer, einen Platz **a u f d e r E r d e** hast du; weißt du auch gewiß, ob dir dein **P l a t z i m H i m m e l** gesichert ist?'

„Unter den vielen Zuhörern befand sich auch ein schlichter Fabrikarbeiter von Wangen, namens S. Aufmerksam lauschte er dem Vortrag, und der liebe Inspektor ahnte nicht, wie schnell sein Wort in dem Herzen dieses stillen Zuhörers keimen und aufwachsen sollte. Schon früh am Nachmittag suchte S. die Eisenbahn wieder auf und langte ermüdet, aber überaus glücklich in seinem Gott und Heiland daheim an. ,Du kannst dir gar nicht denken', sagte er zu seiner Tochter, ,wie glücklich ich bin. Ich bin ganz gewiß, daß ich einen Platz im Himmel habe'. Und das war die folgenden Tage fast jedesmal, wenn er von der Fabrik heimkam, sein Zeugnis: ,Wie ist mein Glück so groß! Welche Freude, welcher Friede überströmt mich, weil ich begnadigt bin!'

„Etwa acht Tage nach dem Fest verletzte sich S. bei der Arbeit die Hand. Es drang schädlicher Staub in die Wunde und Blutvergiftung trat ein. Noch brachte man ihn nach Bern in den Inselspital; aber die Aerzte erklärten, die Krankheit sei unheilbar. So starb er denn freudig in seinem Herrn und Heiland.

„Wie köstlich ist diese Erfahrung! So ohne besonders mahnende Krankheit einem sozusagen gewaltsamen Tod entgegengehend, in so auffallender Weise durch den Geist Gottes gemahnt und vorbereitet zu werden, ist das nicht ein herrlicher, glaubenstärkender Beweis dafür, wie sorgsam unser Herr persönlich und individuell über jedes seiner Schafe wacht."

Auf einer Seereise bemerkte ein Mitpassagier, daß Rappard in seinem Neuen Testament zu lesen pflegte und sagte: „Was, Sie gehören auch zu den unaufgeklärten Menschen, die an dem alten Buche festhalten? Ich glaube von der Bibel gerade so viel wie von einem Roman." Der Inspektor bekannte mit der größten Offenheit seinen Glauben an die geoffenbarte Wahrheit und sagte, daß dieser Glaube ihm die sonst ungelösten Fragen von Zeit und Ewigkeit beantworte. Er sprach auch von der Sünde und dem Sündentilger. Sein Gegenüber lachte: „So etwas brauche ich gar nicht. Ich bin ein ganz guter Mensch und werde schon ganz allein fertig." Ernst entgegnete Rappard: „Das glaube ich nicht." — „Wie kommen Sie dazu, so zu denken?" fragte der Fremde. „Weil Sie aus dem gleichen Teig gemacht sind wie ich", war die Antwort. „Ich kenne mein Herz und weiß, daß ich ohne einen Heiland nicht fertig werde, — und Sie auch nicht."

Den nächsten Tag setzte sich der Herr wieder zu Rappard hin. „Sie mögen recht haben", sagte er, „ich konnte die ganze Nacht nicht schlafen wegen Ihrer Worte."

☩

Mit Frau und Kindern machte Rappard einmal einen Ausflug auf den Blauen, jene herrliche Schwarzwaldhöhe, die man von St. Chrischona aus täglich vor sich sieht. Unter den Gästen des dortigen Kurhauses bemerkten sie sofort einen schönen alten Herrn mit langem, schneeweißem Haar, dessen ehrwürdiges Aussehen sie fesselte. Die Kinder hatten sich im nahen Wald zerstreut, suchten Blumen und Erdbeeren und kamen bald mit einem duftenden Strauß, den sie schüchtern dem alten Herrn brachten. Er hatte daran eine große Freude, fragte die Kinder nach ihren Eltern und stellte sich diesen selbst vor. „Ich muß Ihnen aber gleich sagen", bemerkte er aufrichtig, „daß ich vor einer halben Stunde der Post die Korrektur eines Aufsatzes mitgegeben habe, in dem ich scharf gegen Sie und Ihr Werk zu Feld gezogen bin." Das hinderte aber nicht, daß die beiden Männer sich bald recht gut verstanden und im tiefsten Grund ihres Glaubens Eins waren. Beim Abschied sagte der alte Pastor warm: „Auf Wiedersehen droben, wo es noch viel schöner sein wird als auf dem Hohen Blauen!"

Trotz des geharnischten Artikels, den Rappard bald darauf zu Gesicht bekam, behielt er einen guten Eindruck von jener Begegnung; und als wenige Monate später die Blätter die Nachricht von dem Heimgang des alten Pastors brachten, empfand er etwas von dem, was in den Worten ausgedrückt ist:

> „Und nie wird dort das Herze mehr betrübt
> Durch Wortstreit mit dem Bruder, den man liebt.
> Dort seh'n wir alles, Aug in Aug, in Klarheit
> Und sind vereint im Geist und in der Wahrheit."

☩

Einst machte Inspektor Rappard eine Besuchsreise im Berner Jura. Es sind dort große Pachthöfe, umgeben von saftig grünen Wiesen, wo schöne Herden weiden. Unter den Bewohnern, meistens Mennoniten, herrscht patriarchalische Sitte und Einfachheit. Viele der Familienväter sind gottesfürchtige Männer, denen es ein Anliegen ist, Kinder und Kindeskinder auf Gottes Wegen wandeln zu sehen.

Der Besuch eines Evangelisten, in den sie Vertrauen haben, ist ihnen eine Erquickung, und einem

Mann wie Rappard war es eine Freude, etwa in Ferienreisen oder bei andern Gelegenheiten diese einsam wohnenden Freunde zu begrüßen. Es wurden alsdann keine großen Versammlungen veranstaltet, sondern nur in dem betreffenden Hause für die ganze Familie und das Gesinde eine Andacht gehalten.

So war man auch eines Morgens in der großen Stube eines solchen Pachthofes versammelt. Das Wort Gottes war gelesen und ausgelegt worden, und man kniete nieder zum Gebet.

Mit gefalteten Händen und geschlossenen Augen brachte Rappard die Bitten der versammelten Hausgemeinde dem Herrn dar. Da fühlt er eine gelinde Berührung an der Hand, und als er die Augen aufmacht, sieht er ein Kind von etwa zwei Jahren, das ganz leise und unvermerkt, nach der Weise der lieben Kleinen herbeigekrochen war und sein Lockenköpfchen unter die Hände des betenden Knechtes Gottes legte. Was das holde Kind dabei dachte, konnte es nicht sagen, aber es war wie eine unbewußte Bitte: Segne mich! Jedenfalls ging das Gebet über in eine Bitte um besonderen Segen für das liebe Kind.

Oft ist die Erinnerung an diesen kleinen Zug für Rappard und die Seinen eine liebliche Mahnung gewesen: Komm, stelle dich als ein Kindlein unter die segnenden Hände deines Heilandes.

⊕

Bei einer Gemeinschafts=Konferenz traf Rappard einst zusammen mit einer lieben Christin, die schon lange in der Nachfolge Jesu stand und im Segen wirkte. Durch etwas, was in den Tagen gesprochen wurde, war sie in innere Not und Anfechtung gekommen.

„Ach", klagte sie, „ich bin ganz arm geworden; mir ist alles genommen; ich habe nur Jesus." Schnell erwiderte der väterliche Freund: „Streichen Sie getrost das Wörtlein: „n u r" aus Ihrem Satz. Ist Jesus denn nicht genug?" — Das einfache Wort half der Christin sofort auf die rechte Spur.

Auf manchen Konferenzen und Versammlungen zur Vertiefung des Glaubenslebens war Rappard ein oft gesehener Gast, so in Deutschland bei der Pfingst= konferenz, früher in Gnadau, jetzt in Wernigerode, in Wiesbaden, in Blankenburg, Neustadt, Tersteegensruhe; in der Schweiz in Baden, Remismühle, Cherbres, Zürich. Ueber eine der letzteren schreibt ein Freund, Pfarrer A. Christlieb:

„Es ist mir unvergeßlich, wie ich einmal bei einer Gemeinschaftskonferenz in der Bethelkapelle in Zürich unter dem Eindruck dasaß: Jetzt habe ich genug gehört. Wenn jetzt nur gebetet werden könnte! In demselben Augenblick trat Rappard auf das Pult und, anstatt weiter auf die Diskussion einzugehen, faltete er nur die Hände und breitete den ganzen Gegenstand in herz= lichem Gebet vor Gott aus. Das tat so wohl und be= wahrte mir den Segen der Konferenz.

„Unter seinen Reden ist mir besonders eine nachge= gangen, wo er den Ausdruck besprach: „M e i n t r e u e r Z e u g e" (Off. 2, 13). Es drückte sich mir tief ein, wie herrlich es ist, also zu wandeln und zu zeugen, daß Jesus selbst einem dieses Prädikat geben kann."

⊕

Ein letzter Zug, der jetzt für die Seinen eine wunderbare Bedeutung gewonnen hat. Ein Evangelist schreibt:

„Sein Leben mit dem Herrn und die stete Bereitschaft, dem Herrn zu begegnen, machte einmal einen tiefen Eindruck auf mich. Es war am Tag der Einweihung unsres Hauses. In der Morgenandacht hatte Herr Inspektor das Sonntags-Evangelium, Joh. 2, 1 bis 11 gelesen: ‚Der Herr schafft Neues!‘ sagte er. Und zu meiner damals schwer leidenden, bald darauf heimgegangenen Frau sich wendend: ‚Auch bei Ihnen wird Er Neues schaffen, einen neuen Leib!‘ Ihre Tränen bemerkend fuhr er fort: ‚Was gibt es Herrlicheres, als Ihn, Ihn zu sehen! — Wenn der Herr jetzt zu mir sagte: In zwei Stunden rufe ich dich ab, so würde ich sagen: ‚Herr, ich komme!‘ Dann meine Hand ergreifend fuhr er fort: ‚Ich würde sagen: Bruder, sage meiner Frau und unsern Kindern, daß ich Glauben gehalten habe! Die Trennung sei nur eine kurze! Sie sollen auch Glauben halten, und dann folgt die Wiedervereinigung beim Herrn!‘“

7.

„Er hatte die Brüder so lieb.“

Diese einfachen Worte, die bei Anlaß von Rappards Heimgang ausgesprochen wurden, fanden in vielen Briefen ein Echo. „Er hatte uns lieb!“ Ja, das wußten alle seine Brüder, und das war wohl das tiefste Geheimnis seines Einflusses unter ihnen. „Man fühlte sich bei ihm so sicher“, sagte einer, und ein anderer meinte: „Jeder von uns wußte, es steht eine Felsenwand hinter uns; er hält sich zu uns.“

Eines seiner Kindlein fragte einmal: „Warum muß man denn i m m e r für die Brüder beten?" So hatte es die Kleine eben von ihrem teuren Vater gehört. Bei jedem Gebetsanlaß im Familienkreise, bei Krankheitsfällen, bei Freudenfesten, oft auch bei Tisch fehlte die Bitte nicht: „S e g n e d i e B r ü d e r!"

Sein Herz umfaßte sie alle. Von den Evangelisten der Pilgermission ist schon die Rede gewesen; begreiflicherweise mußte er am meisten mit ihnen verkehren, aber er liebte eben so treu und väterlich die andern alle. Da war die kleine Schar der Stadtmissionare in Basel. Wie freute er sich, gerade der lieben Nachbarstadt durch diese treuen Arbeiter dienen zu dürfen. Er lud sie gern ab und zu ein zu einigen Stunden traulichen Zusammenseins auf dem Berg, besuchte auch hie und da ihre Versammlungen und ihre Familien. Mit den meisten der in der Schweiz, Baden, der Pfalz, Württemberg, Mittel= und Norddeutschland arbeitenden ehemaligen Zöglingen blieb er in Fühlung. Es sind ihrer über dreihundert. Daher rührte zum Teil die große Korrespondenz. Vielen half er, wo er konnte, mit seinem weisen Rat und besuchte sie in ihren Arbeitsgebieten, wenn es die Umstände erlaubten. Auch mit einer ganzen Anzahl der in den Vereinigten Staaten arbeitenden Pastoren hatte er schriftlichen Verkehr; es war ihm eine Freude, daß ihrer viele ihre dankbare Liebe zum Mutterhause mit der Tat bewiesen, was übrigens auch von den Brüdern in der Heimat der Fall ist.

Im Jahr 1895 erfuhr das Arbeitsfeld der Pilgermission eine Erweiterung durch die Gründung des Chrischona=Zweigs der China=Inland=Mis-

s i o n. Es waren je und je Zöglinge im Hause, die
einen besonderen Zug zu der Heidenmission hatten und
die doch gern in Kontakt mit St. Chrischona geblieben
wären. Der Vorstand der China=Inland=Mission, mit
dem diese Frage besprochen wurde, kam den Wünschen
des Inspektors mit viel Verständnis entgegen, und die
gegenseitigen Beziehungen waren von Anfang an vom
Geiste herzlicher Liebe und Gemeinschaft getragen. —
Der kleine Zweig ist nur langsam gewachsen. Zwei begabte Missionare, Traub und Brauchli, wurden nach
kurzer, gesegneter Arbeitszeit heimgerufen; zwei andere
wurden auf dringende Bitte hin in andere Gebiete der
China=Inland=Mission versetzt. Vier Brüder und vier
Schwestern bildeten die kleine Pilgermissionsfamilie in
China zur Zeit des Heimgangs des teuren Vaters, der
sie stets mit so viel Liebe auf betendem Herzen getragen
hatte.

Der Zeltmission muß in diesem Abschnitt
auch kurze Erwähnung getan werden. Sie ist zwar
nicht eine Gründung der Pilgermission, ist aber von
einem ehemaligen Zögling der St. Chrischona, Br. Jak.
Vetter, ins Leben gerufen worden, aus dem mächtig
empfundenen Drang, das Evangelium unter die entkirch=
lichten Massen zu bringen. Inspektor Rappard brachte
dem Unternehmen seine warme Teilnahme entgegen. Der
„Zeltgruß" sagt von ihm: „Er hat seinen Schild über
uns gehalten und manche Lanze für uns gebrochen. Er
war einer von den wenigen Männern, die sofort ein=
gingen auf den Gedanken, die Massen in den Zelten
zu sammeln und ihnen das Evangelium zu bringen.

Mit Rat und Tat stand er uns bei. Er war in unserer Mitte wie ein Vater."

Von ganzem Herzen freute er sich des Segens, den der Herr auf diese Arbeit legte und half zu wiederholten Malen mit am Netze ziehen.

Die Reihen der Brüder in Rußland hätte Rappard gern verstärkt gesehen. Jenes große Reich interessierte ihn sehr, und als es den Anschein gewann, als ob die Religionsfreiheit in den weiten Gebieten des Zarenreiches durchgeführt werden könnte, hegte er allerlei Pläne zur Gründung einer Evangelistenschule oder doch einer Zentrale, von der aus, nach Pilgermissionsart, Ortschaft um Ortschaft könnte in Angriff genommen werden. Eine kleine Erstlingssumme hatte er für diesen Zweck bereit gelegt — aber die Tür war noch nicht offen.

Einige Auszüge aus Briefen seiner einstigen Zöglinge zeugen von dem Verhältnis herzlicher Liebe, das zwischen Lehrer und Schülern bestand:

„Als ich zum ersten Mal den Inspektor hörte, sprach er mit Geist und Feuer über die ganze Hingabe an den Herrn und über die Mithilfe am Werk des Herrn. Es war am Missionsfest, im Garten des Württemberger Hofes. Ich bekam einen solch tiefen und bleibenden Eindruck von dieser Rede, daß ich sie nie vergessen habe. Wie hoch ich seither von diesem lieben, großen Manne hielt, weiß der Herr, und Ihm sei Dank, daß ich in den vielen Jahren des gemeinsamen Arbeitens mich nie, nie in ihm getäuscht sah."

„Wenn uns der Inspektor auf unseren Stationen besuchte, war es uns eine Erquickung. Bewundern mußte man oft sein gutes Gedächtnis. Er hat von dem, was er auf den Stationen gesehen, gehört und erfragt hatte, wenig vergessen. Er kannte gewöhnlich nach Jahren die Leute noch, die er gesprochen; sogar die Pferde wußte er noch zu nennen, mit denen man ihn gelegentlich von Ort zu Ort geführt hatte. — Ich mußte mich oft wundern, wie diese vornehm angelegte Persönlichkeit sich in den allereinfachsten Verhältnissen zurecht zu finden wußte."

⊕

„Wie viel ist mir der liebe Heimgegangene gewesen! In einer Hinsicht war er bestimmend für die innere und dann auch die äußere Entwicklung meiner Person, wie auch der hiesigen Arbeit. Ich hatte in der ersten Zeit meines Hierseins ihm allerlei gesagt von Menschen und Verhältnissen, die unsere Arbeit erschwerten und fast unmöglich machten. Da nahm Herr Inspektor das Wort: ,Was hat man von unserm hochgelobten Meister gesagt? — Er hat Gott vertraut! So arbeite jetzt, frage nicht mehr: Was sagen und machen die Menschen? Wie sind die Verhältnisse? sondern: Was sagt mein Herr? Was will Er? und du wirst Sieg haben.' — Von dort an ging's besser. Für dies zurechtweisende und ermutigende Wort war ich stets dankbar."

⊕

„Wie oft hat sein kindlicher Glaube und sein unentwegtes Stehen auf Gottes Wort mein Herz gestärkt, wenn etwaige Zweifel kommen wollten, ob diese oder jene Theologen und Professoren, die so manches

‚nicht annehmen' können, am Ende doch nicht so ganz
unrecht hätten. Da habe ich mir die hohe Gestalt meines Inspektors ins Gedächtnis gerufen, wie er so kindlich gläubig zu uns sagte: ‚Wir haben die Bibel aus
Gottes Hand empfangen, so wie sie ist; wir haben an
ihr nichts zurechtzustellen.'"

✠

"Es war in den ersten Jahren meines Dienstes in
M., als der liebe Herr Inspektor bei uns auf Besuch
weilte. Bei diesem Anlaß saß er eines Abends unter
meinen Zuhörern. Nach der Versammlung nahm er
mich am Arm mit zu einem kleinen Spaziergang in
den Garten. Zuerst lobte er an meiner kurzen Ansprache,
was er nur irgend loben konnte. Dann sagte er: ‚Eins
hat mir gefehlt in deiner Wortverkündigung. Du mußt
Christus mehr verkündigen, indem du die Schrift er-
klärst und anwendest.'

"Diese liebevolle väterliche Ermahnung ging mir
sehr zu Herzen und trieb mich ins Gebet. Die Folge
davon war, daß der Herr mir nach einigen Wochen
1. Kor. 1, 1. 2 innerlich offenbarte und also meine Wortverkündigung tatsächlich eine andere wurde. Bis zur
heutigen Stunde genieße ich die Segnungen dieser kurzen, aber inhaltsreichen Kritik."

8.
Brief-Auszüge und Aphorismen.

Wenn auch nicht ganze Briefe, von der treuen,
fleißigen Hand des Inspektors geschrieben,
dem Leser mitgeteilt werden können, weil ihr Inhalt
meist zu persönlich ist, so enthalten doch einige vor uns

liegende Schreiben manche wertvolle Winke, die wir nicht unbenützt bei Seite legen wollen, in der Ueberzeugung, daß sie manchem Knechte Jesu dienlich sein können:

Anfangsschwierigkeiten. Einem Bruder, der keine Arbeitsfreudigkeit finden konnte: „Der Satan ist ein Drücker; zur Schwermut angelegte Leute drückt er gern. Da gilt's Stellung nehmen dagegen. Nimm deine Bibel-Konkordanz und schlage alle Stellen nach, die von der F r e u d e handeln, und die Freude wird dein Herz erfüllen."

Keine eigenen Wege. „Es ist köstlich, nicht eigene Wege zu gehen, sondern n u r d a n n e i n e A e n - d e r u n g i n s e i n e r ä u ß e r e n S t e l l u n g v o r z u n e h m e n, **wenn der Herr die Verhältnisse so klar gestellt hat, daß man nicht anders kann.**"

Nicht äußere Pracht. „Der Herr Jesus will Seine Gemeinde auf Erden nicht in äußerer Pracht haben. Was groß ist bei den Menschen, ist ein Greuel bei Ihm. Verachten wir deshalb nie das Kleine; der Herr verachtet es auch nicht. S e i e n w i r g e r n k l e i n u n d r e i n."

Versetzung. „Der Herr, in dessen Hand der ewige Vater alles gelegt hat, weiß, daß wir nur seinen Willen tun wollen, wenn es sich um die Versetzung unserer Brüder handelt. Du hast eine ganze Reihe von Jahren in deinem Arbeitsfeld treu gedient. Dadurch sind Bande geknüpft worden zwischen dir und den Seelen, die dich festhalten wollen; aber gerade dieses ist mit ein Segen der Versetzungen, daß die lieben Kinder Gottes von Menschen los werden und sich darauf besinnen, daß die Verbindung mit Christus, dem Haupt, allein das Lebenbringende und Lebenerhaltende ist. — Somit bleibet fest, mein teurer Bruder und meine teure Schwester. Denket an den Apostel Paulus, wie Gott ihn immer wieder los riß, sogar durch Gefängnis und Ketten."

Abendmahl. "Wenn Einer in Betreff des heiligen Abendmahls sich nicht beugt unter das Wort: 1. Kor. 11, 28: ,Ein jeglicher prüfe sich selbst, und also esse und trinke er', so tut er besser, von dem gemeinsamen Abendmahl der Kinder Gottes fern zu bleiben oder das Richten aufzugeben. — Die Kirchenzucht ist etwas für sich und ist merkwürdigerweise nicht an das Abendmahl gebunden. Wenn jemand Glied einer Gemeinschaft ist und lebt in offenbaren Sünden, muß er überhaupt ausgeschlossen werden, bis er Buße getan hat.

Beim Abendmahlgenuß muß klar gesagt werden, daß es nach der Schrift ein Tisch ist für das Volk Gottes; aber wir Menschen, die wir die Herzen nicht erforschen können, sind dem Ausscheiden auf diesem Gebiet enthoben. Wer unwürdig herzukommt, ißt und trinkt i h m s e l b e r zum Gericht, also nicht einem andern zum Gericht. Die andern, die sich geprüft haben und richtig stehen und also zum Tisch des Herrn gekommen sind, werden um des Einen willen nicht ungesegnet bleiben."

Eine Gnade um die andere. "Ich trage alle Stationen je länger, je mehr, auf betendem Herzen und erflehe unsern Brüdern im Glauben von unserm reichen Gott eine Gnade um die andere. Reinigung im Blute des Lammes, Ausguß der Liebe Gottes in das Herz, völlige Freude (Joh. 15, 11) und tiefer Friede."

Legitimiert. „Es kommt nun alles darauf an, daß der Herr dich in dem Arbeitsfelde, in dem du jetzt bist, legitimiere und dir Türen und Herzen öffne, sei es in der Stadt oder in der Umgegend. — Wir wünschen nichts anderes, als daß unsre Brüder vom Herrn gebraucht werden, Ihm den Lohn seiner Schmerzen zuzuführen und die zum Herrn Gebrachten als Gemeinschaften von Christo zu pflegen."

In Christo. „Nichts kann uns schaden, wenn wir in Christo, in wahrer Lebensgemeinschaft mit unserm Erlöser stehen; sobald wir jedoch nicht in Ihm sind, wird alles um uns her zu einem reißenden Strom, und wir sind gleich Schiffen, die Ruder und Kompaß verloren haben."

Dornen und Disteln. „Viele Schwierigkeiten, Mißgeschicke und Unannehmlichkeiten, die das Alltagsleben mit sich bringt, sind einfach zu rechnen unter die „Dornen und Disteln", die wir auf Erden zu gewärtigen haben (1. Mose 3, 18). Wundre dich nicht darüber. Nimm sie geduldig hin. Auch sie müssen uns zum Besten dienen."

Ein senkrechter Schnitt. „Auch bei dem Gotteskinde wagt es das Böse, seine Ansprüche wieder geltend zu machen. Dem Jünger Christi hilft es aber zum schnellen Sieg, wenn er spricht: Zwischen mir und der Sünde ist durch das Kreuz Jesu **ein senkrechter Schnitt** gemacht; ich bin hüben, sie ist drüben. Ich lasse mich nicht ein mit der Sünde, sondern halte mich an den siegreichen Herrn."

In der Wüste. „Wie Gott in der Wüste Kaleb in Gesundheit und Frische erhalten konnte, so wird Er es auch euch tun, nach eurem Glauben. Wenn für die natürlichen Sinne alles „Nein" scheint, so ist bei Gott alles: „Ja."

Im Bunde mit Gott können wir täglich alles überwinden.

Wo Kraft ist, recht zu befehlen, da bleibt der Gehorsam selten aus.

Der Auferstandene hat sich zuerst denen geoffenbart, die in heißem Verlangen nach Ihm sich sehnten. Am Ostermorgen bewahrheitete sich das Wort: Die Liebe ist die größte unter ihnen.

Man ist nie ganz gerecht gegen einen Menschen, wenn man ihn nicht liebt.

Laß nichts verderben; sonst verdirbst du.

Das Lagern auf den Grenzen ist lebensgefährlich.

Wenn du in einen äußeren Sturm kommst, so gib acht, daß kein innerer Sturm daraus werde. Ae u ß e r e r S t u r m, i n n e r e S t i l l e!

Es gehört ein gut Stück Dummheit dazu, um hochmütig zu sein.

Suche dir niemals auf Erden ein kleines Paradies zu schaffen, auch im Alter nicht.

Wenn die Kräfte der unsichtbaren Welt eingreifen in die sichtbare und Menschenherzen bewegt werden in Buße und Glauben zu ihrem Heiland hin, so empfinden die Kinder Gottes die h ö ch st en F r e u - d e n, d i e e s a u f E r d e n g i b t.

Besiehe nicht deinen Glauben, sondern g l a u b e.

Das Bekenntnis eines Sterbenden: „I ch h a b e m e i n L e b e n l a n g n u r m i ch g e s u ch t, u n d h a b e a u ch n u r m i ch g e f u n d e n!" hat mich be- wegt. Welch ein ödes Leben ist hier dargestellt. Wer sein Leben erhalten will, der wird es verlieren.

Wie unüberwindlich sind doch die schwachen Leute, für die der Herr streitet!

Jeden Tag aufs neue preise deinen Herrn dafür, daß Er dich erlöst hat. Jeden Tag auf neue weihe dich Ihm.

Wir wollen Schwierigkeiten ansehen als Gelegen- heiten, Gott durch den Glauben zu ehren.

Böse Laune muß mit aller Entschiedenheit be- kämpft und abgelegt werden.

(Auf einer Bergtour): Wir haben den ganzen Tag Sonnenschein; aber nichts kann das Herz erfreuen als Jesus.

Zehntes Kapitel

Die Familie.

„Ein Kirchlein in der Kirche
Sei jedes Christenhaus!"

1.

Über die Ehe.

Wie Heinrich Rappard sein persönliches Glaubensleben und seine Amtstätigkeit auf das Wort Gottes gründete, so auch sein ganzes Familienglück. Eine seiner großen Leitregeln war das apostolische Wort: Ich lasse euch aber wissen, daß Christus ist eines jeglichen Mannes Haupt, der Mann aber ist des Weibes Haupt; Gott aber ist Christi Haupt. (1. Kor. 11, 3.) „Das ist die wahre Stellung und Reihenfolge", sagte er, „und nur der Mann ist fähig, im wahren Sinn des Worts des Weibes Haupt zu sein, des Haupt Christus ist."

Jene andere herrliche Stelle Eph. 5, 22—33, wo von den gegenseitigen Beziehungen von Mann und Weib so unvergleichlich schöne Worte gesagt sind, war ihm schon in der Brautzeit wichtig geworden. Oft im Lauf

der Jahre hat er sie mit seiner Gattin vor Gottes An=
gesicht wieder durchgelesen und stets quoll aus diesem
Born das lebendige Wasser frisch und neu hervor. Er
machte darauf aufmerksam: „Einerseits wird die Liebe
Christi zu seiner Gemeinde und ihre Hingabe an Ihn
hier dargestellt als das Ur= und Vorbild der Liebe, die
zwischen christlichen Gatten bestehen soll. Anderseits ist
die gegenseitige Liebe der Gatten gebraucht als ein
Bildnis, an dem wir in Schwachheit verstehen lernen,
wie lieb Christus uns, seine Brautgemeine, hat, und
mit welcher Hingabe wir Ihm anhangen dürfen. Diese
wechselseitigen Bilder und Wirkungen sind sehr kostbar!"

Von den verschiedenen Stellen sprechend, die in
den Episteln die Familienverhältnisse beleuchten, fragte
Heinrich einmal fast scherzend: „Warum wird wohl den
Frauen nicht geboten, daß sie lieben sollen, sondern nur
den Männern?" Antwort: „Weil den Frauen das Lie=
ben natürlicher ist, und weil sie von ihren Männern
nichts anderes begehren als Liebe." — „Ach ja", sagte
er, und der scherzende Ton hatte einem tiefen Ernst
Platz gemacht, „wie oft merkt man auch bei Gläubi=
gen so wenig von dieser wahren Liebe, und doch ist
tatsächlich die P f l i c h t des christlichen Mannes kurz
und bündig zusammengefaßt in die Worte: Ihr Män=
ner, liebet eure Weiber!"

So hatte er selbst schon als Bräutigam einmal
geschrieben: „Von nun an hast du das Recht, k r a f t
d e s W o r t e s G o t t e s mir zu sagen: Du mußt
mich lieben!"

In Fällen, die ihm bekannt wurden, wo statt der
Liebe Selbstsucht und Härte herrschten, sagte er: „Das
muß man nicht als ein Unglück oder eine Eigenart be=

trachten, sondern als Sünde und Ungehorsam gegen
Gottes Wort. Wenn der Geist Gottes die Herzen erfüllt, dann kommt alles zurecht. Dann wird der Mann
ein liebevollerer Gatte, die Frau eine demütigere Gattin
sein, als sie es in eigener Kraft sein könnten."

Was das Untertansein anbelangt, das vom Weibe
als der wesentlichste Teil ihrer Aufgabe gefordert
wird, so wies er gern hin auf die drei Wörtlein, die
an mehreren Stellen beigefügt sind: Untertansein i n
d e m H e r r n, oder an einem andern Ort: a l s d e m
H e r r n. Wie veredelt und heiligt das den Gehorsam,
den Gottes Wort verlangt.

Diese allgemeinen Ehestandsgedanken müssen viele
Einzelheiten ersetzen, die hier nicht mitgeteilt werden
können. Wie sollte man auf einigen Seiten aufzuzählen
vermögen, was das gemeinsame Leben an Freude und
Leid, Arbeit und Mühe, Demütigungen und Durch-
hilfen gebracht hat? Ein Wort kann alles zusammenfassen, nämlich das dankbare Bekenntnis der nun ver-
einsamten Lebensgefährtin: W i r s i n d E i n s g e -
w e s e n.

Doch dürfen wohl einige charakteristische Züge in
diesem Lebensbild nicht ganz fehlen.

Wie alle groß angelegten Männer hatte Rappard
eine ritterliche Hochachtung für das Weib, und diese
natürliche Veranlagung wurde verstärkt durch die Erkenntnis der Stellung, die das Evangelium dem Weibe
gegeben hat. Das hat niemand so erfahren können, wie
diejenige, die das große Vorrecht gehabt hat, zweiund-
vierzig Jahre lang an seiner Seite zu leben, von ihm
geliebt, geleitet und erzogen zu werden. Aber diese Ge-

sinnung trat in allerlei Lagen und Verhältnissen hervor.
Wie er als Jüngling seine Mutter und Schwestern so
innig geliebt und geehrt hat, ist aus seinen Briefen ersichtlich. Der Zug, das Schwächere zu beschützen, war
in diesem starken Charakter außerordentlich lebhaft
ausgeprägt; allerdings erwartete er dann auch volles
Vertrauen und Eingehen auf seine Gedanken.

Ohne viel davon zu reden, beeinflußte er auch nach
dieser Seite hin seine Schüler. Der Ansicht, die ihm in
einigen Kreisen begegnete, als ob die Gattin eine Art
höhere Magd sei, die man heirate, um für die äußeren
Geschäfte des Haushaltes versorgt zu sein, und die zufrieden sein müsse, wenn sie ein gutes Heim und den
nötigen Lebensunterhalt habe, trat er entschieden entgegen. Ihm war die Liebesneigung, die vom Schöpfer
in das Wesen von Mann und Frau gelegt ist, etwas
sehr Heiliges und Zartes. Wohl wußte er es hoch zu
schätzen, wenn Knechte und Mägde Jesu Christi aus
Herzenshingabe an den Herrn oder in williger Unter-
ordnung unter seine Führungen das Kleinod der irdischen Liebe Ihm zu Füßen legten, um, wie Paulus
sagt, Ihm allein anzugehören und zu gefallen. Wohl
wußte er auch, wie oft das, was man Liebe heißt, nur
eine Leidenschaft ist, die nimmermehr das Herz befrie-
digen kann, weil sie es abzieht von dem, der die einzige Quelle des Glückes ist.

Aber das hinderte ihn nicht, die große Freundlichkeit Gottes zu erkennen in der Gabe der bräutlichen
und ehelichen Liebe, mit der Er zwei Menschen verbindet in innigster Gemeinschaft, eine Gabe, die wie alle
Kräfte und Fähigkeiten, dem Herrn völlig unterstellt
und geheiligt werden muß, damit das Herz nicht vom

Schöpfer ab, sondern zu Ihm hingezogen werde durch seine Güte. Hier gilt vor allen Dingen die Regel: Allein, daß es in dem Herrn geschehe.

Dieser biblisch denkende Mann liebte auch biblische Ausdrücke; darum wußte er auch seiner Gattin keinen lieberen Namen zu geben als den seiner Gehilfin. Es sollte aber nicht nur ein Name sein, sondern eine Wirklichkeit, und sie dankt es ihm mit gerührtem Herzen, daß er ihr erlaubt hat, ihm in seiner Arbeit zu helfen, nicht nur in irdischen und vergänglichen Dingen, sondern in den großen Interessen des Reiches Gottes. Aber die Gehilfinnenstellung muß gewahrt werden. Das Weib darf helfen auch im Dienst des Heiligtums, aber es soll niemals herrschen. Das ist eine prinzipielle Sache, die in der heutigen Frauenfrage beachtet werden sollte.

Schon in den ersten Zeiten des Ehestands sagte Heinrich zu seiner jungen Frau: „Je mehr unsere Liebe geistlich ist, desto mehr Ewigkeitsdauer wird sie haben. Das bloß Irdische, Seelische vergeht mit der Erde; das Geistliche bleibt in Ewigkeit." Der Herr kam in seiner Gnade und Geduld dem aufrichtigen Wollen seiner Kinder entgegen und erzog sie mit einander und durch einander auf das Ziel hin, das in den Worten ausgedrückt ist:

Der Tag wird kommen. — Wunderbar
Wird sein das Wiedersehen!
Nicht Mann und Weib, doch eins fürwahr
Vor Gott wir werden stehen
Und mit der bluterkauften Schar
Durch Ewigkeiten gehen.

Die häufigen Trennungen, die Rappards Amts-
reisen mit sich brachten, waren wohl den Zurückbleibenden schwerer als dem Reisenden; doch auch ihm gingen
sie nahe. An einem Neujahrstag, den er in der Ferne
zubrachte, schrieb er:

„Meine Teuren!

„Es verlangt mich nach Euch, doch predige ich
heute über 1. Kor. 7, 29—31: ‚Die Zeit ist kurz.
Weiter ist das die Meinung: die da Weiber haben,
seien, als hätten sie keine, und die da weinen, als
weinten sie nicht, und die sich freuen, als freuten sie
sich nicht, und die da kaufen, als besäßen sie nicht.
Denn das Wesen dieser Welt vergeht.‘ Erst wenn
der Lauf vollendet ist, haben wir ewige Seligkeit und
bleibende Gemeinschaft. Jetzt gilt es noch arbeiten
für den Herrn.“

Die Briefe, mit denen er auf seinen Reisen die
Gattin treulich bedachte, enthalten kostbare Winke:

„Laß dir, als einem Schäflein Jesu Christi,
die Heiterkeit deiner Seele nie durch Sorgen für die
Zukunft trüben.“

„Bete immer mit Vertrauen. Verbanne die Angst.“

„Nicht wahr, wir wollen in großen und in
k l e i n e n D i n g e n stets den Willen Gottes tun.“

An einem Jahrestag der Hochzeit:

„In großer Liebe gedenke ich deiner heute. Der
28. November 1867 war ein Tag des Segens für
uns und bleibt ein solcher bis hinein in das Reich
des Königs, in das Neue Jerusalem, wo wir einst
um der Gnade und der Erlösung willen mit unserer

ST. CHRISCHONA 1909

ganzen Kinderschar selig sein werden von Ewigkeit zu Ewigkeit.

"Ich werde deiner viel gedenken im Gebet. Der Herr segne dich bei deiner Arbeit unter den Frauen im Wiesental und mich bei der Verkündigung des Evangeliums im Tal der Thur! Daß dieser Tag uns beide in der Arbeit und um des Werkes des Herrn willen getrennt findet, erhöht seine Würde."

☩

Einige Jahre später an demselben Tag:

"Wir sind wohl heute glücklicher als vor acht= unddreißig Jahren, jedenfalls näher dem Himmel! Der Herr wird uns tragen bis zu dem ewigen Wiedersehen, wenn wir im Glauben bleiben."

Als Widmung zu einem prächtigen Harmonium schrieb er das schöne Wort:

"Spiele und singe mit deinen Söhnen und Töchtern deinem Herrn und Heiland zur Ehre, deinem Mann zum Segen."

☩

Der teure, große Mann, der oft im Familienkreise etwas zerstreut sein konnte, weil weitgehende Gedanken ihn beschäftigten, hatte dennoch ein feines Gemerk für kleine Dinge und wußte seiner Liebe gar sinnigen Aus= druck zu geben. Als er von einer mehrwöchentlichen Amtsreise zurückkehrte, auf der seine Frau ihn ausnahms= weise begleitet hatte, sagte er bei der Heimkehr: "Dies= mal bin ich die ganzen vier Wochen d a h e i m ge= wesen."

Daß er der Herr im Hause war, wußten alle, und der Wahrheit gemäß muß es gesagt werden, daß der stramme Gehorsam etwa einmal Ueberwindung kostete. Aber sein Herrschen hatte nichts Hartes und

Störrisches; auch wußte man, daß er niemals sich selbst und seine Bequemlichkeit suchte, und man merkte je länger, je mehr, daß seine Beschlüsse weise und segensreich waren; darum vertraute man ihm und fügte sich gern.

Ein Begleitvers zu einem Paar selbstverfertigter Kutschierhandschuhe machte ihm einmal viel Freude:

> Die Hand, darein ich meine legte
> Vor heute sechsunddreißig Jahren,
> Hat unser Fahrzeug wohl geleitet —
> Wir sind im Segen gut gefahren.
> Drum möcht die Hand ich warm erhalten
> Auf unsers Pilgerweges Reste.
> Geliebter Mann, ich bitt' mit Freuden:
> Halt bis zuletzt die Zügel feste!

Das hat er auch getan. Es war bis zuletzt kein Nachlassen bei ihm wahrzunehmen, weder in der ernsten Fürsorge noch in der ritterlichen Hochachtung und Liebe. Er wurde nur immer anspruchsloser, stiller, dankbarer.

Ein Gebet, das er einst bei Anlaß des Geburtstags seiner Frau niederschrieb, soll den Schluß dieses Abschnitts bilden:

> Treuer Herr Jesu!
> Deine Hand hat geleitet,
> Dein Auge hat bewacht,
> Deine Gnade hat erquickt,
> Dein Heiliger Geist hat immer wieder angeregt,
> Dein teures Blut hat unaufhörlich gereinigt,
> Du hast Mühe und Arbeit gehabt mit uns,
> Aber Du hast Dein Liebeswerk getan!

Laß die neuen Jahre, die heute angetreten werden, voll sein von neuer Kraft, voll Deines Geistes, Dir allein zu leben, zu dienen und dem Vater Frucht zu bringen! Amen.

2.

Die Kinder.

Wie die Oelzweige umringten manches Jahr hindurch acht fröhliche Kinder den Tisch des trauten Heims. Zehn war die Vollzahl: vier Söhne und sechs Töchter. Aber zwei Söhnlein wurden, wie in einem früheren Kapitel schon erwähnt und wie der Vater bewegten Herzens in die Familienbibel eintrug, frühe „versetzt in Jesu Reich". Durch die Trauer, die sein Herz damals erfüllte, warf das königliche Wort des Lebensfürsten helles Licht: „S i e leben I h m a l l e."

Eine sonnige Jugend war den Kindern beschieden, und ein „Kinderparadies" wurde oft die stille Bergeshöhe genannt, wo Wald und Flur die herrlichsten Spielplätze boten, und Pferde und Kühe samt dem ganzen wechselreichen Betrieb der Landwirtschaft nie endendes Interesse erweckten. Das Schönste von allem war, daß allerorts Gottesfurcht und Liebe herrschte und man keines der bösen Worte vernahm, die die Kindesseele oft so frühe vergiften.

Bis zur Uebersiedelung nach Basel wurde der Unterricht von einer treuen christlichen Lehrerin erteilt, der Eltern und Kinder sich stets zu großem Dank verpflichtet fühlten. Nach der Rückkehr aus der Stadt, wo man natürlich die Schulen besucht hatte, übernahm die zweitälteste Tochter nach wohlbestandenem Examen und erhaltenem Diplom den Unterricht der drei jüngsten Schwestern bis zum Schluß der Schuljahre. Die Söhne konnten vom Berge aus das Gymnasium besuchen.

Der Vater konnte sich weniger der Erziehung seiner kleinen Schar widmen, als es wohl wünschenswert gewesen wäre, obwohl die Eltern sich bemühten, das Familienleben nicht im Anstaltsleben untergehen zu lassen. Das Gefühl der Sicherheit und des Geborgenseins, das man in der Nähe des Vaters hatte, war allen eindrücklich und klang schon durch in einem Lied, das die Kleinen bei Anlaß eines Abschieds „gedichtet" hatten, und das anhub mit den Worten:

> „Ach, bleib bei uns, Herr Jesu Christ,
> Weil Papa fortgegangen ist."

Die Beobachtungen, die er im Kinderkreis machte, kamen ihm oft in seinen Vorträgen und Schreiben gut zu statten. So erzählte er in einem seiner letzten Jahresberichte:

„Als meine Kinder noch klein waren und ich an einem Tag in der Hausandacht Lukas 10 las, da fragte eines: ‚Wie konnten aber die Jünger reisen ohne Beutel?' Da antwortete ein anderes: ‚Ich weiß es: es ging den Jüngern wie uns, wenn wir mit dem Vater irgendwo hingehen. Wir brauchen kein Geld mitzunehmen, weil wir wissen, daß er einen Beutel hat'."

Die kleinen Reisen, die er ab und zu mit den Kindern zu machen pflegte, kosteten übrigens nicht viel Geld, waren aber reich an kostbaren Eindrücken und Erinnerungen. Denn man fuhr meist im eigenen Gefährt, wobei der Vater selbst kutschierte und die schönsten Wege wählte, um seinen Kindern Heimatkunde und Anschauungsunterricht zu erteilen.

So ging es einmal nach Luzern, ein ander Mal nach Neuenburg, nach dem Titisee usw. Lange Ferienaufenthalte machte er nicht; aber diese mehrtägigen Ausflüge im Kreise seiner Lieben waren für ihn wahre Erquickungen. Wie freute er sich, nun einmal recht für sie

Zeit zu haben! Wie viel wurde da gesungen! Wie war das kinderreiche Heim überhaupt jahraus, jahrein so voller Sang und Klang!

Das Fest der Silbernen Hochzeit, am 28. November 1892, lebt in aller Erinnerung als ein Höhepunkt im glücklichen Familienleben. Onkel Samuel von Männedorf war in freundlicher Weise auch dazu gekommen, und seine gediegene Ansprache über Psalm 65, 2—5 gab dem Tage eine besondere Bedeutung für die ganze Hausgemeinde. Aus voller Seele stimmte der dankbare Hausvater ein in das Bekenntnis des königlichen Sängers: Wohl dem, den du erwählst und zu dir lässest, daß er wohne in deinen Höfen; der hat reichen Trost von deinem Hause, deinem heiligen Tempel.

⊕

Bis zu jenem festlichen Tage waren die acht so innig verbundenen Geschwister nie auf längere Zeit getrennt gewesen. Aber nicht lange danach wurde es mit einem Male gar anders. Im Jahr 1894 verheiratete sich die älteste Tochter, und eine zweite verließ das Elternhaus, um in einen Dienst des Reiches Gottes einzutreten. Und dann griff der Herr tief ein und rief den vielgeliebten ältesten Sohn zu sich in die Ewigkeit. Ueber das sonnige Familienleben kam eine Wolke und überschattete uns, und wir erschraken, da uns die Wolke überzog. Und dennoch drang auch durch diese Wolke die Stimme des allmächtigen und gnädigen Gottes.

Nun mehrten sich die Trennungen rasch, in Freud und Leid, wie es in diesem Pilgerleben zu gehen pflegt. Ein Glied der Familie um das andere fand seinen Wirkungskreis. Wie glücklich war der Vater, wenn er im Herzen seines Kindes das Wirken der Gnade bemerkte und dann wahrnahm, wie der große Ernteherr es in sein weites Ackerfeld berief.

Viele Jahre hindurch hatte er die Freude, die eine oder andere seiner Töchter als verständnisvolle Sekretärin an seiner Seite zu haben, was für ihn eine große Erleichterung der Arbeit, für sie nach jeder Beziehung eine Förderung war.

Der einzig übriggebliebene Sohn Heinrich folgte im Jahr 1898 dem Ruf einer Pariser Missionsgesellschaft als Pfarrer nach Saida in Algerien. Er nahm sich der Zivilbevölkerung, vornehmlich aber der Soldaten der Fremdenlegion an. Im Jahre 1901 besuchten ihn die Eltern und brachten einige Wochen bei der kleinen Familie in dem sonnigen, echt afrikanischen Städtchen zu. Es war dem Inspektor etwas Großes, noch einmal den Boden Afrikas zu betreten, auf dem er seine Laufbahn als Verkündiger des Evangeliums begonnen hatte. Auch interessierten ihn Land und Leute ungemein, und besonders für die Legionäre empfand er warme Teilnahme. Später siedelte sich der Sohn ganz in Algerien an, besuchte aber alljährlich die alte Heimat und das Vaterhaus.

Zu großer Freude gereichte es dem alternden Inspektor, daß er zwei seiner Schwiegersöhne, H. Hanke und Fr. Veiel mit ihren Gattinnen, sowie auch seine Tochter M. als Mitarbeiter in dem geliebten Werke auf St. Chrischona haben durfte; ebenso daß jeder seiner drei jüngeren Töchter eine gesegnete Wirksamkeit auswärts zu teil wurde.

So kehrte der Vater auf seinen Reisen öfters ein im Hause seines Schwiegersohnes, des Pfarrers Otto Simon in Frankfurt a. M., und freute sich seiner ausgedehnten Arbeit und seines Familienglücks. Auch bei seiner Tochter in Valentigney, Frankreich, machte er Besuche, wann es ihm möglich war, und nahm mit großem Interesse teil an der guten Arbeit, die von dort aus in weitem Umkreis getan wird. Sein jüngstes Kind zog in weite Ferne als Gattin des Missionars Georg von Tribolet in Lourenço=Marques, Süd=Afrika. Das Scheiden brachte herben Schmerz. Vater und Tochter haben sich nicht wieder gesehen.

Was dieser Vater seinen Kindern gewesen ist, das wissen sie wohl! Von seinen Lippen haben sie die heilsamen Worte des Lebens vernommen. In Zeiten schwerer Krankheit ist er ihnen beigestanden mit priesterlicher Fürbitte und unerschütterlichem Gottvertrauen. An seinem felsenfesten Glauben richteten sie sich in innerer und äußerer Not immer wieder auf; denn er wies sie auf den hin, der seines Lebens Stern und Inhalt war: Jesus Christus.

Aber auch für ihre äußeren Erlebnisse interessierte er sich in hohem Maße, und sein verständnisvolles Fragen und Eingehen auf jede Einzelheit ihrer Erfahrungen war ihnen ungemein wertvoll. Dem Vater alles haarklein zu erzählen, war allemal die Krone jeder Freude.

Dieser Zug seines Charakters machte sich auch in weiteren Kreisen geltend. Er ging liebend ein auf alles, was seine Freunde im inneren und äußeren Leben beschäftigte und konnte ihnen dann durch einen freund-

lichen Wink in vielen Fällen Hilfe leisten. Wer los ist
von sich selbst, hat Zeit und Herz für andere.

Zu dem engsten Familienkreis gehörten auch die
Enkel, die zu St. Chrischona, Frankfurt und Saida
aufwuchsen und für die der Großvater ein Herz voll
warmer, fürsorglicher Liebe hatte. Gar lieblich verstand
er es, sich mit ihnen abzugeben. Unter den vielen ernsten Büchern und Schriften, die seinen Schreibtisch be-
deckten, befanden sich allerlei kleine Spielsachen, eine
Musikdose und anderes mehr, mit denen er die lieben
Kleinen zu erfreuen wußte, wenn sie ihn einmal besuchen durften.

Täglich brachte er seine Kinder und Kindeskinder
vor den Herrn in herzlicher Fürbitte. Der Inbegriff
seines Gebets für sie war, daß sie möchten als neue
Kreaturen in Christo sein und in Christo bleiben, Ihm
dienen auf Erden und einst vor Gottes Thron erscheinen in der Herrlichkeit. Aus tiefster Seele und oft mit
Tränen stimmte er ein in die Bitte:

> Herr, wie hier uns geeint Deine Hand,
> So versiegle auf ewig dies Band —
> Ob getrennt auch hier,
> Bring uns einst bei Dir
> Alle zusammen im Herrlichkeitsland!

Ehe wir einige Auszüge aus seinen Briefen an
die Kinder mitteilen, muß noch ein Zug erwähnt werden, der in das Familienleben gehört, nämlich das
liebliche Verhältnis, das zwischen den Hauseltern und
den treuen Dienerinnen bestand. Es war dem Inspektor
ein ernstes Anliegen, daß sein Haushalt auch in diesem
Punkte nach dem Worte und dem Sinne Jesu Christi

eingerichtet sei. Oft sprach er seine große Hochachtung aus vor dem dienenden Stand und vor der verborgenen Treue und Aufopferung, die man hier findet. Die äußeren Verhältnisse, sowie das Seelenheil der Gehilfinnen lagen ihm am Herzen; sie ihrerseits hatten volles Vertrauen in ihn und dienten ihm um so lieber um seiner großen Anspruchslosigkeit willen. Auf seiner letzten kleinen Ferienreise, wenige Wochen vor dem Heimgang, sandte er von einer schönen Bergeshöhe eine Ansichtskarte an das zu Hause gebliebene Mädchen und unterschrieb seinen und seiner Frau herzlichen Gruß mit den Worten: „Dein dankbarer

C. H. Rappard."

✠

Einige Auszüge aus Briefen des teuren Vaters an seine Kinder lassen Blicke tun in sein Herz:

5. Oktober 1883.

„Für jedes meiner acht Kinder will ich ein Wort schreiben, wie Gott es mir gibt:

Th. Freue dich in dem Herrn allewege, und abermal sage ich: Freue dich!

M. Habe Jesus stets im Herzen und vor Augen.

E. Gedenke, was du empfangen hast, und wachse darinnen.

A. Gehe frühe den Weg des Heils, deinem Vater und deiner Mutter nach.

Hch. Fange an im Glauben zu beten, und du wirst erhört werden.

H. Folge der guten Stimme deines Hirten in dir.

El. Bete für deinen Vater und mache der Mutter Freude.

Hel. Der Herr segne dich und behüte dich. Amen.

Der Heilige Geist sei in Euch, meine lieben Kinder. Euer Vater."

Memel, 23. April 1884.

„Heute früh 5½ Uhr dachte ich in ganz besonderer Weise an jedes von Euch und bat für meine acht Kinder, daß kein Einziges je etwas anderes sei und sein wolle als ein Eigentum Jesu Christi. Der Herr segne Euch und bewahre Euch jeden Tag, in den Schulen, auf der Straße, im Hause, im Garten, bei Tag und bei Nacht."

24. Mai 1889.

„Mein liebes Kind, benütze recht, was du hast. Gott führt seine Kinder in verschiedene Schulen, und ich bin überzeugt, daß die Schule, in der du jetzt bist, eine von Gott gewollte ist. Lebe in der Gegenwart, ohne dich durch Gedanken an das Heimkommen innerlich stören zu lassen. Wir sind immer in Gefahr, einer unbändigen Phantasie Raum zu geben, die unsere Stille trübt und viel innere Kraft zerstört. Habe recht Heimweh nach mehr Fülle seines Geistes. Ohne Ihn können wir einmal nichts anderes sein als natürliche Menschen. — Laß dich nur nicht verwöhnen und auch nicht loben. Denn es ist nichts zu loben an so armen Menschen, die aus Gnade leben. Es gilt sich hingeben und dienen in der Liebe."

Er ließ seine Kinder auch teilnehmen an den Interessen der Arbeit. So schreibt er:

10. März 1890.

„Die Arbeit hier geht sehr gut voran. Die lieben Christen sind ganz glücklich über das von Herrn N. gekaufte (und ihnen zur Benützung überlassene) Haus, das einen Saal mit sechshundert Sitzplätzen enthält und Raum bietet zur Wohnung für acht Familien. Wie viel könnte getan werden, wenn noch andere reiche Leute mir Mk. 100 000.— anvertrauen würden zum Bau von Vereinshäusern und Missionssälen! Vielleicht bekomme ich sie einmal!!"

Zwei leidenden Töchtern.   4. November 1891.

„Gott führe Euch immer mehr ein in die Gemeinschaft mit Ihm, daß Ihr nicht nur w i s s e t, ein Mensch k ö n n e auf das innigste und wahrhaftigste mit seinem Heiland verbunden sein, sondern daß Ihr es wirklich e r f a h r e t und g e n i e ß e t. Die besten Güter kommen uns von Ihm."

11. November 1893.

„Daß du glücklich bist, mein Kind, macht mir Freude. — In der Arbeit für den Herrn gibt es manches Schmerzliche zu erfahren; aber der große Trost ist, daß man alles dem Herrn Jesu sagen kann. Je mehr Schwierigkeiten sich zeigen, d e s t o m e h r offenbart sich der Heiland als der große Helfer. Er fülle unsre Herzen mit seinem Frieden und seiner Freude."

An eine schwer erkrankte Tochter.

London, 8. März 1904.

„Mein teures Kind!

„Gott ist dein Vater, Jesus dein Arzt. Zu Ihm halte ich mich. Bei Tag und Nacht bete ich

für dich. Mein Herz möchte am liebsten zu dir eilen
. . . . Verlasse dich auf deinen Gott von ganzem
Herzen. Ich bete und vertraue. **Es ist mir, als
ob mein Herr und Haupt, Jesus Chri-
stus, mich auf St. Chrischona herrlich
ersetzt.** Er, Er allein ist unsere Zuflucht. Du
erinnerst dich, wie oft der Herr dich von der Schwelle
des Todes errettet hat. Er weiß alles, sieht in alles.
Er liebt und hat die Macht über jedes seiner Kinder.
— Jesus sei deine Kraft. Der Berg des Heils ist
höher denn alle Berge. Im Geiste bin ich immer
bei Euch.

Euer treuer Vater."

3.

Unser August.

Der Heimgang unsers erstgeborenen Sohnes August
ist im vorigen Abschnitt schon erwähnt worden;
seinem teuren Andenken gebührt aber noch ein Blatt in
dem Lebensbilde seines Vaters.

Als die Glocken früh morgens das Himmelfahrtsfest
einläuteten, am 22. Mai 1873, erblickte er das Licht
dieser Welt. Ein reiches, tief angelegtes Gemüt offenbarte sich schon in frühester Kindheit, und herrliche
Gaben des Leibes und des Geistes ließen die Eltern
hoffen, der Knabe werde einst ein brauchbares Werkzeug werden in Gottes Hand.

Nach gut bestandenem Maturitätsexamen ging er
im Frühjahr 1891 nach Neuchâtel, um sich in der französischen Sprache zu vervollkommnen und die geistvollen

theologischen Vorlesungen des greisen Professors Frédéric Godet zu hören. In Neuchâtel war es, daß der Herr ihm sehr nahe trat, ihm seine tiefe Verdorbenheit offenbarte, ihn aber auch der Vergebung seiner Sünden durch das Blut des Lammes versicherte. Als er seinen Eltern von dieser Erfahrung Mitteilung machte, wies er mit innerer Bewegung auf das Wort Ebr. 11, 16 hin und sagte: „Das Wort gilt nun auch mir: G o t t s c h ä m t s i c h i h r e r n i c h t , z u h e i ß e n **ihr** G o t t."

Im Herbst desselben Jahres begann er in Basel das eigentliche Studium der Theologie. Er wohnte im Fälkli und schloß sich mit kindlicher Liebe an Herrn Jaeger und an seinen Onkel und Paten, Herrn Paul Kober, an. Sein stilles Zimmer in jenem erinnerungs= reichen Hause war Zeuge mancher köstlichen Erfahrun= gen, aber auch vieler innerer Kämpfe; denn sein nach Erkenntnis dürstendes Gemüt fand in einzelnen Fragen nicht sofort die Lösung, die dem Glauben gegeben ist in dem untrüglichen Worte Gottes.

In jenen Jahren beschäftigte er sich viel mit dem christlichen Jünglingsverein in Basel und leitete eine Zeitlang dessen Jugendabteilung. In den fernen Inseln der Südsee arbeitet heute ein Missionar, der in diesen Vereinsstunden den Weg zum Leben gefunden hat.

Auf seinen Wunsch hin bezog August im Herbst 1893 die Universität Göttingen und studierte dort wäh= rend des Wintersemesters mit großem Fleiß. Zu Neu= jahr hielt er mit innerer Freude und Ergriffenheit in der Kirche seines Vetters, Pastor Zeller in Biesenrode im Harz, seine e r s t e und e i n z i g e Predigt, nach= dem er schon früher öfter in kleinen Versammlungen ge= dient hatte.

Seine allwöchentlich pünktlich einlaufenden Briefe aus jener Zeit enthalten mancherlei Erfahrungen von innerem Kampf und Segen. So schrieb er:

"Was S. über seine Studierzimmertür geschrieben hat, das kann ich auch über meinen Schreibpult setzen: ‚Jesus liebt mich' — das ist meine Dogmatik. ‚Ich liebe Jesum' — das ist meine Ethik."

Einem seiner letzten Briefe fügte er die Abschrift eines Liedes bei, das ihm großen Eindruck gemacht hatte. Wie bedeutsam sollten den Seinen nur zu bald einige dieser Verse werden!

Schnell ebbt des Lebens kurzer Tag dahin,
Der Erde Lust und Herrlichkeit entfliehn;
Dem Untergang geweiht ist alles hier,
Nur Du bist ewig, Herr! O bleib bei mir!

Mein brechend Auge heft ich nur auf Dich,
Dein Kreuz weist aufwärts zu dem Himmel mich.
Die Welt versinkt. Schon aus des Himmels Tür
Strahlt Glanz der Ewigkeit. Herr, bleib bei mir!

Auf einer Reise, die August in den Osterferien 1894 unternommen hatte, erkrankte er in Uelzen, einem Städtchen in der Lüneburger Heide, in dem Hause eines lieben christlichen Arztes, dessen Sohn sein Freund war. Viel Liebe und die sorgfältigste Pflege wurde ihm dort zu teil.

Schon bald nach Beginn der Krankheit durfte die Mutter zu ihm reisen und mußte ihn dann, da ernste Komplikationen eingetreten waren, in die Universitätsklinik nach Göttingen begleiten. Nach achtwöchentlichem Leiden, das von dem teuren, bis dahin so lebensfrischen, kräftigen Jüngling mit großer Geduld ertragen wurde

und während deſſen Dauer die Hoffnung auf Geneſung
die Oberhand hatte, trat plötzlich eine Wendung ein,
die den Kranken unmittelbar vor die Pforten der Ewig=
keit brachte. Seiner Mutter ward die Aufgabe, ihm
den ganzen Ernſt der Lage zu offenbaren. Es war in
der Abenddämmerung eines ſonnigen Maitages. Einige
Augenblicke blieb Auguſt ganz ſtill; dann ſagte er mit
ernſtem Aufſchlag ſeiner klaren, blauen Augen und mit
einem unbeſchreiblich milden Lächeln: „Mutter ich bin
wieder ein kleines Kind und will mein Abendgebet
beten:

> „Chriſti Blut und Gerechtigkeit,
> Das iſt mein Schmuck und Ehrenkleid;
> Damit will ich vor Gott beſteh'n,
> Wenn ich zum Himmel werd eingeh'n!"

Auf ein Telegramm hin reiſte der Vater ſofort
nach Göttingen. Er traf den Sohn noch am Leben; ja,
zur Verwunderung aller ging Tag für Tag ziemlich
gut vorbei, ſo daß ſogar die Hoffnung Raum gewann,
der große Arzt habe auch da noch eingegriffen und wolle
den Eltern den heißgeliebten Sohn wieder von des
Grabes Rand zurückgeben. Viel konnte nicht geſprochen
werden wegen der großen Schwäche des Kranken; aber
was der Vater hören und fühlen durfte von der Liebe
und Dankbarkeit, von der Demut und dem Glauben
ſeines Kindes, hat ihn innig gefreut, und er dankte
Gott dafür.

Nach achttägigem Aufenthalt mußte er jedoch wie=
der abreiſen, da man nicht wiſſen konnte, wie lang das
Leiden — ob es zur Geneſung oder zum Sterben
gehe — noch anhalten könne. Es war Auguſts einund=
zwanzigſter Geburtstag. Auf ſeinen Wunſch hin ſangen

ihm die Eltern das schlichte geistliche Volkslied: „Gott ist die Liebe, läßt mich erlösen." Mit matter Stimme fiel er in tiefem Baßton mit ein. Dann mußte geschieden sein. Es war eine überaus ernste Stunde. „Jesus bleibt" sagte unser August, als er endlich des teuren Vaters Hand loslassen mußte.

Die Mutter durfte bleiben bis ans Ende, das überraschend schnell erfolgte. Noch am Vormittag seines Sterbetages, am 25. Mai, wurde ihm gesagt, man dürfe hoffen, es werde wieder zur Genesung gehen; da erwiderte er nur mit großem Ernst: „Ich steh' in meines Herren Hand!" Nachmittags überfiel ihn ein heftiger Schüttelfrost, von dem er gleich den Eindruck hatte, er sei von ernster Bedeutung. Das Bewußtsein blieb ganz klar bis zuletzt, doch konnte er vor Atemnot kaum mehr reden. Nur den teuren Jesusnamen versuchte er mit sterbenden Lippen noch auszusprechen. Da plötzlich neigte sich das Haupt tief herab, das Auge brach, und der erlöste Geist war sanft entflohn.

„Im Glauben ist er nie wankend geworden", schrieb ein Freund, mit dem August in seinen letzten Monaten viel verkehrte; „da war er fest. Was ihm Anfechtung brachte, war nicht der Glaube selber, sondern die theologische Begründung und Formulierung desselben. August hat seinen Herrn treu geliebt; darum ist er gern heimgegangen und wußte sicher, daß er heimgehe. Mir ist er Freund und Ratgeber und Seelsorger gewesen."

„Trotz dieses Ausspruchs des Freundes", so fügte Rappard hinzu, „müssen wir Eltern es bekennen, daß es uns während der zwei letzten Jahre oft bang ge-

worden ist, weil wir merkten, daß die verderbliche
Bibelkritik und die verschiedenen Richtungen auf theolo-
gischem Gebiet ihn zu sehr interessierten, und inbrünstig
flehten wir zum Herrn, daß Er ihn bewahren wolle vor
Unglaube und Irrlehre. Ist dieser frühe Heimgang
eine Erhörung unsers Gebets? Mußte Gott ihn flüch-
ten aus der Versuchung, um ihn ewig zu bergen?
Unser Sohn selbst hat diesen Gedanken auf seinem
Sterbebett ausgesprochen. — Wir haben auf alle Fragen die e i n e Antwort: „Gott ist die Liebe, und was
Er tut, ist heilig und recht."

Zur gleichen Stunde, da in Göttingen, fern von
der lieben Schweizerheimat, das teure Samenkorn in
die Erde gebettet wurde, fand zu St. Chrischona eine
Erinnerungsfeier statt, wobei, wie der Vater schrieb,
„der Glaube an den, der gesprochen hat: ‚Ich bin die
Auferstehung und das Leben‘, siegte über das bittere
Weh des Scheidens für dies irdische Leben."

Auf dem Stein, der das stille Grab in Göttingen
bezeichnet, leuchten die goldenen Worte: Das Blut
Jesu Christi, des Sohnes Gottes, macht uns rein von
aller Sünde.

In der Tasche des Kleides, das unser August
trug, als ihn die Krankheit ereilte, fand die Mutter
nach seinem Heimgang eine Abschrift des Liedes:
„F o r t , f o r t , m e i n H e r z , z u m H i m m e l!"
Der Vollendete hatte es kurz zuvor kennen gelernt und
sang es besonders gern. Es ist den Seinigen zurückgeblieben als eine Botschaft von ihm, und sein Vater
schrieb nach Jahren: „Diese Worte haben nie aufgehört, in unsern Herzen zu klingen!"

4.

Eine Mutter in Israel.

Der große Geschwisterkreis, der einst im Löwenstein in so einzigartiger Gemeinschaft aufgewachsen und dann durch die Lebensführungen eines jeden so weit zerstreut worden war, hatte einen gemeinsamen Mittelpunkt in dem Hause der teuren Mutter zu St. Chrischona, und die einsame Bergeshöhe war manches Jahr hindurch der Ort, da man zusammen kam. Von den neun Kindern, die der ehrwürdigen Frau erhalten blieben, war nur eines, die jüngste Tochter, bei ihr als Freude und Stütze ihres Alters. Heinrich, der älteste Sohn, der das Vorrecht hatte, in ihrer nächsten Nähe zu wohnen, hatte auch den reichsten Genuß von den geschwisterlichen Zusammenkünften.

Sein Bruder Carl, mit dem er die ganze Jugendzeit hindurch am innigsten verbunden gewesen war und den er im Jahr 1887 in seiner schönen Farm in Kansas besucht hatte, kam acht Jahre später noch einmal in die Schweiz, um Mutter und Geschwister zu begrüßen. Es war ein gesegnetes Beisammensein, und die tief empfundene unzertrennliche Gemeinschaft half Mutter und Kindern über den Abschiedsschmerz, der nur zu bald auf die Wiedersehensfreude folgte. Als die alternden Brüder sich letztmals ins Auge schauten, wußten sie, daß sie sich diesseits des Vorhangs nicht mehr sehen würden, wohl aber jenseits, im Hause des Vaters.

Der andere Amerikaner=Bruder aus New=York kehrte zur Freude von alt und jung ganz in die schweizerische Heimat zurück, ließ sich in Genf nieder und war ein oft gesehener, stets hoch willkommener Gast im Hause der Mutter. Wenn dann auch der jüngste Bruder Wilhelm, der sein Heim in England gefunden hatte, mit den Seinen bei ihr weilte, dann war ihre Freude groß.

Eine einzigartige Fügung war es, daß die Mutter durch ihre Kinder in direkte Beziehung zu drei bedeutenden Bildungsstätten für Arbeiter der Inneren Mission zu stehen kam und einer jeden ihre warme Teilnahme entgegenbrachte. Ein Schwiegersohn, Pfarrer W. Arnold, ist Direktor der Prediger=Schule in Basel; ein anderer, Pastor Th. Haarbeck, Inspektor des Johanneums in Barmen, und ihr eigener Sohn war Inspektor der Pilgermission zu St. Chrischona. — Die Geschwister J. und A. Hermann, die der Leser zur Zeit von Heinrichs Missionsdienst in Aegypten kennen gelernt hat, waren von Jerusalem nach Europa zurückgekehrt und in Basel einheimisch geworden; Herr Hermann trat dem Komitee der Pilgermission bei und wurde ihr Kassier. — Der vierte Schwiegersohn, Kaufmann J. P. Werner in London, Präsident des christlichen Vereins junger Männer in jener Stadt und tätiges Mitglied der Britischen und Ausländischen Bibelgesellschaft, auch mit der Basler Mission durch vielfache Beziehungen verbunden, machte mit seiner Familie zu wiederholten Malen einen Aufenthalt zu St. Chrischona.

So waren denn in diesem Geschwisterkreis vielerlei große und wichtige Interessen vertreten, und man konnte mit dankbarem Herzen den Segen erkennen, den der Herr auf das Haus seines heimgegangenen Knechtes gelegt hat.

✠

Die Mutter war es sich bewußt, daß ihr in dem weitverzweigten Kinderkreis eine große Aufgabe zugefallen war. Hatte sie in den dreißig Jahren ihrer Ehe das Vorbild einer demütigen, in den Willen ihres Mannes selbstlos eingehenden Gattin gegeben, so zeigte sie sich in ihrem sechsunddreißigjährigen Witwenstand als eine selbständig in Gott gewurzelte, fest im Glauben stehende Persönlichkeit, als eine Mutter in Israel, die ihren Kindern und auch Fernerstehenden die aufrichtigste Hochachtung abgewann und die Ihrigen als eine Priesterin auf betendem Herzen trug.

Von nah und fern fanden sich die einzelnen Familienglieder in dem trauten Hause der Mutter und Großmutter ein. Für jedes hatte sie ein lebhaftes, bis ins Einzelnste gehendes Interesse, und man mußte oft über das Gedächtnis staunen, mit welchem sie alle Umstände in ihrem Herzen bewegte. Mit klarem Blick beurteilte sie alles, was an sie herantrat. Was aber vor allem sie kennzeichnete, war ihr festes gläubiges Halten an Gottes Wort. Das war in Wahrheit ihre Speise. Man wurde oft im Gespräch mit ihr erinnert an das Wort des Psalmisten: „Die Rechte des Herrn sind köstlicher denn Gold und viel feines Gold; sie sind süßer denn Honig und Honigseim." Das war in der Tat ihre Erfahrung.

Für ihren Sohn Heinrich war der Verkehr mit der geliebten Mutter eine innere Erquickung und Glaubensstärkung. Es hatte etwas sehr Liebliches, den alternden Mann im schneeweißen Haar an der Seite seiner ehrwürdigen Mutter sitzen zu sehen und ihren ernsten, gediegenen Gesprächen zu lauschen.

Ganz allmählich ließen die körperlichen Kräfte der teuren Frau nach; das Augenlicht schwand immer mehr und mehr. Im Winter 1901/02, den sie, wie die beiden vorhergehenden, im neu eröffneten Hause „Zu den Bergen" zubrachte, weil dessen sonnige Lage und innere Einrichtungen ihren Bedürfnissen entsprachen, konnte sie selten mehr ihr Zimmer verlassen. Nur einmal, an ihrem vierundachtzigsten Geburtstag ließ sie es sich nicht nehmen, in den Kreis ihrer Kinder zu treten und auch die Missionszöglinge, die sie mit Gesang erfreut hatten, mit herzlichen Worten zu begrüßen.

„Singet mir den Namen Jesus", bat sie einmal die um sie versammelten Enkel; und als dies geschah stimmte sie selbst noch mit verklärtem Antlitz ein und fügte dann hinzu: „Das sind nicht nur Worte; es ist Wahrheit. Jesus ist meine Freude!" Als sie wenige Tage vor ihrem Ende gefragt wurde: „Fühlst du die Nähe des Heilandes?" antwortete sie schlicht: „Ich glaube an Ihn!"

Am letzten Tage ihres Lebens durfte sie sieben ihrer Kinder um ihr Bett versammelt sehen. Die Freude schien sie neu aufleben zu lassen, und man trennte sich abends in der Hoffnung, es gehe besser. Ganz unerwartet trat aber am frühen Morgen des 29. April eine starke Lungenblutung ein, und nach wenigen Augenblicken war das irdische Leben erloschen. Tief ergriffen knieten die anwesenden Kinder und Enkel um das Sterbelager, und im Namen aller schüttete Heinrich sein Herz aus in einem Dankgebet zu dem, der dem Tode die Macht genommen und das Leben und ein unvergängliches Wesen ans Licht gebracht hat durch das

Evangelium. Die ersten Strahlen der aufgehenden Sonne leuchteten hinein in das stille Gemach, und Jesus, die Sonne der Gerechtigkeit, der Fürst des Lebens, ließ die in Schmerz gebeugten Herzen etwas verspüren von dem hellen Glanz der Ewigkeit.

Kinder und Schwiegerkinder, Enkel und Urenkel, zusammen eine Familie von zweiundachtzig Personen, die zerstreut wohnten in Europa, Asien, Afrika und Amerika, trauerten um diese edle christliche Mutter. Sie dankten aber Gott für die Fußstapfen, die sie zurückgelassen hat. Sie hat gewandelt im Glauben und Gehorsam, und wiewohl sie gestorben ist, lebt sie noch.

Elftes Kapitel

Der Inspektor — in des Abends Schimmer.

1902—1909.

> Du haft ein schönes Tagwerk mir gegeben,
> Kein lieb'res könnt mir werden weit und breit.
> So hilf vollenden, was für dieses Leben
> Du mir bestimmt — und laß mich emsig streben,
> Daß alles sei bereit!

1.

„Laufen und nicht müde werden."

Beim Rückblick auf die letzten Erdenjahre des vollendeten Inspektors — unser Kapitel umfaßt gerade eine Jahrwoche — fällt es uns auf, wie viel er in dieser kurzen Spanne Zeit noch gearbeitet, wie vieles er erreicht und wie viel er gelitten hat.

Nach dem Heimgang der teuren Mutter wurde ihr Haus, die Friedau, vom Komitee der Pilgermission käuflich übernommen. Es sollte nun Inspektorat werden, und im Oktober 1902 zog Rappard mit seiner Familie in die wohlbekannten, durch den Segen der Mutter geweihten Räume ein. Aber nicht, um darin der Ruhe zu pflegen! Er fühlte sich mit seinen fünfundsechzig

Jahren so frisch und arbeitskräftig, wie je zuvor; ja es schien denen, die ihn am besten kannten, er sei noch fleißiger als früher, seine Zeit wohl anzuwenden und seine ganze Kraft in dem Dienste seines Meisters zu verbrauchen.

Sein Studierzimmer mit den großen hellen Fenstern, durch die man sich bald gewöhnte, das teure weiße Haupt über der Arbeit gebeugt zu sehen, gewährte ihm einen freien Blick nach manchen Seiten, und das „Inspektorauge", von dem man in den Tagen der Jugend sprach, hatte nichts verloren von seiner Schärfe und seiner Wachsamkeit. An der Südseite des Hauses, in der sonnigen Veranda, oder im schattenreichen Garten hielt er sich gern auf, wenn er Zeit hatte zu lesen. Hier empfing er auch am liebsten seine Besuche, bewillkommnete die jeweilen neu eintretenden Zöglinge und sammelte um sich noch einmal die ausziehenden Brüder. Der alte Kastanienbaum ist Zeuge gewesen von manchem tiefen, seelsorgerlichen Gespräch und manchem herzlichen brüderlichen Gedankenaustausch.

Die Mahlzeiten wurden nach wie vor im Brüderhaus eingenommen. „Das erhält uns jung", pflegte der Inspektor zu sagen, wenn man von bequemerer Einrichtung sprechen wollte. „Wir möchten das Zusammensein mit unsern Brüdern nicht missen."

Die Arbeit in und außer dem Hause hatte ihren ruhigen Fortgang. Die Lehrposten waren besetzt durch die Herren Pfarrer Bäthmann, Lehrer Zimmermann, Braun, Hanke, Veiel und Spörri. Im Jahr 1906 erfolgte der Rücktritt des langjährigen, begabten und treu besorgten Lehrers und Oekonomen, Herrn Zimmermann; an seine Stelle kam Herr H. Bueß.

Im Blick auf die ganze wichtige Angelegenheit des Zusammenarbeitens schreibt der Inspektor:

„In unserer Hausordnung steht folgender Passus: Es wird jedem Zögling und Hausgenossen zur Pflicht gemacht, nach Maßgabe seiner Berufskenntnisse und Erfahrungen der Anstalt gewissenhaft zu dienen und ihr Gedeihen zu fördern. Das entspricht dem apostolischen Wort, daß wir viele ein Leib sind in Christo, aber je einer des andern Glied, und haben mancherlei Gaben, nach der Gnade, die uns gegeben ist. (Römer 12, 4—6).

„Christus, das regierende Haupt, ist vollkommen. Stimmen die Glieder nicht gut zusammen, so ist es ihr Fehler, und es gibt Demütigungen. Geht es gut, so gebührt Ihm allein die Ehre. Wie nötig diese in Christo, dem Haupte, begründete Einheit ist bei so vielen verschiedenen Gliedern, die auf einer so isoliert gelegenen Kolonie wie St. Chrischona wirken und wohnen, ist nicht schwer zu verstehen. Da muß Einheit sein in dem aus sieben Männern bestehenden Lehrerkollegium; Einheit unter den siebzig bis achtzig Zöglingen und Gästen, die aus verschiedenen Ländern und Verhältnissen hier zusammen kommen und beisammen wohnen; Einheit in den verschiedenen Werkstätten, in Garten und Landwirtschaft. Deshalb sind wir auch so dankbar für das hohepriesterliche Gebet dessen, den der Vater allezeit höret: ‚daß sie alle Eins seien, gleichwie du, Vater, in mir und ich in dir, daß auch sie in uns Eins seien, auf daß die Welt glaube, du habest mich gesandt‘.“

Im Frühjahr des Jahres 1904 reiste der Inspektor nach England, um als Delegierter der Pilgermission und auch der Basler Bibelgesellschaft teilzunehmen an der Feier des hundertjährigen Bestandes der Britischen und Ausländischen Bibelgesellschaft.

Gleich bei der ersten Versammlung in den prächtigen Räumen der Fishmongers Company hatte er Gelegenheit, in englischer Rede die Grüße, den Dank und die Segenswünsche von Basel und St. Chrischona dem versammelten Komitee und seinem Präsidenten, dem Marquis von Northampton, samt einem großen Kreis von Freunden der Gesellschaft darzubringen.

Die großen Versammlungen der folgenden Tage im Dom von St. Paul und in verschiedenen Lokalen, unter anderem in der 12 000 Personen fassenden Royal Albert Hall, zeugten von dem Interesse, das von dem englischen Volk dem Werk der „Verbreitung der Bibel, nur der Bibel, der ganzen Bibel und der Bibel für alle Völker und Sprachen" entgegengebracht wird. Der Einfluß, den die Gesellschaft in den hundert Jahren ihres Bestehens auf der ganzen Erde ausgeübt hat, ist unberechenbar. Hier ist wahrlich aus dem Senfkorn ein großer weitverzweigter Baum geworden. „Für mich persönlich", schrieb Rappard, „als Liebhaber der Bibel, war diese großartige Feier eine Freude."

Mit dem Aufenthalt in London verband Rappard einen Besuch in Ventnor auf der Insel Wight, wo seine teure Schwester, Frau Julie Werner, schwer krank daniederlag. Es war, wie vorauszusehen, die letzte Begegnung auf Erden. Wenige Monate hernach hat der

Herr sie erlöst von allem Übel und ihr durchgeholfen zu seinem himmlischen Reich. Sie war die erste von den neun Geschwistern, die der Mutter nachfolgte. Der große Kreis fing an, sich droben wieder zu vereinen.

2.
Ein Freudentag.

Vierzig Jahre waren vergangen, seitdem Heinrich Rappard am 14. August 1864, unter den schattigen Bäumen der Kirchwiese auf St. Chrischona zum Dienst des Herrn war eingesegnet worden. Im Kreis des Komitees wurde der freundliche Gedanke rege, bei diesem Anlaß eine Gedenkfeier zu veranstalten, zur Erinnerung an die vierzigjährige Amtstätigkeit des Inspektors im Dienste der Pilgermission, und in aller Stille wurden während eines Ferienaufenthaltes, den Rappard mit seiner Gattin im Monat August machte, von einigen Mitgliedern des Komitees und den lieben Mitarbeitern im Hause die nötigen Vorbereitungen getroffen.

Der 6. September 1904 war als Festtag in Aussicht genommen und gestaltete sich zu einem Freuden- und Segenstag, der gewiß allen, die daran teilnahmen, in wohltuender Erinnerung geblieben ist.

Die ganze Feier wurde unter die Signatur gestellt: Nicht uns, Herr, nicht uns, sondern deinem Namen gib Ehre. Mit Posaunenklang und dem Gesang des Brüderchors wurde am frühen Morgen der Tag eröffnet. Der Inspektor, der wohl erfahren hatte, daß man eine kleine Feier vorbereite, aber nichts wußte von dem reichen Programm, war ganz überrascht. In seiner stillen Kammer bedeckte er das Gesicht mit den Händen und konnte nichts sagen als: „Ich schäme mich!" Noch ehe er das Zimmer verließ, las er mit seiner Gattin das hohepriesterliche Gebet und stärkte sich damit vor Gott für den Tag, der vor ihm lag.

Und nun erwartete den ahnungslosen Vater ein anderer Chorgesang. Denn als er zum Frühstückstisch herunterkam, fand er da seine Kinder vollzählig versammelt und konnte nur mit tiefer Rührung einstimmen in den Lobgesang, mit dem sie ihn begrüßten:

Lobe den HErren, o meine Seele!
Ich will Ihn loben bis in Tod.
Weil ich noch Stunden auf Erden zähle,
Will ich lobsingen meinem Gott!

Alle waren sie gekommen; aus Deutschland und Frankreich und Afrika. Sie hatten sogar, dem Vater unbewußt, schon die Nacht auf dem Berge zugebracht, um gleich am frühen Morgen ihn mit ihrer Liebe zu umringen. Auch diese schöne Ueberraschung geschah auf ausdrückliche freundliche Einladung des Komitees hin.

Bald nach neun Uhr erschienen die anderen von den Festgebern eingeladenen Gäste: Mitglieder des Komitees, Verwandte und Freunde, samt den Senioren der Arbeitsfelder der Pilgermission. Nach freundlicher Begrüßung im Inspektorat und Verlesung einer im Sinn brüderlicher Liebe und Hochachtung gehaltenen Adresse durch den Präsidenten des Komitees, Herrn Pfarrer Isler, rief die Glocke vom Turm die Gesellschaft zur Kirche, wo die Hausgemeinde bereits versammelt war.

Chorgesang der Brüder, Gebet und Gemeindegesang eröffneten die schöne Feier. In einem eigens für den Anlaß zusammengestellten Heftchen waren mehrere der Lieblingslieder des Inspektors zu finden: Herzlich lieb hab' ich dich, o Herr. — Ach, mein Herr Jesu, wenn ich dich nicht hätte. — Ich bin ein Pilger Gottes hier auf Erden, und andere mehr. Herr Pfarrer Isler hielt eine inhaltsreiche Festrede im Anschluß an Ps. 95; Herr Hermann, als ältestes Mitglied des Komitees, hatte ein Dankeswort mit Hinweis auf den Grund aller Freude, aller Kraft und allen Segens (5. Mose 8, 2—4). Wohl dem Volk, des Gott der Herr ist!

In der Rede, die der Inspektor darauf hielt und in der er seine Ueberraschung und seine Dankbarkeit für die ihm erwiesene Liebe auszusprechen suchte, war der vorherrschende Klang: das Lob der Barmherzigkeit Gottes. „Barmherzig und gnädig ist der Herr, geduldig und von großer Güte." Das war es, was an diesem Festtag seine Seele erfüllte. Ein Gegenstand der Erbarmung Gottes zu sein, das sei seine größte Freude. Er rühmte die Treue des Herrn, der ihn in früher Jugend gefunden und ihn in seinen Dienst genommen, der ihm für die große Aufgabe Tag für Tag das Nötige dargereicht und alle seine Sorgen für ihn getragen. „Man fragt mich manchmal," sagte er, „warum mein Haar so früh weiß geworden sei. Ich weiß den Grund nicht anzugeben; es wird wohl Familienanlage sein. Aber Eines weiß ich: Es ist nicht durch das Sorgen geschehen. Denn meine Sorgen habe ich stets auf den mächtigen Helfer und Erretter geworfen, und die mir von Ihm aufgetragene Arbeit habe ich frei und dankbar tun können. Die vierzig Dienstjahre sind ein Zeugnis dafür, daß ich einen guten Meister habe."

Es war Mittag geworden. Aber der Speisesaal im Brüderhaus war diesmal zu klein, und die Anstalts= familie verfügte sich mit den eingeladenen Gästen in die mit Laubgewinden festlich geschmückte Ebenezer=Halle, wo an vier langen Tischen alles aufs beste bereitet war. Dem Jubilar gegenüber prangte in großen Buchstaben das Wort: Dein Alter sei wie deine Jugend. Unmit= telbar hinter seinem Stuhle war an der Estrade ein prächtiges Bild angebracht, ein Geschenk des verehrten Komitees. Es ist dies eine Reproduktion des Gemäl= des von Eugen Burnand, das hohepriesterliche Gebet darstellend. Inmitten seiner elf Jünger steht Jesus, die Augen gen Himmel erhoben. Die Worte jenes unver= gleichlichen Gebets werden beim Beschauen des Bildes jedem Bibelleser lebendig ins Gedächtnis gerufen.

Mancherlei Gesänge und Reden würzten das Mahl. Von besonderem Interesse war eine Ansprache des Jugendfreundes, Herrn Johannes Bauder, der jene ganze Zeit vor vierzig Jahren mit erlebt hat. Aus der gemeinsamen Arbeitszeit in Aegypten konnte er allerlei Züge erzählen, die anderen unbekannt geblieben waren, die aber dem Leser durch die Schilderungen in den ersten Kapiteln dieses Lebensbildes wohl noch erinner= lich sind.

Auch eine von feuriger Liebe durchdrungene Rede des Sohnes, Heinrich Rappard aus Algerien, muß er= wähnt werden, ebenso köstliche Worte der Freunde Theodor Sarasin, Stadtpfarrer Theodor Jaeger und Eduard Burckhardt, der die erste Anregung zu der Ge= denkfeier gegeben hatte.

Eine kurze Pause im Freien unter den mächtigen Apfelbäumen des Hauses „Zu den Bergen" erquickte Leib und Seele. Das Wetter war herrlich. Ueber Berg und Tal lag ein zarter Schimmer, auf den Wiesen blühten schon die ersten Herbstzeitlosen, und durch die Wälder wehte ein frischer, duftiger Hauch.

Noch einmal versammelte man sich in der Eben-ezer-Halle, diesmal mit den Bewohnern sämtlicher Häuser auf dem Berge. Es war ein schöner Kreis von etwa zweihundertzwanzig Personen. Hier wechselte wieder Wort und Lied. Auch die Kleinsten hatten mitzuwirken und in einem sinnigen Gedicht zu erzählen, wie der Großpapa einst Korn gesät habe aufs Land und dann „plötzlich lieber ein Säemann des göttlichen Worts habe werden wollen und auch geworden sei."

Nur zu bald mahnte die dem Abend sich zu-neigende Sonne zum Aufbruch. Ein letztes herrliches Lied wurde gesungen und ein Gebet voll Glauben und Dankbarkeit gesprochen.

Da brach von dem großen westlichen Fenster der Halle ein Sonnenstrahl hindurch bis vorne hin zur Estrade und übergoß das oben erwähnte Bild des Herrn Jesu mit wunderbarem goldenen Glanz. Alle, die es sahen, waren ergriffen. Es war, als wollte zum Schluß des Festes jener Lichtstrahl uns das Wort verklären: Sie sahen niemand, als **Jesum allein!**

☩

Wenn wir uns bei der Schilderung dieses einen Tages vielleicht zu lange aufgehalten haben, so geschah es, einmal um zu zeigen, wie der Herr seine Knechte, die Er oft durch rauhe und dunkle Pfade führen muß, gern, wenn sie es bedürfen, gar lieblich und reichlich

auch durch äußere Freude zu erquicken weiß. Vornehmlich aber war es uns, als sei an jenem Tage, wie es
schon damals von einigen Mitfeiernden ausgesprochen
wurde, in aller Einfachheit den jungen Brüdern eine
Stunde „Anschauungsunterricht" gegeben worden. Aber
wohl verstanden, ein Unterricht, der den Blick vom
Menschen ab und zum Herrn hin wandte und Ihn zu
erkennen gab als den allerbesten, allergnädigsten und
treusten Meister. Ja, fürwahr, das ist klar, selig ist der
Dienst des Herrn, auch schon in dieser Zeit. Er nimmt
sein erlöstes, Ihm im Glauben hingegebenes Kind in
seinen Dienst, weist ihm die Arbeit an, reicht selbst
ihm alles dar, was es bedarf und gibt ihm dann als
Lohn: mehr Gnade, Barmherzigkeit, Friede und Frucht,
die da bleibt ins ewige Leben.

> O sel'ger Dienst des HErrn! Wer Dir ergeben,
> Der kennt die Freiheit, kennt das wahre Leben;
> Er spricht: Kein schön'res Los könnt ich ersehen:
> „Ich habe meinen Meister lieb
> Und will nicht von Ihm gehen!"
>
> Und ob Er mir das Ohr mit Schmerz durchbohrte,
> Es sei also, ich hang an Seinem Worte.
> Von Seiner Hand kann mir kein Leid's geschehen:
> „Ich habe meinen Meister lieb
> Und will nicht von Ihm gehen!"

3.

Zeitströmungen.

Von seiner stillen Warte verfolgte Inspektor Rappard mit lebhaftem Interesse alle Bewegungen
und Strömungen, die sich im Reiche Gottes geltend
machten und verfehlte nicht, dann und wann in Konfe-

renzen oder durch den „Glaubensboten" seine Meinung
darüber kund zu tun. Einige dieser Aeußerungen müssen
hier eine Stelle finden.

Wie er von der

Bibelkritik

dachte, ist schon mehrfach berührt worden in seinen Auf=
zeichnungen über die Erziehung seiner Schüler und über
Evangelisation. Doch können wir es nicht unterlassen,
einige weitere Auszüge hier mitzuteilen:

„Wir nehmen die Heilige Schrift, wie sie ist. Da wir in
der Schrift keine Inspirations l e h r e finden, so stellen wir auch
keine Inspirationslehre auf. Wir bleiben mit der ganzen gläu=
bigen Gemeinde dabei, daß der allmächtige, allweise und allgegen=
wärtige Gott über den Inhalt Seines heiligen Buches gewaltet
hat und die Bibel so hat werden und bleiben lassen, wie sie ist.
Getrieben von dem Heiligen Geiste, haben die heiligen Männer
Gottes geredet (2. Petri 1, 21). Wir üben keine Kritik an der
Bibel und haben dafür gewichtige Gründe. Unser hochgelobter
HErr und Meister, der uns auch in Behandlung der Schrift ein
Vorbild ist, hat, so oft Er von ihr sprach, sie immer voll und
ganz anerkannt, wie sie sich gibt.

„Wo fängt es an, und wo hört es auf, wenn die ge=
lehrten Herren die Bibel unter ihre Lupe nehmen und uns sagen,
was darin gut und böse ist. Von der Kritik des Wortes geht
man über auf die Kritik Dessen, von dem es heißt: „Gott war
das Wort", auf die Person des Wortes, unsern Herrn Jesus
Christus. So antwortete mir vor kurzem ein Theologe: „Christus
war auch befangen in den Anschauungen seiner Zeit, deshalb
kann man nicht auf alle seine Aussprüche eingehen!"

✠

„Um die Bibel ist es uns bei dieser ganzen Sache nicht
bange, ebenso wenig wie uns bange wäre um einen unserer
schweizerischen Alpenriesen, wenn große und kleine Leute ihn um=
geben und daran rütteln würden, um einige Felsformationen, die
ihnen nicht gefallen, davon abzuhauen. (Glaubensbote 1895.)

✠

„Wir wollen gerne annehmen, daß die Vertreter der positiven Kritik die Tragweite ihres Tuns nicht erwogen haben, vielleicht gerade deswegen, weil sie mit Maß kritisieren. Das Wort des HErrn: „Richtet nicht!" soll uns beständig in der Seele tönen, und nie soll Bitterkeit statt Liebe das Herz erfüllen. Wir richten deshalb den fremden Knecht nicht; er steht oder fällt seinem Herrn. Er mag aber wohl aufgerichtet werden; denn Gott hat wohl Macht, ihn aufzurichten.

„Die Sache aber, die sich Bibelkritik nennt, haben wir zu prüfen, nach dem Wort: „Prüfet alles, und das Gute behaltet!" Wir prüfen sie durch die Bibel; diese ist Lehrmeisterin über sich selbst. Sie ist und bleibt unser theologisches und wissenschaftliches Buch. Daß dieses auch die Ansicht gelehrter Theologen und gebildeter Laien ist, kann ich schwarz auf weiß beweisen durch verschiedene Schriften, die mir zugekommen sind. Mit Freuden habe ich beim Lesen dieser Büchlein und Schriften vernommen, daß der HErr unter allen Ständen und Klassen, auch unter den Theologen, seine Siebentausend hat, die ihre Knie nicht beugen vor dem Baal der falsch berühmten Kunst, die sich jetzt mit Unrecht Wissenschaft nennt." (Glaubensbote 1895.)

⊕

Als die ersten Berichte über die

Erweckung in Wales

in die Schweiz und nach Deutschland drangen, war Rappards erstes Gefühl dasjenige herzlicher Freude. Wie hätte es auch anders sein können? Er schreibt darüber:

„Erfahrene Männer sind nach Wales gereist, und soviel ich vernehme, haben alle den Eindruck gehabt, was sich da offenbare, sei nicht menschlichen Werkzeugen, sondern dem Heiligen Geiste zuzuschreiben. Daß es der Heilige Geist war, der zu Pfingsten die erste Erweckung hervorgebracht hat, ist klar. Daß in unseren Kirchen, Versammlungen und Anstalten landauf, landab ein tiefes Bedürfnis ist nach geistlicher Erleuchtung und Kraft, ist nicht zu leugnen. Viele sind müde, die schwerfälligen, langen oder kürzeren

Predigten und Bibelstunden zu hören, wie denn auch die Prediger es vielfach schmerzlich empfinden, daß das Wort zu wenig wirkt. Wer schon gedroschen hat, der weiß, wie schwer es ist, leeres Stroh zu dreschen.

„Wir dürfen uns durch die Berichte aus Wales wohl anregen lassen, uns ernstlich zu fragen, wo es bei uns fehlt; das Gericht fängt immer am Hause Gottes an. Werden die Kinder Gottes lebendig, tun wir aufrichtig Buße, lassen wir uns reinigen, und erwacht in uns der Geist des Gebets, so wird Gott antworten. Warum soll das Wort Jesu sich nicht erfüllen, daß von denen, die an Ihn glauben, Ströme lebendigen Wassers fließen sollen?"   (Glaubensbote 1905.)

Später schmerzte und beunruhigte ihn die Wahrnehmung, daß man in etlichen Gemeinschaften bewußt oder unbewußt eine Erweckung m a c h e n und Wales nachahmen wollte. Er wußte, daß solches nur Schaden bringe und schrieb:

„Was wir brauchen, wenn wir Zeiten der Erweckung erleben wollen, das sind nicht neue Methoden und Ausdrücke, sondern es sind geisterfüllte Menschen, in deren Herzen das Feuer des HErrn brennt und die darum dieses heilige Feuer verbreiten, wo sie nur hinkommen."

Er fügte bei:

„Nach Jahresfrist darf hervorgehoben werden, daß das Werk in Wales sich als ein göttliches legitimiert hat, daß Früchte geblieben sind und daß Hunderte von begnadigten Menschen der lebendige Beweis sind von der Macht des Evangeliums."   (Glaubensbote 1906.)

„In Liverpool erkundigte sich ein Fremder bei einem Polizisten, wo die Erweckung zu finden sei. „Under these buttons, Sir" („Unter diesen Westenknöpfen, mein Herr,") bekam er zur Antwort. Und man konnte es in der Tat manchen anmerken, daß sie die Erweckung im Herzen hatten."

Mit ernsten Sorgen erfüllten den Inspektor die Lehren, die unter den Stichwörtern

„Sündlosigkeit" — „Reines Herz"

in den Gemeinschaften Eingang fanden. Die Sache war ihm so wichtig, daß er im Jahre 1905 auf eine dringende Einladung hin nach Brieg in Schlesien reiste, um dort in öffentlicher Konferenz den Hauptvertretern dieser Lehren zu begegnen. Von einem Augenzeugen wurde uns unlängst erzählt, Rappard, als der älteste der Anwesenden, habe nach den Darlegungen jener Brüder zuerst das Wort ergriffen und mit wahrer Demut aber mit großem Ernst und voller Entschiedenheit das Unbiblische und Gefährliche dieser Richtung klargelegt und davor gewarnt. Sein Protest, der durch Pfarrer Otto Stockmayer und andere Freunde unterstützt wurde, erregte bei einigen Anhängern der Lehre großes Aergernis, und er bekam Zuschriften, die sein Urteil über die Sache nur zu sehr bestärkten.

Einem Prediger, der von sich selbst bezeugte, von der Sünde völlig los zu sein, sagte Rappard: „Bruder, das ist ein Selbstbetrug. Auch in diesem Stück ist die Bibel unsere weise und heilige Führerin und nennt die Dinge beim rechten Namen, wenn sie spricht: ‚So wir sagen, wir haben keine Sünde, so betrügen wir uns selbst, und die Wahrheit ist nicht in uns'." — „Es ist mir unbegreiflich", äußerte er wiederholt, „wie ein Mensch sagen kann, er bedürfe der Reinigung nicht mehr. Ach, wo bliebe ich, wenn ich nicht darum bitten dürfte!"

„Zwei seiner Aussprüche", so schreibt ein Evangelist, „sind mir auf diesem vielumstrittenen Gebiet der Heiligung von Wichtigkeit:

1. ,Nehmen wir niemals unsere Erfahrung als Bibelerklärung; sobald wir das tun, irren wir.'

2. ,Nicht ein s ü n d l o s e s Leben, aber ein s i e g r e i c h e s L e b e n ist uns vor Augen gestellt.'"

✛

Mit jener eigentümlichen Erscheinung des

Zungenredens

kam er in gar keinen persönlichen Kontakt. Das war ihm sehr lieb. Doch verfolgte er selbstverständlich die Bewegung mit Interesse und prüfte alle Berichte nach Gottes Wort. Nur zu bald wurde man einer weiteren Prüfung dieser Sache enthoben durch die augenscheinlichen Verirrungen, die sich daran reihten. Aus einem interessanten Aufsatz, den Rappard unter dem Titel „Jannes und Jambres" (im Glaubensboten 1908) veröffentlichte, stehen hier einige Auszüge.

Nach Erwähnung der Zauberer, die Mose widerstanden (2. Mose 7, 11 ff; siehe auch 2. Tim. 7, 8), schreibt er:

„Wir ersehen daraus, daß, wo Gott etwas tun will, sich die Jannes und Jambres einstellen. Wo unser Herr Jesus Christus auftrat, wurden immer auch die Dämonen und die von ihnen beeinflußten Menschen offenbar, aber immer wurden sie ausgetrieben und besiegt.

„In der Kirchengeschichte finden wir immer wieder Fälle, wo Gott etwas tut und Jannes und Jambres störend und verderbend einwirken. Es kommt darauf an, wer Meister wird. Sind es die falschen Geister, dann gibt es lauter Unordnung in den Versammlungen der Kinder Gottes. Das ist es, was auch in allerletzter Zeit an einigen Orten, wie die Blätter nur zu viel darüber berichtet haben, geschehen ist. Die dämonischen und anderen Unordnungen in den Versammlungen konnten nur deshalb aufkommen, weil die Leiter derselben nicht mit dem göttlichen Licht ausgerüstet waren, die Geister zu prüfen. Wo die Kraft des Heiligen Geistes,

der in alle Wahrheit leitet und der ein Geist der Ordnung ist,
das Feld behauptet, da wird der mächtige Arm Gottes offenbar
und das Volk Gottes aus dem Diensthause erlöst.

„Deshalb, geehrte und teure Brüder, die ihr berufen seid,
auch im Neuen Bunde zu sprechen: „Laß mein Volk, daß es
mir diene!" wachet, damit Jannes und Jambres und die mit
ihnen verwandten Geister, die sich überall hineindrängen wollen,
in der Macht des Namens Jesu zurückgedrängt und überwunden
werden und sprechen müssen wie in Ägypten vor dreitausendfünfhundert Jahren: „Das ist Gottes Finger!" "

✠

„Nicht Menschenfündlein, sondern Schriftlehre"

hat Rappard einen Aufsatz betitelt, der von manchen
Christen mit großem Dank gelesen wurde, und aus dem
wir deshalb auch hier einige Auszüge bringen:

„Gutmeinende Christen stellen Menschenfündlein auf und
preisen dieselben als besonders tiefe Geistesoffenbarungen. Eine
solche falsche Auffassung ist die, die man hie und da vernimmt,
daß Israel allein die Braut des Lammes sei und wir Heiden-
christen der Leib Christi. Es ist ganz richtig, daß die Gemeinde
Jesu an verschiedenen Stellen der Leib Christi genannt ist, gerade
wie sie auch der Tempel Gottes, das Haus Gottes genannt ist.
Das ist bildlich gesprochen. Der Fehler, der geschieht, ist, daß
man diese bildlichen Begriffe zu dogmatischen macht und den
Schluß zieht: Weil die Gemeinde Leib genannt wird, kann sie
nicht Braut sein.

„Das ist unrichtig. Wie die Glieder am Haupte hängen,
also sind die wiedergeborenen Christen mit Christus verbunden und
Ihm gehorsam. Dadurch, daß Christus ihr Haupt ist und sie mit
Seiner Lebenskraft durchströmt, bereitet Er Sich diese Glieder
vor zu einer Brautgemeinde, die am großen Tage der Hochzeit
das Weib des Königssohnes sein wird, nach dem Ratschluß des
ewigen Vaters.

„Für dieses herrliche Geheimnis der Hochzeit des Lammes
werden Juden und Heiden vorbereitet. Eine Scheidung zu machen
zwischen ihnen, die doch der HErr Eins gemacht hat nach Eph. 2, 14
und Gal. 3, 28, ist gegen die klare Schriftlehre.

„Irdische Ehen wird es im Himmel keine mehr geben, sagt der HErr; aber das Urbild dieser innigsten und herrlichsten aller Verbindungen wird dann realisiert werden. Eine selige Sehnsucht erfüllt das Herz der erlösten und geheiligten Christen, wenn sie an diese Vereinigung denken. Der Vater mit Seiner Herrlichkeit wird dann in Ewigkeit walten über Seinem geliebten Sohne mit der Ihm angetrauten Brautgemeinde. Solche Tatsachen und Hoffnungen lassen wir uns nicht verdunkeln durch menschliche Ansichten. — Wie dankbar sind wir für das klare Wort, unter welches wir uns in Demut beugen, den HErrn bittend, uns zu erhalten in reiner Lehre und reinem Wandel."

Auch die eine Zeitlang viel besprochene Lehre von einer Entrückung der Heiligen v o r der Wiederkunft des Herrn verwarf Rappard als unbiblisch. Er hielt sich mit ganzer Seele an das Wort Gottes und wollte nichts annehmen, was er dort nicht klar ausgesprochen fand. Von Herzen freute er sich, als sein ihm so teurer Freund Otto Stockmayer sich in öffentlicher Versammlung von dieser Lehre lossagte.

☙

Nur mit wenigen Worten braucht hier die

„Pfingstbewegung"

genannt zu werden. Mit großem Schmerz beobachtete Rappard das Heranwachsen dieser bedenklichen Strömung, die in Verbindung steht mit dem schon erwähnten Zungenreden und der Sündlosigkeitslehre. Als er sah, wie bei den Anhängern dieser Richtung die wahren Kennzeichen des Geistes: das zerbrochene Herz, die Demut, das Verherrlichen des Herrn Jesus, fehlten, und als vollends Medien auftraten und vorgaben, Botschaften Christi an seine Gemeinde auszurichten, da konnte er nichts anderes tun, als seine Brüder ernstlich warnen

und dem Herrn der Kirche die Notlage ans Herz zu
legen.

Die fernere Entwicklung dieser Sache und die Zer=
riffenheit innerhalb der Gemeinschaften, die daraus er=
wuchs, hat er nicht mehr erlebt. Von Herzensgrund
dankte er Gott, daß alle seine Evangelistenbrüder vor
diesem Irrtum bewahrt geblieben waren.

Gern führte er das Wort seines teuren Schwieger=
vaters, Bischof Gobats, an: „Wer seinen Geist mit dem
Worte Gottes nährt und in dieser reinen Atmosphäre
lebt, der bekommt einen geistlichen Geruch=
sinn, daß er die Irrlehre bald gleichsam riecht und
sie meiden kann." Und sein Gebet für seine Brüder wie
für sich selbst war, daß sie möchten ausgerüstet sein mit
dem Wort der Wahrheit, mit der Kraft Gottes und
mit Waffen der Gerechtigkeit zur Rechten und
zur Linken.

4.
Innere und äußere Führungen.

Der gottselige Tersteegen sagte, als es bei ihm zum
Sterben ging, der Heiland mache es mit ihm wie
eine Mutter mit ihrem Kindlein, sie müsse es zuvor
ausziehen, ehe sie es zur Ruhe lege. Solches Ausziehen
pflegt auch der himmlische Vater an seinen Kindern zu
üben, und solches Ausgezogenwerden tut ihnen oftmals
recht wehe. Sie merken dabei nicht immer die zarten
mütterlichen Hände, die doch im Verborgenen wirken.
Sie empfinden die rauhe Berührung von seiten der
Menschen, die sie mißverstehen und sich ihnen entgegen=
setzen. Sie schmecken die Bitterkeit getäuschter Hoffnungen
und fühlen schmerzlich den Mangel an Gegenliebe,

da, wo sie viel geliebt. Sie sind betrübt, weil manches
Gebet des Glaubens noch unerfüllt ist. Sie werden
tief gebeugt durch Mißerfolge in der Arbeit und vor
allem durch die Erkenntnis ihrer eigenen Mängel.

Solches Ausgezogenwerden blieb auch Rappard
nicht erspart. Nach außen merkte man nicht viel davon;
im Gegenteil, gerade in Zeiten, da er viel litt, konnte
er vor den Leuten kalt, fast hart erscheinen. Aber die
ihm nahe standen, wußten es anders. Man hätte auch
von ihm sagen können: „Vor Menschen war er ein
Adler und vor Gott ein Wurm."

Jetzt, nach seinem Heimgang, da von seiten seiner
Freunde und Schüler so viel Großes und Gutes von
ihm gesagt worden ist, was wir mit wehmütiger Freude
in sein Lebensbild gewoben haben, scheint es uns, es
wäre nach seinem Sinn, es zu bezeugen, wie sehr er
selbst es empfand, daß er ein „unnützer Knecht" sei.
Er demütigte sich tief vor seinem Gott und setzte seine
Hoffnung ganz auf die Gnade.

Und oft führte er das Wort im Römerbrief an
und nannte es: „Unser Zwiegespräch!"

„Wo ist nun der Ruhm? — Er ist aus!"

In solcher Gesinnung befand er sich auch, als am
26. Dezember 1907 sein

Siebzigster Geburtstag

herankam. Er bat, man möchte von jeglicher Feier absehen. Aber die Liebe konnte es nicht lassen, sich zu
offenbaren, und die Liebe trifft doch meistens das Rechte.
Diesmal waren es besonders die Evangelisten, die sich
vereinigt hatten, ihn zu erfreuen; aber auch von andern

Seiten kamen viele Liebesbeweise ihm zu. Und als am
Abend des schönen Tages für das siebzigjährige Ge-
burtstagskind siebzig Kerzlein an dem Christbaum prangten und in den großen Familienkreis, der ihn umringte,
ein Telegramm aus Lourenco Marques ihm die Liebes-
grüße seiner fernsten Kinder brachte, da siegte im Herzen der alte freudige Dankeston: „Ich bin zu gering
aller Barmherzigkeit und aller Treue, die du an deinem
Knechte getan hast."

In einem Dankbrief, den er hernach den Brüdern
sandte, ist manche Einzelheit berührt:

„Mit vielen andern hast du mich an meinem
siebzigsten Geburtstage erfreut. Liebe tut wohl. Wir
wissen ja, wo ihre Quelle ist. Gott ist die Liebe,
und was Er für uns vollbracht hat, ist mehr, als
Menschenworte auszusprechen vermögen. Sein Wort,
das ich so sehr schätze, sagt es uns.

„Wichtig war mir der Spruch (von einem
Bruder gesandt), ‚Deine Zeugnisse nehme ich mir
zum ewigen Erbe; denn sie sind meines Herzens
Wonne.' Christus ist das Wort und die Person des
Wortes. Ich habe Ihn sehr lieb und durfte
vom Jahr 1862 an von Ihm zeugen. Das war
Gnade, verbunden mit vergebender und reinigender
Liebe.

„Daß ich mit vermehrter Freude sein
Zeuge sein darf im Alter, ist mir groß. Gerne will
ich noch arbeiten, so lang Er Kraft gibt, freue mich
aber auch, abzuscheiden und bei Christo zu sein.
Mein Trost, das weiß Er, ist sein teures vergossenes
Blut. Ohne Reinigung durch dieses Blut komme ich
nicht durch.

„Vor mir steht das schöne Bild mit den im
Dienste der Pilgermission arbeitenden Schweizer-
Evangelisten. Ich darf wohl sagen, daß ich mich
gern in der Mitte der Brüderschar sehe. Ich freue
mich über jeden von ihnen und über sein Wirken
im Weinberge des Herrn. Ihr Wohl und Weh geht
meinem Herzen nahe.

„Das wunderschöne Bild von Gethsemane soll
mich lehren, Kniearbeit zu tun und jeden Leidens-
kelch im Glaubensgehorsam aus des Vaters Hand
zu nehmen und zu trinken.

„Noch ein liebliches Bild erhielt ich: Die Begegnung Jesu mit den Emmaus-Jüngern. Aus tiefstem Herzen sage ich: Herr, bleibe bei mir; denn es
ist Abend geworden, und ich bedarf deiner Gegenwart mehr als je zuvor.

„Wir wollen alle Eins sein als solche, die Er
gesetzt hat, daß sie hingehen und Frucht bringen und
ihre Frucht bleibe, auf daß, so wir den Vater etwas
bitten in seinem Namen, Er es uns gebe.

In Ihm in Liebe verbunden, dein treuer
C. H. R.“

Durch verschiedene Umstände hatte man sich ver-
anlaßt gesehen, die Druckerei, die jahrelang auf St.
Chrischona bestanden hatte, aufzugeben. Sie wurde im
Jahr 1905 von dem bis dahin als Geschäftsleiter angestellten Faktor, Herrn Froese, käuflich erworben und nach
Basel verlegt. Die Räume des einstigen Industriehauses,
später „Morgenrot“ genannt, wurden nun für die hospi-
tierenden Gäste eingerichtet, deren dadurch eine viel größere Zahl aufgenommen werden konnte. Das bedingte

aber auch größere, luftigere Lehrfäle, und diefe durch
Hinzuziehung der Nebenzimmer schön und zweckmäßig
einzurichten, ohne von der einfachen Art der Pilger-
miffion abzuweichen, war dem Infpektor eine herzliche
Freude. Bei diesem Anlaß wurde auch in den Anstalts-
gebäuden Zentralheizung angelegt und manche Ver-
befferung angebracht. Er sagte darüber im Jahresbericht
1908: „Wir glauben, es gehöre zur t r e u e n Verwal-
tung, daß alles, was dem Herrn gehört auf dem Berge,
in gutem Stand nach innen und außen erhalten werde.
Freilich hat das Aeußere wenig Wert im Vergleich mit
dem inneren Geistesleben."

Jetzt merken die Zurückbleibenden, daß alle diese
so weise und sorgfältig ausgedachten Einrichtungen zu
dem „B e s t e l l e n s e i n e s H a u s e s" gehörten;
was ihm vierzig Jahre zuvor war anvertraut worden,
hat er in bester Ordnung hinterlassen.

☙

Im Mai 1908 unternahm er mit seiner Gattin
eine Reise nach Nord-Deutschland, um die in Schlesien, Ost- und Westpreußen arbeitenden Brüder und auch
einige mitverbundene Freunde zu besuchen. Wunderschöne Erinnerungen knüpfen sich an dieses vierwöchent-
liche Zusammensein.

Ein Besuch auf der Wartburg konnte mit einge-
flochten werden in das Reiseprogramm, ebenso ein kurzer
Aufenthalt in dem Rittergut des Freundes und Vetters,
Herrn von Zastrow in Schönberg, in deffen Haus das
Wort Gottes eine Stätte gefunden und es zu einem
Ort gemacht hat, wo Jünger Jesu gern zusammen
kommen. Bis an die polnische Grenze führte der Weg,
in die schönen Anstalten von Schwester Eva von Thiele-

Winkler in Miechowitz, wo der Name Jesu unter
Alten und Jungen, ja unter den Elendesten und Geringsten seine Wunderkraft täglich beweist.

Von da ging es an die böhmische Grenze. In
Hausdorf, dem Schloß der Frau Gräfin von Pfeil,
wurde eine zahlreiche, recht lebendige Versammlung und
eine gesegnete Konferenz mit den in der Nähe wohnenden Brüdern, auch etlichen aus Böhmen und Ungarn
gehalten. Von dem vier Stunden entfernten Braunau
in Böhmen waren außer den lieben Pfarrersleuten
Kieser, Rappards Neffe und Nichte, mehr als dreißig
Personen über die Berge herübergekommen, um an dem
Segen jenes Tages teilzunehmen.

Nun ging es in langer Eisenbahnfahrt nach Norden. In Marienwerder und Elbing in Westpreußen,
in Heiligenbeil, Bahnau, Rastenburg, Königsberg, bis
hin nach Memel in Ostpreußen wurden die Brüder und
ihre Gemeinschaften besucht und überall das Evangelium
verkündigt. Wie viel war dort anders geworden, seit
den schwachen Anfängen vor mehr als dreißig Jahren!
Was kann doch ein Haus, darinnen Jesus wohnt und
sein Wort herrscht, für eine Stätte des Segens werden, für einzelne und ganze Familien und Gegenden!
Das konnten wir auf dieser Reise mit Augen sehen.

Die Rückreise führte über Berlin, wo teure Verwandte besucht und im Kreis der in der großen Welt-
stadt arbeitenden Brüder und der mit ihnen verbundenen
Gemeinschaften wohltuende Stunden verbracht wurden.

Bei dem Pfingstsonntags-Gottesdienst im Dom,
wo so mancherlei Empfindungen die Seele durchzogen,
freute er sich über die in göttlicher Einfalt gehaltene
gläubige Predigt von Jesu dem Gekreuzigten und Auf-

erstandenen. Abends diente er mit dem Wort in einem
lieben lebendigen Gemeinschaftskreis. In der reich geschmückten Kathedrale wie im schlichten Vereinshaussaal
ist es doch nur das Wort vom Kreuz, das die Seele
wirklich erhebt.

Den Schluß der Reise bildete der Besuch der sogenannten Gnadauer Pfingstkonferenz, die seit einigen
Jahren in Wernigerode stattzufinden pflegt. Dem dort
vertretenen deutschen Verband für evangelische Gemeinschaftspflege und Evangelisation war die Arbeit der
Pilgermission in Deutschland schon vor etlichen Jahren
angegliedert worden.

☩

Etliche Wochen nach der glücklichen Rückkehr
wurde Rappard plötzlich von ernster Krankheit befallen.
Es war unmittelbar nach dem Eintreffen einer betrübenden Nachricht aus einem Arbeitsfeld. Die Schmerzen in der Herzgegend waren so heftig, daß der
bange Gedanke nahe lag, der oft mißbrauchte Ausdruck vom „gebrochenen Herzen" möchte hier zur Wahrheit werden. Doch der Herr erbarmte sich und schenkte
wieder Besserung. Die Evangelisten-Konferenz war vor
der Tür, und man hatte sich darauf gefaßt gemacht,
sie ohne ihn halten zu müssen. Aber am Morgen des
Haupt-Konferenztages stand er stillschweigend auf, un-
bekümmert um alle Bitten, sich doch zu schonen, eröffnete die Verhandlungen in einer langen, überaus ernsten Rede und wurde von Tag zu Tag besser und kräftiger. Jene Konferenztage sind nicht ohne Segensfrucht
geblieben.

☩

Mehr als je bewegte ihn nun stets das Wort: „b e w a h r e n". In Briefen, bei Begegnungen, in Predigten, vor allem im Gebet kam das Wort immer wieder aus dem Herzen und über seine Lippen.

„Für mich selbst", sagte er, „empfinde ich sehr das Bedürfnis, den Herrn zu bitten, daß Er mich bewahre. Auch im Alter kann man noch straucheln und fallen. Nur Gottes Macht ist es, die uns bewahrt."

Aus ähnlichen Erfahrungen floß auch das ernste Wort:

„Es ist ja so, daß jeder wahrhaft gläubige Christ den heiligen Geist hat (siehe Röm. 8, 9; 1. Kor. 3, 16; Eph. 1, 13; 1. Joh. 1, 5) aber damit ist noch nicht gesagt, daß der g a n z e Mensch auch unter die Machtsphäre des heiligen Geistes gekommen ist. Es gibt oft Jahre lang noch kontestierte Punkte im Leben. Wenn diese in den Tod und unter das reinigende Blut Christi kommen, dann gewinnt der Geist Raum, dann sind wir angetan mit Kraft aus der Höhe, dann leben wir nicht mehr uns selbst, sondern unserm göttlichen Meister.

„Wenn ein Reichsgottesarbeiter nicht auf diesen Linien in allen Stücken wächst an dem, der sein Haupt ist, Christus, wird er nach und nach aus dem Lebensstrom ausgeschaltet und kommt auf einen toten Punkt, von dem nur aufrichtige Beugung ihn zu befreien vermag."

Bei seinem letzten Besuch in Saarbrücken im November 1908 sagte der Inspektor am Schluß des Jahresfestes:

„Als Andenken an diesen schönen Tag hinterlasse ich euch vier Bitten, die ich selbst täglich vor den Herrn bringe:

1. Herr, reinige mich durch dein Blut! 1. Joh. 1, 7.
2. Gib mir völlige Liebe durch den heiligen Geist!
   Röm. 5, 5.
3. Gib bleibende, völlige Freude! Joh. 15, 11.
4. Gib mir deinen Frieden! Joh. 14, 27.

Im September 1908 verließ Herr Pfarrer G. Bäthmann, mit dem Rappard bis zuletzt in herzlicher Liebe verbunden war, die Anstalt, um einen Pfarrdienst in seiner heimatlichen Kirche anzunehmen. Die Lücke wurde provisorisch von Herrn Veiel und den andern Lehrern ausgefüllt. Zu großer Freude gereichte es dem Inspektor, daß sein Freund, Herr Dr. Langmesser von Davos, dessen Liebe und Verständnis für das Werk der Pilgermission ihn zu einem warmen Förderer derselben gemacht hatte und der im Jahr 1907 Mitglied des Komitees geworden war, in jedem Semester einen kürzeren oder längeren Aufenthalt auf dem Berge machte, um die Brüder in das Wort Gottes einzuführen. Diese Bereicherung im Unterrichtsprogramm wurde von allen dankbar begrüßt.

Im eigenen Heim war es mittlerweile recht still geworden. Von dem großen Kinderkranz, der einst die Eltern umgab, war nur eine Tochter zurückgeblieben und bildete mit ihrer lieben Tante, des Inspektors jüngster Schwester Ch., den engeren Familienkreis. Ein französischer Sinnspruch, den Rappard einmal in schlafloser Nacht in einem Fremdenzimmer fand, war ihm jetzt oft auf den Lippen: „On a si peu de temps à s'aimer sur la terre. Oh! qu'il faut se hâter de dépenser son coeur!“ (Man hat so wenig Zeit, sich auf Erden lieb zu haben. Ach, wie muß man eilen, seine Liebe auszugeben!)

5.

Das letzte Jahr oder „Er hat Gott vertraut".

Das Jahr 1909 war angebrochen. Seite an Seite kniend, hatten die Hauseltern, wie es alljähr= lich zu geschehen pflegte, inmitten der Chrischonagemeinde den mitternächtlichen Glockenschlag im stillen Gebet er= wartet. Dann hatte der Vater im Namen aller das Herz ausgeschüttet vor dem Gott, der unsere Zuflucht ist für und für, und man hatte gesungen:

> So nimm denn meine Hände und führe mich,
> Bis an mein selig Ende und ewiglich!
>
> Wenn ich auch gar nichts fühle von Deiner Macht,
> Du bringst mich doch zum Ziele, auch durch die Nacht!

Ja, auch durch die Nacht!

⊕

Am ersten Abend des neuen Jahres hatten sich verschiedene Familienglieder im traulichen Wohnzimmer der Friedau um den brennenden Christbaum versammelt. Manche Erfahrungen wurden erzählt von Gottes bewahrender Macht und Gnade. Wie war bei solchen Anlässen der Vater so von Herzen mit dabei!

„Unsere Herzen waren dankbar bewegt," schrieb damals eines der Familienglieder. „Das neue Jahr, das noch verhüllt vor uns lag, erweckte wohl manche Fragen, aber nach dem Gehörten mußte die Antwort lauten: Wir dürfen nicht zagen; denn mit uns geht ein starker Gott und Heiland, der uns behütet und unser Vertrauen auf Ihn nicht zu Schanden werden läßt. Weder Tod noch Leben, weder Gegenwärti=

ges noch Zukünftiges, weder Großes noch Kleines kann uns scheiden von seiner Liebe."

Jetzt scheint uns ein jedes dieser Worte bedeutungsvoll!

✠

Dr. Howard Taylor, Sohn des bekannten Gründers der China-Inland-Mission, brachte mit seiner Gattin Geraldine geb. Guineß einen Teil des Winters im Haus „Zu den Bergen" zu; ebenso Freiherr von Esebeck vom Thüringer Evangelisations-Bund mit seiner Familie und andere christliche Freunde. Solche Erweiterungen des Gemeinschaftskreises auf St. Chrischona brachten manchen Gewinn.

✠

Im Monat Februar reiste der Inspektor nach Hamburg, der herzlichen Einladung eines Freundes des Reiches Gottes folgend. Er hielt eine Reihe von Vorträgen im Christlichen Verein junger Männer. Solche Arbeit unter den Jünglingen machte ihm immer besondere Freude. Eine schöne Disposition fand sich unter seinen Notizen; ob diese Daniel-Rede gerade in Hamburg gehalten wurde, ist nicht ersichtlich:

1. Des Jünglings Entschluß   (Dan. 1, 8.)
2. Des Jünglings gesegnete Erfahrung   (Dan. 1, 17.)
3. Des Jünglings bibl. Weltanschauung   (Dan. 2, 31—35.)
4. Des Jünglings Sieg   (Dan. 3, 15—18.)
5. Des Mannes Treue   (Dan. 6, 10.)
6. Das Zeugnis Gottes   (Dan. 10, 19.)

Schluß: Ein Wort allerhöchster Ermutigung
                                   (Dan. 12, 5.)

In Hamburg hatte Rappard auch eine gesegnete Konferenz mit einem großen Kreis ehemaliger Schüler, verweilte etliche Tage auf dem Gute des Herrn von Tiele-Winkler in Rotenmoor, in Mecklenburg, und kehrte frisch und froh wie ein Jüngling aus dieser Arbeit zurück.

Auch nach Württemberg führte ihn die gute Hand seines Gottes noch einmal in diesem seinem letzten Jahre. Mehrere Sommer hindurch hatte er mit seiner Frau jeweilen eine Woche in der Villa Seckendorff in Cannstatt zugebracht und bei dem Dienst, den er für Gesunde und Kranke tun durfte, reichen Segen erfahren. Diesmal folgte er der Einladung des Philadelphia-Vereins nach Stuttgart und hielt ein Referat über die Biblische Lehre vom Blute Christi. „So oft ich vom Blute Jesu Christi rede", so hob er an, „tönt mir das Wort im Herzen: Ziehe deine Schuhe aus; denn der Ort, darauf du stehst, ist heilig." Das Thema war ihm lieb vor allen, und mit ganzem Herzen legte er sein Zeugnis ab.

☩

Zu der Evangelisten-Konferenz anfangs Juli war er dies Jahr mit neuer Kraft auf seinem Posten. „Wie freuten wir uns", so schreibt ein Bruder, „ihn im Gegensatz zu vorigem Jahr so frisch und kraftvoll unter uns zu sehen. Wie schien es uns so gut möglich, daß wir ihn noch manches Jahr unter uns haben könnten als unser Vorbild im Kämpfen, Wirken und Nicht-müdewerden! Es war ihm vergönnt, für den Herrn zu wirken in einer Kraft, die weit über das Maß einer einzelnen Manneskraft hinausging, und trotz der mehr als siebzig Jahre war sein Mut nicht gebeugt und sein Auge nicht dunkel geworden."

Unmittelbar nachher fand die General=Sitzung des Komitees statt. Mehrere folgewichtige Beschlüsse wurden gefaßt.

1. Herr Veiel, bisheriger Hausvater des Hau=ses „Zu den Bergen", wurde berufen als theologischer Lehrer für das Brüderhaus, mit der besondern Aufgabe, den Inspektor in seinen Abwesenhei=ten zu vertreten. Die Bibelkursschüler sollten fortan in den verschiedenen zum Brüderhaus gehörenden Gebäulichkeiten wohnen und den Unterricht mit den Zög=lingen genießen.

2. Für das Haus „Zu den Bergen" wurde Fräulein Maria Rappard als Hausmutter berufen. Das Haus sollte ein **Erholungsheim** bleiben. In den Wintermonaten jedoch, d. h. von Oktober bis Mai, sollte darin zugleich eine **Bibelschule für Schwestern** eröffnet werden, wo Jungfrauen und alleinstehende Frauen Aufnahme finden könnten, um für den Dienst der Inneren oder Aeußeren Mission oder für eine ein=fachere Wirksamkeit im gewöhnlichen Leben vorbereitet zu werden.

Der Gedanke, eine solche Bibelschule für Schwestern zu gründen, hatte schon seit einer Reihe von Jahren in Rappards Herzen geschlummert; jetzt schien die Sache auf ganz einfache Weise sich verwirklichen zu können.

Er hatte überhaupt bei diesen Entscheidungen den Eindruck, „die Wolke habe sich gehoben", wie er sich mit Anspielung auf 2. Mose 40, 36. 37 aus=drückte, d. h. der Herr habe trotz der Armut und dem Zagen seiner Kinder die Dinge also geleitet. Das gab ihm Mut, der Zukunft entgegen zu schauen mit stiller Zuversicht.

3. Ein weiterer Beschluß jener Sitzung war die
Uebernahme einer kleinen Buchhandlung in Gießen, die
von den dort stationierten Evangelisten, mit Genehmigung
des Komitees, vor Jahresfrist als Privatsache unter=
nommen worden war, um einem vielfach empfundenen Be=
dürfnis zu entsprechen. Die Sache hatte sich über Er=
warten gut entwickelt, und die Brüder baten dringend,
das Komitee möchte selbst die Buchhandlung über=
nehmen. Dem Gesuch wurde entsprochen und die „Buch=
handlung der Pilgermission in Gie=
ßen" gegründet, mit dem aufrichtigen Verlangen, daß
damit der Sache des Reiches Gottes in Hessen ge=
dient und bleibender Segen gestiftet werden möchte.

Es ist denen, die berufen sind, das Werk zu St.
Chrischona weiter zu führen, sehr bemerkenswert, daß
diese ernsten Beschlüsse unmittelbar vor dem Heimgang
des Inspektors gefaßt worden sind. Sie fühlen die ver=
mehrte Verantwortung, die ihnen daraus erwachsen ist,
und blicken auf den Herrn, auf seine fernere gnädige
Leitung gehorsam vertrauend.

Und nun kam der Tag der Einsegnung heran,
dem der Inspektor wie immer mit großem Ernst ent=
gegensah. Die „Stille Woche", die jeweilen diesem
Sonntag vorauszugehen pflegt, war eine Zeit ernster
Einkehr. „Wir fühlen unsere Armut und Unwürdigkeit
sehr", sagte Rappard, „aber obwohl uns dieses Bewußt=
sein beugt, verzagen wir nicht, weil wir es dem Herrn
sagen können."

Eine große Versammlung war es, die schon am
Vormittag des Festtages die Halle füllte und das
Mahl des Herrn genoß. Die vierundzwanzig Brüder,

denen er segnend die Hand auflegte — es war die zwei-
undvierzigste Klasse, die während seiner Amtswaltung
ausgesandt ward — werden diese Stunde nie vergessen.
Auch der alte Inspektor hatte am Schluß des Tages
das Empfinden, als sei mit diesem Jahreskursus wieder einmal eine große Aufgabe zu Ende, und er freute
sich auf etwas Ruhe.

Und doch war er nicht arbeitsmüde. Etwas schmä-
ler und bleicher war er geworden, was besonders Fremden auffiel; aber man kann wohl sagen, daß er in diesem Jahre ganz besonders frisch und freudig im Werke
stand. In Beziehung auf die Zukunft und etwaige Ver-
minderung seiner Arbeit wollte er sich keine Sorgen
machen. „Ich will nicht selbst die Arbeit niederlegen",
sagte er, „sondern auf die Führung Gottes warten. —
Ich habe einmal ein Pferd gesehen, das seines Wagens
überdrüssig war und sich selbst ausspannen wollte; aber
da gab es Wunden und Schläge und gebrochene Deich-
seln. Wenn der Meister ausspannt, dann
geht's ganz leis und still!"

In einem Schreiben an die Brüder in der ersten
Nummer des „Glaubensboten" 1909 sagt er:

„Es war unser Gott, der meine liebe Frau
und mich nach St. Chrischona setzte und uns als
sein Werk in Christo Jesu zubereitete für den Dienst,
den Er durch uns hier ausgeführt haben wollte.

„Wir sind nun beide alt geworden. Er hält
uns aber bis heute in Kraft, und wir werden fort-
fahren, Ihm zu dienen, bis Er sagt: Es ist genug!
— Ein weiser Mann sagte: Lieber lassen, als
ablassen. Der Meister wird dafür sorgen, daß,

wenn die Kräfte nicht mehr genügen und infolgedessen ein hinderndes Ablassen sich erzeigen würde, die Arbeit oder ein Teil derselben auf jüngere Schultern abgeladen werden kann. Letzteres ist übrigens teilweise geschehen, und mit Dank gegen den Herrn blicke ich auf meine Gehilfen, die der Meister mit Gaben ausgerüstet hat."

Als seine Frau im Laufe des Sommers einmal fragte, ob es nicht weise wäre, einige Gedanken über die Fortführung des Werkes niederzuschreiben, erwiderte er: „Schlage auf: Jos. 1, 2." Und als sie las: „Der Herr sprach zu Josua: Mein Knecht Mose ist gestorben, so mache dich nun auf u.s.f.", sagte er ganz schlicht: „Wenn es einmal heißt: ‚Mein Knecht Rappard ist gestorben‘, dann wird Josua schon da sein." — „Schau", fügte er bei, „auch dieses ist mir eine Glaubenssache. Ich habe sie dem Herrn übergeben, und ich traue auf Ihn."

In Beziehung auf die Bedürfnisse der Anstalt schrieb er:

„Vier Stücke sind es, die zur Weiterführung des Werkes nötig sind und die wir täglich erbitten müssen:

1. Gottes Gnade, damit wir alle richtig stehen zu Ihm und seinen Segen empfangen.

2. Die nötige Anzahl Anmeldungen von Jünglingen, die bekehrt und zum Dienst des Herrn berufen sind.

3. Geöffnete Türen und Arbeitsfelder für die Brüder, die ihren vierjährigen Kurs vollendet haben.

4. Unser tägliches Brot, sowohl für die Anstaltsfamilie, mit allen ihren Bedürfnissen, als auch für

die im Verband der Pilgermission stehenden Brüder auf den Arbeitsfeldern."

Es tat ihm ganz wohl, diese Dinge immer wieder von seinem Vater erbitten zu müssen. Er sagt darüber ein kostbares Wort:

„Diese Abhängigkeit vom Herrn ist nicht nur eine Glaubens- und Ehrenstellung, sondern auch eine heilsame Zucht. Viele Knechte Jesu haben es mit Anbetung bezeugt, daß es für ihr geistliches Leben ein Bewahrungs- und Förderungsmittel ganz besonderer Art gewesen sei, Tag für Tag, Gelegenheit für Gelegenheit, das Nötige auch für das äußere Durchkommen von dem Vater im Himmel zu erbitten und zu empfangen. Wer auf den Herrn harrt, der wird nicht zu Schanden werden."

Ein letztes herrliches Zeugnis für die Treue seines Herrn soll hier eine Stelle finden. Er schreibt:

„Am Schluß seiner irdischen Laufbahn fragt der Herr seine Jünger: Als ich euch gesandt habe ohne Beutel, ohne Tasche und ohne Schuhe, habt ihr auch je Mangel gehabt? Sie sprachen: Nie keinen. Die Knechte Gottes, die in seinem Dienste stehen, haben für alle Zeiten die Verheißung: Ich will dich nicht verlassen noch versäumen (Ebr. 13, 5).

„Zu Anfang des Jahres 1868, als ich in Kairo stationiert war, kam an mich der Ruf von dem Pilgermissions-Komitee von St. Chrischona, ich möchte kommen und die Leitung des Werkes übernehmen. Ich wußte, daß es in den letzten Zeiten schwer gegangen war, daß die Anstalt Schulden hatte und daß Freunde und Nachbarn den baldigen Untergang des Werkes voraussahen. Es bewegte mich der Gedanke, ob es zu meiner Aufgabe als Inspektor der Chrischona gehören werde, durch Vorträge über das mir anvertraute Werk das Publikum zum Geben zu veranlassen.

„Ich brachte diese ernste Sache vor den Herrn. Es kam mir die Bitte ins Herz: Unser Vater in dem Himmel, gib uns heute unser täglich Brot!

„Ich erhielt durch den Geist, der in alle Wahrheit führt, die Weisung, mein Leben lang nichts anderes zu tun, als das Wort Gottes zu lehren und das Evangelium zu verkündigen, und der Vater im Himmel, dem Gold und Silber gehöre, werde für uns sorgen.

„Das Komitee, dem ich solches mitteilte, ließ mir darin volle Freiheit.

„Heute nach vierzig Jahren kann ich bezeugen, daß der Herr treu zu seinem Wort gestanden ist. Er hat mir Gnade gegeben, überall das Wort vom Gekreuzigten zu verkündigen und hat als reicher Vater seinen auf Ihn harrenden Kindern das tägliche Brot gegeben. Die Schulden sind bezahlt worden, das Werk hat sich ausgebreitet, und wir haben keinen Mangel gehabt. Es hat Tag für Tag gereicht!"

„Als Überschrift über Inspektor Rappards Leben sollte man die Worte setzen: ‚Er hat Gott vertraut!'" so schrieb ein Bruder.

Er selbst würde wohl lieber schreiben: **„Gott ist getreu. Er ist ein Fels ewiglich. Wohl dem, der auf Ihn traut!"**

Ehe wir den Pilger auf seinen letzten Schritten begleiten, fügen wir hier ein Gedenkblatt ein, von Freundeshand geschrieben.

6.

Sein Bild.

Von Dr. A. Langmesser.

Ich sehe sie noch vor mir, die hohe, edle Gestalt Inspektor Rappards, wie sie zum ersten Male in mein Leben trat. Das war in den siebziger Jahren des vorigen Jahrhunderts, wo Rappard oft in der Kapelle an der Klingentalstraße zu Basel von 11—12 Uhr predigte. Ich war damals ein Knabe, und wiewohl ich nicht alles verstand, was er in beredten Worten der Versammlung nahe legte, eines begriff ich doch: sein warmes Liebeswerben für Jesus. Sein Wort drang in mein Herz und mehr wie einmal stellte mich Rappard vor die Frage: Willst du dein Herz nicht schon jetzt Jesus ausliefern? Aber noch konnte ich mich nicht entscheiden. Da kam das Jahr 1882, das im Vollsinn des Wortes ein Jahr des Heils für Basel wurde, wo Gottes Winde wehten und Elias Schrenk, unterstützt von Heinrich Rappard, Otto Stockmayer, Thumm von Wilhelmsdorf und anderen, das Werkzeug jener großen Erweckung wurde, der Hunderte den Anfang eines neuen Lebens in Gott verdankten. Damals entschied ich mich für Jesus. Und es war Rappard, der neben Schrenk den entscheidenden Einfluß ausübte.

Vier Jahre darnach lag ich an qualvollen Leiden darnieder. Operation folgte auf Operation. Eltern und

Ärzte zweifelten an der Genesung. Da, als die Leibesnot am höchsten gestiegen war, bat ich, man möge doch Rappard, der damals in Basel wohnte, rufen, daß er über mir bete. Und er kam, gewöhnlich des Abends. Wie ersehnte ich jedesmal sein Kommen! Still trat seine hohe Priestergestalt in das Krankenzimmer und setzte sich leise an das Bett und fragte so väterlich zart, wie es nur ein Vater in Christo kann, wie es mir gehe. Dann richtete er mit Worten des Heils das zerknickte Herz auf und betete über mir so machtvoll, so herzandringend, daß mir jedesmal die Krankenstube zum Heiligtum ward, und ich das Gefühl hatte, Jesus stehe neben Rappard. Und jedesmal, wenn er wegging, ließ er spürbar den Meister bei mir zurück. Sein Gebet wurde erhört. Ich genas und entschied mich auf Grund dieses Erlebens Gottes, ein Verkündiger seines Wortes zu werden.

Während meiner Studienzeit in Basel gingen meine liebsten Wege hinauf nach St. Chrischona. Es verging wohl kein Einsegnungstag dort droben, dem ich nicht beigewohnt hätte. Ich ahnte damals nicht, daß ich bei Rappards letzter Einsegnung mit ihm und Eduard Burckhardt den Brüdern segnend die Hand aufs Haupt legen sollte.

Dann kam die Zeit des Wirkens in Davos, wo Rappard mich wiederholt besuchte. Es war im Jahre 1895, wo die Pilgermission das Prättigau, das bisher von ihren Sendboten evangelisiert worden war, der „Inneren Mission Davos" als Arbeitsfeld abtrat. In den folgenden Jahren sah ich ihn oft in der Schweiz und in Deutschland auf Konferenzen, am meisten aber auf St. Chrischona. In dieser Zeit hob er seinen geisti-

gen Sohn zu seinem Freund empor. Und jetzt, wo er
mir bald in seinem Studierzimmer, bald auf Fahrten
von Chrischona nach Basel oder von Riehen auf den
Chrischonaberg vertrauensvoll sein Herz aufschloß, ward
mir nicht nur dessen ganzer Reichtum, sondern noch
mehr, der ganze Mann offenbar. Und was ich sah, erfüllte mich mit tiefer Freude: Rappard ist die harmo-
nischste Persönlichkeit, die mir auf meinem Lebenswege
begegnet ist. Seine hohe, edle Gestalt war der vollendete
äußere Ausdruck seines inneren Menschen. Bei Rappard stimmte, was so selten auf Erden zu finden ist,
Inneres und Äußeres vollkommen überein. Der Adel
seiner christlichen Gesinnung, die Freiheit eines wahren
Gottesmenschen und die schöpferische Kraft eines Bahn-
brechers im Reiche Gottes — sie wohnten harmonisch
in Rappard und machten ihn zu einer jener seltenen Gestalten im Reiche Gottes, die herrschen, indem sie dienen und ihr Leben im Dienste Jesu verzehren. Das
Geheimnis aber der Kraft und des Erfolges Heinrich
Rappards von Jugend an bis in sein Greisenalter lag
in seinem völligen Glaubensgehorsam gegen seinen
himmlischen Herrn und sein Wort. Er war als Lehrer
und Lenker, als Evangelisator und Verkündiger der
Heiligung ein Jünger seines Meisters, dem er sich in
bedingungslosem Gehorsam unterwarf. Darum stieg
sein Leben in ungebrochener Linie aufwärts und mied
auch jene Kurven, die verborgener oder offenbarer Ungehorsam einleitet. Seine Gehorsamsstellung zu Gott bedingte auch seine Unterwerfung unter sein Wort. Nicht
der Schrift Meister, sondern Schüler wollte er sein, sein
ganzes Leben lang. Jesu Ausspruch war sein Leitstern:
Die Schrift kann nicht gebrochen werden. So blieb er

inmitten der Hochflut der Kritik unerschütterlich wie ein Fels. Aber auch, wenn im Lager der Gemeinschaftsbewegung Schriftwahrheiten aus dem Zusammenhange gerissen, in unnüchterner Einseitigkeit betont und zu Irrlehren entwickelt wurden, blieb er im Kreise der Begeisterten der nüchterne, an der Schrift orientierte Führer, der seine Evangelisten wie ein Vater seine Söhne auf dem klaren Schriftwege festhielt. Die Ewigkeit wird es einmal offenbaren, wie vielen er in der Sündlosigkeits= und Pfingstbewegung eines Engels Dienste getan hat. So blieb ihm der Demütigungsweg erspart, in irgend einer Lehrauffassung zurückbuchstabieren zu müssen.

Dem im Worte Gottes Lebenden war ein ungewöhnliches Maß göttlicher Weisheit eigen. Ihm war die Gabe gegeben, den Dingen auf den Grund zu blicken und oft mit einem einfachen Worte eine dunkle Situation zu klären. Hatte er kein Licht über eine schwere Frage, so schwieg er, bis Gott ihm Licht gab. Dieses weise Schweigen und Reden zur rechten Zeit gab ihm im Rate der Brüder, insonderheit in den Sitzungen des Komitees der Pilgermission, jene Herrscherstellung, die als selbstverständlich hingenommen wurde.

Seine Weisheit befähigte ihn denn auch in seltenem Maße zur Leitung der Pilgermission. Es war keine leichte Sache, ein von den Organen der Kirche unabhängiges Evangelisationswerk innerhalb des Rahmens der Kirche zu halten: im Hinblick auf sein vollendetes Lebenswerk können wir sagen: es ist Rappard gelungen. Er hat keine Kirche in der Kirche gegründet, wohl aber neben der Kirche Brunnen lebendigen Wassers gegraben, die Tausenden Erquickung spendeten und noch spenden.

Aber dieser Mann, der das Zeug zu einem Kirchen=
fürsten großen Stiles hatte, war schlicht und demütig
vor seinem Gott wie ein Kind. Dies kam namentlich
in seinem Gebete zum Ausdruck. Den tiefsten Eindruck,
den ich von Rappard mit ins Leben genommen habe,
ist der eines Beters, der allewege vor seinem Gott
stand. Und die Gewißheit, Gott erhört Gebet, gab
seinem Beten die Weihe und seiner Haltung vor Gott
das Überwältigtsein von dessen Gegenwart.

Doch der Mann, der vor seinem Gotte im Staube
lag, war ein Held, wenn es galt, seines Heilands Er=
lösermacht und Herrlichkeit der Welt zu verkündigen.
Da stand er, der hohe Greis, in seinem Silberhaar
und seinem wallenden weißen Bart, mit seinem schönen
Antlitz, aus dem ein paar dunkle Augen warm wie
Sonnen leuchteten, und zeugte von seinem Jesus als
einer, der Macht von Oben bekommen, mit einer
Stimme so weich, so voll und so wohllautend, daß, so
oft ich ihn hörte, mich seine Stimme an eine herrliche
Orgel gemahnte, die bald leise, bald mächtig anschwellend,
das Lob dessen ausströmt, der uns erlöst hat.

So ist uns Rappard ein Vater in Christo und
ein Führer gewesen, der unentwegt aufwärts wies, einer
jener Lehrer, die viel zur Gerechtigkeit weisen und die
deshalb, wie Daniel sagt, leuchten wie des Himmels
Glanz und wie die Sterne immer und ewiglich.

Zwölftes Kapitel.

Der Pilger daheim.

Da neigte ungeseh'n der HErr sich nieder
Zu Seinem Knecht. „Dein Sehnen sei gestillet,"
So sprach Er leis. „Noch ist nicht da die Stunde,
Der Welt Mein herrlich Reich zu offenbaren;
Du aber sollst es sehn! Ich will dich nehmen
Zu Mir, auf daß, wo Ich bin, du auch seiest
Und sehest Meine Herrlichkeit beim Vater.
Komm denn zu Mir, du treues Herz, und ruhe
In deines Heilands Schoß . . . ."

1.

„Abglanz der nahen Ewigkeit".

Vor einem Monat noch waren wir in Bern so schön beisammen, und jetzt ist er daheim! — Die Abklärung und heimliche Hoheit, die ich ihm dieses Mal abmerkte, war eine Erquickung für mich, der ich ihn früher manches Mal nicht recht verstanden hatte. Jetzt weiß ich, warum er mir dieses Mal so liebenswert erschien: es war der Abglanz der nahen Ewigkeit, die ihr Alpenglühen dem Sonnenaufgang vorausschickte."

So schrieb uns Pastor Samuel Keller, mit dem Inspektor Rappard bei dem Fest der Evangelischen Gesellschaft in Bern zusammengetroffen war.

Etwas von diesem Abglanz der Ewigkeit merkten manche andere. Ein Freund, Pfarrer P. Dieterlen von Paris, der seither auch schon eingegangen ist in die Ruhe, schrieb kurz nach Rappards Heimgang:

"Vor kaum mehr als vierzehn Tagen besuchte er mich in meiner Bergeinsamkeit. Nie hatte ich ihn jugendlicher und frischer gesehen.

"Früher schon erzählte er mir, er habe sich im Blick auf sein Ende zwei Gnadengaben von Gott erbeten. Die erste sei: teilhaben zu dürfen an der ersten Auferstehung; die zweite: heimzugehen ohne langes Leiden. Er hatte die innere Versicherung erhalten, daß die erste ihm gewährt würde, und auf die Erfüllung der zweiten hoffte er. Auch sie ist ihm zu teil geworden. Mir scheint, ein solches Sterben sei ein herrlicher Abschluß eines solchen Lebens."

Viele andere Briefe sprechen es aus, wie er gerade in jenem Sommer bei mancherlei Begegnungen so viel von der Herrlichkeit des ewigen Lebens und von der Realität des Himmels gesprochen habe.

Auch zu Hause, in den Lektionen, in Gesprächen und Predigten brach die Himmelshoffnung immer wieder durch. Und doch interessierte er sich noch eben so lebhaft wie zuvor für die Dinge des irdischen Lebens. Seine Sehnsucht hatte nichts Krankhaftes und Schwaches, sondern entsprach dem männlichen Charakter seines ganzen Wesens. Er freute sich, zu erkennen, was er hier so fest geglaubt, freute sich "auf den neuen Leib, der ein Organ sein wird des neuen unveränderlichen Lebens", freute sich, den Herrn zu sehen und bei Ihm zu sein allezeit.

Bald nach der im vorigen Kapitel erwähnten Einsegnungsfeier reiste der Inspektor ab. Es war Ferienzeit; aber er verband damit stets gern etwas Arbeit. So hielt er am 1. August in Landschlacht, Kt. Thurgau, die Einweihung eines neu erbauten Vereinshauses, brachte einige Tage im Stadtmissionshaus in Konstanz zu und begab sich dann nach Remismühle, um an den Versammlungen der Zeltmission teilzunehmen. Den Freunden dort fiel sein reifes, abgeklärtes Wesen in besonders wohltuender Weise auf. Ein Bruder schreibt:

„Die Erleuchtung und der sichere Takt, mit denen er eine große Männerversammlung, in der allerlei Heiligungsströmungen in unheilige Debatten auszuarten drohten, zum ruhigen, ja gesegneten Abschluß brachte, war tief eindrücklich."

Er trug den Stempel eines Vaters in Christo.

Am 9. August endlich wollte er sich in die Stille der Berge zurückziehen und einige Tage mit seiner Frau in dem lieblichen Wengen zubringen. Eine unbedeutende Begebenheit ist zum wunderschönen Gleichnis geworden.

Die Reise sollte über den Brünig gehen, und in Luzern wollte Rappard, von Remismühle kommend, mit seiner Gattin zusammentreffen. „Gehe nur direkt aufs Schiff", hatte er ihr nach St. Chrischona geschrieben. „Wenn mein Zug richtig eintrifft, so erreiche ich es auch; wo nicht, so folge ich im nächsten nach." — Er kam nicht. Das Wetter war kalt und regnerisch, und etwas enttäuscht fuhr seine Frau allein über den düstern See. Wie man sich aber der Landungsstelle in Alpnachstad näherte, erblickte sie von weitem die liebe hohe Gestalt, die spähend nach ihr ausschaute und sie dann voller Freude empfing. (Er hatte in Luzern das Schiff nicht erreicht und den Landweg genommen.)

Ja, er war ihr vorausgeeilt und wartete ihrer am sicheren Ufer!

☩

Ueber den zehntägigen Aufenthalt in Wengen liegt in der Erinnerung ein wunderbarer Duft. Auch da spürte man etwas von dem Abglanz der nahen Ewigkeit. Auf der Spitze des Lauberhorns, das er gleich am ersten Morgen von der kleinen Scheidegg aus leichtfüßig bestieg, genoß Heinrich noch einmal die ganze Pracht der Alpenwelt, die ihm immer so vieles sagte von den Gedanken Gottes. Die stille Zeit zur Sammlung und zum gemeinsamen Schöpfen aus dem Worte Gottes gab dem ganzen Tag seine Weihe. Es war ihm eine Freude, hier mit seinem alten Freund, Pfarrer Tophel, und andern lieben Gotteskindern, die in der Pension Lauener wohnten, Gemeinschaft im Herrn zu pflegen. In dem Sonntagsgottesdienst und in den Abendandachten sprach er zu wiederholten Malen mit großer Ueberzeugung und Frische und durfte, wie spätere Briefe es aussprachen, für manche Seelen ein Kanal sein, durch den der Herr sein Lebenswasser goß.

Auf dieser Reise traf er auch mit seiner lieben Schwester L. zusammen und hat, ohne es zu ahnen, für dieses Leben von ihr Abschied genommen.

Nun nahte das Fest der Evangelischen Gesellschaft in Bern, und er eilte, um rechtzeitig dort zu sein. Wie gewohnt logierte er mit seiner Gattin auf dem Blumenberg und genoß zum letzten Mal die Gastfreundschaft, die ihn dort so oft erquickt hatte.

Ueber diesen seinen Besuch in Bern schreibt Pfarrer E. Gerber in den „Brosamen":

„Vom 24. bis 26. August war Herr Inspektor Rappard unter uns, hochragend und frisch wie ein Palmbaum, trotz seiner fast zweiundsiebzig Jahre. Mit welch herzlicher Liebe sprach er zu der Haupt- versammlung der Evang. Gesellschaft, mit welcher Kraft der Ueberzeugung zeugte er am Festvormittag! Mit heiligem, gewaltigem Ernst hielt er eine zeitge- mäße Ansprache über Apstg. 16, 31: Glaube an den Herrn Jesum Christum, so wirst du und dein Haus selig."

Noch blieben ihm etliche Ferientage, die er in Chexbres bei dem Bibelkursus zubrachte; auch da war sein Dienst nicht vergeblich.

Aber nun eilte er zum 1. September nach Hause.

Es galt, die bei der letzten Komitee-Sitzung ge- faßten Beschlüsse zu vollziehen. Darüber heißt es im „Glaubensboten":

„Am Abend des 2. September wurden die seit- herigen Hauseltern des Hauses „Zu den Bergen" von der Chrischona-Gemeinde im Kirchlein als Mit- bewohner des Brüderhauses begrüßt, während Fräu- lein M. Rappard in ihr neues Amt als Hausmut- ter des Hauses „Zu den Bergen" eingeführt wurde. Daß dies durch Segensworte und Gebet unsers Vaters geschah, stimmt uns heute zu besonderem Dank."

Seine letzte Predigt zu St. Chrischona hielt er am 5. September über das große Wort: Ich schäme mich des Evangeliums von Christo nicht; denn es ist eine Kraft Gottes, die

da selig macht alle, die daran glauben
(Röm. 1, 16). Er fühle das Bedürfnis, sagte er, in
Gegenwart auch der neu eingetretenen Brüder auf die
Fundamente unsres Glaubens hinzuweisen, und mit
großer Kraft verkündigte er das alte Evangelium, abschließend mit dem Siegeswort: Der Gerechte
wird seines Glaubens leben. (V. 17)

Ergreifend war es den Seinen, als sie später in
seinem Büchlein die Notizen für die drei Gottesdienste
jenes Sonntags nachschlugen, das Lied zu finden, das
er zum Schluß gesungen haben wollte und dessen letzter
Vers lautet:

> „Ich bete an, Herr Jesu Christ,
> Und sage: Ich bin Dein —
> Nimm mich zu Dir, denn wo Du bist,
> Soll auch Dein Diener sein!"

Am 6. September konnte er den neuen Jahres-
kursus eröffnen mit hundert und drei Zöglingen und
Gästen, und mit alter Frische ging er wieder ans Werk.
Seiner Gattin sagte er in seiner kindlich frohen Weise:
„Du mußt nicht denken, die Arbeit sei mir eine Last;
ich freue mich Tag für Tag auf meine
Lektionen."

Sonntag, den 12. September, hielt er, einem gegebenen Versprechen gemäß, eine Versammlung in dem
großen Dorf Wädenswil am Zürichsee, wo warme Mis-
sionsfreunde wohnen. Das verschaffte ihm die Freude,
seinen geliebten Onkel und Freund, Samuel Zeller in
Männedorf, noch einmal zu sehen und in seinem gesegneten Hause eine letzte Andacht zu halten.

Ueber die Regelung der Angelegenheiten zu St.
Chrischona war er sehr glücklich, und in den zwei letzten

Wochen, die er da zubrachte, floß sein Mund stets über von dankbarer Freude.

Zwei Abendstunden sind den Seinen besonders er= innerlich. Die eine war bei der gewohnten Dienstag= abendandacht im Hause „Zu den Bergen". Sein Text war Gal. 4, 6: „Abba, lieber Vater!" Er sprach über die Herrlichkeit des Vaters mit solcher Kraft und solchem Glück, daß es auf alle Anwesenden einen tiefen Eindruck machte, und sein leuchtendes Ant= litz bekräftigte die Wahrheit seiner Worte.

Die andere Erinnerung knüpft sich an den aller= letzten Abend. Es war Freitag, und man war im Chor der Kirche zur Gebetsstunde versammelt. Die Brüder, im Kirchenschiff stehend, sangen zuvor:

Tag der Wonne für die Seinen,
Wenn nun Jesus wird erscheinen!
O wie können sie sich freuen —
Seh'n sie ihren Hirt, den treuen.
Selig, wer als Bürg' Ihn kennet,
Ihn in Wahrheit Meister nennet!
Hört, wie Er sie ehrend ruft:
**Kommt, ihr frommen, treuen Knechte,
Kommt, ererbt des Vaters Reich!**
Amen. Amen.

Alle Zuhörer waren ergriffen. Mit vielsagendem Blick schaute der Inspektor zu den Seinen herüber. Eine Ahnung von dem, was jener große Tag sein wird, durchdrang die Herzen, aber keine Ahnung von dem, was unmittelbar bevorstand!

✠

Des anderen Tages, Sonnabend, den 18. Sep= tember, reiste er ab. Am 21. sollte in Hammerhütte bei Siegen in Westfalen eine Gemeinschafts = Kon=

ferenz stattfinden, an der er seine Mitwirkung zugesagt hatte. Da sein Weg ihn über Gießen führte, hatte er beschlossen, den Sonntag dort bei dem Evangelisten Herrmann zu verbringen.

Freundlich und ruhig wie immer schloß er seine Arbeit ab. Von seinen Kollegen und den Brüdern hatte er schon Abschied genommen. Nun suchte er, was er sonst nur vor größeren Reisen zu tun pflegte, die Anstaltsgehilfinnen in Haus und Hof auf, sagte einer jeden Lebewohl und fügte hinzu: „Betet für mich!"

Am Mittag war der leichte zweirädrige Wagen, den er gern für sich benützte und auch heute trotz des Regens nicht mit einem bequemeren Gefährt vertauschen wollte, vor der Tür.

Ein letztes Lebewohl, — ein letztes Liebeswort an Frau und Kinder, — und er war ihren Blicken entschwunden.

2.
„Gott nahm ihn hinweg".

Im Hause seiner lieben Kinder Simon in Frankfurt a.M. machte der Vater eine Zwischenstation, brachte dort die Nacht und einen köstlichen Sonntag-Vormittag zu und traf dann zur festgesetzten Stunde in Gießen ein. Man feierte dort Erntedankfest, und der Saal des Vereinshauses war mit Blumen und Früchten lieblich geschmückt. Bald nach seiner Ankunft bestieg er die mit reifen Aehren und Weinlaub bekränzte Kanzel und leitete das Dankfest ein mit dem alten, ewig neuen Psalmlied des königlichen Sängers: Lobe den Herrn, meine Seele, und alles, was in mir ist, seinen heiligen Namen.

Unter der Aufschrift: „Brosamen aus den letzten Ansprachen unsers lieben heim=gegangenen Inspektors, zusammenge=tragen von einigen dankbaren Zuhö=rern", sind uns sehr wertvolle Aufzeichnungen zugesandt worden, die wir hier mitteilen.

„Lobe den Herrn, meine Seele, und vergiß nicht, was Er dir Gutes getan hat.

„Wir danken an diesem Erntedankfest unserm himmlischen Vater für die großen Wohltaten, die Er uns auch in diesem Jahre erwiesen hat. Der Herr sorgt für uns auch im Leiblichen. Wir sollen unser Tagewerk besorgen; aber sorgen sollen wir nicht. Jesus ist unser Sorgenträger; sagt uns doch sein Wort: Alle eure Sorgen werfet auf Ihn; Er sorget für euch. Seht einmal diesen Erntetisch an! Alle diese Früchte, die schönen Trauben, die reifen Aehren, sie zeugen von Gottes Macht und Güte und sollen uns heute zum Lobe Gottes stimmen.

„Doch Gott hat uns noch viel Größeres gegeben. Lobe den Herrn meine Seele, der dir alle deine Sünden vergibt. Was ist der Mensch ohne Vergebung seiner Sünden? Ein Rohr im Winde, ein Spielball der bösen Geister. Aber die himmlische Gabe der Vergebung füllt uns mit Leben und Seligkeit. Das Leben mit Jesu gibt uns immerwährende Beweise von seiner großen Gnade. Der Herr hat über siebzig Jahre für mich gesorgt. Es sind bald fünfzig Jahre, daß Er mich berufen hat, das Evangelium von seiner Gnade zu verkündigen. Wenn ich da zurückblicke, dann will ich mich am allerliebsten meiner Schwachheit rühmen, denn es ist alles Gnade, lauter Gnade.

„Der dir alle deine Sünden vergibt", sagt der Psalmist. Wie ist mir das Wörtlein „alle" so kostbar! Wer kann merken, wie oft er fehlet? Verzeihe mir auch die verborgenen Fehler. Pf. 19, 13. Je älter ich werde, je mehr erkenne ich, wie arm ich bin und wie töricht es ist, hochmütig zu sein. Die hochmütigen Leute kennen sich selbst nicht. Der Herr aber kennt uns. Er weiß, was für ein Gemächte wir sind und denket daran, daß wir Staub sind. Und in diese unsere Armut hinein gibt Er uns in Christo Jesu, unserm Heiland, die Gnade, daß alle unsere Sünden in die Tiefe des Meeres versenkt werden, daß unsre Schuld uns nicht mehr verdammen und uns nicht scheiden kann von unserem himmlischen Vater.

„Daß du wieder jung wirst wie ein Adler", heißt es im fünften Vers. Auch ich wünsche, ein junges Herz zu bewahren. Ich will jung bleiben und im Dienste meines Heilands stehen bis zum letzten Atemzuge. Wenn jemand gefragt wird, wie viele Jahre er schon auf der Erde lebe, so sagt er gewöhnlich: Ich bin dreißig oder vierzig oder mehr Jahre alt. Ich möchte nicht sagen, ich sei zweiundsiebzig Jahre alt, sondern zweiundsiebzig Jahre jung.

„Im zwanzigsten Vers spricht David von den Engeln Gottes. Man sieht oft Bilder von Engeln, die dargestellt sind wie kleine, zarte Kindlein. Das ist nicht richtig. Die Engel Gottes sind starke Helden, die Gottes Befehle ausrichten. Sie sind ausgesandt zum Dienst derer, die ererben sollen die Seligkeit. Ich glaube, daß nicht nur die Kinder, sondern auch wir Erwachsene unsere von Gott uns beigegebenen Engel haben, die uns durch unser ganzes Leben begleiten und bewahren. Ich habe mir vorgenommen, wenn ich einmal hinüberkomme, mich nach dem Engel umzusehen, der mich auf meiner zweiundsiebzigjährigen Pilgerreise begleitet und so treu beschützt hat und ihm für seine treuen Dienste herzlich zu danken."

Sonntag Abend predigte Rappard nochmals. Sein Text war das Wort des Herrn Jesu: „Ich bin das Licht der Welt" Joh. 8, 12.

Die darauffolgende Nacht war nicht gut, und später, als es seine Gewohnheit war, kam er den nächsten Morgen herunter. Seiner Gattin schrieb er:

„In der Nacht verstärkte sich bei mir in der Herzgegend die Beklemmung, die ich schon früher verspürt hatte, und ich bekam heftige Schmerzen. Ich nahm meine Zuflucht zu meinem göttlichen Arzt, und Er nahm mir's weg. Eine Mahnung daran spüre ich noch immer. Ich traue dem Herrn zu, daß Er in meiner Schwachheit seine Kraft offenbaren wird."

Nachdem er verschiedene Aufträge und seine Pläne für die nächsten Wochen mitgeteilt, schloß er das Schreiben nachdrücklich mit den Worten: „Dies alles, so der Herr will und ich lebe."

Er hatte diesen Brief um seines größtenteils geschäftlichen Inhalts und seines Umfangs willen dem lieben Br. Herrmann diktiert. Als dieser aber auch die Adresse schreiben wollte, rief er lebhaft: „O nein, das würde meine Frau erschrecken!" und mit seiner eigenen Handschrift versehen kam der Brief in ihre Hände, als sie es schon erfahren hatte, daß er hienieden nie mehr heimkehren werde.

Im übrigen fühlte er sich an jenem Montag wohl,

besuchte das Lokal der neu gegründeten Buchhandlung, interessierte sich für alles und durfte unbewußt noch viel Liebe ausstreuen.

Die Brüder hätten gern eine Photographie ihres alten Inspektors gehabt, wie er auf der zum Erntefest geschmückten Kanzel stand. Dazu konnte er sich nicht verstehen. „Dahin gehört man nur, wenn man das Evangelium verkündigt", sagte er. Und auf den Spruch hinweisend, der über der Kanzel steht: „Lasset uns Ihn lieben; denn Er hat uns zuerst geliebt", fügte er bei: „Ich will das Wort von Jesu Liebe nicht verdecken." So zeigt ihn denn ein letztes Bild unter der Kanzel, inmitten der Evangelistenfamilie und umgeben von dem reichen Erntesegen.

Abends 8 Uhr fand abermals eine Versammlung statt, von der ein Teilnehmer sagt: „Es lag auf ihr der Glanz der Ewigkeit." Der Text dieses seines letzten Zeugnisses war Römer 8, jenes wunderbare Hohelied des Glaubens. In den mitgeteilten Erinnerungen weht etwas wie Himmelsluft.

„Im Anfang dieses herrlichen Kapitels", sagte er, „lesen wir die kostbaren Worte: Es ist keine Verdammnis für die, die in Christo Jesu sind. Am Schluß des Kapitels ist der Triumphgesang: Wer will uns scheiden von der Liebe Gottes? Keine Verdammnis und keine Trennung! Ja, unser herrlicher Heiland hat uns mit Seilen der Liebe umschlungen. In Christo Jesu sind wir geborgen für Zeit und Ewigkeit.

„Vom heiligen Geist ist in diesem Kapitel sehr oft die Rede. Sein Geist wohnt in uns (V. 9. 11). Der Geist treibt, leitet und regiert uns (V. 13. 14). Er bezeugt uns die Kindschaft und lehrt uns „Abba,

Vater!" sagen (V. 15. 16). Er hilft unserer Schwachheit auf, lehrt uns beten, ja, Er vertritt uns mit unaussprechlichem Seufzen (V. 26).

„Im Leben der Kinder Gottes gibt es Schwachheit, und wir kommen oft in Lagen, wo wir nicht wissen, wie wir beten sollen. Doch wenn der heilige Geist uns beten lehrt, so bitten wir nichts Törichtes, wie Kinder tun, die nicht wissen, was ihnen gut ist. Der heilige Geist kennt unsere unausgesprochenen Seufzer und bringt sie vor Gott. Wir lernen immer besser so beten, wie es Gott gefällt. Unser Lebenslauf ist durch Gottes Hand geordnet; alles ist gut, was Er uns sendet und wie Er uns führt.

„Vor einer Reihe von Jahren lag mein teurer Sohn August schwer krank danieder. Ich fragte den Herrn: „Dürfen wir um seine Genesung bitten?" — Ach, es ist nicht leicht, in bangen dunkeln Stunden einen Weg zu gehen, der der Natur entgegen ist. Auf unser Seufzen: „Herr, was sollen wir machen, wie sollen wir bitten?" gab der Herr die Antwort: „Überlasse ihn mir!" Und sein schwaches Kind sagte: „Ja, Herr, ich überlasse ihn dir, und ich überlasse mich dir!" Da schwieg der Sturm, da legten sich die Wellen, und Gottes Frieden erfüllte das Herz. Gott nahm meinen Sohn. Seine Wege sind heilig.

„Gottes Ziel mit uns ist, daß wir gleich sein sollen dem Ebenbilde seines Sohnes (V. 28). Für unsern Verstand ist das unfaßlich; doch dem Glauben ist es anbetungswürdig, daß Gott solch einen herrlichen Plan, ein solch hohes Ziel für uns hat. Ja, meine Lieben, was kann es Herrlicheres geben, als dem Sohne Gottes gleich zu sein?

„Was wird das einmal sein vor Gottes Thron, wo alle Schwachheit weichen muß, wo die Schar der Gotteskinder, die vollendete Brautgemeinde, im himmlischen Schmuck vor dem Lamme Gottes stehen darf! Es steht geschrieben: „Eine große Schar, die niemand zählen konnte, aus allen Nationen, Völkern und Sprachen, die standen vor dem Thron und vor dem Lamm, angetan mit weißen Kleidern und Palmen in ihren Händen und riefen mit großer Stimme: Heil sei dem, der auf dem Throne sitzt, unserm Gott und dem Lamm!

„Mögen wir alle zu dieser seligen Schar gelangen!"

Anscheinend wohl und munter zog sich der Inspektor gegen 10 Uhr zurück. Auf Befragen sagte er nur, er fühle etwas Beklemmung auf der Brust, aber der Heiland werde ihm helfen.

Den nächsten Morgen zur Frühstücksstunde erschien er nicht. Man wollte sich freuen, daß er ruhe. Aber als es sich verzog und Br. Herrmann auf sein Klopfen und immer banger werdendes Rufen keine Antwort erhielt, drang er ein in die stille Kammer und fand seinen geliebten Inspektor sanft entschlafen im Bette liegend. Kein Leidenszug entstellte das schöne Antlitz. Er konnte kaum gelitten haben, sondern war, ohne den Tod zu sehen, eingegangen zum Leben. Gott hatte ihn hinweggenommen.

Es war der 21. September 1909.

Auf einem Blättchen Papier fand sich die Disposition zu seiner letzten Rede. Sie schloß mit den Worten: „Er gibt Sieg! Er führt zur Herrlichkeit!"

3.

Nachklänge.

Die telegraphische Nachricht: „Unser Vater Inspektor heimgegangen. — Gestern herrlich gezeugt, in der Nacht sanft entschlafen", drang wie ein Schwert durch die Herzen der Seinen. Man konnte es kaum glauben!

Noch einmal durfte die Gattin das geliebte Antlitz, wenn auch nur im Tode, schauen. Man hatte in seinem Zimmer in Gießen alles unverändert gelassen. Auf dem Tisch lagen Hut und Tasche bereit für die Abreise nach Siegen, wo man den teuren Vater an jenem Dienstag Nachmittag zur Konferenz erwartete. Aber für ihn hatte das Pilgern aufgehört. Er war daheim, war angelangt im Vaterhause, und die schlummernde Hülle lag da mit einem Ausdruck nicht nur des Friedens, sondern einer großen triumphierenden Freude. Wie dankbar waren die Seinen, dadurch des Arztes Ausspruch bestätigt zu sehen, daß er in jener einsamen Todesstunde nicht gelitten habe.

Manche von Gottes Lieblingen sind allein gestorben. Aber auch ihnen galt das Wort des Meisters: „Siehe, ich bin bei euch alle Tage, bis an der Welt Ende!"

Mittwoch, den 22. September, fand im Vereinshaussaal zu Gießen eine ergreifende Feier statt. Vor der Kanzel, darauf noch all die Erntefrüchte prangten, stand der Sarg des Mannes, der kaum zwei Tage zuvor an derselben Stätte mit so großer Kraft von dem Namen Jesu gezeugt hatte. „Allweiser Gott", so heißt es in dem von einem Evangelisten verfaßten Nachruf:

> „Wir beugen uns und beten still und staunend an,
> Man brachte Gaben Dir in mannigfachster Farbe,
> Doch Du wollt'st Deinen treuen Knecht als Erstlingsgarbe.
> Hier liegt im Sarge, bei der Früchte Fülle,
> Als Himmelsgarbe die entseelte Hülle."

Herr Pfarrer Ausfeld von Gießen leitete die Trauerfeier ein. Fast alle hessischen Evangelisten waren gekommen und noch manche andere Brüder. Herr Pfarrer Simon, der schon Tags zuvor mit seiner Gattin angelangt war, schilderte den geliebten Vater als einen treuen Knecht des Herrn, als einen ganzen M a n n und doch als ein vertrauendes K i n d. Manch anderes Wort des Glaubens und der Liebe wurde gesprochen, und mit dem Gesang des Liedes, womit zu St. Chrischona der Gottesdienst auszuklingen pflegt, wurde diese Feier geschlossen:

Jesu, Dir leb ich,	O sei uns gnädig,
Jesu, Dir sterb ich,	Sei uns barmherzig!
Jesu, Dein bin ich	Bring uns, o Jesu,
Im Leben und im Tod!	In Deine Seligkeit! Amen.

Gegen Abend wurde der Sarg zur Bahn gebracht, gefolgt von sämtlichen Evangelisten. In dem oben- erwähnten Nachruf heißt es:

> „Wir folgen nach, es ist zum letzten Mal.
> Fürwahr ein ernster, schwerer Gang!
> Die Sonne schickt den letzten Strahl noch übers Hessenland
> Als Abschiedsgruß dem Sarge nach zum Schweizerland.
> Wie öd ist doch das Weltgetriebe um uns her;
> Denn ach, das Herze war uns heute schwer!"

Was von Henoch geschrieben steht, sagten manche
Freunde von dem geliebten Heimgegangenen: „Gott
nahm ihn hinweg, und er ward nicht mehr gesehen."
Auch der Sarg, der seine sterbliche Hülle barg, sollte
nicht nach St. Chrischona kommen. Donnerstag Vormittag traf er in Basel ein, begleitet von zwei der
Hessen-Evangelisten, und blieb in der stillen Toten-
kammer des Diakonissenhauses in Riehen bis zum folgenden Tag.

Die ganze verwaiste Chrischonagemeinde folgte der
trauernden Familie nach Riehen. In dem Freundes-
hause Sarasin-Bischoff durfte man sich versammeln.
„Es tut mir leid um dich, mein Bruder
Jonathan!" hatte Theodor Sarasin ausgerufen,
als er die Trauerbotschaft vernahm. Nur zwei kurze
Monate später sollte auch er, eben so unerwartet, eben
so selig heimgehen zum Vater!

Nachdem Herr Pfarrer Arnold die trauernden Herzen gestärkt hatte durch herrliche Gottesworte und durch
Gebet, setzte sich der Zug in Bewegung. Es war ein
ergreifendes Bild, wie der Wagen durch die herbstlich
gefärbte Allee fuhr. Welkende Blätter fielen zu Boden,
alles sprach von Tod und Vergänglichkeit; er aber, um
den man weinte, war Erbe eines unbefleckten, unver-
welklichen und unvergänglichen Reiches geworden.

Die Dorfkirche faßte die große Versammlung
kaum. Viele Verwandte und Freunde, Vertreter der
Kirche und verschiedener Evangelischer Vereine und Gesellschaften der Schweiz und Deutschlands und eine
große Anzahl auswärtiger Brüder, waren gekommen,
um ihrer Liebe und Teilnahme Ausdruck zu geben. Nach
Gemeindegesang und Eingangsgebet stimmte der Brüder-

chor jenes Lied an, das der Inspektor am Vorabend
seiner Abreise gehört hatte, beginnend mit den Worten:

> „In den Wolken, eh wir's meinen,
> Wird uns Jesus noch erscheinen!"

und endigend mit dem Ruf:

> „Kommt, ihr frommen, treuen Knechte,
> Kommt, ererbt des Vaters Reich!"

Welche Bedeutung hatte das Lied gewonnen!

Herr Dr. Langmesser hielt die Trauerrede:

„Wenn der Sturm eine hohe, weithin sichtbare
Eiche zu Fall bringt", so hob er an, „so ist's, als ob
der Wald eine Weile den Atem anhielte in Mitleiden
und Mittrauern; und wenn Gott ein erlesenes geistliches
Rüstzeug, das Tausenden ein Führer zum Leben geworden ist, wie im Sturm aus reichem Wirken heim-
holt, dann steht man da in Trauer und ermißt, wie
der Heimgegangene vielen vieles geworden ist und wie
die gähnende Lücke, die er gelassen, nur mühsam ausgefüllt werden könne."

An der Hand des Heilandswortes: „Ihr habt
mich nicht erwählet, sondern ich habe
euch erwählet und gesetzt, daß ihr hin-
gehet und Frucht bringet und eure
Frucht bleibe", zeichnete der Redner das Wirken
Gottes in dem Vollendeten und durch ihn und rief der
Chrischonagemeinde zu:

„Du hast des Lehrers zu gedenken, der dir das
Wort Gottes gesagt hat. Vergiß es nicht, wie er
dir das Wort gesagt hat: wie unerschütterlich im
Glauben, wie brennend in der Liebe und wie zuver-
sichtlich in der Hoffnung! Und nun, meine Brüder,

schauet sein Ende an. Unser Inspektor hat Glauben gehalten bis ans Ende; wir aber wollen seinem Glauben nachfolgen. Tun wir das, so wird die Frucht seines
Lebens, die sich in der Pilgermission zusammenfaßt,
bleiben durch uns, die wir sein Werk fortsetzen."

Herr Pfarrer Iselin von Riehen sprach das
Schlußgebet und dann zog man hinaus auf den Gottesacker. „Jesus, meine Zuversicht", spielte der
Posaunenchor. Ja, nur das konnte die schwachen,
schmerzerfüllten Herzen stillen, als der Sarg in die Fa-
miliengruft gesenkt wurde, neben den der teuren Mutter.

Noch wurden von Hrn. Pfr. Isler, als Vertreter
des Komitees, Worte der Trauer, der Liebe und des
Glaubens gesprochen. Ihm folgte Herr Braun, im
Namen der Lehrerschaft. Anknüpfend an ein Wort, das
der liebe Inspektor ihm beim Abschiednehmen sagte:
„Besorge das, bis ich wieder komme!" leitete er über
zu dem Gleichniswort unsers Heilands: „Handelt, bis
ich wiederkomme." — Evangelist Spörri von Reinach
ermunterte seine Brüder, das dreifache Erbe des heimgegangenen Vaters anzutreten und zu bewahren: Eifer
für Gottes Sache; kindliches Vertrauen in den lebendigen Gott; klare Stellungnahme zu dem ungebrochenen
Worte. — Evangelist Vetter las die schlichten, ergrei-
fenden Worte der heiligen Schrift: „Und seine Jünger
kamen herbei, nahmen den Leichnam und begruben ihn,
gingen hin und sagten es Jesu." Sich an die Trauer-
versammlung wendend, wünschte er, daß der Segen auch
dieses Begräbnisses sei, daß Seelen zu Jesu kommen.

Es war wohl getan, daß auf dem Grabe des
alten getreuen Evangelisten ein so heller Evangelisations-
ton erschallte. Ach, daß auch dies Buch ein solcher Ruf

werden dürfte! Was Heinrich Rappards Leben so reich und glücklich und fruchtbar gemacht und seinen Tod mit dem Glanz der Ewigkeit durchleuchtet hat, das ist Jesus, Jesus allein. Wer den Sohn Gottes hat, der hat das Leben.

Es wehte Ewigkeitsluft auf dem Friedhof. Nach dem Schlußgebet, das Pfarrer Otto Stockmayer, der langjährige Freund, aus tief bewegtem Herzen zu Gott richtete, begannen die Posaunen zu spielen: „Ich hab' von ferne, Herr, deinen Thron erblickt."

So ging die große Versammlung stille auseinander. Man mußte ins Leben, in die Arbeit, in den Kampf zurückkehren; aber im Herzen klang es:

> „Ich bin zufrieden, daß ich die Stadt gesehn,
> Und ohn Ermüden will ich ihr näher gehn
> Und ihre hellen, goldnen Gassen
> Lebenslang nicht aus den Augen lassen!"

Um 3 Uhr fand eine Nachfeier auf St. Chrischona statt. Das Kirchlein füllte sich; die ehemaligen Zöglinge waren zahlreich vertreten. Wie hätte sich der Vater gefreut, so viele alte und junge Söhne versammelt zu sehen! Gemeinsame Trauer verband Aller Herzen, aber auch gemeinsame Hoffnung auf eine herrliche Wiedervereinigung droben!

Herr Inspektor Haarbeck sprach mit glaubenstärkenden Worten von der Einheit der Gemeinde Jesu Christi. Die streitende Schar auf Erden und die triumphierende vor dem Thron des Lammes, sie sind Eins.

> „Ein Zion ist's hüben und drüben,
> Nicht sind die Geliebten uns fern!"

Manche andere Stimme ließ sich noch vernehmen, und viele, meist unter den alten Brüdern, gaben Zeugnis von dem, was sie durch Gottes Gnade von ihrem Inspektor haben empfangen dürfen. Kostbare Worte aus dem nun stummen Munde wurden wieder lebendig.

„Er war ein Mensch in Christo", sagte Br. Henrichs in der Schlußansprache. „Das ist der kräftigste, bleibende Eindruck, den sein Leben auf mich gemacht hat. Seine Zentrale war Christus. Um diese Zentrale bewegte sich sein Denken. Er kannte keine Komplikationen. Wenn viele andere sich zergrübelten und zermarterten, — für ihn gab es keine eigentlichen Lebensrätsel, weil ihm der Schlüssel zu allen Problemen Christus war. Daß wir einen solchen Mann nicht mehr unter uns haben, betrauern wir tief. Aber daß Gott seiner Gemeinde einen solchen Mann gab, dafür danken wir Ihm von Herzen."

„In Christo!" Diese Worte klingen wieder in den beiden Wahrheiten, um die Heinrich Rappards ganzes Leben und Wirken sich drehte: Ist jemand in Christo, so ist er eine neue Kreatur. (2. Kor. 5, 17.) Und: Wer in mir bleibt und ich in ihm, der bringt viele Frucht. (Joh. 15, 5.)

Und nun blicken wir ihm nach und wissen, daß er ist

„Bei Christo, welches ist viel besser"!

Auf dem Stein aber, der seine irdische Ruhestätte bezeichnet, steht das Wort seines Zeugnisses:

„Sie haben überwunden durch des Lammes Blut!"

Herr, du hast deinen Knecht von uns genommen; aber er ist bei dir und wir freuen uns, ihn bei dir wiederzusehen.

Der Mann Gottes hat uns verlassen, aber der Gott des Mannes ist uns geblieben.

Das Werk, das du ihm zu tun aufgetragen hattest, war nicht sein, sondern dein.

„Meister, laß Dein Werk nicht liegen!"

⊕

Denn dein ist das Reich und die Kraft und die Herrlichkeit in Ewigkeit. Amen!

AM FUSSE DES CHRISCHONA-BERGES

Weitere Bücher von Dora Rappard:

Frohes Alter
Mit Bildern von Rudolf Schäfer
184 Seiten. ABCteam 633. Geschenkband. 17. Auflage

Im Alter von 80 Jahren schreibt Dora Rappard, die alle
Höhen und Tiefen des Lebens kennengelernt hat, dieses
erquickende und stärkende Buch. Angenehm und
unterhaltsam plaudernd, aber auch ernst und belehrend
auf das Wichtigste drängend, möchte sie das Geheimnis
eines frohen und glücklichen Lebensabends zeigen.

Sprich Du zu mir
Tägliche Andachten
376 Seiten. ABCteam 641. Geschenkband. 13. Auflage

Daß nach diesen Andachten immer wieder verlangt
wird, hat seinen Grund wohl darin, daß die Betrachtun-
gen aus der frischen Quelle des Wortes Gottes geschöpft
sind. Man merkt es diesen besinnlichen und tiefgründi-
gen Ausführungen an, daß die Bitte der Autorin, die im
Titel zum Ausdruck kommt, erfüllt wurde.
Die schlichte, biblische Art der Zeugnisse hat es
bewirkt, daß Tausende durch dieses Buch gesegnet wurden. Gottes Wort bedarf keiner künstlichen Moderni-
sierung, es ist immer aktuell. Wer ein offenes Ohr für
das Reden Gottes hat, dem werden diese Andachten
inneren Gewinn bringen, vor allem aber all denen, die
sie in stiller Stunde lesen mit der Bitte: Sprich Du zu mir!

BRUNNEN VERLAG · GIESSEN/BASEL

Erich Schick / Klaus Haag
Christian Friedrich Spittler
Handlanger Gottes
128 Seiten, mit Fotos. ABCteam 3146. Taschenbuch

„Was hilft's, wenn wir beim warmen Ofen und einer Pfeife Tabak die Notstände der Zeit bejammern? Hand anlegen müssen wir, und sei es auch ganz im Kleinen." Dies ist eines der Worte von Christian Friedrich Spittler, nach denen er selbst handelte. Mit Erfindungsgeist, Entschlossenheit und Wagemut legte er Hand an. Er gründete im vorigen Jahrhundert auf die politischen und gesellschaftlichen Herausforderungen seiner Zeit eine ganze Reihe diakonischer und missionarischer Werke, die zum Teil noch heute bestehen. Zu ihnen zählt auch die „Pilgermission St. Chrischona", Bettingen bei Basel. Handwerksburschen wollte Spittler dort schulen und aussenden. Ihren Auftrag hat er so formuliert: „Suchet mit treuer Arbeit auf eurem Handwerk einzudringen in die finstersten Orte der Christenheit und tut, was ihr könnt, um den erloschenen Glauben an Jesus Christus wieder unter dem Volk zu wecken."
Erich Schick beschreibt dieses Leben, das so große Auswirkungen gehabt hat und uns noch heute den Weg zeigt.
Im Anhang gibt Klaus Haag einen Überblick über die Pilgermission St. Chrischona heute und eine kurze Darstellung: Spittler und Menschen seiner Zeit.

BRUNNEN VERLAG · GIESSEN/BASEL